SV

Anke Thyen
Negative Dialektik und Erfahrung

Zur Rationalität
des Nichtidentischen
bei Adorno

Suhrkamp

CIP-Titelaufnahme der Deutschen Bibliothek
Thyen, Anke:
Negative Dialektik und Erfahrung:
zur Rationalität des Nichtidentischen bei Adorno /
Anke Thyen. – 1. Aufl. –
Frankfurt am Main : Suhrkamp, 1989
ISBN 3-518-57977-0

Erste Auflage 1989
© Suhrkamp Verlag Frankfurt am Main 1989
Alle Rechte vorbehalten
Satz und Druck: H. Mühlberger GmbH, Augsburg
Printed in Germany

Inhalt

Vorwort 9

0. Einleitung 11

1. Webers Wissenschaftskonzept – Zur Methodologie von Sinnverstehen und Erfahrungsbildung 18
1.1. Idealtypen und Idealtypenbildung 26
1.1.1. ›Subjektiv gemeinter Sinn‹ als handlungstheoretische Grundkategorie 34
1.1.2. ›Sinnverstehen‹ als Modus rationaler Deutung . . 39
1.2. Zum Verhältnis von Idealtypen und methodischem Zweckmäßigkeitsgrund 43
1.3. Der Zusammenhang von zweckrationalem und wertrationalem Handeln 51
1.4. Handlungstypen und Rationalitätstypen 59

2. Adorno 65
2.1. Dialektik der Aufklärung – Urgeschichte der Subjektivität und Naturbeherrschung 65
2.1.1. Zur Konstruktion der Dialektik der Aufklärung . 70
2.1.2. Mythos und subjektiv-instrumentelle Vernunft . 82
2.1.3. Selbsterhaltung und subjektiv-instrumentelle Vernunft 98
2.2. Negative Dialektik – Identitätslogisches Denken und Subjektivität 109
2.2.1. Dimensionen der Identität 113
2.2.1.1. Zum Begriff der Identität 116
2.2.1.2. Kritik der Subjektphilosophie 132
2.2.1.2.1. Kant 135
2.2.1.2.2. Hegel 162
2.2.1.2.3. Zusammenfassung 170
2.2.1.3. Übergänge im Identitätsbegriff 176
2.2.2. Dimensionen des Nichtidentischen 198
2.2.2.1. Das Nichtidentische 204

2.2.2.2.	Vorrang des Objekts	207
2.2.2.3.	Negative Dialektik und Erfahrung	213
3.	Zur Rationalität des Nichtidentischen	222
3.1.	Instrumentalität und Zweckrationalität	223
3.2.	Erkenntnis des Nichtidentischen und idealtypisches Sinnverstehen	240
3.3.	Negative Dialektik und kommunikative Rationalität	245
3.4.	Theorie und Erfahrung	267
4.	Schluß: Ansätze zu einer Idee negativer Metaphysik	281
	Anmerkungen	289
	Literaturverzeichnis	315
	Sachregister	328
	Personenregister	335

Negative Dialektik
und Erfahrung

Meinem Lehrer

Vorwort

Theodor W. Adorno hat mit der »Negativen Dialektik« ein philosophisches Werk hinterlassen, dessen Faszination andauert, das aber auch Ratlosigkeit bei vielen seiner Leser hinterläßt. Nachdrücklich beeindruckt die Art und Weise des Philosophierens, die Komplexität der begrifflichen und sachlichen Bezüge, die es entfaltet. Gleichzeitig erweist es sich als sperrig, wenn man es daraufhin befragt, wohin seine theoretischen Implikationen führen sollen und können. Aus der Sicht der philosophischen Wissenschaftspraxis gilt die »Negative Dialektik« als wenig anschlußfähig. Insbesondere der zentrale Topos ›Nichtidentität‹ bereitet Schwierigkeiten. Als Grenzbegriff des Begrifflichen entzieht er sich begrifflichen Bemühungen, die an ihn herangetragen werden. Aber er ist solchen Anforderungen gegenüber offen.

Der Antrieb zu der vorliegenden Arbeit war meine sichere Überzeugung, daß die Gehalte der »Negativen Dialektik« in dieser Hinsicht unabgegolten sind. Der Versuch, diese Gehalte auszuweisen und theoretisch fruchtbar zu machen, wurde besonders dadurch motiviert, daß die kommunikationstheoretische Wende der neueren Kritischen Theorie Adornos Philosophie nicht gerecht wird. Wenn ›Versöhnung‹ und nicht ›Verständigung‹ als die normative Grundintention der Kritischen Theorie verteidigt werden soll, dann vertritt die »Negative Dialektik« mehr denn je eine relevante Position. Eine Theorie, die sich der Rationalität des Nichtidentischen annimmt, will Wege weisen. Sie versucht, das kritische Potential der Philosophie Adornos unreduziert zur Geltung zu bringen, ohne hinter berechtigten Erwartungen an Konzeptionen kritischen Philosophierens zurückzubleiben.

Für die Unterstützung bei diesem Vorhaben danke ich meinem Lehrer Prof. Herbert Schnädelbach, dessen philosophischer Weitblick und ergiebige Kritik außerordentlich hilfreich waren. Vor allem sein mir entgegengebrachtes uneingeschränktes Vertrauen hat mir Mut gemacht, eigene Wege des Philosophierens zu beschreiten.

Ruth Westerbeck, Dr. Heiner Hastedt und Lueke Lueken haben mit einer Sorgfalt, fachlichen Kompetenz und Intensität meine

Arbeiten begleitet, deren ich mich glücklich schätze. Freundschaftlich danke ich auch Matthias Schmitz für lange gemeinsame Erörterungen bewußtseinsphilosophischer Themen.
Peter Klix und Wolfgang Bohn gilt mein besonderer, unwägbarer Dank.

0. Einleitung

Es scheint, als sei es um die Kritische Theorie Adornos so bestellt wie um die Philosophie, von der Adorno im ersten Satz der »Negativen Dialektik« schreibt, daß sie, schon überlebt geglaubt, sich am Leben erhält. Nur: die Verwirklichung Kritischer Theorie hängt von ihrer theoretischen Überlebensfähigkeit ab. Die aber wird heute bezweifelt.
Im Zusammenhang mit der kommunikationstheoretischen Kritik ist insbesondere von den aporetischen Grundlagen der älteren Kritischen Theorie die Rede. Theoretisch und praktisch aussichtslos sei die Situation, in die sie sich selber gebracht habe, folgenlos darum ihre Anstrengungen. Insofern sie sich als das erkenne und selbstverstehe, was sie sei, eine aporetische Theorie der für sie perspektivlos gewordenen Moderne, habe sie den Anspruch auf das Attribut ›kritisch‹ verwirkt. Denn ihre Diagnose, unter Bedingungen der Moderne sei von subjektiver Vernunft prinzipiell nicht mehr zu erwarten, sie könne wirklich Vernunft in die Welt bringen und das Projekt der Aufklärung seinem Ziel annähern, schlage auf sie zurück. Wenn subjektive Vernunft, die dissoziierte Schwundstufe einer vormals als Einheit gedachten Idee objektiver Vernunft, in dieser Perspektive als instrumentelle Vernunft total und universal geworden sei, seien Ansprüche auf Vernünftigkeit durch Kritik und Kritik aus Vernunft nicht nur zu mäßigen, sondern gar obsolet geworden. Die kritische Theorie der Frankfurter Schule könne ihrer an sich selbst gestellten Forderung, Grundlage und Telos ihrer Kritik begründet auszuweisen, nicht nachkommen, solange sie als Kritik der instrumentellen Vernunft auftrete. Der gesellschaftliche Verblendungszusammenhang, den sie im Zeichen der instrumentellen Vernunft diagnostiziert, wirke sich innerhalb der theoretischen Begründung seiner Kritik als systematische Begrenzung normativ gehaltvoller Perspektiven aus.
Gegen diese Auffassung lassen sich Einwände vorbringen, mindestens aber Vorbehalte geltend machen, insofern sie beansprucht, nicht nur die »Dialektik der Aufklärung« und deren Implikationen kritisch zu reflektieren, sondern als umfassende

Kritik der Philosophie Adornos gerechtfertigt zu sein. Die vorliegende Untersuchung will zeigen, inwiefern die Reichweite des kommunikationstheoretischen Ansatzes begrenzt ist. Darüber hinaus ist ein Entwurf beabsichtigt, der Adornos Philosophie als Kritische Theorie ausweist, die ohne die sprachphilosophische Transformation Bestand hat. Die Neuinterpretation der »Negativen Dialektik«, die ich vorschlage, berücksichtigt gleichwohl die gegenwärtig aktuelle Auffassung, nach der die Grundlagen der älteren Kritischen Theorie einer Revision bedürfen. Richtig ist, daß die Kritische Theorie unter dem Einfluß der Sprachphilosophie mit Ansprüchen konfrontiert wird, denen sie sich stellen muß. Es gibt dennoch hinreichend Argumente, mit denen die Notwendigkeit eines radikalen Paradigmenwechsels bestritten werden kann.

Meiner Untersuchung liegt die Auffassung zugrunde, daß relevante Bestandteile und Topoi der Kritischen Theorie Adornos, vollzöge man die sprachanalytische Transformation in der Weise, wie etwa Jürgen Habermas es getan hat, eben diesem Paradigmenwechsel zum Opfer fielen. Akzentverschiebungen zugunsten anderer Prioritäten könnten in Kauf genommen werden, handelte es sich nicht um zentrale Theoreme. Besonders betrifft das die ›Idee der Versöhnung‹, das normative Fundament der Theorie. Sie läßt sich nur mit Abstrichen in einen formalen Begriff von Verständigung überführen.

Adornos Philosophie beinhaltet einen Rationalitätsbegriff, der der strikten Alternative formal versus material entgeht. Man kann seine Utopie einer unreduzierten, unreglementierten Erfahrung im Medium der Reflexion als eine Theorie der Erfahrung rekonstruieren, die weder unter ein bewußtseinsphilosophisches noch unter ein sprachphilosophisches Paradigma subsumierbar ist. Als Modell philosophischer Selbstreflexion sperrt sie sich gegen theoriestrategisch bedingte Reduktionismen.

Erst eine Theorie der Rationalität des Nichtidentischen erlaubt es, die »Negative Dialektik« unreduziert zur Geltung zu bringen. Nichtidentität ist als Grenzbegriff des Begrifflichen selbst diskursiver Natur. Deshalb, so möchte ich ausdrücklich hinzufügen, beinhaltet die Rationalität des Nichtidentischen auch keine Abtretungserklärung des Rationalitätsproblems an die Kunst.

Die kommunikationstheoretische Transformation Kritischer Theorie steigert einerseits die Erwartungen an einen konsistenten Begriff der Rationalität. Andererseits ist das theoretische Niveau, das sie erreicht, unter anderem das Ergebnis von Ausgrenzungen unabgegoltener Theoriepotentiale. Diese Tatsache gibt Anlaß zu bedenken, ob nicht die Forderung nach einer Universaltheorie der Vernunft überhöht ist. Das Projekt der Moderne ist ein Theorieprojekt im Schnittfeld konvergierender und divergierender Perspektiven. Die Einheit einer Theorie, die dem gerecht werden will, in einem Prinzip allein zu suchen, bedeutet, formale Konsistenz durch offensichtlich rigide Abgrenzungen und harte Zäsuren in der Beurteilung konkurrierender Theorien zu erreichen. Ich schlage dagegen vor, eine produktive Durchlässigkeit derjenigen Theorien anzustreben, die sich in der Auseinandersetzung darüber befinden, ob und in welchen Hinsichten Kritische Theorie unter Bedingungen der Moderne möglich ist. Da die Einlösung umfassender Begründungsansprüche, wie zu vermuten ist, ohnehin defizitär bleibt, ist es wünschenswert, die Frage nach dem richtigen Paradigma nicht einseitig zu beantworten, sondern die Vereinbarkeit sogenannter bewußtseinsphilosophischer und sprachphilosophischer Grundaussagen zu prüfen.

Der Explikation der Kritischen Theorie Adornos, die hier zur Diskussion gestellt wird, liegt die Vorstellung zugrunde, daß der Bestand Kritischer Theorie wesentlich davon abhängt, ob es gelingt, kritische Potentiale der Erfahrung und der Reflexion rational und unreduziert auszuweisen, ohne sich von formalen Konsistenzproblemen vorschnell entmutigen zu lassen. Diese Haltung ist der Theorie der Erfahrung selbst eingeschrieben. Dieser wird im Kern die Bestimmung des Verhältnisses von reflexionsgeleiteter Erfahrung und erfahrungsgeleiteter Reflexion zugemutet. Erfahrung und Erkenntnis verweisen diskursiv aufeinander. Die Intention, die sich damit verbindet, ist zu zeigen, daß allein unreglementierte Erfahrung und unreduzierte Erkenntnis die Autonomie eines Denkens ermöglichen, das zum kritischen Impuls in praktischer Absicht zu werden vermag.

Die Arbeit will dieser Intention Rechnung tragen. Die »Negative Dialektik« unter dem Aspekt der Rationalität des Nichtidentischen als Theorie der Erfahrung zu rekonstruieren, verlangt zugleich eine Kritik reduktionistischer Verfahren in der Theoriebildung. Die These ist, daß eine Reduktion von Zweckrationalität bzw. zweckrationalem Handeln auf instrumentelle Vernunft bzw. instrumentelles Handeln zu einem verkürzten Verständnis der Philosophie Adornos als geschichtsphilosophisch begründete Ontologie des falschen Zustandes führt. In dieser Perspektive eines systematischen Zusammenschlusses der »Dialektik der Aufklärung« und der »Negativen Dialektik« gerät die ältere Kritische Theorie in der Tat in Aporien. Aber der durch naturbeherrschende, subjektive Vernunft gestiftete Zwangszusammenhang einer naturwüchsigen Dialektik von Mythos und Aufklärung ist nicht, so meine These, Grundverständnis der »Negativen Dialektik«. Die Dialektik von Identität und Nichtidentität, die hier auf dem Wege negativ-dialektischen Philosophierens entfaltet wird, widerspricht der Reduktion von identifizierendem Denken auf instrumentelle Vernunft bzw. von Identität auf Instrumentalität. Vielmehr wird ein Konzept dialektischer Rationalität sichtbar, in dem die Ambivalenz von Identität und Nichtidentität erkenntnistheoretisch relevant bleibt. Die Theorie der Rationalität des Nichtidentischen läßt sich kritisch gegen den geschichtsphilosophischen Ansatz der »Dialektik der Aufklärung« wenden. Die »Negative Dialektik«, die diese Theorie impliziert, kann man als normativ gehaltvolle Logik des philosophischen Diskurses lesen. Sie stellt begriffliche Möglichkeiten zu einer nicht-reduktionistischen Kritik der subjektiven Vernunft bereit, ohne daß auf geschichtsphilosophische Argumente nach dem Muster einer Urgeschichte der Subjektivität zurückgegriffen werden müßte. So gesehen ist es möglich, die »Negative Dialektik« systematisch von der »Dialektik der Aufklärung« abzukoppeln und im Anschluß daran ein Modell Kritischer Theorie zu entwickeln, das philosophischen Begründungsansprüchen gerecht wird.

Diese Konstellation wirft jedoch auch ein verändertes Licht auf die kommunikationstheoretisch transformierte Kritik an der älteren Kritischen Theorie. Denn die sprachphilosophisch begründeten konzeptionellen Einwände ergeben sich nicht zuletzt aus einer Betrachtung, die in der dargestellten Weise reduktionistisch vorgeht.

Die skizzierte Problemlage hat die vorliegende Arbeit insgesamt motiviert. Um jene systematisch zu entfalten, habe ich mich unter einem methodologischen Gesichtspunkt für eine Argumentationsfigur entschieden, deren Plausibilität nicht auf der Hand

liegt. Gemeint ist die Beziehung, die ich zwischen Max Webers sozialwissenschaftlichem Konzept deutenden Sinnverstehens, der Kritik der »Dialektik der Aufklärung« und Adornos »Negativer Dialektik« herstelle.
Max Weber ist vor allem in methodologischer Hinsicht interessant. Sein Wissenschaftskonzept deutenden Sinnverstehens stellt Argumente bereit gegen den Reduktionismus der »Dialektik der Aufklärung«, aber auch gegen die kommunikationstheoretische Kritik, die den Reduktionismus übernimmt. Es bestätigt zudem indirekt philosophische Verfahrensweisen negativer Dialektik. Webers Konzept deutenden Sinnverstehens bewährt sich als Methodologie begriffsgeleiteter und begriffsbildender Rekonstruktion und Konstruktion möglichen Handlungssinns. Das Verfahren der Idealtypenbildung und -anwendung erlaubt es, Sinn als subjektiv gemeinten Sinn zu objektivieren. Idealtypisches Deuten und Verstehen kann prinzipiell empiristische Verkürzungen vermeiden, ohne jedoch empirisch gehaltlos zu sein. Webers Modell der Idealtypenbildung führt vor, daß und wie man theoriestrategisch motivierte Reduktionismen begrifflicher Art vermeiden kann. Gegen die Reduktion von Zweckrationalität auf Instrumentalität spricht aus dieser Sicht neben Webers allgemeinen methodologischen Grundsätzen auch seine Differenzierung im Begriff der Zweckrationalität selbst. Weber unterscheidet recht genau zwischen einem Idealtypus des zweckrationalen Handelns und einem methodischen Zweckmäßigkeitsgrund, der sich aus der Perspektive des Wissenschaftlers ergibt. Wenn man diese beiden Aspekte aufeinander reduziert, verkürzt man Webers Wissenschaftslehre auf ein Konzept von Zweckrationalität im Sinne von instrumenteller Vernunft. Dagegen kann man zeigen, daß Zweckrationalität ein idealtypischer Grenzbegriff ist, der eine Ambivalenz von Zweckrationalität und Wertrationalität offenhält.
Vor dem Hintergrund des Weberschen Idealtypenkonzepts ist eine handlungstheoretische Kritik der »Dialektik der Aufklärung« möglich. Denn die Verabsolutierung subjektiv-instrumenteller Vernunft im Zeichen von Naturbeherrschung ist das Ergebnis einer systematischen Verschmelzung von Zweckrationalität und instrumenteller Vernunft, gegen die man mit Weber starke Einwände geltend machen kann, so daß deutliche Inkonsistenzen und in deren Folge systematische Aporien erkennbar werden.

Einerseits untermauert Webers Idealtypenkonzept Argumente gegen die Konstruktion der »Dialektik der Aufklärung«. Andererseits stützt es unter einem methodologischen Gesichtspunkt die »Negative Dialektik«. Idealtypisches Sinnverstehen und Adornos Utopie der Erfahrung als reflexivem Eingedenken von Nichtidentischem konvergieren in der Reduktionismusthese. Idealtypisches Verstehen und Deuten als Modus einer begriffsgeleiteten Erfahrungsbildung erhellt die Interpretation von ›Nichtidentität‹ als Grenzbegriff des Begrifflichen.

So wie Zweckrationalität nicht auf instrumentelle Vernunft reduzierbar ist, so kann man auch Identität nicht auf Instrumentalität verkürzen. Das zeigt die Analyse der Identitätsproblematik, die Adorno in der »Negativen Dialektik« entwirft. Insbesondere sein ambivalentes Verhältnis zu Kant und Hegel gibt Aufschluß darüber, daß Identität nicht das Analogon zum gesellschaftlichen Verblendungszusammenhang ist, sondern der Komplementärbegriff zu Nichtidentität. Aus der Kritik der Subjektphilosophie gewinnt Adorno das Material, das eine diskursive Annäherung an das Nichtidentische erlaubt. Die Rehabilitierung der materialen Gehalte der Kantischen Philosophie und die Kritik am absoluten Identitätsprinzip, die Hegels Formel der Identität von Identität und Nichtidentität insgesamt unter Vorbehalte des Nichtidentischen stellt, führen im Ergebnis dazu, daß Identität und ihre begriffliche Konnotationen nur aus der Perspektive einer nichthintergehbaren Erfahrung von Nichtidentität begreifbar sind. Die Dimension des Nichtidentischen beinhaltet einen Typus reflexionsgeleiteter Erfahrung, der über die Kritik der Subjektphilosophie eine Rehabilitierung des empirischen Subjekts gegen die Zumutungen bewußtseinsphilosophischer Aporien erreicht.

Das theoriefähige Potential der »Negativen Dialektik« tritt zutage, wenn man den Typus dialektischer Rationalität dem der kommunikativen Rationalität gegenüberstellt. Aus der Sicht eines philosophischen Modells, das die Rationalität des Nichtidentischen in der Erfahrung des Nichtidentischen ausweist, ist die Kritik des vieldiskutierten Paradigmenwechsels und der kommunikationstheoretischen Transformation der Kritischen Theorie unverzichtbar. Adornos Philosophie verfügt über theoretische Grundlagen, die sie als relevanten, aber auch eigenwilligen Beitrag zur Philosophie der Moderne ausweisen.

Die Stellung der »Negativen Dialektik« im Prozeß philosophischer Selbstreflexion, ihre paradoxe Anstrengung, nach Hegel Dialektik als Prinzip einer Logik des kritischen Diskurses im Medium materialen Philosophierens zu rehabilitieren, schließt Perspektiven ein, die ich im letzten Kapitel versuchsweise als Ansätze zu einer Idee negativer Metaphysik vorstelle. Negative Metaphysik wird dort als Theorie der Erfahrung unter Bedingungen der Moderne entworfen. Sie ist Kritik und Aneignung von Metaphysik zugleich.

1. Webers Wissenschaftskonzept –
Zur Methodologie von Sinnverstehen und Erfahrungsbildung

Zwischen der Soziologie Max Webers und der Kritischen Theorie Th. W. Adornos lassen sich auf unterschiedliche Weise Zusammenhänge herstellen. Deshalb sollen an dieser Stelle die systematischen und inhaltlichen Vorentscheidungen in bezug auf Weber ausgewiesen werden, die die Verknüpfungen zwischen Adorno und Weber in Hinsicht auf das Konzept negativer Dialektik einsichtig machen. Denn auf der Hand liegt nicht, was den Soziologen Weber für philosophische Fragestellungen hinsichtlich der Kritischen Theorie Adornos interessant macht. Jedenfalls dann nicht, wenn man den »Klassiker« nicht als einen »riesigen ›Steinbruch‹«[1] ansehen will, den man zur Lösung eigener, oft spezieller theoretischer Probleme nutzen zu können meint. In der Tat lädt das Werk Max Webers aber dazu ein. Das läßt sich einerseits darauf zurückführen, daß es, trotz seiner Anerkennung und grundlegenden Bedeutung nicht nur innerhalb der Sozialwissenschaften, den Charakter des Unabgeschlossenen hat. Die Auffüllung seiner Leerstellen dient nicht nur der Stringenz und Konsistenz des Werkes, sondern oft auch Begründungsabsichten, die von außen an es herangetragen werden. Andererseits ist Weber ein Autor, dessen Vielseitigkeit vielem und vielen eben auch Anknüpfungspunkte bietet.

Dennoch bleibt die Frage bestehen, ob und inwieweit einzelne Ebenen im Werk Webers voneinander getrennt werden können. Seine »Periodisierung und Sektoralisierung« »verleugnet die nachweisbaren Kontinuitäten«.[2] Selbst wenn man den einen oder den anderen Aspekt mit herausragender Bedeutung versieht, tut man gut daran, sie unter die Vorbehalte immanenter Bezugspunkte zu stellen. Der Methodologe Weber ist nicht vom Religionssoziologen Weber, beide nicht vom Wissenschaftler Weber und dem Postulat der Werturteilsfreiheit wissenschaftlicher Tätigkeit unabhängig zu sehen. Seine materialen Untersuchungen stehen mit dem idealtypisierenden Konzept des Verstehens und Erklärens in einem Zusammenhang; sie hängen wiederum von dem spannungsreichen Verhältnis von Werturteilsfreiheit und Wertbezogenheit in einer Weise ab, die dem Werk insgesamt eine nur schwer auslotbare Komplexität zumuten. Diese Vielschichtigkeit ist nicht das Thema der folgenden Untersuchungen; dennoch tritt ein Aspekt in den Vordergrund, der den immanenten Zusammenhang der Arbeiten Webers hervorhebt. Die Methodologie, die materialen Analysen, das Wissenschaftskonzept gewinnen ihren Bezug aufeinander durch Webers Interesse an der Erklärung und dem Verständnis derjenigen Vermittlungen, denen sich die Konstitution je erfahrener Wirklichkeit, gegenwärtig wie historisch, verdankt. So liegt die Besonderheit im Werk Webers darin begründet, daß es die Paradoxien der Moderne nicht nur material entfaltet, sondern daß es auch auf der methodologischen Ebene jene Paradoxien erfaßt. Die Dialektik der Rationalisierung ist der ihm immanente Erfahrungsgehalt.[3] Jene Erfahrung eines paradoxen Wirklichkeitszusammenhanges bildet das Einheitsmoment der Wissenschaftslehre[4] Max Webers. So entfaltet die aus den religionssoziologischen Untersuchungen gewonnene Entzauberungsthese ihre volle Bedeutung erst im Kontext eines methodologischen Ansatzes, der auf der Ebene der Theoriebildung seine Voraussetzungen, daß auch er nämlich den Bedingungen der Rationalisierung unterliegt, methodisch zu reflektieren sucht. Max Webers Theorie der Moderne trägt dem Rechnung, indem sie, frei von erkenntnistheoretischen und geschichtsphilosophischen Implikationen, die Fundamente der Moderne freilegt und deren disparate Elemente als Ausdruck einer ›paradoxen Einheit‹ vermitteln will.

Webers Werk ist insgesamt von der Frage nach den Ursprüngen und Wirkungen des Kapitalismus hinsichtlich der mit ihm verbundenen Lebensform bestimmt. Daß jener im Okzident die spezifische Form des modernen, westlichen Kapitalismus annahm, sieht Weber in einem umgreifenden, aber nicht eindimensional verlaufenden Prozeß der Rationalisierung des Lebens gegründet. Er ist bemüht, die Besonderheit des okzidentalen Rationalismus sowohl anhand dessen innerkultureller Entwicklung als auch im Rahmen interkultureller Vergleiche zu erklären. Für die abendländische Entwicklung ist dabei nicht das Faktum der Rationalisierung charakteristisch, sondern daß die Rationalisierung sich

auf besondere Lebensbereiche bezieht und sich in einer Richtung hin entwickelt,[5] die sie von der in anderen Kulturen unterscheidet. Denn Rationalisierungen hat es »auf den verschiedenen Lebensgebieten in höchst verschiedener Art in allen Kulturkreisen gegeben«.[6] In seinen religionssoziologischen Untersuchungen zeigt Weber, daß der okzidentale Rationalismus wesentlich von einer spezifischen Form der Rationalisierung religiöser Weltbilder bestimmt wird. In ihm gehen ökonomische Bedingungen der Wirtschaftsform und religiöse Glaubensinhalte eine Wahlverwandtschaft[7] ein, die die Entstehung derjenigen Wirtschaftsgesinnung begünstigt, die die Rationalität des asketischen Protestantismus kennzeichnet. Dort stehen die Rationalisierungen in der Sphäre der praktischen, wirtschaftlichen Lebensführung und die Rationalisierung der religiösen Weltbilder in einer kulturgeschichtlichen Konstellation zueinander, die die Ausbildung einer rationalen, methodisch-planvollen Lebensführung im »›Geist‹ des Kapitalismus«[8] überhaupt ermöglicht. Denn die Rationalisierung in der Sphäre materieller Interessen – die Entwicklung der kapitalistischen Produktionsweise – hat nicht etwa die radikale Beseitigung kirchlicher Herrschaft als Träger religiöser Orientierungsmuster zur Folge, sondern ist gerade an religiösen Dogmen orientiert. Auf diese Weise korrespondiert die Irrationalität religiöser Frömmigkeit – als irrational erscheint diese aus der Sicht eines rein zweck-mittel-orientierten Wirtschaftsinteresses – mit der Rationalität kapitalistischen Wirtschaftsstrebens. Entzauberung und Rationalisierung sind die beiden Seiten eines Prozesses, der letztlich die Ausformung der spezifischen Gestalt okzidentaler Rationalität sowie der ihr entsprechenden Lebensform und die Ausdifferenzierung in verschiedene, autonome Sinnsphären zur Folge hat. Durch unterschiedlichste Rationalisierungsschübe in verschiedenen Bereichen, die vom je bezogenen Standpunkt aus betrachtet wechselseitig auch als irrational erscheinen, jedoch aber unter bestimmten historischen Bedingungen ineinandergreifen, bietet der Protestantismus schließlich die einzigartigen Bedingungen für den Ausgleich zwischen den Sphären des Berufs, des praktischen Lebens und ethischer Vorstellungen. Dieser Ausgleich sollte optimale Voraussetzungen für die Entfaltung des kapitalistischen Erwerbsstrebens bereitstellen.
Webers systematische und begriffliche Anstrengungen sind auf

Rationalisierungsprozesse gerichtet; sein Hauptinteresse gilt jedoch dem Phänomen einer Lebensführung und deren Faktoren, die durch einen spezifisch modernen »Habitus«,[9] nämlich durch den Geist des Kapitalismus geprägt sind. In diesem Sinne ist das Rationalisierungstheorem Medium der Erklärungen jener Form der Lebensführung.

Die »besondere *Eigenart* des modernen und, innerhalb dieses, des modernen okzidentalen Rationalismus zu erkennen und in ihrer Entstehung zu erklären«,[10] ist Webers Intention; sie ist darauf gerichtet, Umriß und Wesen der europäischen Kultur insgesamt zu erfassen. Sowohl für die innerkulturelle Analyse als auch für die interkulturellen Vergleiche bietet sich zur Entfaltung des theoretischen Tableaus das Rationalisierungstheorem an. Nicht nur das »Gebiet des Ökonomischen«, sondern »ganz heterogene Sphären menschlichen Handelns«[11] rücken dabei in den Blick. Trotz der ungeheuren Vielfalt konkreter Rationalisierungen und deren Vermittlung und wechselseitigen Beeinflussung, die Weber in seinen Untersuchungen aufweist, ist der Gegenstand seiner Soziologie doch nicht ohne weiteres in einer Systematik und Typologie des Rationalismus bzw. der Rationalisierung – bei Weber werden diese Begriffe synonym verwendet – selbst zu sehen. Die Phänomene, die Weber als Rationalisierungen auffaßt, verdeutlichen zusammengenommen, daß eine daraus abzuleitende Theorie der Rationalisierung vor dem Hintergrund der Weberschen Wissenschaftslehre gar nicht möglich ist. Weder eine vollständige Begriffstypologie noch die immanenten Verknüpfungen der Begriffe in einem universalen Stufenmodell[12] ist demzufolge von Weber erwartbar. Auf die Mehrsinnigkeit des Rationalisierungsbegriffs wurde wiederholt in der Literatur aufmerksam gemacht.[13]

Webers Wissenschaftslehre belegt insgesamt begründete Vorbehalte gegen universalistische Entwicklungstheorien. Die Abhängigkeit zwischen den Ideen und Werten einer Kultur und ihrer Begriffsbildung sowie der Wandel in den historischen Bezugsfeldern läßt universale Begriffs- und Theoriebildungen im Verständnis Webers nicht zu. Ein System der Kulturwissenschaften ist aus seiner Perspektive unsinnig, weil die Darstellung der Gesichtspunkte lediglich eine Aneinanderreihung von Heteronomem und Disparatem wäre.[14] Dagegen sieht er die Aufgabe der erklärenden Kulturwissenschaft in einem stetigen »Umbildungsprozeß jener

Begriffe, in denen wir die Wirklichkeit zu erfassen suchen«,[15] denn in einer solchen Wissenschaft hänge die Bildung der Begriffe von der Stellung der Probleme und deren inhaltlicher kultureller Wandelbarkeit ab: »Das Verhältnis von Begriff und Begriffenem in den Kulturwissenschaften bringt die Vergänglichkeit jeder solchen Synthese mit sich.«[16]
Auch wenn Weber kein universales Stufenmodell der Rationalisierung vorzulegen beabsichtigte, so stehen doch gleichwohl universale geschichtliche Phänomene, die sich als Ausdruck von Rationalisierungen und Rationalisierungsprozessen deuten lassen, im Mittelpunkt seiner Arbeit. Zweifellos untersucht Weber historische Prozesse in dem Bemühen um ein Verständnis davon, welcher inneren Logik jene Abläufe aus heutiger Perspektive gefolgt sein könnten.
Er hat damit jedoch keine Ansprüche auf die Erklärbarkeit einer Universalgeschichte gestellt. Die Erklärung des okzidentalen Rationalismus rechtfertigt es nicht, dessen innere Zwangsläufigkeit[17] zu behaupten. Die Analyse der Zusammenhänge zwischen den Rationalisierungsvorgängen zu unterschiedlichen Zeiten und in unterschiedlichen Lebensbereichen dient der kausalanalytischen Erklärung identifizierbarer Teilvorgänge und deren struktureller Zusammenhänge.[18] Weber sieht in den Prozessen der Rationalisierung weder »unilineare« noch »gesetzmäßig ablaufende Entwicklungen«.[19] Im Gegenteil: Gerade das Irrationale der Rationalisierung, das Zufällige, Widersprüchliche, die gegenläufigen Entwicklungen und Unterbrechungen, die den Prozeß der Rationalisierung in hohem Maße charakterisieren, ziehen das Interesse Webers auf sich. Die Irrationalität des okzidentalen Rationalismus ist es, die seine Eigenart ausmacht und die für die spezifische Gestalt der Moderne und ihre entmenschlichenden Tendenzen kennzeichnend ist. Der Rationalismus, den die okzidentale Entwicklung hervorgebracht hat, vereint in sich divergierende Einzelmomente und -entwicklungen. Er ist »ein historischer Begriff, der eine Welt von Gegensätzen in sich schließt«.[20] Bezogen auf die protestantische Ethik ist es gerade die »Herkunft des *irrationalen* Elements«, das deren Berufsauffassung, wie überhaupt jeden »›Berufs‹-Begriff«,[21] impliziert.
Speziell Webers religionssoziologische Untersuchungen sind auf das Interesse an der Kulturbedeutung des Kapitalismus zurück-

zuführen. Im Protestantismus erkennt Weber eines der tragenden Momente jener Kulturbedeutung. Die Einsicht, daß die Teilerscheinungen der okzidentalen Kultur in ihrer Wechselwirkung aufeinander einen »Allzusammenhang«[22] bilden, der der Deutung bedarf, kennzeichnet wesentlich Webers wissenschaftstheoretische Einstellung. In den »Gesammelten Aufsätzen zur Wissenschaftslehre« geht es Weber entsprechend um die Darlegung dessen, was überhaupt das zu Deutende ist, und von welchen methodologischen Vorentscheidungen das Deuten selbst abhängig ist. Die Motivation dafür, das kausale Bedürfnis, daß die Möglichkeit zu einer Deutung auch stets wahrgenommen wird,[23] entspringt dem Interesse am Verstehen desjenigen Sinnzusammenhanges, der die heterogene und »unendliche Mannigfaltigkeit«[24] in einem nachvollziehbaren Ganzen der Erfahrung zugänglich macht. »Die Sozialwissenschaft, die *wir* treiben wollen, ist eine *Wirklichkeitswissenschaft*. Wir wollen die uns umgebende Wirklichkeit des Lebens, in welches wir hineingestellt sind, *in ihrer Eigenart* verstehen – den Zusammenhang und die Kultur*bedeutung* ihrer einzelnen Erscheinungen in ihrer heutigen Gestaltung einerseits, die Gründe ihres geschichtlichen So-und-nicht-anders-Gewordenseins andererseits.«[25] Dieser Verstehensbegriff erschöpft sich nach Weber nicht in der Rekonstruktion von Regeln[26] oder von Gesetzen,[27] denen Geschehnisse in ihrem Ablauf folgen, sondern bezieht sich auf den Sinn, den wir empirischen Ereignissen, Handlungen, Einstellungen und deren Zusammenhängen zusprechen können. Denn als Kulturmenschen sind wir, wie Weber sagt, »begabt mit der Fähigkeit und dem Willen, bewußt zur Welt *Stellung* zu nehmen und ihr einen *Sinn* zu verleihen.«[28] Wir werden später sehen, daß das methodologische Konzept der Idealtypenbildung mit der Forderung nach dem Verstehen und Interpretieren von Sinnzusammenhängen konvergiert. Die Konstruktion von Sinnzusammenhängen zwischen den unterschiedlichen Sphären einer Kultur, wie sie sich historisch und gegenwärtig erklären lassen, ist die Aufgabe der Sozialwissenschaft, wie Weber sie versteht. Statt ›Sinnzusammenhänge‹ könnte man auch sagen ›Vermittlungsmodi‹. Denn die Rede von der Sinndeutung zielt darauf, die Art und Weise zu verstehen, wie diejenigen Komponenten vermittelt sind, die Weber auf drei Ebenen analytisch voneinander unterscheidet.[29]

Zwischen den Sphären der religiösen Weltbilder und der der sozio-ökonomischen Strukturen ist die Ebene der handelnden Individuen bzw. der sozialen Gruppen innerhalb des Weberschen Wissenschaftsprogramms von zentraler Bedeutung. Von hier aus wird die Deutung dessen, was Weber den ›Geist des Kapitalismus‹ nannte, überhaupt erst in seiner ganzen Tragweite sichtbar. Die Dialektik zwischen dem Handeln der Individuen und den religiösen Weltbildern bezeichnet nicht ein einfaches wechselseitiges Bedingungsverhältnis, sondern impliziert eine relative Autonomie beider Ebenen. Die, in welcher spezifischen Form auch immer ausgeprägte, an Zwecken und Mitteln orientierte Handlungsstruktur ist mit der, auch einer Eigendynamik folgenden, ideellen Sphäre religiöser Weltbilder über eine Sinndimension des Handelns verbunden, die sich über vielfältige Faktoren herstellt. Beide Komponenten – und das gilt auch für das zweite Verhältnis zwischen den handelnden Individuen einerseits und den sozio-ökonomischen Strukturen andererseits – stehen weniger in einem kausalen Ableitungs- oder Abbildverhältnis zueinander, sondern sind wesentlich darüber vermittelt, welchen subjektiven Sinn die Handelnden mit ihrem Handeln verbinden.

Die Träger historischer Entwicklungen, eben auch derjenigen, die den ›Geist des Kapitalismus‹ hervorbrachten, sind Einzelindividuen bzw. soziale Gruppen. Aber nicht soziale Gruppen sind bei Weber die handelnden Subjekte; Ausgangspunkt ist das idealtypisierte Individuum. Die Gesinnung beispielsweise der protestantischen Berufsauffassung wird man sicherlich sozialen Gruppen zuordnen; grundlegend für die Chance einer Ausbildung jenes Ethos wird jedoch der subjektive Handlungssinn nur der einzelnen Individuen sein können. Die Handlungstypologie macht im Weberschen Wissenschaftsprogramm nur Sinn, weil sie auf das Handeln, gleichwohl idealtypisch vorgestellter, Einzelner bezogen ist. Daß sich die Weisen der Vermittlung zwischen den drei genannten Ebenen als Rationalisierungsprozesse deuten lassen, die aufgrund spezieller Konstellationen und unter Maßgabe intentional handelnder Subjekte eine eigentümliche Dialektik hervorbringen, die nicht nur unter dem zweckrationalen Aspekt der Rationalisierung gedeutet werden kann, dem gilt Webers eigentliches Interesse. Die Ablösung der Sinndeutungen von den Handelnden, ihre Verselbständigung führt schließlich zu den Normen, die nun das Alltagshandeln sozialer Gruppen unter Bedingungen kapitalistischen Erwerbsstrebens zu bestimmen beginnen. »Erst diese, sich hier abzeichnende *Dialektik* von geistigen Triebkräften (›subjektiv gemeinter Sinn‹) und den sich organisierenden sozio-ökonomischen Strukturen (›moderner Kapitalismus‹) lassen die ›Kulturbedeutung‹ von (religiösen) Ideen in das Blickfeld geraten. Der *subjektiv gemeinte Sinn* war bezogen auf den Einsatz von Mitteln zur Erlangung des Heils, oder vielmehr: zur Dokumentation seiner Gewährung – er wurde zu einem *objektiven Sinnzusammenhang* durch sein *Zusammentreffen* mit den sich herausbildenden Organisationsformen modernen kapitalistischen Wirtschaftens. Auf diesem Boden konnten sich die *Aggregate subjektiven Sinns* zu allgemeinen Normen gesellschaftlichen Handelns herausbilden, die sich ab da von ihren religiösen Entstehungszusammenhängen lösen konnten.«[30] Hierin erkennt Weber die paradoxe Struktur der abendländischen Rationalisierungsvorgänge: Der über das sinnbezogene subjektive Handeln vermittelte Niederschlag von religiösen Ideen im praktischen Alltagshandeln kann unter bestimmten Bedingungen zu einer Autonomie jenes Handelns und damit zur Zerstörung der ideellen Orientierungsmuster führen.

Für unseren Zusammenhang ist nun wichtig, daß die Objektivierbarkeit der Dialektik in den Entstehungsbedingungen der Moderne nicht dadurch möglich ist, daß von den individuellen Einzelhandlungen abgesehen wird, sondern gerade aus dem deutenden Verstehen des subjektiv gemeinten Sinns individueller Akteure gewonnen wird. Die Dialektik der Rationalisierung nimmt ihren Ausgangspunkt von den Handlungsplänen der Subjekte.
Dem entspricht auf der methodologischen Ebene Webers Konzept einer methodologischen Individualisierung einerseits und die Objektivität sozialwissenschaftlicher Erkenntnis andererseits. Die idealtypisierende Begriffsbildung zielt auf das Wesentliche in der individuellen Erscheinung,[31] indem sie diejenigen Seiten einer Einzelerscheinung in konkreten Zusammenhängen zu erfassen sucht, »welchen wir eine allgemeine *Kulturbedeutung* beimessen«.[32] Der Status, den die Begriffsbildung bei Weber innehat, geht über die Vorstellung einer Subsumtion des Einzelnen unter allgemeine Begriffe hinaus. Die Frage nach den kausalen Zusam-

menhängen läßt sich danach nur durch die Bildung begrifflicher Konstellationen, in denen das Individuelle zur Darstellung kommt, beantworten. Das individuell Gestaltete erscheint in seiner Universalität, ohne daß die Grundzüge des Individuellen dabei zum Verschwinden gebracht werden.[33] Die Bildung von Idealtypen stellt, unbelastet von erkenntnistheoretischen Implikationen, Deutungsschemata in bezug auf die Wirklichkeit bereit, die das Generelle[34] zu erfassen suchen, indem sie sich des Einzelnen versichern. Diese Deutungsschemata erschließen nicht, wie Weber betont, wirkliches Handeln, sondern objektiv *mögliche* Zusammenhänge.[35] Einzelerscheinungen, handelnde Individuen als Gegenstände sozialwissenschaftlicher Deutung sind aus diesem Grund nie konkrete, sondern selbst abstrakte Gebilde. Weber versteht unter solch einem Gebilde ein »›historisches Individuum‹, d. h. ein(en) Komplex von Zusammenhängen in der geschichtlichen Wirklichkeit, die wir unter dem Gesichtspunkte ihrer *Kulturbedeutung* begrifflich zu einem Ganzen zusammenschließen«.[36]

1.1. Idealtypen und Idealtypenbildung

Der Idealtypus dient der sozialwissenschaftlichen Hypothesenbildung;[37] er ist selbst keine Hypothese. Er ist ein mögliches Schema, ein Maßstab der Bewährung einer Hypothese zwischen rationaler Evidenz und empirischer Gültigkeit.[38] Das – später zu klärende – Problem ist dabei, wie man innerhalb des idealtypisierenden Verstehenskonzepts mit der begründungstheoretischen Last, die die deutende Vermittlung zwischen rationaler Evidenz und empirischer Faktizität mit sich bringt, fertig werden kann. Denn der Rationalitätsgrad von Erklärungen, die aus begrifflich konstruierter Evidenz abgeleitet werden, kann vorerst nur als regulatives Prinzip[39] angesehen werden; seine Erfüllung hängt wesentlich von der Kompositionsarbeit des Sozialwissenschaftlers selbst ab, davon also, welche begrifflichen Momente er zu Konstellationen zusammenfügt, in deren Lichte dann ein ›historisches Individuum‹ in seiner Individualität als allgemeines verstanden und gedacht werden kann.

Anders als die Konstruktion gesetzmäßiger Abläufe, wie sie in den Naturwissenschaften vorgenommen wird, hat es die Sozialwissenschaft im Sinne Webers mit dem Problem der adäquaten Zurechnung von konkreten Ursachen zu konkreten Folgen,[40] die an einem Phänomen der Wirklichkeit feststellbar sind, zu tun. Daß sich die Frage nach der Angemessenheit der Zuordnungen als Problem des Deutens und nicht des konstatierenden Beobachtens artikuliert, ergibt sich aus dem Umstand der Komplexität von Wirkungs- und Erfahrungszusammenhängen der Wirklichkeit. Es wird daher immer nur möglich sein, spezielle Seiten einer kulturellen Erscheinung in den Blick zu nehmen. Würde man versuchen, auf der Ebene der Begriffe die Komplexität der Wirklichkeit einzufangen, so wären diese, bezogen auf das konkrete Phänomen, in ihrer Allgemeinheit so umfänglich, daß ihnen eine adäquate Deutung des Einzelnen verstellt wäre. Sie führten uns »von der Fülle der Wirklichkeit *ab*«.[41]

Weil aber die kulturwissenschaftliche Erkenntnis »insofern an ›subjektive‹ Voraussetzungen *gebunden* (ist), als sie sich nur um diejenigen Bestandteile der Wirklichkeit kümmert, welche irgendeine – noch so indirekte – Beziehung zu Vorgängen haben, denen wir Kultur*bedeutung* beilegen«,[42] ist sie nicht als objektive Deutung von Kulturvorgängen im Sinne einer Reduktion des Empirischen auf Gesetze[43] denkbar, sondern nur in einem Sinne, der mit der »Kategorie der ›objektiven Möglichkeit‹«[44] arbeitet. Die Deutung von Sinnzusammenhängen wird sich also damit beschäftigen, welche Chancen die Objektivierbarkeit beobachteter Vorgänge hat. Die Evidenz jener Objektivierung hängt ihrerseits von der Adäquanz idealtypisierender Begriffskonstellationen ab.

Daraus ergibt sich, daß Idealtypen zwar selbst sinnkonstitutiv sind,[45] gleichwohl aber auch nur als Erkenntnismittel angesehen werden können.[46]

Webers Soziologie ist gleichermaßen begriffsbildend und begriffsgeleitet. Mit den Naturwissenschaften hält sie an der Notwendigkeit der Bildung und Anwendung exakter Begriffe fest. Als Erfahrungswissenschaft, deren Gegenstand menschliches Verhalten ist, verbindet sich jedoch mit dem Verstehen menschlichen Verhaltens ein weitreichenderer Anspruch. Verstehende Soziologie im Sinne Webers kann sich nicht auf Beschreibungen und

Rekonstruktionen beschränken, sondern hat sich ihrem Gegenstand darin als methodisch adäquat zu erweisen, daß sie ihn *deutet*. Der Sinn von Handlungen erschließt sich im Modus des Deutens, denn dasjenige Meinen des Sinns, das den subjektiven Handlungen zugrundeliegt, tritt erst in Prozessen bedeutungskonstituierender Begriffsbildung zutage. Sinn ist weder deskriptiv noch auf dem Wege funktionalistischer Erklärungsweisen explizierbar, sondern ist, sofern er zu einem reflexionsgeleiteten Ausdruck, zu einer theoretischen Vermittlung kommen soll, an die komponierende Tätigkeit des wissenschaftlichen Betrachters gebunden. Die idealtypisierende Begriffsbildung ist deshalb selbst erfahrungsbezogen. Weil sie deutendes Verstehen intendiert, wird sie »gegenüber der beobachtenden Erklärung« ein »Mehr« an Erklärung bieten können. Diese »Mehrleistung«[47] des Verstehens gegenüber dem Beobachten erklärt sich aus dem methodischen Individualismus, der auch dann greift, wenn es um das Handeln sozialer Gebilde geht: Das »›*Verstehen*‹ des Verhaltens der beteiligten *Einzelnen*«[48] erwägt dessen Sinn in einem theoretischen Modus, der die Subjektivität jenes Sinnes methodologisch auf der Ebene theoretischer Erklärungen vermitteln muß. Das Konzept der Idealtypen erhebt gegen das intuitive Nacherleben von Handlungsmotivationen und Handlungen Einspruch. Deutendes Verstehen unterliegt den Kriterien rationaler Deutung. Hier wird der unterschiedliche Status des methodischen Grundsatzes rationaler Deutung, der Handlungen auf eine implizite Zweck-Mittel-Relation hin befragt, und des Idealtypus zweckrationalen Handelns deutlich. Was beide gleichwohl in ein Verwandtschaftsverhältnis bringt, ist die Evidenz der adäquaten Zuordnung von subjektiv gemeintem Sinn und rationaler Rekonstruktion. Dennoch tut jede Weber-Interpretation gut daran, beides voneinander zu trennen.

Die methodologischen Grundsätze sind bei Weber, so paradox das klingen mag, der Nicht- oder nur bedingten Methodisierbarkeit des soziologischen Gegenstandes geschuldet. Menschliches Verhalten ist nicht rational und methodisch im Sinne konsistenter wissenschaftlicher Methoden funktionaler Erklärung. Seine Rationalität und Methodik erweist sich unter Umständen gerade als irrational und unmethodisch. Es folgt dennoch rationalen Kriterien, weil die theoretische Begriffsbildung idealtypisierenden

Verstehens die Bezugspunkte für die Bestimmung desjenigen, was dem Verstehen als rational gelten kann, selbst komponiert – mit der Absicht auf rationale Deutung und des Verstehens subjektiven Sinns. Deutung und Verstehen verhalten sich zueinander bedeutungskonstitutiv. Die erkenntnistheoretische Neutralität der Idealtypen läßt sich vor diesem Hintergrund als Garant einer erfahrungswissenschaftlichen Erklärung begreifen, der Begriffs*bildung* zugleich so viel heißt wie Sinn*deutung*.
Daß der subjektive Handlungssinn, der der Genese individueller Erfahrungsbildung zugrunde liegt, der theoretischen Explikation zugänglich ist, daß also Erfahrungswissenschaft im Sinne Webers überhaupt möglich ist, beruht auf einem Verstehenskonzept, das mit Idealtypisierungen arbeitet. Sie sind nicht nur erfahrungswissenschaftlich rekonstruktiv relevant, sondern selbst erfahrungserzeugend. In diesem Verständnis kann man Webers Methodologie als eine »Ökonomie der Erfahrung«[49] bezeichnen.
Der produktive Erfahrungsgehalt, den der Idealtypus in sich birgt, läßt ihn in gewisser Weise als Utopie[50] erscheinen. Diesen utopischen Charakter verleiht ihm sein spezifisches Verhältnis zu der Wertbezogenheit der Gegenstände, die er idealtypisch erklären will. Sie haftet aus der Perspektive des Wissenschaftlers allen von ihm untersuchten Daten, Ereignissen und Handlungen an, insofern er unvermeidlich leitenden Werten folgt, und kommt andererseits den untersuchten Gegenständen in ihrem kulturellen Zusammenhang selbst zu.
Am utopischen Charakter des Idealtypus läßt sich methodologisch eine mögliche Wertbezogenheit explizieren, ohne daß er selbst axiomatisch wäre. Die Zurechenbarkeit von Idealtypen zu konkreten Kulturerscheinungen ist eine hermeneutische Aufgabe, die rational in dem Maße ist, wie sie einerseits den wertbezogenen Standpunkt von der Neutralität idealer Konstruktionen zu trennen weiß, jedoch andererseits im Bewußtsein jener analytischen Trennung beides in ein adäquates Verhältnis bringt. Von hier aus erst kann sich die deutende Zurechnung als objektiv mögliche erweisen. In diesem Sinne betont Weber, »daß der Gedanke des Sein*sollenden*, ›Vorbildlichen‹ von diesen in rein *logischem* Sinn ›idealen‹ Gedankengebilden, die wir besprechen, hier zunächst sorgsam fernzuhalten ist. Es handelt sich um die Konstruktion von Zusammenhängen, welche unserer *Phantasie* als

zulänglich motiviert und also ›objektiv möglich‹, unserem nomologischen Wissen als *adäquat* erscheinen«.[51]

Vor dem Hintergrund dieser Überlegungen erscheint Webers Konzept des deutenden Verstehens und der Idealtypenbildung als geeigneter theoretischer Rahmen zur Explikation desjenigen Sinns, den Handelnde ihrem Handeln implizit oder explizit zugrundelegen oder zugrunde gelegt haben könnten. Die Subjektivität der Handelnden als Handelnde wird so mittels und im Medium eines begrifflichen Instrumentariums objektivierbar, ohne selbst in objektivistische Erklärungen münden zu müssen. Idealtypisches Verstehen und Deuten ermöglicht auf diese Weise produktive Erfahrungsbildung im Schnittfeld von Diskursivität und theoriegeleiteter Intuition, die mit der Komposition und der Konstellation des begrifflichen Materials befaßt ist.
Die Methodologie der Weberschen Soziologie thematisiert implizit selbst die Vermittlungsprobleme zwischen dem Gegenstandsbereich und den methodischen Zugriffsmöglichkeiten auf diesen. Sie ist deshalb nicht bloße Methode. Im Verstehen selbst aktualisiert und konstituiert sich Wirklichkeit. Daß das Verstehen als methodisches Vorgehen und sein Gegenstand strukturell im gleichen Sinne rational sind, beruht auf der für Weber nicht hintergehbaren Tatsache des allgemeinen kulturmenschlichen Interesses an rationalem Handeln. Man kann deshalb bei Weber von einer »Synthesis von Gegenstand und Methode«[52] sprechen. Sie zielt auf individuiertes Handeln und ist doch nicht bloß »›individualistische‹ *Methode*«.[53] Die synthetisierende Leistung des Verstehens, die man vielleicht sogar als Urteilskraft bezeichnen kann, basiert auf der diskursiven Erklärung von Handlungen und der mit ihnen unbewußt oder bewußt, implizit oder explizit verfolgten Zwecke und könnte im Verständnis Webers niemals auf introspektivem oder intuitionistischem Wege erreicht werden. »Im vollzogenen Akt des Verständnisses wird ein Gehalt, der selbst wesentlich mögliche Rationalität ist, rational erfaßt.«[54]
Wir haben bisher über das Konzept der Idealtypenbildung hinsichtlich seiner wissenschaftstheoretischen Einbettung in die Soziologie Webers allgemein gesprochen. Dort war es wesentlich um Vermittlungsprobleme gegangen. Sie sind unter dem methodologischen Gesichtspunkt der Wissenschaftslehre gewisserma-

ßen Max Webers zentrales Thema, insofern sein erkenntnisleitendes Interesse auf menschliches Verhalten, auf die Formen der Lebensführung unter Bedingungen des okzidentalen Rationalismus gerichtet ist, die der Theoretiker bereits vorfindet und die er in die systematische und methodische Grundlegung seiner Analysen einzubeziehen sucht.

Die Soziologie im Sinne Webers ist »eine Wissenschaft, welche soziales Handeln deutend verstehen und dadurch in seinem Ablauf und seinen Wirkungen ursächlich erklären will«.[55] Der Erklärungsanspruch soll durch die methodologische Entscheidung für ein idealtypisierendes Vorgehen eingelöst werden. Mit dem Idealtypenkonzept ist beabsichtigt, die Universalität von Erscheinungen, Gegenständen der Soziologie, mit der typisierten Individualität von Handlungssubjekten so miteinander zu verschränken, daß weder das individuell Charakteristische, das der Typus kennzeichnet, noch die Allgemeinheit der gewonnenen Einsichten aufeinander reduziert werden können. Der Gegenstandsbereich der Weberschen Soziologie ist das soziale Handeln, aber das Einzelindividuum und sein Handeln ist »unterste Einheit«, »ihr ›Atom‹ – wenn der an sich bedenkliche Vergleich hier einmal erlaubt ist –«.[56] Die verstehende Soziologie beschäftigt sich deshalb mit der Sozialität des Handelns Einzelner oder anders gesagt: mit dem konstitutiven Charakter des Handelns Einzelner im Hinblick auf Formen sozialen Handelns. Insofern bleibt das wissenschaftliche Bestreben nach Generalisierungen an Typisierungen des konkreten Einzelnen gebunden. Generalisierung und Betrachtung des Einzelnen bilden dasjenige wechselseitige Implikationsverhältnis, das dem Konzept des deutenden Verstehens wesentlich ist.

Die Notwendigkeit eines Konzepts idealtypischen Verstehens ergibt sich bei Weber daraus, daß Handeln als Gegenstand des soziologischen Interesses nur unter dem Aspekt möglicher Sinnbezüge in den Blick kommt. Nach dem berühmten § 1 der sogenannten »Soziologischen Grundbegriffe«, in dem Weber in drei Schritten den Gegenstandsbereich seiner Soziologie vom einfachen Verhalten auf sinnbezogenes Handeln und schließlich auf sinnbezogenes Handeln, sofern es auf das Verhalten anderer bezogen ist, eingrenzt, ist es wesentlich die Dimension möglichen

Sinns, die ein Verhalten allererst zu einem Handeln macht: »›Handeln‹ soll dabei ein menschliches Verhalten (einerlei ob äußeres oder innerliches Tun, Unterlassen oder Dulden) heißen, wenn und insofern als der oder die Handelnden mit ihm einen subjektiven *Sinn* verbinden. ›Soziales‹ Handeln aber soll ein solches Handeln heißen, welches seinem von dem oder den Handelnden gemeinten Sinn nach auf das Verhalten *anderer* bezogen wird und daran in seinem Ablauf orientiert ist.«[57]
Lassen wir zunächst unberücksichtigt, aus welchen Quellen sich ein möglicher, subjektiv gemeinter Sinn speist, den die Handelnden mit ihrem Handeln verbinden, dann ergibt sich, daß die Sinnorientierung und Sinnbestimmtheit menschlichen Verhaltens eine notwendige Bedingung dafür ist, um vom Handeln im Sinne Webers sprechen zu können. Zureichend wird diese Bedingung im Hinblick auf soziales Handeln in der Bezogenheit des Sinns auf und seine Orientierung am Verhalten *anderer*. Die Grenzen zwischen monologisch sinnhaftem Verhalten und einer gewissermaßen intersubjektiv »sinnhaften Beziehung« sind, wie Weber betont, »höchst flüssig«.[58] Es ist aber in unserem Zusammenhang nicht erforderlich, begriffliche Unterscheidungen zwischen ›sozial‹ und ›nicht-sozial‹ festzulegen.
Denn vergegenwärtigt man sich, daß, wie Weber es ausdrückt, der »Grund der Flüssigkeit« zwischen jenen beiden Typen des Handelns darin liegt, »daß die Orientierung an fremdem Verhalten und der Sinn des eigenen Handelns ja keineswegs immer eindeutig feststellbar oder auch nur *bewußt* und noch seltener: vollständig bewußt ist«,[59] dann könnte man in einem schwachen Sinne die Sozialität des Handelns an das Kriterium der Sinnorientiertheit und der Sinnbestimmtheit binden.[60]
Folgt man Webers Bestimmung im Kategorienaufsatz, dann läßt sich die Deutung von Sozialität qua sinnhafter Bezogenheit stützen, insofern der subjektiv gemeinte Sinn nur deshalb erklärt werden kann, weil und indem er als sozialer verstanden werden kann. »Das für die Soziologie spezifisch wichtige Handeln nun ist im speziellen ein Verhalten, welches 1. dem subjektiv gemeinten Sinn des Handelnden nach auf das *Verhalten anderer* bezogen, 2. durch diese seine sinnhafte Bezogenheit in seinem Ablauf *mitbestimmt* und also 3. aus diesem (subjektiv) gemeinten Sinn heraus verständlich *erklärbar* ist.«[61]

Das Handeln, das Gegenstand der Weberschen Soziologie ist, ist nicht monologisches, einsames Handeln, sondern soziales Handeln. Deutendes Sinnverstehen ist an das Paradigma ›Intersubjektivität‹ gebunden. Das schließt bei Weber aber nicht den Rekurs auf den subjektiven Charakter des Handelns und dessen subjektive Motive und Intentionen aus. Das Prinzip der methodischen Individualisierung kann den subjektiven Charakter von Handlungen nicht umgehen. Nur: Wege der Introspektion möchte Weber nicht beschreiten. Trotzdem kann die »Bezogenheit« des subjektiv gemeinten Sinns auch als »›Innenseite‹ des menschlichen Verhaltens«[62] soziologischer Deutung zugänglich gemacht werden. »Vorgänge, welche *nicht* einen auf das Verhalten anderer subjektiv bezogenen Sinn haben, sind um deswillen nicht etwa soziologisch *gleichgültig*. Im Gegenteil können gerade sie die entscheidenden Bedingungen, und also: Bestimmungsgründe, des Handelns in sich schließen.«[63]
Die sinnhafte Bezogenheit des eigenen Handelns, sofern es an fremdem Verhalten orientiert ist und von ihm mitbestimmt wird, läßt sich wohl nie scharf von einer Nicht-Bezogenheit isolieren, weil jedes menschliche Verhalten, in welchem sichtbaren Grade, in welcher mehr oder weniger bewußten Weise auch immer, stets an anderen Menschen und ihrem Verhalten orientiert ist. Das heißt aber nicht, die Differenz zwischen sozial und nicht-sozial könne darum ganz fallengelassen werden. Dennoch soll hervorgehoben werden, daß das Unterscheidungskriterium zwischen sozialem und nicht-sozialem Handeln, nämlich die sinnhafte Bezogenheit auf das Verhalten anderer, selbst sowohl begrifflich als auch empirisch Unschärfen enthält und aus diesem Grunde eher den Status eines heuristisch relevanten *Grenzbegriffs* innehat. Entsprechend ist für Weber der Begriff des sozialen Handelns auch nur ein, wenn auch der zentrale und für die verstehende Soziologie konstitutive Tatbestand.[64]
Auch soziales Handeln kann Elemente monologischen Handelns einschließen – oder anders gesagt; auch monologisches Handeln ist implizit sozial. Hier kommt es nur darauf an, daß auch ein Handeln, das Weber als ›inneres Tun‹ auffaßt, ein monologisches Handeln also, mit Webers handlungstypologischer Begrifflichkeit dem Verständnis und der Deutung zugänglich gemacht werden kann.

Diese relative Erweiterung im Verständnis sozialen Handelns erlaubt es, auch solche Handlungen unter dem Aspekt einer implizit oder latent intersubjektiven Bedeutung betrachten zu können, für die die Unterscheidung ›monologisch‹ oder ›selbstbezüglich‹ einerseits und ›sozial‹ andererseits nur einen bedingten Erklärungswert hat.
An späterer Stelle wird im Zusammenhang der handlungstheoretischen Kritik der »Dialektik der Aufklärung« zu sehen sein, daß die zunächst vorgeschlagene Explikation der Sozialität von Handlungen im Weberschen Sinne für die Deutung eines Typus von Handlungen relevant ist, der selbstbezüglich und zweckrational zugleich ist. Es ist durchaus möglich, ›den Anderen‹ bzw. ›die Anderen‹, an deren vergangenem, gegenwärtigem oder für künftig erwartetem Verhalten das eigene Handeln orientiert sein mag, als Kategorie zu verstehen, in der eine mögliche, handlungstypologische Ambivalenz subjektiver Handlungsabsichten bestehen bleibt. Wenn sich die Sinnbezüglichkeit des Handelns als der handlungstheoretisch relevante Kern des soziologischen Verstehens herausschälen läßt, ist nicht eine personale Anders- oder Fremdheit ausschlaggebend, sondern eine Instanz, die innerhalb der personalen Identität gleichwohl den Bezug auf Andersheit offenhält.

1.1.1. ›Subjektiv gemeinter Sinn‹
als handlungstheoretische Grundkategorie

Bevor geklärt werden kann, in welcher Weise das Konzept der Idealtypenbildung Sinnverstehen ermöglicht, ist es nötig, den Begriff des Sinns eingehender zu betrachten.
»›Sinn‹ ist (hier) entweder a) der tatsächlich α. in einem historisch gegebenen Fall von einem Handelnden oder β. durchschnittlich und annähernd in einer gegebenen Masse von Fällen von den Handelnden oder b) in einem begrifflich konstruierten *reinen* Typus von dem oder den als Typus *gedachten* Handelnden subjektiv *gemeinte* Sinn. Nicht etwa irgendein objektiv ›richtiger‹ oder ein metaphysisch ergründeter ›wahrer‹ Sinn.«[65] Entscheidend ist, daß Sinn der subjektiv *gemeinte* Sinn ist, ohne daß das ihm implizite Meinen die Stelle eines schlechthin nicht Verfügba-

ren, nicht verfügbaren Handlungsgrundes einnimmt. Im Gegenteil soll auch der subjektiv gemeinte Sinn als etwas rational Deutbares aufgefaßt werden können.
Der Begriff des subjektiv gemeinten Sinns hat innerhalb des Verstehens-Konzepts einen eigentümlichen Status inne, der sich aus der theoretischen Intention ergibt, objektivierbare sozialwissenschaftliche Erklärungen mit Mitteln eines methodischen Individualismus gewinnen zu wollen. So ist auch der subjektiv gemeinte Sinn weder ganz der Seite eines quasi objektiven, originären Sinns noch der Seite eines subjektivistisch verstandenen Sinnbegriffs zuzurechnen. Von einem ursprünglich subjektiven Sinn wäre nur auf eine höchst komplexe Weise, womöglich auch nicht im wissenschaftlichen Diskurs, zu reden; man würde darin Annäherungsversuche an etwas sehen müssen, dessen zahllose Einzelfaktoren und -momente nie vollständig erfaßt werden können. Auf der anderen Seite würde eine Redeweise von einem objektiven Sinn bei Weber wegen ihrer normativistischen Konnotationen und Implikationen schlechterdings nicht ernsthaft erwogen werden können.
Der subjektiv gemeinte Sinn ist die über eine typologische Betrachtung vermittelte Sinndimension von Handlungen zwischen einem Solipsismus subjektiven Sinns und einem Begriff objektiven Sinns, wie er sich beispielsweise durch eine bestimmte Klassenzugehörigkeit des Handelnden aktualisieren würde. Dagegen repräsentiert der subjektiv gemeinte Sinn den subjektiven Glauben an die Tatsächlichkeit der den Handlungen unterliegenden Motive; er ist dasjenige, von dem die Handelnden meinen können, es sei faktisch der Sinn, der ihren Handlungen objektiv zugrunde liege. Der subjektiv gemeinte Sinn ist also kein ideeller, sondern tatsächlicher Sinn.
Die Möglichkeit eines objektivierenden Zugriffs auf den Sinn, den die Handelnden subjektiv mit ihren Handlungen verbinden, ergibt sich aus der Perspektive der 3. Person. Mit Hilfe idealtypischer Konstruktionen vollzieht der Betrachter die immanente Logik, der der Sinn bzw. die Sinnzusammenhänge folgen können, als mögliche rationale nach. Weil der Idealtypus beides, sowohl die subjektive Dimension des Handelns als auch die Möglichkeit zu deren rationalem, methodisch gesichertem Nachvollzug in sich schließt, kann er dasjenige, was mit ihm deutend

verstanden werden soll, gegebenenfalls unter einem bestimmten Aspekt auch als irrational deuten. Die innere Wahlverwandtschaft zwischen dem idealtypischen Vorgehen und dem zu deutenden Handeln ergibt sich aus der Unterstellung, die Rationalität des methodischen Zugriffs verhalte sich analog zur möglichen Rationalität der Handlungen selbst.

Zweifellos beziehen die Individuen Sinn jedoch aus ihren subjektiven Erlebnissen, Vorstellungen und Zwecksetzungen.[66] Doch er ist damit nicht subjektivistisch in der Weise, daß Sinn nur durch eine Deutung aus der Perspektive der Individuen selbst als solcher erfaßt werden könnte.

Vielmehr hat Sinn, weil die ihm zugrundeliegenden subjektiven Erfahrungen und Intentionen der einzelnen Individuen durch ihre gesellschaftliche Vermitteltheit auch allgemein sind, intersubjektiven Charakter. Weber expliziert »sinnhaftes« als »verstehbares Handeln«.[67] Verstehbarkeit ist jedoch nicht, wie noch zu zeigen sein wird, so aufzufassen, als sei sinnhaft nur das, was allemal intersubjektiv verfügbar sei, etwas von sich aus selbst Verständigungsorientiertes.

Sinn ist nur rekonstruierbar und verstehbar aus den Handlungen und Handlungsmotivationen der idealisierten Einzelnen. Der umfassende kulturelle Zusammenhang, in den sie lebensweltlich eingebunden sind, bildet den sinnhaften Horizont eines strukturierten Erfahrungsraums innerhalb einer heterogenen Mannigfaltigkeit oder, wie Weber es ausdrückt, »ist ein vom Standpunkt des *Menschen* aus mit Sinn und Bedeutung bedachter endlicher Ausschnitt aus der sinnlosen Unendlichkeit des Weltgeschehens«.[68] Es ist dabei »die stets individuell geartete Wirklichkeit des Lebens in bestimmten *einzelnen* Beziehungen«,[69] die für uns nur Bedeutung haben kann. Unter ›Sinn‹ können wir also auch ›Bedeutung‹[70] oder das ›Wesen‹[71] eines Hergangs oder Handelns verstehen. Sinnvoll ist dasjenige, was etwas bedeutet.[72] Dem Sinnhaften kontrastiert Weber die Natur, Naturhaftes als etwas in seinem Verständnis von sich aus Sinnlosem, weil es von sich aus nicht bedeutungskonstitutiv ist. Der Gegenbegriff zu ›Natur‹ als dem Sinnlosen wäre also nicht ›soziales Leben‹, sondern ›Sinnvolles‹.[73]

Diese Unterscheidung schließt aber nicht aus, daß die Beziehung (sinnhaften) menschlichen Verhaltens auf die (sinnlose) Natur nicht ihrerseits sinnhaft sein kann, eine sinnhafte Dimension des Handelns genannt werden kann. Handlungsbezüge auf die objektive Welt, auf Natur müßten unter diesem Aspekt selbst implizit soziale genannt werden, denn ihre Bedeutung als sinnhafte Handlungsbezüge ist intersubjektiv konstituiert und damit erst verstehbar.

Zusammenfassend möchte ich formulieren: Ein Handeln, das am Verhalten anderer orientiert und von diesem mitbestimmt ist, ist soziales Handeln aufgrund seiner Sinnorientiertheit und Sinnbestimmtheit. Die Erklärung sozialen Handelns ist an ein Verstehen desjenigen Sinns gebunden, der dem Handeln orientierend und bestimmend zugrunde liegt. Die Sozialität von Handlungen erschließt sich in den Sinnzusammenhängen des Handelns; sie sind Gegenstand der von Weber intendierten Soziologie. »Für die Soziologie (im hier gebrauchten Wortsinn, ebenso wie für die Geschichte) ist aber gerade der *Sinn*zusammenhang des Handelns Objekt der Erfassung.«[74]

Die Sinnbezogenheit des Handelns soll an dieser Stelle deshalb als eine zentrale Bestimmung des Handlungsverstehens betont werden, weil Sinn bei Weber diejenige Kategorie ist, die auf die implizite Wertbezogenheit *jeden* Handelns verweist. Denn die Methodologie der verstehenden Soziologie Webers reflektiert, »daß *alles* Handeln, und natürlich auch, je nach den Umständen, das *Nicht*-Handeln in seinen Konsequenzen eine *Parteinahme* zugunsten bestimmter Werte bedeutet«,[75] ohne daß sie zu den Werten selbst wertend Stellung beziehen müßte. Diese prinzipielle Wertbezogenheit des Handelns ist für die weitere Argumentation von Bedeutung.

Wenn der subjektiv gemeinte Sinn, den die Handelnden mit ihren Handlungen verbinden, Ausdruck der kulturmenschlichen Fähigkeit ist, »bewußt zur Welt *Stellung* zu nehmen und ihr einen *Sinn* zu verleihen«,[76] so impliziert das eine »praktische Wertbezogenheit«[77] des Handelns überhaupt. Diese Dimension der praktischen Wertbezogenheit des Handelns und die Frage, ob sie von Fall zu Fall überhaupt empirisch zugänglich ist, soll von der theoretischen Wertbeziehung, also davon, wie sich die wissenschaftliche Tätigkeit zu Werturteilen – seien es die impliziten ihrer Objekte, seien es die, denen der Wissenschaftler seinen eige-

nen Erkenntnisinteressen entsprechend folgen will[78] – verhält, zunächst ganz unabhängig gesehen werden.
Entscheidend ist, daß jedes Handeln, ob typologisch als zweckrational, wertrational, affektuell oder traditional bestimmt, wertbezogen auch unter der Bedingung ist, daß »jede denkende Besinnung auf die letzten Elemente sinnvollen menschlichen Handelns«[79] an die Kategorien von Zweck und Mittel gebunden ist. »Wir wollen etwas in concreto entweder ›um eines eigenen Wertes willen‹ oder als Mittel im Dienste des in letzter Linie Gewollten.«[80]
Von einer Wertbezogenheit des Sinns zu sprechen, läßt sich auch terminologisch rechtfertigen. Wie Henrich[81] und Weiß[82] herausstellen, werden die Ausdrücke ›Sinn‹, ›Wert‹ und ›Bedeutung‹ von Weber annähernd synonym gebraucht, wenngleich er innerhalb seiner Schriften bezogen auf ›Sinn‹ – vor allem in den späteren Schriften – und ›Wert‹ – vor allem in den methodologischen Arbeiten – unterschiedliche Gewichtungen vornimmt.
Für ›Wert‹ gilt jedoch, was bereits für den Sinnbegriff im Zusammenhang mit dem subjektiv gemeinten Sinn gesagt wurde: Er ist »eben gerade das und nur das, was fähig ist, Inhalt einer Stellungnahme: eines artikuliert-bewußten positiven und negativen ›Urteils‹ zu werden.«[83] In bezug auf das stets unmittelbar von Interessen bestimmte Handeln ließe sich dann weiter sagen, daß die Sinngebungen, mit denen Handlungen verbunden sind, dieses Handeln nur dann wirklich bestimmen, wenn sie auch als Wertsetzungen im Sinne favorisierter Interessen aufgefaßt werden können. Die Sozialität des Handelns beruht wesentlich darauf, daß der subjektiv gemeinte Sinn in bezug auf andere seiner Möglichkeit nach verhaltensorientierend wirken kann. Insofern zeichnet die mögliche Aktualisierung von subjektiv gemeintem Sinn ihn als gesellschaftlich vermittelten aus. Daß es sich dabei um Verhaltens*orientierungen* handelt, schließt die Bestimmung und Deutung von Sinn im Horizont auch anderer Sinngebungen ein. Subjektiv gemeinter Sinn kann also bei Weber deshalb zu einer sozialwissenschaftlichen Kategorie werden, die dem Interesse der Deutung sozialen Handelns dient, weil er als gesellschaftlich vermittelter aktualisierbar und prinzipiell deutbar ist. Die Möglichkeit der Deutung beruht auf der Explizierbarkeit seiner gesellschaftlichen Vermittlung.[84] Sein subjektiver Ursprung, der Sinn-

horizont der Handelnden selbst, deren subjektive Synthetisierung von Handlungsabsichten und Sinnorientierungen, erfährt dabei hinsichtlich seines methodologischen und systematischen Stellenwerts innerhalb einer verstehenden Soziologie keine Abstriche.
Webers Anliegen einer auf rationalen Kriterien beruhenden objektiven Deutung und das Konzept methodischer Individualisierung sind demnach über die Sinnbezogenheit des Handelns selbst vermittelbar. Hier ist auch die eigentliche Begründung dafür zu finden, daß von der Rationalität von Handlungen nur qua Sinnbezogenheit gesprochen werden kann: »individuelles Handeln ist, seiner sinnvollen *Deutbarkeit* wegen, – soweit diese reicht, – prinzipiell spezifisch weniger ›irrational‹ als der individuelle Naturvorgang«.[85]

1.1.2. Sinnverstehen als Modus rationaler Deutung

Vor dem Hintergrund der bisherigen Überlegungen ist nun eine Spezifikation des Konzepts des Sinnverstehens möglich. Wir haben zu prüfen, in welcher Weise und unter welchen Bedingungen Sinn *als* Sinn verstanden und gedeutet werden kann.
Es wurde bereits auf das Problem der Evidenz von Deutungsmustern zwischen Rationalismus und Intuitionismus hingewiesen. So wenig man Webers Verstehens-Begriff rationalistisch deuten kann, so sehr verbietet sich andererseits auch eine intuitionistisch-nacherlebende Betrachtungsweise: beide widersprächen dem Konzept des idealtypischen Verstehens und Deutens fundamental.
J. Weiß hat vorgeschlagen, Sinn als Kommunikabilität zu explizieren. Verstehbar seien Handlungsmotivationen und -orientierungen – und das schließt nach Weiß' Überlegungen auch den problematischen Fall affektueller Vorgänge ein – insofern sie kommunikabel im Sinne von »intersubjektiv identisch verstehbar«[86] seien. »Verstehen im Sinne Webers richtet sich auf die psychische (intellektuelle, affektuelle usw.) Vollzüge orientierenden und strukturierenden Wert- und Sinnmuster. Dies bedeutet zunächst nur, daß sich das Verstehen auf *die* Bestimmungsmomente des Verhaltens wendet, welche als solche grundsätzlich

›kommunikabel‹ (d. h.: sprachlich mitteilbar) sind.«[87] In der Tat kann sich diese Argumentation auf Webers implizite Bestimmung sinnhaften als verstehbaren Handelns als »in Worten (...) adäquat kommunikable Vorgänge«[88] stützen.

Der Versuch, Webers Verstehens-Konzept auf Kommunikabilität im Sinne sprachlicher Mitteilbarkeit einzuengen, ist aber nicht unproblematisch. Kommunikabilität kann in bezug auf Weber angemessen nur in dem sehr weiten Sinne von Sprachfähigkeit als der wesentlichen anthropologischen Bestimmung menschlicher Existenz verstanden werden. Der Verstehens-Begriff wird damit aber in einer Weise ausgeweitet, die ihn für empirische Analysen nahezu unbrauchbar zu machen scheint. Aus diesem Grund möchte ich vorschlagen, Webers Verstehens-Konzept nicht auf die allgemeine Disposition zur Sprachfähigkeit hin auszulegen. Andererseits, folgt man dem Vorschlag von Weiß, erfährt der Verstehens-Begriff eine Einengung, wenn man Verstehen im Sinne von Kommunikabilität an die Bedingung sprachlicher Mitteilbarkeit bindet. Das hat zur Folge, daß bestimmte Sinn-Dimensionen möglicherweise für Deutungen gar nicht in Betracht kommen können, weil sie dem Verstehen von vornherein schon nicht zugänglich sind. Denn auszuschließen ist nicht, daß es Sinnhaftes – auch intersubjektiv verstehbar als Sinnhaftes seiner Möglichkeit nach – gibt, das nicht sprachlich artikuliert mitteilbar ist, dennoch aber auch nicht jenseits von Sprachlichkeit überhaupt, d. h. jenseits dessen, was im Medium der Sprache erfaßbar ist, liegen muß. Denn auch Bewußtseinsfähigkeit ist im weitesten Sinne an die Fähigkeit sprachlicher Symbolisierung gebunden, ohne daß sie das Kriterium der Mitteilbarkeit zur Voraussetzung haben müßte. Zu denken wäre hier an subjektive Erfahrungsgehalte, die als individueller Ausdruck des Allgemeinen möglicher Erfahrung zwar vermittelt intersubjektiv zugänglich sind, deren subjektiver Erfahrungskern sich diskursiver Mitteilbarkeit jedoch partiell oder in bestimmten Hinsichten entzieht. Das heißt aber nicht: überhaupt und notwendig entziehen muß. Vorstellbar ist die Entfaltung subjektiver Sinn- und Erfahrungsgehalte im Medium eines Verstehens, das Konstellationen möglichen Sinns als Sinn auslegt, das Sinn im Lichte möglicher, anderer, auch eigener Sinnhorizonte als etwas begreift, was sich erst in herzustellenden Konstellationen aktualisierbaren Sinns eröffnet. Verstehen wäre dann nicht auf die Leistung begrifflicher Identifikationen und Subsumtionen beschränkt, sondern würde, als Prozeß aufgefaßt, der Versuch einer begriffsgeleiteten Durchdringung möglicher Sinngehalte genannt werden müssen. Dieser Prozeß kann auch als Ausdruck bzw. als begriffsgeleitete Bildung von Erfahrungsgehalten aufgefaßt werden: Er müßte, um der Erkenntnis des konkreten Allgemeinen willen – in gleicher Nähe zur Rekonstruktion wie zur Konstruktion seines Materials – zu einem Ausdruck des Verstandenen im Verstehen selbst kommen.

Zwar würde ein solches Verstehen ebenso einen Aspekt des Nacherlebens oder der Nachbildung einschließen, doch wäre in bezug auf die »Möglichkeit ›innerer‹ ›*Nach*bildung‹«[89] von »›Nachbildung‹ nur in sehr uneigentlichem Sinn«[90] zu reden.

Verstehen vollzieht sich im Modus kausaler Deutung, und idealtypisch betrachtetes individuelles Handeln ist, im Gegensatz zu individuellen Naturvorgängen, positiv kausal deutbar aus Motiven heraus.[91] Unberechenbar »im Sinn der fehlenden Deutbarkeit«[92] sind dagegen natürliche, höchstens statistisch zu ermittelnde Abläufe, wie etwa der Absturz eines Felsblocks. Deutungen individueller Handlungen unterliegen einer anderen Art nomologischen Wissens als irrationale Vorgänge im Sinne des Undeutbaren. »Und während auf dem Gebiet des ›Undeutbaren‹ der individuelle *Einzel*vorgang: – der einzelne Wurf mit dem Würfel, die Splitterung des abstürzenden Felsens – durchaus irrational in dem Sinn blieb, daß wir uns mit dem Feststehen der nomologischen Möglichkeit: – Nichtwiderspruch gegen Erfahrungsregeln – begnügen mußten und erst die *Viel*heit der Einzelfälle unter bestimmten Voraussetzungen darüber hinaus zu ›Wahrscheinlichkeitsurteilen‹ zu führen vermochte, – gilt uns z. B. das Verhalten Friedrichs II. im Jahre 1756, in einer einzelnen höchst individuellen Situation also, nicht nur als nomologisch ›möglich‹, wie jene Felssplitterung, sondern als ›teleologisch‹ *rational*, nicht in dem Sinn, daß wir in kausaler Zurechnung zu einem *Notwendigkeits*urteil gelangen könnten, wohl aber dergestalt, daß wir den Vorgang als ›adäquat verursacht‹, – d. h. als, bei Voraussetzungen bestimmter Absichten und (richtiger oder fälschlicher) Einsichten des Königs und eines dadurch bestimmten rationalen Handelns, ›zureichend‹ motiviert finden.«[93] Deutendes Verstehen ist dieser Auffassung zufolge auch dann möglich, ist sogar dann rational, wenn statt rationaler Ein- und Absichten auf der Seite des Handelnden ›irrationale‹ Affekte eine gewichtige Rolle spielen sollten. ›Verstehen‹ eröffnet einen Zugang zu Handlungen, der ihre innere, intentionale Logik und deren Motive hervortreten läßt. Eine – so verstandene – Teleologie der Handlungen bezieht sich auf die sinnhaft adäquate Verursachung, in der die Momente des Handlungszusammenhangs miteinander im Verhältnis stehen; sie bezieht sich also auf die Deutung des faktisch und nicht idealerweise vorliegenden Sinnzusammenhangs von Handlungen.

Ob diese Sinnzusammenhänge als Sinnorientierungen der Handelnden selbst in vollem Umfang diskursiv mitteilbar ist, muß jedoch dahingestellt bleiben. Daß Sinn aus der Perspektive des Betrachters allemal nur mittelbar zugänglich ist, dem trägt Weber Rechnung, indem er auf den hypothetischen, heuristischen Charakter, der Deutungsprozessen eigen ist, verweist. Er macht darauf aufmerksam, daß es ein scheinbar gleiches Sichverhalten gibt, dessen Ablauf und dessen Resultate, jedenfalls von außen betrachtet, sich nicht voneinander unterscheiden. Dennoch kann es aber »auf unter sich höchst verschiedenartigen Konstellationen von Motiven beruhen, deren verständlich-evidenteste nicht immer auch die wirklich im Spiel gewesene ist«.[94]

Aus diesem Grund scheint es angemessen zu sein, Kriterien des Sinnhaften, wie Henrich vorschlägt, im Bereich des überhaupt Bewußtseinsfähigen und nicht nur im Bereich des artikuliert Sprachlichen zu suchen. So spricht Weber beispielsweise davon, daß unter Bedingungen fortschreitender Rationalisierung die Beziehungen der Subjekte zu den Sphären inneren, äußeren, religiösen oder weltlichen Güterbesitzes dadurch gekennzeichnet seien, daß deren »innere Eigengesetzlichkeiten« in ihren Konsequenzen »*bewußt*«[95] werden. Erläuternd bestimmt er das Rationale als das »bewußt Erstrebte(n), durch *Wissen* Sublimierte(n)«.[96]

Die Bedingung der Möglichkeit von Sinn und damit die Bedingung des Verstehens von Sinn ist an die Fähigkeit gebunden, sich des Sinns prinzipiell bewußt werden zu können. Mit dieser Bestimmung ist zugleich der Grund dafür genannt, warum nacherlebendes, nachempfindendes Verstehen den Begriff des Verstehens, wie er bei Weber vorliegt, nicht voll zu treffen vermag.

Denn dasjenige, was als mögliche Sinngebung aus der Perspektive des Betrachters nacherlebt wird, muß im Nacherleben, Nachempfinden als solches in seinen Gehalten erkannt werden. Erst in dieser Weise kann das Verstehen zum rational deutenden Verstehen werden. »Im Erkennen des Erlebens durch Verstehen kommt das Erleben erst zur Bewußtheit seiner selbst.«[97] Folgen wir dem Gedankengang Henrichs, so ist Verstehen diejenige ›Technik‹, in der die Gehalte des Erlebten zu Bewußtsein gebracht werden. Webers Formulierungen widersprechen dem nicht: »Nie und nirgends ist eine gedankliche Erkenntnis selbst eines eigenen Erlebnisses ein wirkliches ›Wiedererleben‹ oder eine einfache ›Photographie‹ des Erlebten, stets gewinnt das ›Erlebnis‹, zum ›Objekt‹ gemacht, Perspektiven und Zusammenhänge, die im ›Erleben‹ eben *nicht* ›gewußt‹ werden.«[98] Henrich faßt den rationalen Gehalt des Verstehens in folgender Weise: »Das Verstehen deckt auf, indem es sich nicht selbst in die Verdecktheit des bloßen Erlebens flüchtet. Es vollzieht sich in der bewußt gewahrten Kühle, bei der eigener Affekt ausgeschlossen bleibt. Aber es kann doch nur geleistet werden in der Evidenz, daß das Erleben des Verstandenen ein mögliches eigenes ist, ein Inhalt der eigenen Aktualität sein könnte. Also ist vollzogenes Verstehen eine Kenntnis der Eigenart des Anderen, welche sich im Wissen davon gründet, daß diese Eigenheit eine mögliche gemeinsame ist.«[99]

1.2. Zum Verhältnis von Idealtypen und methodischem Zweckmäßigkeitsgrund

Das Verstehen kann methodisch an der Zweckrationalität orientiert sein, indem es den Sinn von Handlungen kausal-adäquat aus dem Verhältnis der mit ihnen gesetzten Zwecke und den diesen Zwecken angemessenen Mitteln erschließt. Diesem deutenden Verstehen kommt zwar, wie Weber betont, ein Höchstmaß an Evidenz zu,[100] doch lassen die bisherigen Überlegungen darauf schließen, daß Rationalität nicht nur Handlungen zugesprochen werden kann, die ihrem Sinn nach zweck-mittel-rational orientiert sind. Insofern sich die Rationalität von Handlungen über den bewußtseinsfähigen Sinn erschließt, geht sie prinzipiell über Zweckrationalität hinaus; sie wird auch durch Wertrationalität bestimmt.

Dasjenige, was als Sinn bewußt werden kann, ist nicht deshalb sinnhaft, weil es sich als Zweck-Mittel-Verhältnis deuten ließe. Die Deutung hat es auch mit der »Aufdeckung nicht an der Oberfläche liegender historischer Vorgänge und Persönlichkeiten«[101] zu tun. Dabei haben die Wertungen des mit der Deutung befaßten Wissenschaftlers, wie Weber betont, nur eine heuristische Funktion, und eine Parteinahme für bestimmte Werte von dieser Seite aus soll ausdrücklich ausgeschlossen sein. Denn die Geltung von Werten zu beurteilen, ist nicht Aufgabe sozialwissenschaftlicher Erkenntnis im Sinne Webers. Eine solche Beurteilung könnte »*vielleicht* eine Aufgabe spekulativer Betrachtung und Deutung des Lebens und der Welt auf ihren Sinn hin, sicherlich aber *nicht* Gegenstand einer Erfahrungswissenschaft«[102] sein. Dagegen kann die Wissenschaft die implizite oder explizite Wertbezogenheit des Handelns zu Bewußtsein bringen, indem sie sich um die »*Kenntnis* der *Bedeutung* des Gewollten selbst«,[103] des Gewollten im Hinblick auf die ihm zugrundeliegenden Orientierungen, bemüht.

Am Begriff des Sinns läßt sich verdeutlichen, daß reine Zweckrationalität sowohl im Handeln als auch in der Methodologie der Deutung als konstruktiver *Grenzfall* anzusehen ist. Das Zweckrationale als Idealtypus dient gerade dazu, »die Tragweite des Zweck*irrationalen* abzuschätzen«.[104] Weil nun idealtypisches Handlungsverstehen vom subjektiv gemeinten Sinn als etwas, was verstehenden Erklärungen, sinnhaften Deutungen zugänglich ist, seinen Ausgang nimmt, hat das für die rationalen Intentionen einer methodisch gesicherten Deutung die Konsequenz, daß man nur eingeschränkt vom methodologischen Primat der Zweckrationalität sprechen kann. Die methodisch gesicherte Evidenz von Sinn läßt sich nicht umstandslos mit Zweckrationalität gleichsetzen. Die Rationalität von Handlungsmotivationen, die durch Idealtypisierungen expliziert wird, kann als Sinnbezogenheit aufgefaßt werden, ohne daß damit zugleich ein bestimmter Typus von Rationalität unterstellt werden müßte. ›Rational‹ können also auch solche Handlungsmotive und Handlungen genannt werden, die aus der Perspektive der Zweckrationalität als irrational gedeutet werden müßten.
Handlungen nach dem Prinzip der Zweck-Mittel-Abwägung wä-

ren also als ein Teilbereich rationaler Handlungen überhaupt zu begreifen. Entsprechend betont Weber, daß gemeinter Sinn auch affektuellen Handlungen oder Vorgängen zugrunde liegt, daß mithin der Terminus ›sinnhaft‹ nicht allein auf zweckrational gedeutetes Handeln beschränkt werden kann.[105]

Wir sagten oben, Idealtypen erschlössen die Kenntnis der Bedeutung des Gewollten. Welche Kenntnis und welche Deutung nun auch als empirisch gesicherte gelten können, ist eine Frage, die Weber, wie bereits angedeutet, mit dem Hinweis auf den methodischen Zweckmäßigkeitsgrund beantwortet. Der methodische Zweckmäßigkeitsgrund scheint eine Aufwertung der Zweckrationalität im Hinblick auf die Methode des Deutens zu implizieren.
Weil alles menschliche Handeln in letzter Instanz auf das intendierte oder nicht-intendierte Zusammenwirken von Zwecken und Mitteln zurückführbar ist,[106] kann es aus der Perspektive des Betrachters am evidentesten dann erklärt werden, wenn die ihm zugrundeliegenden Zwecke und die diesen Zwecken adäquaten Mittel rekonstruiert und dann einander zugeordnet werden. Das solchermaßen zweckrationale Deuten kann für sich die größte Evidenz der Erklärung geltend machen; das bedeutet aber nicht, daß das Handeln *als* zweckrationales gedeutet wird: Die Zweckrationalität des analytischen Vorgehens – der methodische Zweckmäßigkeitsgrund – muß also vom Idealtypus des zweckrationalen Handelns unterschieden werden.
Zweckrationalität wird bei Weber zwar auch zu einem methodologischen Maßstab, doch bedeutet das erstens nicht, daß die Handlungstypologie prinzipiell auf Zweckrationalität eingeengt wird[107] und zweitens nicht, daß ›rational‹ grundsätzlich mit ›zweckrational‹ identisch ist.
Der methodische Zweckmäßigkeitsgrund bezeichnet ein Verfahren, das sich in Hinsicht auf eine mögliche Zweckrationalität der Handlungen selbst positiv und negativ verhält. Positiv dort, wo Fragen nach den Zwecken und Mitteln, nach denen gehandelt wurde, auf zweckrationales Handeln selbst angewandt werden. Das Instrumentarium der Analyse entspricht hier dem Gegenstand, nämlich der Struktur der (zweckrationalen) Handlung. Negativ verhält der methodische Zweckmäßigkeitsgrund sich

dort, wo er gewissermaßen im Ausgrenzungsverfahren Aspekte des Handelns ermittelt, die aus der Perspektive der methodischen Zweckrationalität zweck*ir*rational sind, darum aber nicht nichtrational sein müssen.

Mit dem methodischen Zweckmäßigkeitsgrund wird die Frage gestellt, »wie das Handeln bei Kenntnis aller Umstände und aller Absichten der Mitbeteiligten und bei streng zweckrationaler, an der uns gültig erscheinenden Erfahrung orientierter, Wahl der Mittel verlaufen *wäre*.«[108] Die Anwendung der Idealtypen selbst geht nach einem zweckrationalen Prinzip vor, indem sie alle Ablenkungen von einem als zweckrational konstruierten Handlungsverlauf zur Darstellung bringt. Durch die aus der Sicht der Zweckrationalität abweichenden Aspekte wird eine Handlung ex negativo je nach dem Gewicht ihrer idealtypisch bestimmten Handlungsgründe als mehr oder weniger zweckrationale, aber auch als mehr oder weniger wertrationale, affektuelle oder traditionale erklärbar. Ersichtlich führt der methodische Zweckrationalitätsgrund nicht zu einer Reduktion von Handlungserklärungen auf zweckrationales Handeln, denn seine Rationalität gibt nicht den Standard für Rationalität überhaupt ab. Dies wäre, wie Weber zu bedenken gibt, ein rationalistisches Vorurteil der Soziologie. Die Rationalität der Analysetechniken besagt nämlich nichts darüber, »inwieweit in der Realität rationale Zweckerwägungen das *tatsächliche* Handeln bestimmen und inwieweit nicht«.[109] In der Tat bezieht die Anwendung des methodischen Zweckmäßigkeitsgrundes für Weber ihre Berechtigung daraus, daß sich im Kulturzusammenhang die Tendenz zur Rationalität als Tendenz zu einer Rationalität der Zwecke und Mittel darstellt. Aber selbst wenn alle Handlungen letztlich auf Zwecke und Mittel zurückführbar sind, heißt das nicht, daß das Handeln selbst idealtypisch zweckrational sein muß, denn auch wertrationalem, affektuellem oder traditionalem Handeln lassen sich Zwecke und Mittel zuordnen, deren Zusammenhang nicht als zweckrationale Intentionalität gedeutet werden muß, sondern nur auf das faktische Vorhandensein von Zwecksetzungen und auf das faktische Vorhandensein von Mitteln verweist. Die Motive und nicht zuletzt der Sinn jener Handlungen dagegen lassen sich gegebenenfalls anders als durch zweckrationale Erwägungen des Handelnden charakterisieren.

Die Bildung von Idealtypen ist die methodologische Antwort auf das Problem der Evidenz von Sinndeutungen. Denn der Sinn des realen Handelns ist den Handelnden oft nur annähernd oder gar nicht bewußt. Weber spricht in den Grundbegriffen von einer dumpfen »Halbbewußtheit oder Unbewußtheit seines ›gemeinten Sinns‹«,[110] die der Handelnde im Großteil der Fälle mit seinen Handlungen verbindet. »Wirklich effektiv, d. h. voll bewußt und klar, sinnhaftes Handeln ist in der Realität stets nur ein Grenzfall.«[111] Die Erklärung und die Deutung des subjektiv gemeinten Sinns bewegt sich zwischen der empirischen Nachweisbarkeit und seiner rationalen Konstruktion im Sinne möglicher, aber evidenter, Sinnorientierungen.

Der methodische Zugriff auf den Sinn von Handlungen ist nun entsprechend aus zwei Richtungen möglich. Einerseits wird mit empirisch vorliegenden Handlungen zunächst vorstellungsmäßig ein mehr oder weniger klar umrissener, faktisch als möglich unterstellter Sinn verbunden. Als evident und richtig wird sich diese hypothetische Zuordnung jedoch erst dann erweisen können, wenn sich der Sinn in einem konstruierten gedanklichen Zusammenhang als »widerspruchsloses Gedankengebilde«[112] formulieren läßt.

Dieses Verfahren bezeichnet Weber als »Dogmatik« des »Sinns«.[113] Der dogmatische Sinn ist seinerseits ein Idealtypus, der wiederum, als heuristisches Prinzip, nur der Hypothesenbildung dienen kann. Denn eine Reifizierung möglichen Sinns, von dem der Wissenschaftler meint, daß ihn der Handelnde mit seinem Handeln verbindet, ist nicht möglich. Sinn impliziert selbst ein konstruktives Verfahren und ist in letzter Instanz nicht objektiv erschließbar und meßbar. So hat der Idealtypus eine sonderbare Doppelfunktion inne, indem er einerseits heuristisch, andererseits aber dennoch klassifizierend ist.[114]

Mit zwei Schwierigkeiten ist bei dem Problem der Objektivierbarkeit von Sinn zu rechnen. Eine Objektivierbarkeit subjektiv gemeinten Sinns wird nicht in dem Maße möglich sein, wie es bei empirisch gesichertem Datenmaterial – z. B. in den Naturwissenschaften – der Fall ist. Man wird also Unbestimmtheiten und Unsicherheiten in gewissen Grenzen in Kauf nehmen müssen. Die andere Schwierigkeit besteht darin, daß man nicht von allem

Handeln unter allen Umständen annehmen kann, daß es in konsistente Sinnzusammenhänge eingebettet ist.[115] Man kann nur davon ausgehen, daß Handeln auf eine sinnbeziehbare Bestimmungsform hin tendiere. Handlungen sind im Horizont der Möglichkeiten von Sinn zu deuten.[116] Diese, dem Handeln eingeschriebene Möglichkeit sinnhaften Handelns, nimmt die Methodologie des idealtypischen Verstehens auf, indem sie ein Verfahren anleitet, in dem Sinn aus möglichen Sinn-Dispositionen als Konstellation von Sinn gewonnen wird.

Idealtypisches Verstehen ist nicht exemplarisches Verstehen, denn sein Prinzip, durch Auslassung und Steigerung bestimmter Merkmale[117] Handlungen und Motive zu erklären, zielt auf die Darstellung konkreter Erscheinungen des Allgemeinen. Das Individuelle kommt als Individuelles zum Ausdruck, insofern es Träger desjenigen Aspekts des Allgemeinen ist, in dem sich Sinn artikuliert. In diesem Verständnis können Idealtypen nur Idealisierungen und im strengen Sinne keine Kategorien der Klassifikation sein, gleichwohl sie andererseits darin, daß sie der Hypothesenbildung im Prozeß des Verstehens die Richtung weisen, implizit auch klassifizierend Anwendung finden, indem sie Phänomene als bestimmte Idealtypen identifizieren. Ihr hypothetisches, jedoch nicht relatives Wesen verdeutlichen Ausdrücke, die Weber für sie auch verwendet: Sie sind Vorbilder, »*Gedanken*gebilde«, fungieren als Maßstab, sind »Utopien«, Phantasiegebilde, »Konstruktionen«. In jedem Fall können Idealtypen in Hinsicht auf das konkrete Handeln nur als »rein ideale(n) *Grenz*begriffe(s)«[118] aufgefaßt werden. »Auf diesen Tatbestand wird jede historische und soziologische Betrachtung bei der Analyse der *Realität* stets Rücksicht zu nehmen haben. Aber das darf nicht hindern, daß die Soziologie ihre *Begriffe* durch Klassifikation des möglichen ›gemeinten Sinns‹ bildet, also so, als ob das Handeln tatsächlich bewußt sinnorientiert verliefe. Den Abstand gegen die Realität hat sie jederzeit, wenn es sich um die Betrachtung dieser in ihrer Konkretheit handelt, in Betracht zu ziehen und nach Maß und Art festzustellen. Man hat eben methodisch sehr oft nur die Wahl zwischen unklaren oder klaren, aber dann irrealen und ›idealtypischen‹ Termini. In diesem Fall aber sind die letzteren wissenschaftlich vorzuziehen.«[119]

Die Tatsache, daß Weber, indem er von *Gedanken*bildern spricht, den ideellen Gehalt als den möglichen Sinn von Handlungen unterstreicht, zeigt, daß mit seinem Verstehens-Konzept die empirisch gehaltvolle Konstruktion von Wirklichkeit intendiert ist und nicht die Abbildung und Rekonstruktion einer vermeintlich objektiv vorfindbaren Wirklichkeit.

Das Verstehen richtet sich, wenn wir der Bedeutung der Weberschen Ausdrücke ›Gedankenbilder‹ oder ›Konstruktionen‹ nachgehen, auf diejenigen leitenden Ideen, die Handlungsmotiven und Handlungszusammenhängen – also handlungsrelevanten Orientierungen – zugrunde liegen. In dieser Perspektive implizieren die Idealtypen selbst ein wert- oder sinnbezogenes Moment.

Wenn wir davon ausgingen, daß Idealtypen Grenzbegriffe seien, deren Rationalität als Sinnbezogenheit aufgefaßt werden kann, so können wir diese Bestimmung nun präzisieren und sagen, daß jeder Idealtypus hinsichtlich seiner Rationalität selbst eine doppelte Bestimmung in sich trägt. Er ist einerseits rational im Sinne des methodischen Zweckmäßigkeitsgrundes; er ist hier – aus der Perspektive des Betrachters nämlich – zweck-mittel-rational verfaßt. Andererseits ist er rational als idealtypisches Gedankengebilde in seiner Wertbezogenheit; der Gegenstand dieses Gedankengebildes, der subjektiv gemeinte Sinn, ist selbst wertbezogen.

Das heißt, daß sich das *Verhältnis* zwischen der Rationalität des methodischen Zweckmäßigkeitsgrundes und der Rationalität qua Sinnbezogenheit, die ihrerseits zweckrational, wertrational, affektuell oder traditional sein kann, selbst in jedem Idealtypus wiederfindet. Und insofern beinhaltet jeder Idealtypus prinzipiell unter dem methodologischen Gesichtspunkt seiner Anwendbarkeit Zweckrationalität *und* Wertrationalität, indem er nach dem Zweck und Sinn von Handlungen fragt, ohne daß die möglichen Zwecke selbst mit der Logik des zweckrationalen Handlungstypus identifiziert werden müßten.

Zwar läßt sich, wie Weber es im Objektivitätsaufsatz mit seiner ›Musterkarte‹ von Bedeutungsmöglichkeiten des Begriffs ›Idealtypus‹ selbst versucht hat,[120] für jeden Idealtypus hinsichtlich seines Gegenstandes und seiner Anwendungsweise eine bestimmte Präferenz angeben, die er in einer Bedeutungsvariante primär vertritt: Die Bildung von Ideltypen kann 1. der Konstruktion eines sinnadäquaten Zusammenhangs der gemeinsamen Merkmale von Erscheinungen zu einem Gattungsbegriff (z. B. ›Tausch‹, ›Handwerk‹) dienen; 2. der Konstruktion von Sinnzusammenhängen, deren Konstitution sich einer als möglich unterstellten leitenden Idee verdankt (hier sind Idealtypen von Ideen gemeint), gelten; 3. zur Konstruktion von Sinnzusammenhängen, die sich aus der Perspektive angenommener und formulierbarer Ziele des Handelns ergeben (gemeint sind Idealtypen von Idealen), herangezogen werden und 4. bei der Herstellung komplexer theoretischer Zusammenhänge, wie Webers Wirtschaftssoziologie insgesamt, wirksam werden.[121]

Weber hat aber jene Musterkarte nicht in analytischer Absicht und im Hinblick auf eine anwendungsbezogene Ausdifferenzierung des Begriffs ›Idealtypus‹ entworfen, sondern um auf die »unendliche Verschlungenheit der begrifflich-methodischen Probleme«[122] kulturwissenschaftlicher Analysen hinzuweisen. In dieser Verschlungenheit haben wir nicht nur methodologische Schwierigkeiten zu sehen, sondern solche der Sache, der untersuchten Handlungen selbst.

Insofern wir für die Rationalität qua Sinnbezogenheit das Kriterium der Bewußtseinsfähigkeit von Sinn als relevant unterstellt haben, ist auch eine methodisch eindeutige Trennung zwischen (zweck-)rationalem Deutungsschema und – aus dessen Sicht – irrationalen Sinnbeziehungen weder möglich noch wünschenswert. So betont auch Henrich, daß »der als Trennung benutzte Unterschied zwischen zweckrationaler und ideenanalytischer Konstruktion (...) nicht primär ist«.[123]

Vielmehr ist, entsprechend den vorangegangenen Überlegungen, in bezug auf das Konzept des Idealtypus von einem wechselseitigen Implikationsverhältnis zwischen Methodologie und Objekt-Bereich auszugehen: Methodische Zweckmäßigkeit und ideengeleitete Sinnorientierungen sind gleichermaßen in jedem Idealtypus enthalten.

Im folgenden soll nun versucht werden, diese Sichtweise auf die Begriffe des zweckrationalen und des wertrationalen Handelns selbst anzuwenden.

1.3. Der Zusammenhang von zweckrationalem und wertrationalem Handeln

Webers klassisch gewordene Handlungstypologie gibt vier charakteristische Orientierungen für mögliche Handlungen an. Soziales Handeln – und dies ist vorrangig der Geltungsbereich der Typologie – kann typischerweise und primär bestimmt sein. »1. *zweckrational:* durch Erwartungen des Verhaltens von Gegenständen der Außenwelt und von anderen Menschen und unter Benutzung dieser Erwartungen als ›Bedingungen‹ oder als ›Mittel‹ für rational, als Erfolg, erstrebte und abgewogene eigene *Zwecke,* – 2. *wertrational:* durch bewußten Glauben an den – ethischen, ästhetischen, religiösen oder wie immer sonst zu deutenden – unbedingten *Eigen*wert eines bestimmten Sichverhaltens rein als solchen und unabhängig vom Erfolg, – 3. *affektuell,* insbesondere *emotional:* durch aktuelle Affekte und Gefühlslagen, – 4. *traditional:* durch eingelebte Gewohnheit.«[124] Weber betont, daß diese Klassifikation weder erschöpfend ist, noch daß konkrete Handlungen rein einem Typus zugeordnet werden können. Immer werden in konkreten Handlungen mehrere Grundtypen, allerdings in unterschiedlicher Gewichtung, vertreten sein. Handlungen und Handlungszusammenhänge kommen also immer nur als Mischformen von Handlungstypen vor. Besonders »*absolute* Zweckrationalität« ist, wie Weber ausdrücklich hinzufügt, ein »konstruktiver Grenzfall«.[125]

Für unsere Argumentation – besonders in bezug auf die Kritische Theorie Adornos – ist jedoch nicht Webers Handlungstypologie insgesamt, auch nicht die Handlungstypologie als soziologisches Modell, relevant, sondern nur die beiden handlungsleitenden Orientierungen, die Weber explizit als rationale bestimmt: zweckrational und wertrational orientiertes Handeln.[126] Entsprechend sind die folgenden Überlegungen auf diese beiden Begriffe beschränkt. Diese Eingrenzung kann mit dem Hinweis darauf gerechtfertigt werden, daß im Mittelpunkt der Untersuchung nicht der Aspekt des gesellschaftstheoretisch relevanten Rationalisierungstheorems steht, also nicht die Rationalisierungsfähigkeit bestimmter Handlungstypen im Hinblick auf die Entwicklung des okzidentalen Rationalismus, sondern kategoriale Aspekte von Handlungen, wie sie das Konzept der Idealtypen bereitstellt, insofern sie im Kontext deutenden Sinnverstehens eine erklärende oder heuristische Funktion haben. Handlungstypen sind also in diesem Zusammenhang unter dem methodologischen Aspekt des Verstehens und der Deutung von idealtypisierten subjektiven Sinnorientierungen von Interesse. Die systematische Abkopplung der Weberschen Handlungstypologie von den Fragen nach den Mechanismen gesellschaftlicher (Handlungs-)Rationalisierung bedeutet aber nicht, daß vom Begriff der Rationalität überhaupt abgesehen werden soll. Im Gegenteil wird gerade der Versuch gemacht werden, Kriterien der Rationalität in bezug auf Handlungen auch dort zu explizieren, wo sich Handlungszusammenhänge dem kategorialen Zugriff durch rationale Deutungsschema zu entziehen scheinen. Anders formuliert kann man auch sagen, daß die handlungstheoretischen Idealtypen nicht unter einem Aspekt gesehen werden, der sie in einem möglichen entwicklungslogischen Theoriekontext stellt, sondern unter dem ihrer universalen Anwendbarkeit in bezug auf Verstehens- und Deutungskonzepte. Mögliche, auch kritische, Bezüge auf gesellschaftstheoretische Entwürfe ergeben sich erst in einem zweiten Schritt.

Ein theoretischer Zugang zu den subjektiven Motiven und Orientierungen der Handelnden ist unter der methodologischen Voraussetzung möglich, daß die dabei verwendeten Begriffe universal sind. Andernfalls wäre die Deutung von historischen Handlungszusammenhängen nicht möglich. Webers Handlungstypologie ist aus diesem Grund auf universelle menschliche Fähigkeiten bezogen. Zweckrational, wertrational, affektuell und traditional ist zu allen Zeiten gehandelt worden. Jene Orientierungen des Handelns sind gewissermaßen anthropologische Merkmale von Wesen, die in einem spezifischen Sinne sozial handeln; sie sind unabhängig von kulturellen, gesellschaftlichen und geschichtlichen Bedingungen. Unter diesen nimmt die Handlungstypologie allerdings eine je spezifische Form an, sofern sie zur Erklärung vorliegender Entwicklungen oder historischer Umstände herangezogen wird. Prinzipiell besteht aber beispielsweise zwischen zweckrational orientierten rituellen Opferhandlungen und der zweckrationalen Kalkulation des kapitalistischen

Unternehmers hinsichtlich der Struktur der Handlung kein Unterschied. Unterschiede ergeben sich erst unter dem Aspekt der immanenten Disposition und der Tendenz zu Rationalisierungen, die mit bestimmten Handlungstypen unter bestimmten historischen Bedingungen verbunden sind. Eine soziologische Untersuchung wird sich dann für die Regelmäßigkeiten und Muster von Handlungen und Handlungszusammenhängen interessieren, die in verschiedenen Gesellschaften oder Gemeinschaften zu verschiedenen Zeiten angetroffen werden. Ihnen vor allem galt Webers Interesse. Die Handlungstypen, soweit sie unter speziellen historischen Bedingungen Handlungen zu erfassen suchen, können dann mit speziellen Kriterien der Rationalität konfrontiert werden, die ihnen schließlich im Hinblick auf Entwicklungstendenzen zugeordnet werden. Insbesondere Webers Unterscheidung von formaler und materialer Rationalität spielt hier eine Rolle.

Betrachten wir nun die Begriffe zweckrationalen und wertrationalen Handelns als Idealtypen.
»Zweckrational handelt, wer sein Handeln nach Zweck, Mittel und Nebenfolgen orientiert und dabei sowohl die Mittel gegen die Zwecke, wie die Zwecke gegen die Nebenfolgen, wie endlich auch die verschiedenen möglichen Zwecke gegeneinander rational *abwägt*: also jedenfalls *weder* affektuell (und insbesondere nicht emotional), *noch* traditional handelt. Die Entscheidung zwischen konkurrierenden und kollidierenden Zwecken und Folgen kann dabei ihrerseits *wert*rational orientiert sein: dann ist das Handeln nur in seinen Mitteln zweckrational. (. . .) *Absolute* Zweckrationalität des Handelns ist aber auch nur ein im wesentlichen konstruktiver Grenzfall.«[127]
Die hier zitierte zentrale Passage aus »Wirtschaft und Gesellschaft« ist in mehrerlei Hinsicht aufschlußreich. Auffällig ist zunächst, daß die beiden – aufgrund der für sie charakteristischen Eigenschaft des Abwägens und Entscheidens – rationalen Typen des Handelns, zweckrationales und wertrationales Handeln, offenkundig miteinander mehr Gemeinsamkeiten haben, als sie sie jeweils mit den Typen des affektuellen oder traditionalen Verhaltens aufweisen.
Das Abwägen von und die Entscheidung zwischen alternativen

Zwecken und *Folgen* des Handelns scheinen diejenigen Merkmale zu sein, die das Verhältnis von zweckrationalem und wertrationalem Handeln als ein besonderes charakterisieren. Typologisch lassen sich beide Handlungstypen zwar voneinander unterscheiden, so daß Zwecksetzungen und die Ermittlung möglicher Folgen des Handelns entweder wertrational oder selbst zweckrational motiviert sein können. Zwecke können also entweder an wertrational relevanten Geboten oder Forderungen orientiert sein – und dann ist nur die Kalkulation der richtigen Mittel zweckrational – oder die Zwecke sind selbst »gegebene subjektive Bedürfnisregungen«,[128] die der Reihenfolge nach gemäß dem Prinzip des Grenznutzens befriedigt werden. Aus der Perspektive dieser zweiten Möglichkeit würden dann Entscheidungen nach Gesichtspunkten der Wertrationalität und je nach dem Grad des Eigenwerts als mehr oder weniger irrational erscheinen. Denn: »*Rein* wertrational handelt, wer ohne Rücksicht auf die vorauszusehenden Folgen handelt im Dienst seiner Überzeugung von dem, was Pflicht, Würde, Schönheit, religiöse Weisung, Pietät, oder die Wichtigkeit einer ›Sache‹ gleichviel welcher Art ihm zu gebieten scheinen. Stets ist (im Sinn unserer Terminologie) wertrationales Handeln ein Handeln nach ›Geboten‹ oder gemäß ›Forderungen‹, die der Handelnde an sich gestellt glaubt.«[129]

Für die beiden Typen des zweckrationalen und wertrationalen Handelns im besonderen gilt allem Anschein nach, daß sich ihnen reales Handeln nur »mehr oder minder annähert«[130] bzw. real nur als Mischform beider vorkommt.

Das würde praktisch bedeuten, daß in zweckrationales Handeln stets mehr oder weniger stark wertrationale Orientierungen eingehen, wie umgekehrt wertorientierte Handlungsentscheidungen selbst zweckhaft bestimmt sein können, daß also Zwecksetzungen *als* Zwecksetzungen zugleich Wertsetzungen sind. Der Zweck einer Handlung könnte durch subjektive Bedürfnisse zwar motiviert sein, was aber nicht ausschließt, daß jene Bedürfnislagen nicht ihrerseits wertrational prinzipienorientiert sein könnten. Insofern wäre der Zweck zugleich dasjenige, was der Handelnde für sich geboten sähe. Die »Wichtigkeit einer ›Sache‹« ist jedenfalls ein Ausdruck, der die immanente Wertbeziehung der Zwecke zweckrationalen Handelns nicht aus-, sondern gerade einschließt. Andererseits – und dieser Aspekt ist noch au-

genfälliger – ist es möglich, daß wertrationale Motivationen des Handelns – die Orientierung an Geboten und Forderungen – auch selbst Zweck sein können.
Das Ineinandergreifen von zweckrationalen und wertrationalen Orientierungen läßt sich auf der methodologischen Ebene nachvollziehen. Die Bewußtseinsfähigkeit – und das soll heißen: die für den Handelnden wie für den Betrachter prinzipiell bestehende Möglichkeit, sich den Sinn von Handlungen als (verstehbaren und erklärbaren) Sinn bewußt zu machen und also Sinnzusammenhänge und keine kontingenten Ereignisfolgen in Handlungszusammenhängen erfahren zu können – und die Sinnbezogenheit im Horizont anderer Möglichkeiten wurden oben als hinreichende Kriterien rationalen Handelns ausgewiesen. Hier, im Lichte der Handlungstypologie wird dieser Zusammenhang konkreter faßbar.
Zweckbestimmtheit und Wertbestimmtheit des Handelns sind sowohl kategorial als auch real in der Sinnbezogenheit des Handelns ineinander verwoben. ›Sinn‹ und ›Wert‹ sind, wie bereits gesagt, bei Weber annähernd synonym verwendete Begriffe. Aber auch eine Differenzierung zwischen ›Sinn‹ und ›Zweck‹ scheint dort nahezu unmöglich zu sein, wo es um die Erklärung und Deutung subjektiv gemeinten Sinns, also der motivationalen Grundlagen der Handlungen geht. Denn dort, wo in der Abwägung der Zwecke untereinander wertrationale Gesichtspunkte ins Spiel kommen – und dies wird bei nahezu allen Handlungen implizit oder explizit der Fall sein –, kann der Handlungszusammenhang nur noch hinsichtlich der Zweck-*Mittel*-Abwägung zweckrational genannt werden. Insofern sind Handlungen auch wertrational bestimmt, und erst die wertrational orientierte Entscheidung zwischen alternativen oder konkurrierenden Zwecken bildet die Grundlage zweckrationaler Mittelwahl. Zweckerwägungen, Zweckabwägungen oder Zwecksetzungen sind folglich nicht allein charakteristisch für zweckrationales Handeln, sondern nur für eine bestimmte Weise der Hinsicht auf Zwecke, nämlich die, die sie als Mittel betrachtet, die, für die der Primat der Mittel vor den Zwecken schon entschieden ist.
Einzig in der Erwägung möglicher oder erwartbarer Folgen des Handelns scheint sich ein unterscheidendes Merkmal zwischen zweck- und wertrationalem Handeln zu ergeben. »*Rein* wertra-

tional handelt, wer ohne Rücksicht auf die vorauszusehenden Folgen handelt.«[131] Dabei ist nicht einmal die Erwägung möglicher Folgen selbst der Differenzpunkt zur Zweckrationalität, sondern die Tatsache, daß die Folgenberechnung in das zweckrationale Handeln *aktuell* einbezogen wird.

Die Reflexion auf Folgen ist auch für wertrationales Handeln charakteristisch, doch spielt sie, so paradox das klingen mag, für die Handlung selber nur die Rolle, für sie ausdrücklich keine Rolle zu spielen. Prinzipiell muß auch für das wertrationale Handeln eine Reflexion auf Folgen und Nebenfolgen der Handlungen angenommen werden, selbst wenn diese im konkreten Handlungsfall nicht aktualisiert wird. Denn ein Handeln danach, was mir »Pflicht, Würde, Schönheit, religiöse Weisung, Pietät oder die Wichtigkeit einer ›Sache‹ gleichviel welcher Art«[132] zu gebieten scheinen, setzt prinzipielle Überlegungen voraus, ob ich die darin zum Ausdruck kommenden Werte, wie sie sich aus meiner Perspektive darstellen, auch für mich geltend machen kann oder will. Andernfalls würde sich wertrationales Handeln von traditionalem, aber auch von affektuellem nicht unterscheiden. Nur diejenigen Prinzipien, Gebote, Forderungen können für das konkrete Handeln orientierend und motivierend wirken, die ein Individuum ihren Inhalten nach auch für sich anerkennen und vertreten kann. Dazu muß es sich aber mögliche Folgen vergegenwärtigen oder vergegenwärtigt haben.

Das eigenwert-orientierte Handeln schließt also ein, daß der Handelnde den Wert derjenigen Prinzipien, die sein Handeln leiten, als etwas erkannt hat, an dem er seine Handlungen auszurichten bereit ist, denn anders kann er nicht um eines Eigenwertes willen handeln. Das setzt voraus, daß die möglichen Folgen, die dieses rein prinzipiengeleitete Handeln gegebenenfalls mit sich bringt, prinzipiell bewußt sein müssen. Ob die Folgen richtig oder unrichtig eingeschätzt werden, spielt dabei keine Rolle, entscheidend ist die Voraussetzung der prinzipiellen Bewußtseinsfähigkeit von Folgen überhaupt. Nur unter dieser Voraussetzung kann dem Handelnden etwas als geboten erscheinen. Die Überzeugung, die man subjektiv von etwas hat, wird mehr oder weniger konsequent bedachte Folgen bzw. Nicht-Folgen gedanklich in sich einschließen. Deshalb ist es nicht unbedingt erforderlich, daß bei aktuellen Handlungsanlässen die Gehalte der Reflexion auf mögliche Folgen der Anerkennung jener Werte, nach denen gehandelt wird, auch aktualisiert werden. Man wird also – idealtypisch – bei wertrationalem Handeln und in Abgrenzung zu affektuellem und traditionalem Handeln davon ausgehen können, daß der ›Rücksichtslosigkeit‹ gegenüber voraussehbaren Folgen grundsätzlich eine ›Rücksichtnahme‹ auf das Ausbleiben von Folgen für den Fall, daß eine geboten erscheinende, eigenwertorientierte Handlung unterlassen wird, korrespondiert. Dieser Deutung entspricht, daß Weber wertrationales Handeln in Abgrenzung von affektuellem durch »*konsequente* planvolle Orientierung«[133] charakterisiert.

Hinsichtlich der Erwägung möglicher Folgen des Handelns, so wäre zusammenfassend zu formulieren, verhält sich das zweckrationale Handeln aktualisierend, indem es für die jeweilige Handlungssituation die erwartbaren Folgen, die mit der Verwirklichung von Zwecken verbunden sein würden, jedesmal neu erörtert, wohingegen das wertrationale Handeln sich zu seinen Inhalten, die natürlich auch als Zwecke aufgefaßt werden können, bereits quasi selbstverständlich verhält, indem es sich auf schon eingenommene, mehr oder weniger reflektierte Einstellungen, Haltungen oder Wertschätzungen beziehen kann. Verständlich wird dies, wenn man bedenkt, daß mit den Zwecksetzungen des zweckrationalen Handelns nicht selten Neuland betreten wird, sich das Handeln also auf neue Situationen einzustellen hat; es zeichnet sich durch die Fähigkeit zu Innovationen aus. Wertrationales Handeln basiert dagegen auf der Fähigkeit zur Anwendung erfahrungsgeleiteten Orientierungswissens; wertrationales Handeln tendiert zur Bewahrung dessen, worumwillen gehandelt wird.

Die Folgen und Nebenfolgen, soweit sie voraussehbar sind, liegen bei beiden Handlungstypen jedoch außerhalb der eigentlichen Handlung selbst. Beim zweckrationalen Handeln ist dies ganz offensichtlich, weil seine Struktur sich gerade aus einem poietischen Modus von Zwecksetzungen ergibt: Das Ziel, das mit der Handlung erreicht werden soll, liegt außerhalb der Handlung. Beim wertrationalen Handeln sind mögliche, wenn auch für den Eigenwert der Handlung selbst nicht relevante, dennoch ihr zurechenbare Folgen und Nebenfolgen auch erst außerhalb des

Handlungsvollzugs selbst erkennbar. Das gilt selbst dann, wenn das Ziel der Handlung mit der Handlung zusammenfällt.
Die vorangegangenen Überlegungen dürfen jedoch nicht zu dem Schluß führen, eine wesentliche Differenz zwischen den beiden Handlungstypen bestehe gar nicht. Kategoriale Unterschiede können und sollen nicht verwischt oder eingeebnet werden. Das verbietet sich schon deshalb, weil die Grundstruktur beider Handlungsmodi in einem Punkt grundverschieden ist: Zweckrationales Handeln ist primär erfolgs- und wertrationales Handeln primär eigenwertorientiert.
Die Erfolge des zweckrationalen Handelns sind in der Regel meßbar, insofern sie sich dem Kriterium möglichen Mißerfolgs unmittelbar zu stellen haben. Das Gelingen einer Handlung im Hinblick auf einen Zweck, ein direktes Handlungsziel, ist in jedem Fall evident: entweder es ist partiell oder ganz erfüllt, oder es ist partiell oder ganz gescheitert. Solche Beurteilungen sind auch deshalb möglich, weil Handlung und Ziel im zeitlichen Ablauf voneinander getrennt sind.[134]
Für wertrationales Handeln läßt sich dagegen das Kriterium Erfolg – Mißerfolg nicht ohne weiteres geltend machen. Denn in der Handlung fallen, weil sie um ihres Eigenwerts vollzogen wird, Ziel und Vollzug zusammen. Sie kann hinsichtlich ihres Ziels nie verfehlt sein. Die Kategorie des Erfolgs ist für wertrationales Handeln anders bestimmt als für zweckrationales.
Der Erfolg – wenn man überhaupt von einem solchen sprechen will –, den eine wertrationale Handlung erzielen kann, ist nur mittelbar auf die Handlung bzw. auf die Sache, um derentwillen gehandelt wird, beziehbar. Er kann mit dem Vollzug der Handlung zusammenfallen – wie beim privat inszenierten Klavierspiel beispielsweise. Unmittelbar aber – wenn auch nicht offensichtlich – wird sich der Erfolg auf den Handelnden selbst beziehen. Sein eigenwertorientiertes Handeln kann Ausdruck seiner Persönlichkeitsstruktur sein; es kann dazu dienen, die Identität seiner Person zu wahren oder zu stabilisieren, indem er entweder nach Prinzipien handelt, die ihm geboten erscheinen, die ihm prinzipiell bewußt sein müssen und zu denen er grundsätzlich Stellung beziehen kann, oder – im negativen Fall – nicht handelt. Kurzfristig ist dieser Erfolg jedoch allemal nicht meßbar. Er schlägt sich vielmehr darin nieder, *wer* eine Person ist, welche Identität sie

erworben hat, und er wird möglicherweise auch nur retrospektiv erkennbar sein. In diesem Zusammenhang steht, was Hannah Arendt vom Urbild des Handelns sagte, indem sie es als das Phänomen der Selbstenthüllung der Person beschrieb.[135] Die Fähigkeit zu handeln und die Möglichkeit personaler Identität implizieren sich wechselseitig.

Im Unterschied dazu wird man die Ziele spezifisch zweckrationaler Handlungen nur mittelbar auf die Subjektivität der handelnden Personen beziehen können, denn sie werden erfolgreich oder erfolglos, jenseits des Handlungszusammenhangs, unabhängig von der Person des Handelnden, als Resultat der Handlung quasi in der Welt sein.

Die je spezifische Struktur des Erfolgs, der den beiden Handlungstypen zugeordnet wird, begründet ihre eigentliche Differenz. Man kann so vom zweckrationalen Handeln im engeren Sinne als einem erfolgsorientierten, vom wertrationalen – seinerseits nicht zweckfreien Handeln – als einem eigenwertorientierten sprechen.

1.4. Handlungstypen und Rationalitätstypen

Für die Klärung des Verhältnisses von zweckrationalem und wertrationalem Handeln ist es sinnvoll, wenn man die Typen des Handelns von den Typen der Rationalität zunächst unterscheidet. Die gewissermaßen immanente Rationalität eines Handlungstypus verhält sich relativ zu der eines anderen. Wertrationales Handeln kann z. B. aus der Perspektive zweckrationalen Handelns als irrational erscheinen. Einen vergleichenden Maßstab bietet allein eine Typologie von Formen der Rationalität, so daß bestimmte Typen der Rationalität wiederum idealtypisch einzelnen Handlungstypen zugeordnet werden können. Von hier aus erst ergeben sich Kriterien dafür, im Hinblick auf was eine Handlung rational genannt werden kann. Eine solche Typologie der Rationalität, wie sie aus Webers Werk zu explizieren wäre, kann hier allerdings nicht entfaltet werden. Die folgenden Ausführungen beschränken sich auf einen Rahmen, der mit den beiden Typen des zweckrationalen und wertrationalen Handelns vorgegeben ist.

Weber selbst hat in seinen Untersuchungen mehr oder weniger explizit mit einer Rationalitätstypologie gearbeitet. Von Bedeutung ist dort vor allem die Unterscheidung zwischen formaler und materialer Rationalität, wie sie der Rechtssoziologie zugrunde gelegt ist. Aber auch in »Wirtschaft und Gesellschaft«[136] und in der Religionssoziologie wird mit dieser Unterscheidung operiert.[137]
Will man die betrachteten beiden Handlungstypen unterschiedlichen Rationalitätsgraden – nach dem Gesichtspunkt des mehr oder weniger Rationalen – zuordnen, dann wird man sagen müssen, daß unter dem Aspekt der Zweckrationalität – und nur unter diesem – zweckrationales Handeln ›rationaler‹ ist als wertrationales, weil sowohl die Folgeerwägungen von Handlungen als auch die Messung des Erfolgs Rationalitätskriterien unterzogen werden können, die selbst rational in dem Sinne sind, daß sie dem methodischen Zweckmäßigkeitsgrund am weitgehendsten zugänglich und damit am evidentesten sind. In dieser Hinsicht ist zweckrationales Handeln rationalisierungsfähiger als wertrationales. Aber eben nur in dieser Hinsicht.
Dieser formale Aspekt der Rationalität ist jedoch, worauf S. Kalberg in seiner Studie über »Max Webers Typen der Rationalität« hinweist, allein nicht ausreichend, um die von Weber untersuchte Komplexität der Erscheinungen von Handlungsrationalisierungen zu erklären.
Die praktische Rationalität – Max Weber spricht in diesem Zusammenhang von der universalen Erscheinung eines ›praktischen Rationalismus‹[138] –, durch die die menschliche Fähigkeit zu zweckrationalem Handeln im Dienste alltagsgebundener, pragmatischer Interessen ausgezeichnet ist, wird erst unter zwei Bedingungen zu der modernen ›Rationalität im Geiste des Kapitalismus‹: die einer formalen, auf Rechenhaftigkeit basierenden, von allen Inhalten absehenden Rationalität planmäßigen Handelns einerseits und die auf dem Boden einer materialen Rationalität erwachsenen Konstellationen bestimmter ethischer Werte andererseits müssen – unter bestimmten historischen Voraussetzungen – zusammenkommen. Aus dem wahlverwandtschaftlichen Zusammenspiel unterschiedlicher Typen der Rationalität und den ihnen entsprechenden Typen sozialen Handelns ergibt sich jene Form der praktisch-ethischen Rationalität, derjenige

»*praktische* Rationalismus der Lebensführung«,[139] dem Webers eigentliches soziologisches Interesse gilt. Für die Bildung dieser praktisch-ethischen Rationalität sind jedoch Werte und Wertkonstellationen von entscheidender Bedeutung, um beispielsweise eine methodische Lebensführung, die den Kriterien formaler Rationalität entspricht, überhaupt zu motivieren. Der Erfolg kapitalistischen Wirtschaftsstrebens hängt einerseits von formalrationalen Handlungsmustern ab. »Im Gegensatz zu dem interzivilisatorischen und zeitalter-übergreifenden Charakter der praktischen, theoretischen und materialen Rationalität, bezieht sich formale Rationalität, ganz allgemein,[140] auf Lebenssphären und Herrschaftsstrukturen, die nur im Zusammenhang mit der Industrialisierung klare Konturen gewonnen haben: die Sphäre der Ökonomie, des Rechts, der Wissenschaft und die bürokratische Herrschaft. Während praktische Rationalität immer eine diffuse Neigung zur Kalkulation und zur Lösung alltäglicher Probleme durch pragmatisches, an den eigenen Interessen orientiertes Handeln impliziert, legitimiert die formale Rationalität eine ähnliche zweckrationale Kalkulation letztlich durch Bezugnahme auf eine universal angewendete Regel, Vorschrift, oder ein Gesetz.«[141] Aber eine einheitliche Orientierung in der Lebensführung wird andererseits erst durch den Einfluß von Wertkonstellationen möglich. Deshalb können alle geschichtsphilosophischen Erklärungen, »die die modernen Gesellschaften als Produkt eines eindimensionalen Fortschreitens entweder zweckrationalen oder wertrationalen Handelns verstehen wollen«,[142] für Weber nicht als befriedigend angesehen werden.[143]

In diesem Zusammenhang ist an Webers berühmte Formulierung über das Verhältnis von Interessen und Werten zu erinnern: »Interessen (materielle und ideelle), nicht: Ideen, beherrschen unmittelbar das Handeln der Menschen. Aber: die ›Weltbilder‹, welche durch ›Ideen‹ geschaffen wurden, haben sehr oft als Weichensteller die Bahnen bestimmt, in denen die Dynamik der Interessen das Handeln fortbewegte. Nach dem Weltbild richtete es sich ja: ›wovon‹ und ›wozu‹ man ›erlöst‹ sein wollte und – nicht zu vergessen: – konnte.«[144] Sie zeigt deutlich das Ineinandergreifen von unterschiedlichen Typen der Rationalität.
Zu der Wahlverwandtschaft zwischen praktischer, formaler und

materialer, d. h. wertbezogener, Rationalität tritt noch eine weitere Form, die der theoretischen Rationalität, hinzu. Die theoretische Erklärung von Vorgängen und Zusammenhängen der vorgestellten oder erfahrenen Wirklichkeit, der handlungsentlastete, rein kognitive Zugriff auf die Welt, das systematische Denken, stellt eine wichtige Komponente in der Ausbildung der praktischen Lebensführung unter Bedingungen der Moderne dar. Sie ist die wesentliche Quelle und zugleich die menschliche Fähigkeit zur Konstruktion symbolischen Sinns.[145] Haben die praktisch-zweckrationale, die formal-zweckrationale und die material orientierte Rationalität direkten Einfluß auf das Handeln, so hat die theoretische nur einen indirekten, wenngleich nicht zu unterschätzenden Einfluß. Aus keiner der Komponenten allein kann die spezifisch moderne, okzidentale Grundstruktur des Handelns erklärt werden. Denn das Handeln selbst stellt sich als erfahrungsbezogene, sinnbedürftige Weise menschlichen Verhaltens dar. Dessen Erklärung erschöpft sich nicht in eindimensionalen Anpassungsleistungen an gegebene, bereits vorgefundene Realität, die jeweils ihrerseits aus den unterschiedlichen Formen von Rationalität resultieren. Die Durchdringung methodologischer, systematischer und anthropologischer Grundsätze in Webers Soziologie tritt darin zutage. Auf eingelebte, alltagspraktisch zweckrational orientierte Routine, auf formal organisierte bürokratische Strukturen, Vorschriften und Rechtsprinzipien, auf symbol-vermittelnde, theoretisch erzeugte Weltbilder – auf all diese Komplexe ist das Handeln zwar bezogen, doch bedarf es einer einheitsstiftenden Instanz, einer Grundlage, auf der die handelnden Subjekte einen konsistenten Sinnhorizont für sich herzustellen in der Lage sind. Sie wird durch die Wertorientierung im Handeln gestiftet; erst hier schließt sich der mögliche Sinn unter dem Gesichtspunkt subjektiver Standpunkte und Wertungen zu einem sinnhaften Erfahrungshorizont der Subjekte zusammen, der es ihnen ermöglicht, überhaupt an Zwecken, an Werten orientierte Perspektiven zu entwerfen und Handlungspläne zu realisieren.

Daß mit wissenschaftlichen Mitteln nicht in letzter Instanz über die Inhalte jener Orientierungen Auskunft gegeben werden kann,[146] ändert nichts daran, daß erst jene durch Konstellationen von Werten erreichte Wertbezogenheit den eigentlichen Sinnzu-

sammenhang des Handelns zu stiften vermag. Es ist die Konsistenz – im subjektiv gemeinten Sinn bewußt oder unbewußt als Konsistenz unterstellt – des Sinnzusammenhangs, die die Handelnden vor dem Einbruch kontingenter Einflüsse von außen, davor, bloß Interessen ausgeliefert zu sein, schützt. Zu diesen kontingenten Einflüssen bildet das Handeln, insofern es an (subjektiv gemeinten) Werten orientiert ist, das Gegengewicht. So gesehen ist die materiale Wertbezogenheit notwendige Bedingung auch für ein Sinnzusammenhänge bildendes zweckrationales Handeln.
Erst durch die Suspension von Sinn infolge der voranschreitenden Verselbständigung formaler Rationalität verliert die Zweckrationalität des Handelns den ihr eigentlich wesentlichen Bezug auf Werte. Mit Schluchter können wir den Vorgang auch so ausdrücken, »daß die notwendige Beziehung zwischen erfolgs- und eigenwertorientiertem Handeln zerfiel«.[147] Wir werden später sehen, welche begrifflichen und systematischen Konsequenzen daraus gezogen werden müssen.

Mit den vorangegangenen Überlegungen sollte deutlich gemacht werden, daß zwischen zweckrationalem und wertrationalem Handeln – soweit wir beide Typen vor dem Hintergrund der Weberschen Wissenschaftslehre explizieren – eine Beziehung besteht, die zwar Abgrenzungen in begriffsanalytischer Absicht zuläßt, die aber zugleich auf die tiefgreifende inhaltliche, dem Handeln tatsächlich innewohnende Verknüpfung beider Orientierungen verweist. Begreift man den subjektiv gemeinten Sinn als motivationale Grundkategorie des Handelns in einem nichtpsychologischen Sinne, dann läßt sich zeigen, daß die Wertrationalität im Handeln dadurch, daß sie wesentlich sinnstiftend wirkt, auch auf eine Verwirklichung der Sinnzusammenhänge subjektiv gemeinten Sinns zielt. Eine solche Verwirklichung vollzieht sich *auch* nach Gesichtspunkten von Zwecken und Mitteln. Demnach enthält einerseits Wertrationalität bereits Zweckrationalität, und sinnbezogene Zweckrationalität bedarf andererseits wertrationaler Orientierungen. Zweckrationales Handeln muß aber dort nicht notwendig wertorientiert sein, wo unter bestimmten historischen Bedingungen die Suspension von Sinn im Handeln durch vereinseitigte formale Rationalität schon stattgefunden hat. Nie wird sich aber zweckrationales Handeln *typologisch* auf formale Rationalität im Sinne instrumenteller Vernunft reduzieren lassen.

Die oben zitierte Passage aus »Wirtschaft und Gesellschaft«, in der Weber den Begriff zweckrationalen Handelns definiert, läßt sich nun so interpretieren, daß zweckrationales Handeln darin, daß es die richtigen Zwecke zu erwägen hat, stets auch wertorientiert ist; die sinnhafte Zweckentscheidung ist dasjenige Moment, das Zweckrationalität und Wertrationalität systematisch miteinander verbindet. Wird zweckrational in dem Sinne gehandelt, daß über die Zwecke unter dem Gesichtspunkt der Mittel – und nur unter diesem – entschieden wird, muß von einer Mittelrationalität unter dem Aspekt formaler Rationalität gesprochen werden. Wertrationales, rein eigenwertorientiertes Handeln ist aber immerhin insoweit selbst zweckrational, als es an der unterstellten Richtigkeit oder Unrichtigkeit möglicher Zwecke orientiert ist.

2. Adorno

Der folgende Teil ist in zwei große Abschnitte unterteilt. Thematischer Schwerpunkt des ersten ist die »Dialektik der Aufklärung« von Horkheimer und Adorno. Sie wird unter dem Aspekt einer ihr impliziten, aber systematisch angelegten Reduktion von ›Zweckrationalität‹ auf ›instrumentelle Rationalität‹ betrachtet. Die Kritik dieses Reduktionismus läßt sich mit Webers Idealtypenkonzept und insbesondere mit seinem Begriff der Zweckrationalität begründen.

Die geschichtsphilosophische These eines universellen Verblendungszusammenhangs, den Horkheimer und Adorno in der »Dialektik der Aufklärung« diagnostizieren, steht zur Disposition. Davon aber sind die Grundlagen der Kritischen Theorie, vor allem die Idee möglicher Versöhnung, betroffen.

Der zweite, im Gesamtzusammenhang dieser Untersuchung wichtigere, Abschnitt befaßt sich mit der »Negativen Dialektik« Adornos als einem systematischen Ansatz zur Auflösung der Aporien der »Dialektik der Aufklärung«.

2.1. Dialektik der Aufklärung – Urgeschichte der Subjektivität und Naturbeherrschung

Horkheimer und Adorno rekonstruieren in der »Dialektik der Aufklärung« die Urgeschichte der Subjektivität als Geschichte der subjektiv-instrumentellen Vernunft im Dienste verabsolutierter Selbsterhaltung. Als selbsterhaltende Vernunft stellt die subjektive Vernunft nur mehr noch die Schwundstufe der Idee objektiver Vernunft dar. Vernunft läßt sich unter Bedingungen der Neuzeit nur auf die individuelle Selbsterhaltung beziehen. Das Grundthema der »Dialektik der Aufklärung« ist diejenige Form der Vernunft, die sich im Prozeß der Aufklärung mit der Entstehung neuzeitlicher Subjektivität herausgebildet hat und zur vorherrschenden geworden ist.

In anderer Hinsicht legt die »Dialektik der Aufklärung« die Auffassung nahe, als würde die Genese jener subjektiven Vernunft in

die Urgeschichte der Gattung hinein verlängert werden, als ginge es um die Bedingungen der Selbsterhaltung der Gattung insgesamt. Die Überlegung läßt sich insbesondere auf den ersten Exkurs über die Homerische »Odyssee« beziehen. Diese Interpretation der »Dialektik der Aufklärung«, die in ihr die Projektion einer neuzeitlich-subjektiven Selbsterhaltung auf den Maßstab der Gattungserhaltung sieht, ist jedoch problematisch, weil sie von anthropologischen Implikationen der »Dialektik der Aufklärung« ausgeht, die nur schwer zu belegen sein dürften und durchgängig wohl gar nicht nachzuweisen sind. Das, wenn auch im einzelnen strittige, Odyssee-Kapitel spricht vielmehr dafür, daß individuelle Selbsterhaltung das Thema ist.
In der Tat impliziert gerade dieses Kapitel die Möglichkeit zweier Lesarten. Diese Ambivalenz ist für die theoretische Konstruktion der »Dialektik der Aufklärung« insgesamt symptomatisch: Die Ebene konkreter historischer Fakten und Zusammenhänge scheint für die Rekonstruktion einer Urgeschichte der Subjektivität ebenso von Bedeutung zu sein wie ein gewissermaßen idealtypisierendes Vorgehen, vor dessen Hintergrund beispielsweise die Darstellung der Irrfahrten des Odysseus als Metapher anzusehen sind. Beide Argumentationsstränge lassen sich methodisch voneinander oft nicht genau unterscheiden. Odysseus ist in der »Dialektik der Aufklärung« die Metapher für das neuzeitliche Subjekt. In diesem Sinne ist die Rede von Odysseus als dem ersten Bürger zu verstehen. Andererseits ist nicht zu übersehen, daß die Autoren auch eine anthropologische Fundierung ihrer Rekonstruktion zu beabsichtigen scheinen. Der historisch-evolutionäre Aspekt wird aus dem Faktum der realen Naturbeherrschung gewonnen. Selbsterhaltung durch Naturbeherrschung stellt sich hier gleichsam dar als gattungsgeschichtliche Notwendigkeit. Die Vermischung systematischer und historischer Argumente macht es schwierig, jene »Urgeschichte der Subjektivität« als konsistentes geschichtsphilosophisches Fundament subjektiv-instrumenteller Vernunft auszuweisen. Daß aus der in der »Dialektik der Aufklärung« vorgelegten spezifischen Rekonstruktion einer Urgeschichte des Subjekts die subjektiv-instrumentelle Vernunft als universalgeschichtliche Gestalt neuzeitlicher Rationalität begründbar wäre, ist in der von den Autoren gemeinten Weise nicht evident. Diese Kritik muß jedoch nicht notwendig dazu führen,

daß die These einer Dialektik der Aufklärung insgesamt aufgegeben werden müßte. Durch sie eröffnet sich aber, wie gezeigt werden soll, eine Möglichkeit, den Aporien eines geschichtsphilosophisch motivierten Modells subjektiv-instrumenteller Vernunft zu entgehen.

Nicht erst Adorno und Horkheimer wußten um die Dialektik der Aufklärung. Die Erkenntnis eines immanenten Selbstwiderspruchs der Aufklärung, die sich in dem Maße zerstört, wie sie sich hervorbringt, war schon philosophischer Beginn bei Hegel wie bei Nietzsche. Kritisches Bewußtsein über sie und auch die Anerkennung ihres universalen, glücksversprechenden Anspruchs auf Erkenntnis – beides charakterisiert die Aufklärung von Anfang an. Was Hegel jedoch als »Quell des Bedürfnisses der Philosophie«[148] galt und bei Nietzsche konsequent in die Perspektive des Nihilismus rückte, verdichtet sich bei Adorno und Horkheimer zum Paradigma einer Theorie in kritischer Absicht schlechthin. Die Kritik der Aufklärung wird hier zum Programm der Selbstreflexion der Aufklärung. Der umfassende kritische Anspruch, das im nachdrücklichen Sinne aufklärende Anliegen, das sich mit dieser Kritik verbindet, bewirkt jedoch, daß der Begriff der Aufklärung selbst schillernd bleibt.

Aufklärung bezeichnet im Kontext der »Dialektik der Aufklärung« einmal den systematischen Ort des Ausgangs aus dem Mythos. Sie steht dort für die Entwurzelung aus einem Weltverständnis, dessen Auflösung die Möglichkeit einer spezifischen Form von Subjektivität bereitstellt. Sofern von diesem Zusammenhang selbst wieder ein Bewußtsein entsteht, ist Aufklärung auch die Reflexion über ihre eigenen Entstehungsbedingungen. Ideologiekritisch wird sie in einem Sinne, der auf die Erhellung des Zusammenhangs zwischen theoretischer Absicht und gesellschaftlicher Wirklichkeit zielt: Die Aufklärung muß sich darüber selbst-verständigen, Voraussetzungen zu ihrer möglichen Täuschung angesichts machtbestimmter Verhältnisse selber mit hervorgebracht zu haben. Das mag sie, die zugleich nach-kopernikanisches Substitut einer verlorengegangenen Einheit der Welt ist, in ihrem Selbstverständnis erschüttern, es treibt jedoch den Prozeß der Aufklärung – ungeachtet, ob zum Besseren oder zum Schlechteren – einen weiteren Schritt voran. Die Aufklärung kann, vermittelt durch ihr selbstreflexives Moment, als Möglichkeit zu einer Kritik der Aufklärung begriffen werden. Aber sie befindet sich darüber hinaus in der paradoxen Lage, daß sie selbst einen Prozeß initiiert, in dem die Gewißheit über die eigenen kritischen Maßstäbe nicht mehr verbürgt werden kann; so wird sie Opfer ihrer eigenen Ideologiekritik, für die sich die gleiche Schwierigkeit wiederholt. Aufklärung ist – wie es scheint – also auch der Prozeß einer weltgeschichtlichen Aporie. Nur der Anspruch auf (Selbst-)Kritik und ein Selbstverständnis als noch immer offenem Projekt mag sie vor ihrer eigenen Ontologisierung bewahren.

Was die Aufklärung durchgängig kennzeichnet, ist das Moment der Entwurzelung und Entzweiung. Immer betreibt sie die Dissoziation eines vormals unterstellten konsistenten Weltbildes. Sie ist die treibende Kraft des Rationalisierungsprozesses und zugleich die Antwort darauf.

Geht man auf die in der »Dialektik der Aufklärung« explizierte Bedingung der Aufklärung, die Entgrenzung des Mythos, zurück, so wird sichtbar, daß sie eine Antwort zu geben sucht auf die Auflösung eines bis dahin sinnverbürgenden Verhältnisses, in das sich die Subjekte zur Welt gesetzt sehen konnten. Die ihr immanente Reflexionstätigkeit hat dabei selbst das Vakuum, das der entschwindende metaphysische Sinn der Welt hinterläßt, wesentlich hergestellt. Die allmähliche Entzauberung jener sinnstiftenden Kraft ist das Produkt der aufklärerischen Ratio, so wie diese davon zugleich die Folge ist. Die Frage, ob dieser Vorgang tatsächlich in einem historischen Evolutionsschema interpretiert werden kann, wird uns später beschäftigen. Systematisch bezeichnet seine doppelte Struktur zunächst den Ort des Reflexivwerdens des Mythos im subjektiven Bewußtsein.

Das Naturwüchsige einer sich immer wieder aufs neue vollziehenden dialektischen Verschlingung von Mythos und Aufklärung, wie sie Horkheimer und Adorno sehen, besteht einmal in dem von den Subjekten selbst nicht reflektierten Einbruch von Mythischem in die Aufklärung und von Aufklärung in Mythisches. Jene Dialektik der Aufklärung beschreibt einerseits den Prozeß abendländischer Rationalisierung; sie weist darin, wie bei Weber, einen gesellschaftstheoretischen Aspekt auf. Der andererseits hinzukommende Aspekt ihrer naturwüchsigen Dynamik besteht in einer anthropologisch und psychologisch fundierten, aber bewußtlosen Rückerinnerung an eine verschüttete Natur. Unter dem ersten Aspekt meint Mythisches nicht den oder die authentischen Mythen früher Zeit. Mythisch ist die Regression hinter einen einmal erreichten Stand der Reflexion. Deswegen ist – strenger, als es in der »Dialektik der Aufklärung« geschieht – die begriffliche wie sachliche Differenz zwischen ursprünglichem Mythos und der mythischen Regression der Aufklärung zu unterscheiden.[149] Dennoch – und damit ist der zweite Aspekt angesprochen – bleibt ›Natur‹ virulent als unabgegoltener Rest eines zivilisationsgeschichtlichen »Opfers«: ›Natur‹ ist der Tribut an die Entstehung subjektiver Vernunft.

Doch die »Geschichte der Entsagung« geht nicht auf, »weil sie mit der Verleugnung der Natur im Menschen bezahlt ward.«[150] Das Motiv einer »Introversion des Opfers«[151] bezeichnet den eigentlich systematischen Ausgangspunkt der Dialektik der Aufklärung als einer Dialektik des Opfers. Wann immer von der Dialektik der Aufklärung die Rede ist, wird die Kategorie des Naturzusammenhangs thematisch. Was aber ›Natur‹ ist, bleibt unter Bedingungen der Entzauberung notwendig unbestimmbar. Es bleibt das Bewußtsein eines Defizits: daß dieses Bewußtsein davon der Preis der Entzauberung ist. Das Paradoxe dieser Situation besteht darin, daß ›Natur‹ als Sediment im Prozeß neuzeitlicher Subjektkonstitution erhalten bleibt. Sie ist ein irreduzibles, gleichwohl vermitteltes Moment der Erfahrung.

Adorno und Horkheimer haben in einem Kontext geschichtsphilosophischer Begründung auf den möglichen anthropologischen Kern der Dialektik der Aufklärung aufmerksam gemacht, den sie als Naturverhältnis des Menschen thematisieren. Darin besteht das Faszinierende wie gleichwohl Problematische der »Dialektik der Aufklärung«. Die Konstruktion sieht vor, einen theoretischen Bogen über die Pole ›Subjektivität‹ und ›Natur‹ zu spannen. Deshalb ist es, folgt man dem Buch, nicht möglich, den Zusammenhang zwischen Subjekt und Natur allein über die Verhältnisse der Intersubjektivität zu rekonstruieren. Intersubjektivität als gesellschaftstheoretisches Paradigma wird dort kaum systematisch berücksichtigt. Es bleibt zu prüfen, welche Alternative Adorno und Horkheimer favorisieren und inwieweit sie ihren Begründungsabsichten gerecht werden.

2.1.1. Zur Konstruktion der Dialektik der Aufklärung

Die Grundthese der »Dialektik der Aufklärung« reflektiert Mythos und Aufklärung als geschichtsphilosophische Kategorien, die in einem wechselseitigen Verweisungsverhältnis zueinander stehen: »schon der Mythos ist Aufklärung, und: Aufklärung schlägt in Mythologie zurück.«[152] Die Verschlingung von Mythos und Aufklärung ist das methodologische Grundmuster, das in der »Dialektik der Aufklärung« zu einer nicht, wie bei Max Weber, soziologischen, sondern zu einer geschichtsphilosophischen Rekonstruktion des Prozesses abendländischer Rationalisierung dient. Das Verhältnis von Mythos und Aufklärung ist als dynamisches gedacht. »Wie die Mythen schon Aufklärung vollziehen, so verstrickt Aufklärung mit jedem ihrer Schritte tiefer sich in Mythologie.«[153]

Der Gehalt dieser These ist eigentlich nur unter der Voraussetzung und unter den Bedingungen einer schon vollzogenen Rationalisierung bzw. Entzauberung der Welt verständlich. Die wechselseitige Durchdringung von Mythischem und Aufklärung wird erst erkennbar, wenn der Selbstanspruch der Aufklärung als sich selbst reflektierender Prozeß voranschreitender Erkenntnis nicht mehr eingelöst werden kann. Selbstzerstörerisch wird die Aufklärung im Sinne der »Dialektik der Aufklärung« dann, wenn in ihr dasjenige, was sie gegen Mythos gesetzt hat, stillgestellt wird und, zum Prinzip geworden, dadurch selbst auf Mythisches regrediert. »Das Prinzip der Immanenz, der Erklärung jeden Geschehens als Wiederholung, das die Aufklärung wider die mythische Einbildungskraft vertritt, ist das des Mythos selber.«[154]

Das Einfallstor des Mythischen in die Aufklärung sehen Horkheimer und Adorno in der Verabsolutierung begrifflicher Abstraktion. Sie erzwinge Konformität, indem sie einzig das Kriterium der Kommensurabilität gelten lasse; Begriffe seien von sich aus darauf angelegt, Dinge vergleichbar und damit meßbar zu machen. Kommensurabilität entstamme weder der Erfahrung noch der Anschauung als einem mimetischen Verhalten der Welt gegenüber. Der Zwang zur Äquivalenz, zur Identität, mit dem die Aufklärung die Gegenstände der Welt zurichte, gestatte nicht deren wirkliche Erkenntnis, sondern reduziere sie auf abstrakte Größen. Damit werde prinzipiell Herrschaft ausgeübt, von deren

mythischer Gestalt sich die Aufklärung doch gerade habe befreien wollen. Basiert nach der »Dialektik der Aufklärung« die einheitsstiftende Kraft eines mythischen Weltverstehens auf der Sozialisierung der Natur und einer Naturalisierung der Gesellschaft, so verkehrt sich diese Perspektive im Programm der Entmythologisierung durch die Aufklärung zum Aspekt einer desozialisierten Natur bzw. einer denaturierten Gesellschaft. Unter dieser Voraussetzung vollzieht sich der Prozeß der Entzauberung der Welt. In der Ausgrenzung und Entseelung der Natur – insbesondere in den modernen Naturwissenschaften – drücke sich Herrschaft aus, der eine Unterdrückung der inneren Natur korrespondiere. Die Unterdrückung der inneren Natur werde dadurch forciert. Insofern reproduziere die Aufklärung, indem sie das lebendige Eingedenken der äußeren wie der inneren Natur des Menschen qua Reduktion auf Begriffliches unterdrücke, mythische Angst. »Aufklärung, die das Lebendige mit dem Unlebendigen ineinssetzt wie der Mythos das Unlebendige mit dem Lebendigen. Aufklärung ist die radikal gewordene, mythische Angst.«[155]
Paradoxerweise ist es die, von der Aufklärung selbst hervorgebrachte, wissenschaftliche Rationalität, die die Dialektik von Mythos und Aufklärung überhaupt sichtbar macht. Die radikal gewordene mythische Angst, von der Horkheimer und Adorno sprechen, verweist so auf ein zunehmendes Defizit neuzeitlicher Erkenntnis. Ihre Emanzipation von der vermeintlichen »Naturverfallenheit« erreicht sie mit Hilfe eines Erkenntnisinstrumentariums, das sich der Kategorien ›System‹, ›Logik‹, ›Zahl‹, also formalisierungsfähiger Abstraktionen, bedient. Der Preis dieses Denkens besteht in der Entfremdung von dem, worauf sich die Erkenntnis doch ihrem Anspruch nach richtet. »Erkennen« in diesem Sinne impliziert nach Horkheimer und Adorno zugleich, die Gegenstände jenes theoretischen Wissens handhabbar, beherrschbar machen zu wollen und zu können. Sie verlieren damit aber die Bedeutung, die ihnen als Einzelnes, Besonderes zukommt. Die Absenz von Sinn entspricht der Erfahrung einer universalen Ortlosigkeit der Menschen. »Auf dem Weg zur neuzeitlichen Wissenschaft leisten die Menschen auf Sinn Verzicht. Sie ersetzen den Begriff durch die Formel, Ursache durch Regel und Wahrscheinlichkeit.«[156] Vor dem Hintergrund dieser ange-

nommenen Entwicklung wird selbst die Rede von ›Sinn‹, die Frage nach seinen Konstitutionsbedingungen problematisch.
Das Defizit der Aufklärung besteht darin, für den Sinn, den noch das mythische Weltverständnis in der unproblematischen Erfahrung einer kosmischen Einheit erzeugen konnte, kein aufgeklärtes Korrelat hervorgebracht zu haben; und zwar aus Gründen, die der Aufklärung selbst wesentlich sind. Die Subjekt-Zentriertheit, mit der die Aufklärung auf die Dezentrierung des mythischen Weltbildes antwortet, schließt prinzipiell die Vorstellung und die Erfahrung einer metaphysischen Einheit der Welt aus, die die Lebenswelt wie die Wissenschaft gleichermaßen umspannen könnte.[157] Dennoch konzentriert sich das neuzeitlich-aufgeklärte Bewußtsein auf die Suche nach einer solchen potentiellen Mitte, und sie findet sie im Subjekt selbst. Die Tendenz der Aufklärung führt nach Horkheimer und Adorno zur Subjektphilosophie. Sie verstrickt sich, folgt man der »Dialektik der Aufklärung«, dort in Aporien, wo sie das bewußtseinstheoretische Paradigma der subjekttheoretischen Selbstreflexion nicht mehr auf sich selbst anwenden kann. Die These einer Dialektik der Aufklärung impliziert in diesem Sinne die Kritik der Aufklärung hinsichtlich ihres gescheiterten Selbstanspruchs. Die Kehrseite des Rationalisierungsprozesses besteht im Verlust objektiven Sinns, seiner Ausklammerung aus den Wissenschaften, dem Zwang, alle Erkenntnis, alles Wissen unter eine Systemvorstellung zu subsumieren und schließlich konsequent in der Negation der Idee einer objektiven Vernunft und der an jene geknüpften Universalien.[158]
Die Dialektik der Aufklärung im Verständnis Horkheimers und Adornos impliziert die Annahme von vier systematisch unterschiedenen Phasen, denen jeweils historische Stadien entsprechen.[159]
Unter systematischem Gesichtspunkt stellen sich die vier Phasen aus der Perspektive der Aufklärung folgendermaßen dar: Die defizitäre Binnenstruktur der Aufklärung selbst (1), deren Regression auf Mythisches aufgrund mangelnder Selbstreflexion (2), die Rekonstruktion des Mythos aus den regredierenden Momenten der Aufklärung (er ist schon von Anfang an mit Elementen der Aufklärung durchsetzt) (3) und schließlich: der durch die Aufklärung vermittelte anthropomorphe Charakter des Mythos kann nur unter der Voraussetzung einer präsupponierten magi-

schen Ungeschiedenheit von Subjekt und Objekt einer Kritik unterzogen werden (4). Ihnen ordnen Horkheimer und Adorno vier idealisierte Phasen der Entwicklung zu. Die Darstellung folgt im wesentlichen der Interpretation Ch. Hubigs.

1. Die vor-mythische animistisch-magische Urzeit wird in der »Dialektik der Aufklärung« wesentlich durch eine strukturelle Ungeschiedenheit von menschlichem Dasein und realer Natur charakterisiert. Natur werde, so die Autoren, undifferenziert und nicht identifizierend erfahren. Es gibt also keine Kategorien der Repräsentation, zum Beispiel durch Symbole. Der Ausdruck ›Mana‹ steht für nichts, ist selbst keine Projektion, sondern das der Angst entstammende Echo der Natur.[160] Außer einer »Verschlungenheit des Natürlichen gegenüber dem einzelnen Glied«, dem »Ruf des Schreckens« als Echo der Natur in den »schwachen Seelen der Wilden«[161] ergeben sich aus dem Rekonstruktionsversuch der »Dialektik der Aufklärung« kaum weitere relevante Gesichtspunkte, die jene Urzeit ihrer Struktur nach inhaltlich erläutern könnten. In diesem Umstand spiegelt sich die Schwierigkeit, empirisch gesicherte Aussagen über die Ursprünge der Menschheit zu machen. Das mag ein Grund dafür sein, warum sie den Menschen heute als eine Zeit des undifferenzierten Schreckens einer symbiotischen Einheit mit der Natur erscheint.[162] Die These einer ursprünglichen Undifferenziertheit von Subjekt und Objekt, eines amorphen Verhältnisses Mensch – Natur, ist – beispielsweise aus ethnologischer bzw. religionssoziologischer Sicht – problematisch. Wir werden später darauf zurückkommen.
Unter diesem Gesichtspunkt erscheint es dann auch plausibel, wenn Horkheimer und Adorno eine gewissermaßen idealtypisierte anthropologische Ausgangslage nur hinsichtlich ihrer funktionalen Bedeutung für die Dialektik der Aufklärung heranziehen und auf eine im engeren Sinne anthropologische Argumentation verzichten. Denn die Ausgangssituation eines undifferenzierten Weltbezuges ist methodisch gesehen genau dasjenige systematische Argument, aus dem sich eine Dialektik von Mythos und Aufklärung konstruieren läßt. Von Präanimismus und Animismus, von Magie ist einzig unter dem Aspekt die Rede, daß sie mythisches Weltverstehen aus sich entlassen. »Die Verdoppelung der Natur in Schein und Wesen, Wirkung und Kraft, die den

Mythos sowohl wie die Wissenschaft erst möglich macht, stammt aus der Angst des Menschen, deren Ausdruck zur Erklärung wird.« Und: »In ihm (dem Präanimismus – A. Th.) ist selbst die Trennung von Subjekt und Objekt schon angelegt. Wenn der Baum nicht mehr bloß als Baum, sondern als Zeugnis für ein anderes, als Sitz des Mana angesprochen wird, drückt die Sprache den Widerspruch aus, daß nämlich etwas es selber und zugleich etwas anderes als es selber sei, identisch und nicht identisch.«[163]

2. Die zweite Phase beginnt mit der Arbeitsteilung. Die spezialisierten Tätigkeiten erlauben eine Differenzierung in singuläre Aspekte, unter denen die Subjekte ein Weltverständnis entwickeln. Sie zusammengenommen konstituieren zuallererst ›Sinn‹ als gesellschaftlichen Erfahrungsgehalt. Jene Differenzierung ist die Kehrseite des Entzauberungsprozesses. Sie ermöglicht Identitätsbildung, die Bildung des identischen Selbst, von dem in der »Dialektik der Aufklärung« die Rede ist. Dort steht die Homerische Odyssee paradigmatisch für dieses Entwicklungsstadium. Für den Protagonisten Odysseus gibt es die Erfahrung der bloßen Unmittelbarkeit des Naturzusammenhangs weitgehend nicht mehr; ihm wird das Echo, die ursprüngliche Mimesis, als solche bewußt. Die Stufe vor-mythischer Angsterfahrung scheint er in einem Schritt der Abstraktion hinter sich gelassen zu haben. Im mythischen Weltverständnis wird, folgt man den Argumenten der »Dialektik der Aufklärung«, ›Natur‹ bereits als allgemeine Macht erfahren, die Ausdruck eines transzendenten Prinzips ist. Mythisches Wissen wird in Symbolen repräsentiert. Sie verweisen auf die Ähnlichkeit und die Unähnlichkeit der Dinge und werden darin zu Deutungen der Welt. Ihre Beziehung zueinander konstituiert einen Modus sinnhaften Weltverstehens, das sich in einen kosmogonischen Ordnungszusammenhang eingebunden weiß. Die Personalisierung der Naturelemente verdeutlicht nach Sicht der Autoren den Repräsentationscharakter mythischer Symbole. »Die olympischen Gottheiten sind nicht mehr unmittelbar mit den Elementen identisch, sie bedeuten sie.«[164] Der anthropomorphe Aspekt jener Repräsentation läßt verständlich werden, warum auch zwischen den olympischen Göttern Konflikte auftreten können. Sie sind aber der Sphäre der alltäglichen Lebenswelt weitgehend fern.

Der antike Logos schließt sich in einem System zusammen, das die Einheit des natürlichen Kosmos im mythischen Denken herstellt. Die Abstraktionsleistungen, die zum Gebrauch von Begriffen notwendig sind, verweisen nach Horkheimer und Adorno auf das Moment von Herrschaft im Denken, das ihm schon von Anbeginn an innewohnte; Begriffliches überhaupt zielt von sich aus auf Systemdenken und damit potentiell auf Unterdrückung. Die Naturbeherrschung unter dem Aspekt der Selbsterhaltung erzeugt eine Form von Herrschaft, deren Muster später im Denken der Aufklärung ihren Ausdruck findet. Es ist also ein präsupponiertes Herrschaftsbegehren über die äußere Natur, das Herrschaft überhaupt motiviert. Diese verlängert sich bis ins Innere der Gesellschaft hinein und reproduziert sich dort im Mechanismus der Unterdrückung innerer Natur. Der Zusammenhang von Mythos, Arbeit und Herrschaft bleibt aber in der »Dialektik der Aufklärung« partiell unaufgeklärt. So wie einerseits Herrschaft unmittelbar aus dem Naturverhältnis abgeleitet wird – vor dem Hintergrund dieser Argumentationsstrategie gewinnt die Dialektik des Opfers ihren zentralen Stellenwert –, so wird sie andererseits systematisch auch auf das Verhältnis der gesellschaftlichen Arbeit zur Dynamik der Produktivkraftentwicklung zurückgeführt. Wir werden darauf später zurückkommen und wollen an dieser Stelle nur die Präsupposition einer offensichtlich naturalen Basis von Herrschaft überhaupt vermuten. Herrschaft wäre nach dieser Lesart der »Dialektik der Aufklärung« nicht ursächlich und ausschließlich an soziale Interaktion, an die Binnenstruktur von Gemeinwesen gebunden, sondern ginge dieser sogar noch voraus. Gegenüber den Entfremdung und Herrschaft hervorbringenden gesellschaftlichen Tauschverhältnissen würde Herrschaft schlechthin eine quasi mythologisch verwurzelte Dominanz zugesprochen werden müssen.[165] Aus der Perspektive einer bereits entzauberten Welt wird der Mythos nur hinsichtlich der Voraussetzungen betrachtet, die er für den Prozeß der Aufklärung aus sich heraus bereitstellt; insofern er selbst schon Aufklärung ist, gilt ihm das Interesse der Autoren.

Dabei steht im Vordergrund die Frage, welche Voraussetzungen sich für aufklärerische Denkmuster, die sich in der spezifischen Form einer kalkulierenden Vernunft artikulieren, auffinden lassen. »Mit der Ausbreitung der bürgerlichen Warenwirtschaft

wird der dunkle Horizont des Mythos von der Sonne der kalkulierenden Vernunft aufgehellt, unter deren eisigen Strahlen die neue Saat der Barbarei heranreift.«[166]
Die Urgeschichte der Subjektivität stellt sich nach diesem Verständnis als eine Urgeschichte des *Denkens* dar. Es ist der kognitive Zugriff auf die Welt, der die Dialektik der Aufklärung motiviert. Auf diese Weise wird der Zusammenhang zwischen der subjektiv-instrumentellen Vernunft und dem praktischen Handeln in der »Dialektik der Aufklärung« nur recht vage über den Begriff der Arbeit hergestellt. Konkrete Formen des praktischen Tätigseins kommen fast gar nicht in den Blick. »Unter dem Zwang der Herrschaft hat die menschliche Arbeit seit je vom Mythos weggeführt, in dessen Bannkreis sie unter der Herrschaft stets wieder geriet.«[167] Gerade an dieser Stelle wird jedoch der Anschein erweckt, als argumentierten die Autoren anthropologisch: Arbeit ist eine Bestimmung menschlichen Daseins, die den Menschen Leiden aufbürdet und ihnen Entsagungen abverlangt.
Ausgehend vom Mythos-Verständnis, das der »Dialektik der Aufklärung« zugrunde liegt, ließe sich die These formulieren, daß der Versuch, die Urgeschichte der Subjektivität über die dynamische Grundfigur einer Dialektik der Aufklärung zu rekonstruieren, zwar die spezifische Verfassung kognitiver Strukturen der sich durchsetzenden naturbeherrschenden Vernunft berücksichtigt, den Bereich des Handelns jedoch systematisch ausklammert. Angesichts der auf Naturbeherrschung hin orientierten, der Selbsterhaltung dienenden Praxis der Subjekte mag diese Sichtweise einen Widerspruch bilden. Sie scheint jedoch signifikant für die Konstruktion der »Dialektik der Aufklärung« insgesamt zu sein.

3. In dem dritten Stadium wird die Immanenz des mythischen Denkens zugunsten einer instrumentell gedachten Zweckrationalität endgültig durchbrochen. Diesen Übergang sehen die Autoren schon im Denken und Handeln des Odysseus angelegt. Subjektiv-instrumentelle Vernunft als das Paradigma der Aufklärung wird an dessen Person erstmals als notwendige Voraussetzung individueller Selbsterhaltung expliziert.
Im Exkurs über die Odyssee wird vorgeführt, daß der gesellschaftliche Zusammenhang zwischen Naturbeherrschung und in-

strumenteller Vernunft einer Form des Bewußtseins entspricht, in der die »Geschichte der Zivilisation« als »Geschichte der Introversion des Opfers«[168] erscheint. Der Dialektik von Mythos und Aufklärung korrespondiert eine Dialektik von Opfer und List. Die aufgeklärte List durchbricht den naturhaften Zwangscharakter des Opfers. Nur indem er sich der List bedient, gelingt es Odysseus, die uneingeschränkte Unterwerfung unter die Macht mythischer Symbole zu umgehen und sie dennoch anzuerkennen. Das paradoxe Moment der List markiert für Horkheimer und Adorno den systematischen Übergang zum aufgeklärten Subjekt. Zwar beherrscht erst Odysseus jene spezifische Verhaltensweise der List, die darin besteht, das Opfer als Betrug zu durchschauen und es in den Dienst eigener Interessen zu stellen, doch kommt an seiner Person zur Entfaltung, was in der Struktur des Opfers immer schon angelegt war. »List entspringt im Kultus«[169] und nicht dessen Gegensatz, dem säkularisierten Tausch-Opfer: der Zweckcharakter des Opfers ist schon immer Betrug. Der instrumentell-zweckrationale Aspekt des Opfers bezeichnet nach der »Dialektik der Aufklärung« das Moment der Aufklärung im Mythos. Indem Odysseus das »Moment des Betrugs am Opfer«[170] bewußt wird, kann es zur Durchsetzung eigener Interessen eingesetzt werden. Daß sich der Protagonist allerdings die Resistenz gegen die Macht mythischer Repräsentanten über sein selbstbewußtes Ich mit der partiellen Aufgabe eben dieses Ichs erstreitet, zeigt die strukturell vergleichbare Verbindung des Opfers zum Ritual wie zum Tausch. Die Zweckorientierung des Opfers ist es, was den Tausch seinerseits – verstanden als säkularisiertes Opfer[171] – im aufgeklärten Bewußtsein schließlich selber mythisch werden läßt. Die Dialektik des Opfers – Odysseus' Opfer gegen das Opfer – verlängert den Reproduktionszwang der Herrschaft.

Durch Reflexion wird das mythische Weltverstehen transzendiert und die symbolische Einheit des mythischen Kosmos als Schein entlarvt. Seine Auflösung eröffnet die Perspektive subjektiv-instrumenteller Vernunft. Indem Horkheimer und Adorno vor diesem Hintergrund die Kategorie des Tauschs – vermittelt über die instrumentell gedachten Zwecke – im Zentrum ihrer Analyse des Opfers ansiedeln, haben sie seine systematische Voraussetzung, nämlich Naturbeherrschung, als ein Moment des Denkens rekonstruiert. Im Opfer treffen mythisches und aufgeklärtes Denken aufeinander. Der naturbeherrschende Zugriff wird in der subjektiv-instrumentellen Vernunft als ein kognitiver interpretiert. Weitergehend ließe sich die These vertreten, daß die »Dialektik der Aufklärung« die Dynamik der dialektischen Grundstruktur des Rationalisierungsprozesses primär aus den Formen des Bewußtseins entwickelt. Wann immer Handlungen thematisch werden – als Arbeit, Opferhandlung, Naturbeherrschung überhaupt, Tausch – geschieht dies unter dem Aspekt kognitiver Strukturen des Wissens und der Erkenntnis; sie dienen der Bebilderung der selbsterhaltenden Vernunft. Ihr wohnt seit Anbeginn quasi naturwüchsig Instrumentalität inne; sie ist der eigentliche Motor der Urgeschichte der Subjektivität.

Entsprechend, folgt man der Argumentation der Autoren, findet die eigentliche Regression der Aufklärung auf Mythisches im Bewußtsein statt. Die Aufklärung verdankt sich der zunehmenden Kompetenz zu Abstraktionsleistungen. Aus der Zweckbestimmtheit der Begriffe wird der Herrschaftscharakter der Aufklärung abgeleitet. Die Möglichkeit, natürliche Vorgänge zu berechnen, impliziere per se einen Herrschaftsanspruch, der den Begriffen qua Begriff-Sein unter dem Gesichtspunkt einer Subsumtionslogik zukomme. In ihnen erreiche die selbsterhaltende, d. h. naturbeherrschende Vernunft ihre konsequente und adäquate Gestalt. Die Regression auf Mythisches finde in dem Augenblick statt, in dem jene Logik sich verselbständige, auf ›Sinn‹ verzichte und die Fetische der Magie, die symbolischen Repräsentationen des Mythos durch den Fetisch allgemeiner Begriffe ablöse. Die formale Logik wird von den Autoren als treibende Kraft in diesem Prozeß gesehen. »Die formale Logik war die große Schule der Vereinheitlichung. Sie bot den Aufklärern das Schema der Berechenbarkeit der Welt.«[172] Der damit formulierte Herrschaftsanspruch, der sich über die methodische Kopplung von Wissen und Macht legitimiert, wird bei Bacon programmatisch durchgeführt.

Die Formalisierung des Wissens in der naturwissenschaftlichen Erkenntnis ist es, die für den Sinnverlust innerhalb der Naturwissenschaften verantwortlich gemacht wird. Horkheimer und Adorno halten sie wahrer Erkenntnis nicht für fähig, weil die Reflexion, mit der die Emanzipation wissenschaftlichen Erkennens vom mythischen Weltverständnis erreicht wurde, auf die Aufklärung selber keine Anwendung finde. Die immanente Konstitution aufgeklärten Bewußtseins, die dem Paradigma der Instrumentalität folgt, verhindere deren kritische Selbstreflexion. So wie die Mythen nicht aus sich selbst heraus reflektierbar waren, sondern erst interpretiert und analysiert werden konnten, nachdem ihre Grenzen überschritten waren und sie sich im Deutungshorizont ihrer Interpreten als inkonsistent erwiesen hatten und damit vom subjektiven Bewußtsein als überschreitbare angesehen werden konnten,[173] so setzt auch die Kritik der Aufklärung mit der Erfahrung ihrer immanenten Inkonsistenz an. Aber der Aufklärung wohnt die Fähigkeit zur Selbstreflexion methodisch bereits inne; der Anspruch auf rationale, begriffliche Durchdringung ihrer Erkenntnisgegenstände trifft auch auf sie selbst zu. Daß sie die Freiheit der Reflexion, deren Mittel sie fetischisiert, restringiert, und ihre Forderung, das Denken zu denken,[174] nicht einlöst, verweist auf ihren von Horkheimer und Adorno diagnostizierten Rückfall in Mythisches.

4. Ersichtlich ergibt sich für die »Dialektik der Aufklärung« auf diesem Weg der Argumentation eine Aporie. Denn die Diagnose einer zur universellen Herrschaft gelangten, aber eben »falschen«, weil dem Prinzip subjektiv-instrumenteller Vernunft folgenden Aufklärung müßte die Kritik der Aufklärung im Sinne der »Dialektik der Aufklärung« eigentlich prinzipiell ausschließen. Dennoch soll die Utopie einer Versöhnung und reflexiven Durchbrechung des Verblendungszusammenhangs der subjektiv-instrumentellen Vernunft möglich sein. Dieser Verblendungszusammenhang kann in seiner Totalität und Allgemeinheit darum nicht so absolut sein, wie aus Horkheimers und Adornos Diagnose geschlossen werden müßte. Darauf deutet im übrigen auch das Vorwort zur Neuausgabe der »Dialektik der Aufklärung« hin: »Die in dem Buch erkannte Entwicklung zur totalen Integration ist unterbrochen, nicht abgebrochen«.[175]
Das Problem, wie die Möglichkeit einer Kritik der zur Selbstreflexion mit eigenen Mitteln nicht fähigen Aufklärung begründet werden kann, wird in der »Dialektik der Aufklärung« selbst nicht wirklich gelöst. Sie muß die Regression der Aufklärung, die die Kritik erst sichtbar machen sollte, zur Voraussetzung machen;

daß die Aufklärung aber unter Bedingungen der Moderne vor einer Regression nicht gefeit ist, erklärt sich für die Autoren aus der Evidenz des Phänomens selber. Daran ist die große diagnostische Kraft der »Dialektik der Aufklärung« gebunden.
Für den theoretischen Status der »Dialektik der Aufklärung« bedeutet dies, daß sie die systematische Lücke der Nichtbegründbarkeit einer Kritik der Aufklärung mit den Mitteln der Dialektik der Aufklärung nicht schließen kann, sondern dazu Deutungsmuster bedarf, die letztlich nicht ihrer Argumentation selbst entstammen.
Allein in der Erfahrung des Leidens und des Schmerzes als der somatischen Dimension von Subjektivität ist eine Möglichkeit angelegt, »die Bewußtlosigkeit, mit der die Gesellschaft das Denken sich verhärten läßt«,[176] zu durchbrechen. Eine entsprechende Theorie, die diese Momente in sich aufnähme, ist jedoch mit der »Dialektik der Aufklärung« noch nicht in befriedigender Form vorgelegt worden. Leiderfahrung wird hier unter dem Aspekt seiner theoretischen Vermittlung thematisch. Die Kritik des begrifflichen Denkens zielt auf den Verrat am Begriff, aus dem die Aufklärung zu einem Instrument der Herrschaft werden konnte. Dennoch lassen sich Begriffe nicht vollständig der Logik der Herrschaft subsumieren: Dasjenige, was sie unterdrücken, nämlich Natur, erscheint in ihnen als unterdrücktes, unter sie subsumiertes Einzelnes. Das Eigentümliche des Begriffs besteht darin, daß er von sich aus auf das in ihm Unterdrückte verweist, indem er gedacht wird. »Denken, in dessen Zwangsmechanismus Natur sich reflektiert und fortsetzt, reflektiert eben vermöge seiner unaufhaltsamen Konsequenz auch sich selber als ihrer selbst vergessene Natur, als Zwangsmechanismus.«[177] Einzig im Denken, so wäre zu schließen, kann »Natur« – was man darunter im Sinne der Kritischen Theorie Adornos verstehen kann, wird uns später eingehend beschäftigen – als Erfahrung noch aktualisiert werden. Ganz konsequent scheint deshalb die Utopie des Eingedenkens der Natur im Subjekt auch nur am Orte der Reflexion erfüllt werden zu können. Wahre Versöhnung in diesem Sinne hängt wesentlich vom Denken ab. Die Erfüllung der utopischen Perspektive ist auf den Begriff angewiesen.[178]

Die vorangegangene Skizzierung des einerseits idealisiert historischen, andererseits systematisch gegliederten Aufbaus der »Dialektik der Aufklärung« wirft hinsichtlich ihrer zentralen These einer dialektischen Verschlingung von Mythos und Aufklärung einige Fragen auf, die es verlangen, den Begriff des Mythos bzw. des Mythischen eingehender zu betrachten.

Die Konstruktion jenes wechselseitigen Verweisungszusammenhangs von Mythos und Aufklärung ist die Bedingung der Kritik der Aufklärung. Das implizite Mythos-Verständnis scheint jedoch auf die Frage reduziert zu bleiben, in welcher Hinsicht in den Mythen schon das Potential der Aufklärung angelegt ist. In diesem Sinne ist der Mythos das Reservoir der Aufklärung, wobei das, was der Aufklärung in diesem Reservoir zu finden möglich war, selbst schon als Produkt der Aufklärung gelten kann. Die konzeptionelle Bedeutung des Mythos besteht gleichwohl darin, den systematischen Ort zu bezeichnen, von dem aufgeklärtes Bewußtsein seinen Ausgang nimmt. Hier findet der Einbruch des Instrumentellen, des Identitätsprinzips in den Kosmos der magisch-mythischen Vernunft statt. Von einem Einbruch kann man in diesem Zusammenhang sprechen, weil sich die subjektiv-instrumentelle Vernunft, die sich mit der Urgeschichte der Vernunft durchsetzt, in der Tat als Einbruch eines quasi naturwüchsigen Verhängnisses in die Menschheitsgeschichte verstehen läßt; mit derselben Naturwüchsigkeit schreitet der Prozeß der selbsterhaltenden Vernunft weiter voran.

Das Mythos-Verständnis der »Dialektik der Aufklärung« ist von der Auffassung der Aufklärung als einer Theorie des Wissens über die Welt geprägt. In Frage steht dabei, ob man mythisches Weltverständnis auf seine kognitiven Aspekte reduzieren kann. Die Rationalitätsstandards, die in dessen Betrachtung eingehen, sind der Aufklärung selbst entnommen. Darin mag, worauf sich kritische Hinweise bei H. Blumenberg, Ch. Hubig und M. Frank[179] beziehen lassen, der Grund für die in der »Dialektik der Aufklärung« implizit unterstellte partielle Strukturgleichheit zwischen dem Mythos – im Sinne der Ursprungsmythen – und dem Mythos der Aufklärung – im Sinne einer mythischen Regression der Aufklärung – zu finden sein; die Richtigkeit dieser Annahme steht jedoch zur Disposition.

So stellt z. B. Hubig eine fundamentale Struktur*un*gleichheit zwischen dem ursprünglichen und dem Mythos der Aufklärung heraus. Die Regression der Aufklärung gehe in diesem Sinne nicht auf Mythisches; besser sei der Mythos der Aufklärung Ideologie zu nennen. »Der ›neue Mythos‹ der Zweckrationalität, der die Möglichkeit der Reflexion nicht einschränkt, sondern die Wirklichkeit des Handlungsspielraums von Subjekten, ist kein Mythos, sondern Ideologie. Ihn als Mythos zu bezeichnen, kann jedoch dazu führen, daß er im antiken Sinne einer wird.«[180] Die Strukturungleichheit, die Hubig von Ideologie und nicht von Mythos sprechen läßt, besteht in einer Reflexionshemmung und einer totalen Wirklichkeitserfahrung beim ursprünglichen Mythos versus einer Reflexionssteigerung und der Einschränkung der Wirklichkeitserfahrung unter Bedingungen der Aufklärung.[181] Auch der Ausdruck ›mythomorphe Ideologie‹ (Frank)[182] bezeichnet treffender das, was Horkheimer und Adorno unter Mythos im Verhältnis zur Aufklärung verstehen.

Im folgenden Kapitel werden der Mythos bzw. Elemente des Mythischen so interpretiert werden, daß der geschichtsphilosophische Kognitivismus der »Dialektik der Aufklärung« zugunsten einer materialen, praktischen Dimension des Naturverhältnisses kritisiert werden kann. Diese Kritik zielt gegen den genannten Reduktionismus, der die Vernunft der Aufklärung mit instrumenteller Vernunft gleichsetzt.

2.1.2. Mythos und subjektiv-instrumentelle Vernunft

In der Schwierigkeit, das Mythos-Konzept der »Dialektik der Aufklärung« zu explizieren, teilt sich das allgemeine Problem jeder Mythos-Forschung mit: Was läßt sich unter Bedingungen der Entmythisierung, der Entzauberung und Rationalisierung der Welt über mythische Weltbilder sagen? Wäre es einerseits ein unsinniges Unterfangen, sie mit dem Anspruch von Authentizität rekonstruieren zu wollen, so besteht doch andererseits die Gefahr, mit unangemessenen Projektionen aus der Perspektive der Aufklärung zu arbeiten. Ganz zweifellos ist aber alles, was sich über Mythos bzw. Mythisches sagen läßt, methodisch an die Voraussetzung der Entzauberung immer schon gebunden.

Daß aber die Aufklärung, wie das durchgängige Interesse an diesem Thema mindestens seit Beginn der Aufklärung belegt, selber ein Eingedenken des Mythos in der Aufklärung beinhaltet, heißt, daß Mythisches und Aufklärung nicht ineinander aufgehen, auch wenn die Aufklärung ihrerseits diese Differenz inhaltlich nicht mit den ihr zur Verfügung stehenden Mitteln benennen kann.[183] Damit ist gemeint, daß, welche Perspektive man auch immer wählt, das jeweils andere – das Mythische für die Aufklärung und die Aufklärung für das Mythische – sich den Paradigmen der jeweilig eingenommenen Perspektive nicht unterordnen läßt und partiell inkommensurabel bleibt. Das wird durchgängig deutlich an allen Modellen über das Verhältnis von Mythos, Mythischem einerseits und Aufklärung, Wissenschaft, Vernunft andererseits.[184] Sieht man darin nicht von vornherein ein theoretisches oder systematisches Defizit, sondern statt dessen etwas, das selbst schon zur Bestimmung jenes Verhältnisses gehören könnte, lassen sich Ausgrenzungen, die methodischen und systematischen Problemen geschuldet sind, vermeiden. Die Rekonstruktion des Verhältnisses von Mythos und Aufklärung hat dann vor allem heuristische Bedeutung, deren Sinn in der Selbstverständigung der Aufklärung über sich selbst besteht.[185]

Aus der Perspektive einer Kritik der Aufklärung im Sinne der »Dialektik der Aufklärung« ist der Mythos dasjenige historische wie begriffliche Medium, in dem Ursprung und Genese der instrumentellen Rationalität – der universalgeschichtlichen Kategorie abendländischer Zivilisation schlechthin – sichtbar gemacht werden sollen. Das Gewicht legen die Autoren, wie bereits gesagt wurde, auf die Seite des kognitiven Aspekts jener Entwicklung. In der Tat sind es die Formen des den gesellschaftlichen Verhältnissen entstammenden Bewußtseins und Denkens, die die Rekonstruktion abendländischer Geschichte als Dialektik der Aufklärung motivieren. Man wird darin auch eine konzeptionelle Beschränkung sehen müssen. Dennoch beruht die Akzeptanz und Bedeutung der »Dialektik der Aufklärung« unter anderem darauf, daß Möglichkeiten zu ihrer begrifflichen, systematischen oder inhaltlichen Ausarbeitung offenstehen. In diesem Verständnis fasse ich den Versuch einer handlungstheoretischen Explikation als einen möglichen, nicht ausschließlichen Zugang auf. Entsprechend sollen im folgenden einige Elemente oder Charak-

teristika des Mythos bzw. des Mythischen zusammengestellt werden, die es plausibel erscheinen lassen, Mythisches unter dem Aspekt von Handlungen zu betrachten.
Das Problem einer Bestimmung des Mythos[186] liegt sicher einmal darin begründet, daß er von anderen Erzählweisen und Kommunikationsmustern (Märchen, Fabeln, Ritus, Mythe) nur schwer abzugrenzen ist. Man kann ihn gleichwohl als eine Form des Weltverstehens und der Weltaneignung im Modus des Erzählens und des Erzählten verstehen.
Eine andere Schwierigkeit, ›Mythos‹ zu bestimmen, ergibt sich daraus, daß er wesentlich Erzählung ist. Er ist selbst kein tradierbares begriffliches Schema; was tradierbar ist, ist die Erzählung der Mythen. Sie ranken sich um den Anfang alles Seienden, und doch sind die Anfänge gerade das schlechthin Unbegreifbare und Ungreifbare. Die Referenzlosigkeit des Ursprungs – nichts scheint ihm vorherzugehen – führt zu dessen Unaussprechlichkeit, die den Mythos als etwas erscheinen läßt, das, wie Blumenberg sagt, »immer schon in Rezeption übergegangen«[187] ist. »Das Ursprüngliche bleibt Hypothese, deren einzige Verifikationsbasis die Rezeption ist. (...) Der Reiz des Neuen geht in den Genuß des Verstehens dadurch über, daß es als Kühnheit gegenüber dem Alten und als beziehbar auf dieses verstanden wird. Absolute Anfänge machen uns sprachlos im genauen Sinne des Wortes.«[188] In diesem Sinne ist das »Vergessen der ›Urbedeutungen‹ (...) die Technik der Mythenkonstitution selbst – und zugleich der Grund dafür, daß Mythologie immer nur als ›in Rezeption übergegangen‹ angetroffen wird.«[189]
Der Topos des immer schon in Rezeption Übergegangenen läßt sich insofern sinnvoll auf Handlungen beziehen, wie er ein Licht auf die pragmatische Leistung[190] des Mythos wirft. Unter diesem Aspekt erscheint der Mythos als Form des Handelns, in der die gesellschaftliche Ordnung ihre Legitimation und zugleich ihre Sicherung durch und im Handeln erfährt. Die mythische Beglaubigung oberster Werte geschieht nicht über jederzeit wirksam werdende quasi kodifizierte Normen, sondern über die permanente Präsenz derjenigen archaischen Muster, die eine erzählte und damit erfahrbare Gewißheit über die Anfänge aus sich entlassen. Deren sinnstiftendes Potential hat reflexionslos universell gewirkt.

Die Betrachtung des Mythischen wird damit auf den intersubjektiven Charakter mythischer Erfahrung gelenkt, die sich hier – als mytho-logisch präformierte – nicht auf das denkende oder handelnde Einzelsubjekt rückbeziehen läßt, sondern von der wesentlich nur in einem Kontext der handelnden Mitglieder einer Gemeinschaft gesprochen werden kann. In der Einheit von Handlung und Erfahrung drückt sich ein materiales, man könnte auch sagen: somatisches Moment des Mythos aus. So gesehen ist mythisch verfaßte Subjektivität an die Leiblichkeit solidarischen Handelns gebunden. Auf diesen Zusammenhang hat bereits Ernst Cassirer hingewiesen.[191] Für die Leiblichkeit des solidarischen Handelns sind, wie Cassirer betont, fundamentale materiale Bezüge charakteristisch, in denen Essen, Trinken, Sexualität als sakrale Handlungen Bedeutung tragen. In dieser Hinsicht ist der Mythos »kein System von Glaubensdogmen«, sondern eine Lebensform, die mit der materialen Lebenspraxis in einem unmittelbaren Zusammenhang steht und ihn wesentlich als Handlungsschema ausweist. »Er (der Mythos – A. Th.) besteht weit mehr aus Handlungen als aus Gedanken, Phantasien, Vorstellungen.«[192]
Die intersubjektiv wirksame normative Geltung mythischer Handlungsformen ist deshalb nicht allein über die kognitive Entwicklung sprachlicher Interaktionsmuster rekonstruierbar. Ich werde darauf im Schlußteil im Zusammenhang mit Habermas' These der Versprachlichung des Sakralen zurückkommen.

Was ist also unter der spezifischen Sinnhaftigkeit mythischer Handlungen zu verstehen, ohne sie selbst wiederum zu mystifizieren? Der Sinn, den man Handlungen zusprechen kann, wird im Mythos anders repräsentiert als im neuzeitlichen oder modernen Weltverständnis. Mythischer Sinn fällt gewissermaßen zusammen mit dem Eingedenken und der Bewahrung mythischer Ursprünge. Er ist immanenter Sinn; neuzeitlicher Sinn ist teleologisch gerichteter Sinn.
Was man »Eingedenken des Ursprungs« nennen könnte, bedeutet im mythischen und, da die Übergänge durchaus fließend zu sein scheinen, im magischen Handeln für den Handelnden selbst die Gewißheit einer sinnhaften Übereinstimmung mit jenem Ursprung; diese Gewißheit entstammt aber nicht Prozessen der

Selbstreflexion. Handlungen müssen also nicht erst mit einem Bewußtsein über Mythologeme des mythischen Kosmos in Übereinstimmung gebracht werden, denn der Handlungsraum wird immer schon durch den unhintergehbaren Kontext mythischer Tradition im Sinne des ›schon in Rezeption Übergegangenen‹ bestimmt.

Welche Bedeutung dabei ›der Anfang‹ hat, läßt sich schon bei Platon in seinem Dialog über die Entstehung und den Ablauf der Weltperioden des Kronos und des Zeus nachlesen.[193] Aus Platons philosophischer Perspektive ist das Weltganze nur rekonstruierbar in der Abfolge voneinander unterschiedener Weltalter, die je einen neuen Anfang voraussetzen. Was Platon hier thematisiert, ist nichts anderes als die dem Mythos wesentliche Vorstellung zyklischen Geschehens. Das Mythische selbst bleibt aber in Platons philosophischem Diskurs, der Reflexion der Mythen, aber auch (mythische) Rezeption der Mythen ist, virulent. Der Mythos von der Umkehrung des Laufs der Gestirne und der Erdgeburt des Menschen[194] wird hier aufgegriffen, um die Genese der Weltalter auch in eine philosophische Perspektive rücken zu können. An ihm zeigt sich die Notwendigkeit eines Anfangs, der jedoch selber verhüllt bleibt. Seit Anbeginn wird der Weltlauf von mythischen Katastrophen unterbrochen, die jeweils einen neuen Anfang nur dadurch möglich machen, daß das ihnen je Vorgängige nicht gänzlich im Zuge der Katastrophe verschüttet wird, sondern im Kern weiterlebt. Das Mythologem der Weltalter wird von J. Bollack sehr aufschlußreich behandelt; bei ihm findet sich folgende Überzeugung von Aristoteles: »Von den frühesten und uralten Menschen stammt, was im Gewande des Mythos den Späteren hinterlassen worden ist.«[195] Auch bei Aristoteles wird sichtbar, daß es die Ehrwürdigkeit des Ältesten[196] ist, die über die Gewißheit des Ursprungs die Identität des natürlichen Seins verbürgt. Im Mythos offenbart sich der Ursprung des natürlichen Lebens, dessen Gegenwärtigkeit sich im handelnden Weltbezug immer wiederkehrend ausdrückt. Was den Mythos zu einer Weise des In-der-Welt-Seins und nicht primär zu dessen Erklärung macht, ist, daß er die göttliche Natur des Universums als Inhalt einer unmittelbaren Gewißheit tradiert, ohne selber göttlichen Ursprungs sein zu müssen.[197] Von der Herkunft des Mythos kann deshalb nicht gesprochen werden, weil er immer schon im Handeln gelebtes, mythologisches Wissen ist.

Der Anfang, von dem der Mythos handelt, meint den natürlichen Ursprung allen Lebens in seiner kosmogonischen Einbettung. Man kann darum auch sagen, daß der für die Menschen je gegenwärtige Sinn mythischer Anfänge das Eingedenken der Natur im Mythos ist. Das soziale Handlungsgeflecht des mythischen Weltbezuges steht in einem unmittelbaren Zusammenhang mit der Natur, weil die Weise, in der die Menschen der – mythologisch vermittelten – Natur begegnen und in sie hineinhandeln, auch das Muster ihrer sozialen Handlungsbezüge ist.

Hinsichtlich seiner heuristischen Funktion gilt für den Mythos, was sich auch von der Wissenschaft im neuzeitlichen Sinne sagen läßt, daß er nämlich Paradigmen einer allgemeinen und systematischen Weltdeutung[198] bereitstellt. Im Unterschied zur wissenschaftlichen Weltdeutung scheint im Mythos jedoch kein objektsprachlicher Begriff der Welt oder der Natur vorzukommen. Das Verhältnis zwischen Mensch und Natur gleicht einer Verwandtschaftsbeziehung, ohne daß man angeben könnte, um welchen Verwandtschaftsgrad es sich handelt. ›Verwandt‹ ist im Sinne von ›sympathetisch‹ oder ›mimetisch‹ zu verstehen. Aber an der sozialisierten Natur besteht von seiten der naturalisierten Gemeinschaft kein reflektiertes Interesse, das die Natur als Gegenstand des intellektuellen Interesses betrachten könnte. Nach Blumenberg ist die eigentlich mythische Leistung darin zu sehen, daß die mythologische Weltauslegung die Übermacht des faktisch Äußeren, also der Natur, nicht als ›das Andere‹, sondern in der personalen Identität ›der Andere‹ als einem »*Auch-Ich*« erfahrbar macht. »*Das* Andere ist noch nicht vorzugsweise *der* Andere. Erst sobald jenes durch diesen interpretiert, das Neutrum durch die Metapher des Auch-Ich erschlossen wird, beginnt eine Weltauslegung, die den erfahrenden Menschen in die Geschichte des erfahrenen Anderen verwickelt.«[199] Die mythische Erklärung der Welt basiert demnach nicht, wie in den neuzeitlichen Wissenschaften, auf der Annahme einer gegebenen Objektivität, von der Handeln und Denken zwar abhängig sind, die jedoch schrittweise erkannt werden kann, sondern auf der erfahrbaren Existenz jenes ›Auch-Ich‹. In der Selbsterfahrung der Unzulänglichkeit, in der Erfahrung, »daß der Mensch die Bedingungen seiner Existenz annähernd nicht in der Hand hatte und, was wichtiger ist, schlechthin nicht in seiner Hand glaubte«,[200] stellt der Mythos ein komplexes Verfahren dar, Angst verarbeiten zu können, ohne mit Hilfe begrifflicher Abstraktionen nach dem Muster der »Dialektik der Aufklärung« natürliche Mächte zu bezwingen. Hier setzt eine Rationalisierung der Erfahrung des In-der-Welt-Seins ein, ohne daß gezeigt werden könnte, daß sie sich dabei der Mittel der subjektiv-instrumentellen Vernunft bediente.

Auch der Mythos beinhaltet das Moment der Naturbeherrschung; nicht jedoch als Herrschaft über etwas, was sich unter die Objektivationen eines Begriffs der Natur subsumieren ließe, sondern als Verfügung über das unmittelbare Gegenüber, das ›Auch-Ich‹. Angst, wenn sie denn mythischer Welterfahrung tatsächlich wesentlich ist, kann befriedet werden, weil in den magisch-mythischen Handlungen Ich und Auch-Ich verschmelzen. Zwischen beiden muß eine strukturelle Ähnlichkeit bestehen. Wenn der Zauberer, wie Cassirer sagt, nur der richtige Mann ist, der zur rechten Zeit am rechten Ort um die richtige Anwendung der geeigneten Mittel weiß, ist er Meister über alles.[201] Das prinzipielle Bewußtsein der Beherrschbarkeit dessen, was der Mythos als Natur versteht, entstammt nicht einer theoretischen, auch keiner praktischen Stellungnahme zu ihr, sondern einer einfühlenden. Diese mimetische Verhaltensweise, die eben auch nur handelnd zum Ausdruck gebracht werden kann, weil sie gerade nicht der Reflexion entspringt, impliziert Naturbeherrschung unter einem nicht-instrumentellen Aspekt. Das widerspricht der These der »Dialektik der Aufklärung«, wonach Naturbeherrschung prinzipiell durch subjektiv-instrumentelle Vernunft motiviert wird. Nach Blumenberg ist der Mythos selbst »ein Stück hochkarätiger Arbeit des Logos«.[202] Worin er mit der Aufklärung konvergiert, ist nicht Naturbeherrschung unter dem Aspekt des instrumentellen Umgangs *mit* der Natur, sondern Naturbeherrschung als Weise des Be- und Ergreifens der Welt, in die – naturgemäß – auch die Verfügung über Natur eingeschlossen ist.

In dem einmaligen Akt, mit dem jeglicher Anfang als Metamorphose der Welt[203] gesetzt wird, schließt sich der mythische Kosmos als Einheit der Welt in der Erfahrung der Menschen zusammen. Die Entstehung dieses Kosmos ist ein Werden und Tun, das jederzeit wiederholbar, prinzipiell aber nicht überschreitbar ist. Erst die Erklärung der Welt in universellen Formeln, wie z. B. in der antiken Metaphysik, löst diese von ihrem Ursprung im Handeln und entgrenzt so den Mythos als das zyklische Wiederholungsschema eines ursprünglichen Tuns in der Reflexion. Ein Unterschied besteht hinsichtlich des Interesses, das sich in beiden Weltbezügen artikuliert; und es handelt sich dabei nicht nur um verschiedene Mittel der Erklärung. Die Bildlichkeit des Mythos verweist auf eine Anschaulichkeit, wie sie sich nur an Handlungen ablesen läßt. Erst die metaphysische Erkenntnis der antiken ionischen Philosophie entbindet von dieser Anschaulichkeit. Das So-und-nicht-anders-Sein der Welt, das der Mythos als Prinzip perpetuiert, indem er erzählt, die Erde ruhe auf dem Wasser oder erhebe sich aus ihm, verflüssigt sich in der universellen Formel, alles komme aus dem Wasser und bestehe folglich aus Wasser, zur Perspektive auf die potentiellen Möglichkeiten der Welt. Thales' universelle Formel verdankt sich nicht der empirischen Anschauung und der theoretischen Erkenntnis, sondern ist Resultat der Suche nach dem abstrakten Grund des Seienden. Er bedient sich dabei der philosophischen Metapher ›Wasser‹; mit ihr ragt mythische Sprache in einen neuen Modus der Welterfahrung hinein. Die theoretische Autonomie hat für sich noch keine angemessene Sprache gefunden. Das heißt aber nicht, daß mythische Vorstellungen im philosophischen Denken der ersten Philosophen fortleben. Das dem Mythos Wesentliche, daß die Welt sich in der Einheit der Erfahrung ausdrückt, wird hier nämlich transzendiert: Die metaphysisch gedachte Einheit der Welt läßt die Handlungserfahrung im Medium mythischen Weltverstehens hinter sich. Die Wirklichkeit des Mythos als erfahrene Realität, in der die Dinge der Welt nebengeordnet als Vielheit des Verschiedenen den Zusammenhang des einen Kosmos sichern, weicht der Rückführung auf ein metaphysisches Prinzip, für das es zu Anfang noch keine angemessene Sprache und vielleicht auch keine Handlungserfahrung gibt. Der Ausdruck des Thales' ist, wie Nietzsche sagt, »im Grunde eine metaphorische, ganz und gar ungetreue Übertragung in eine verschiedene Sphäre und Sprache. So schaute Thales die Einheit des Seienden: und wie er sich mitteilen wollte, redete er vom Wasser!«[204]

Vor diesem Hintergrund kann man sagen, daß der Mythos von der Philosophie, von der Aufklärung und Wissenschaft, wie sie in der »Dialektik der Aufklärung« verstanden werden, nicht *durch* den Logos getrennt ist; das eine ist nicht das Prälogische, das andere nicht das Logische. Vielmehr sind es zwei unterschiedliche Weisen, in denen der Logos bearbeitet wird, bearbeitet in der Absicht, die Wirklichkeit als die je erfahrene Welt zu verstehen. Die Bedeutung von ›Wasser‹ mag hier wie dort voneinander verschieden sein, nicht jedoch, wie Blumenberg argumentiert, der Standard der Leistungen, die jede Weise des Weltverstehens hervorbringt. »Der Mythos hatte kaum die Gegenstände des Philosophen bestimmt, wohl aber den Standard der Leistungen, hinter den er nicht zurückfallen durfte. Ob er den Mythos geliebt oder verachtet hatte, er mußte Ansprüche erfüllen, die durch ihn gesetzt, weil befriedigt worden waren. Sie zu überbieten, mochte eine Sache anderer Normen sein, die die Theorie anhand ihrer wirklichen oder vermeintlichen Erfolge immanent produzieren würde, sobald sie nur in der Ermäßigung der Erwartungen erfolgreich wäre. Zuvor aber steht die nachmythische Epoche unter dem Leistungszwang dessen, was die ihr vorhergehende zu leisten beansprucht oder sogar nur vorgegeben hatte. Die Theorie sieht im Mythos ein Ensemble von Antworten auf Fragen, wie sie selbst es ist oder sein will.«[205]

An Thales' Metaphysik des Seins aus dem Ursprung des Wassers wird der Unterschied zwischen einer mythischen und einer philosophischen Einstellung zur Welt deutlich. Stellt das Wasser im Mythos den nicht-transzendierbaren Naturzusammenhang – in dem Sinne der Natur als »Auch-Ich« – des Menschen her, so geht der »jedenfalls unmythisch und unallegorisch«[206] gemeinte Gedanke des Thales über jenen Naturzusammenhang hinaus, indem Natur an ein metaphysisches Erkenntnisinteresse gebunden wird. Man kann demnach den Unterschied zwischen Mythos und Aufklärung nicht auf je verschiedene Weisen des *Denkens* reduzieren, weil das Paradigma ›Denken‹ eines ist, das erst durch eine philosophische Einstellung zur Welt hervorgebracht wird. »So verschieden die Bewertungen auch sein mögen, der Übergang vom mythologischen zum logischen Denken besteht nur durch das Bewußtsein, das die Philosophie von sich selbst gewonnen hat.«[207]

Eine Alternative dazu, Mythos und philosophische Aufklärung in bezug auf das ihnen implizite Denken zu betrachten, ergibt sich nun darin, die Wirklichkeitserfahrung des Mythos selbst als

Handeln zu verstehen. In diesem Sinne rechnete auch Nietzsche allen Mythologien als ein ihnen wesentliches Kennzeichen zu, daß das Geschehen, das sie in sich aufbewahren, als ein Tun ausgelegt worden sei.[208] Dazu bemerkt Blumenberg: »Es ist nicht bloße metaphorische Dienlichkeit, wenn in Erscheinungen Handlungen gesehen wurden.«[209]

Resümiert man die vorangegangenen Überlegungen, so wird deutlich, daß sich aus der Konzeption des Mythos – jedenfalls unter den ausgewählten Gesichtspunkten – keine stringente Ableitung der These einer Universalisierung instrumenteller Vernunft als einer Dialektik der Aufklärung ergibt.[210] Denn Naturbeherrschung läßt sich nicht auf instrumentelle Vernunft im Sinne der »Dialektik der Aufklärung« allein zurückführen. Die geschichtsphilosophische Logik einer kognitivistisch gedeuteten Vernunftentwicklung wird als Dialektik der Aufklärung expliziert. Die Dialektik ergibt sich jedoch nur unter der Voraussetzung, daß rationale Orientierungen im Denken und Handeln auf instrumentelle reduziert werden.

Der axiologische Charakter magisch-mythischen Denkens ist weder auf die Konzeption einer mimetischen Ungeschiedenheit zurückzuführen, noch ist er dort, wo in späteren Stadien diese vermeintliche Ungeschiedenheit nicht mehr als Deutungsmuster in Anspruch genommen werden kann, auf einen Instrumentalismus der Weltbezüge reduzierbar. Man kann vielmehr zeigen, daß sich magische oder mythische Zweckorientierungen nicht allein als instrumentelle deuten lassen, sondern, greift man auf Weber zurück, handlungstypologisch auch wertrationale Momente enthalten, die auf eine eigenwertorientierte Sinndimension des Handelns verweisen. Aber nicht nur konzeptuelle Erörterungen, sondern auch kulturwissenschaftliche Befunde sprechen gegen den geschichtsphilosophischen Reduktionismus der »Dialektik der Aufklärung«. Sie zeigen, daß Fähigkeiten zur Abstraktion bzw. ein bestimmtes Niveau sprachlicher Entwicklung, auch der zweckorientierte Umgang mit der äußeren Natur, nicht nur als Ausdruck einer instrumentellen Vernunft interpretiert werden können. Nicht alle – in einem letzten Sinn eben auch an Zwecke gebundene – Handlungen und Denkweisen, die sich auf die Natur richten, sind instrumentell-naturbeherrschende.

Ich möchte diese These an einigen Beispielen belegen und illustrieren. Im Aurignacien, vor etwa 20 000 Jahren, entstand in Europa – und hierauf sollen die Ausführungen beschränkt bleiben – die Höhlenkunst. Nach neueren paläontologischen Untersuchungen[211] scheint die lange für zutreffend gehaltene Vermutung, es handle sich bei der Höhlenkunst des Paläolithikums um den spontanen Ausdruck und die Beschwörung der Jagd, dahingehend korrigiert werden zu müssen, daß mindestens für die Zeit des Cromagnon, wenn nicht schon früher, eine von der materiellen Lebenserhaltung relativ unabhängige Auseinandersetzung des Menschen mit seiner Umwelt vorausgesetzt werden muß. Gegen die traditionelle These scheint auch der Umstand zu sprechen, daß es z. B. in Lascaux unter Hunderten von Tierdarstellungen nur eine gibt, die ein Ren zeigt, obwohl das Ren, wie man aus den Knochenresten schließen kann, die als Überbleibsel spätaltsteinzeitlicher Jägermahlzeiten den Höhlenboden bedecken, unter den Tieren, die gejagt und verspeist wurden, das zahlenmäßige Übergewicht hatte.[212] Die Höhlenwände, auf denen die Menschen ihre Vorstellungswelt ausdrückten, müssen also vom Höhlenboden, dem Terrain des Alltags unterschieden werden. Demnach können die Felsbilder auch nicht in einem direkten oder ausschließlich instrumentell-naturbeherrschenden Zusammenhang mit der Jagd oder mit rituellen Handlungen im Umfeld der Jagd gebracht werden.

Diese Hypothese vertritt auch G. Bataille, der auf die Höhlenmalerei im Kontext der Deutung des Heiligen eingeht. Statt Höhlenbilder primär mit magischen Nützlichkeitserwägungen in Zusammenhang zu bringen, schlägt Bataille eine religionssoziologische Interpretation vor, die mit kognitivistischen Deutungsmustern nur schwer vereinbar sein dürfte. Auch sie, selbst wenn man sie nicht uneingeschränkt anerkennen will, spricht gegen die geschichtsphilosophische These einer naturwüchsigen Dialektik der Aufklärung im Zeichen instrumenteller Vernunft, indem sie das Moment des Leibhaft/Körperlichen systematisch als anthropologisch fundiertes Moment kultureller Entwicklungen begründet.[213]

Die Tatsache, daß die Höhlenkunst ihren Ausgang von abstrakten Zeichen nahm, läßt darauf schließen, daß es einen sprachlich bereits beherrschten Inhalt gegeben haben muß, der in der Kunst manuell umgesetzt wurde;[214] eben nicht in der Weise einer fotografischen Abbildung der Wirklichkeit, sondern in abstrakten, symbolischen Formen. Leroi-Gourhan vertritt die These, daß bereits paläolithische Kunst um mythologische Themen kreise, deren manuelles Gegenstück sie als Mythographie bildet.[215] »Auf dem Niveau des Menschen ist das reflexive Denken imstande, in einem analytischen Vorgang von wachsender Präzision Symbole aus der Realität zu abstrahieren, die parallel zur wirklichen Welt eine Sprachwelt konstituieren, mit der sich die Realität ergreifen läßt. Dieses reflektierte Denken, das sich wahrscheinlich schon seit den Ursprüngen der Anthropinen konkret in einer vokalen und mimetischen Sprache ausdrückte, gewinnt in der oberen Altsteinzeit den Zugang zu Darstellungsformen, die es dem Menschen gestatten, sich über die materielle Gegenwart hinweg auszudrücken.«[216] Die aufwendige, oft über viele Generationen hinweg fortgesetzte Ausgestaltung der Höhlen, die im übrigen nur bedingt bewohnt waren, legt zudem die Vermutung nahe, es handelte sich dabei nicht um individuelle Tätigkeiten, sondern um kollektive. Schon die Vorbereitungen dazu – Gerüstbau, Farbherstellung, Installation der Beleuchtung – waren nur unter der Bedingung möglich, daß die Künstler von der Sorge um den Lebensunterhalt entbunden waren; immerhin setzt das eine ausreichend organisierte Wirtschaftsform (Jagen und Sammeln) voraus.[217]

Das Niveau der Höhlenkunst deutet weiter darauf hin, daß die Darstellungen nicht Mittel zur Überlistung der Naturgewalten, bloße Beschwörung des Jagderfolges, sondern ein differenzierter Ausdruck dafür sind, wie vielschichtig die intersubjektiven Beziehungen einerseits und die Bezüge der Menschen zu ihrer natürlichen Umwelt andererseits gewesen sein müssen. Mindestens seit dem Entstehen der Höhlenkunst überall auf der Welt gibt es Techniker und Künstler – im Sinne von techne –, deren Formen des Ausdrucks sich nicht allein instrumentalistisch, gegen die Natur gerichtet interpretieren lassen, sondern auf faszinierende Weise selbst die Bezüge des paläolithischen Handelns und Denkens zur äußeren Natur als Erfahrung von Welt thematisieren. Über einen unvorstellbar langen Zeitraum bis etwa 8000 v. Chr. legen die Höhlenbilder Zeugnis einer prähistorischen »Urgeschichte der Subjektivität« ab, lange bevor es die Homerischen

Epen gab. Auch ihr Thema war das der Naturbeherrschung; deren Rekonstruktion, soweit sie möglich ist, stellt sie dar als Geschichte des Handelns. Die mit dem aufrechten Gang einsetzende Befreiung der Hand ist das eigentlich evolutionäre Movens der spezifischen Entwicklung des Menschen. Die These, daß sich diese Entwicklung erst der Veränderung des Gehirns verdanke, ist heute offensichtlich überholt. Dagegen weist sehr vieles darauf hin, »daß die Fortschritte der Anpassung des Bewegungsapparates eher dem Gehirn genützt haben, als daß sie von diesem hervorgerufen worden wären.«[218] In diesem Verständnis geht schon evolutionsgeschichtlich der Handlungsaspekt der kognitiven Dimension der Menschheitsgeschichte voraus.[219]

Auch die Höhlenkunst ist an Zwecke in bezug auf die Natur gebunden, um deren Handhabbarkeit und Zugänglichkeit es geht. Wollten aber Horkheimer und Adorno naturbeherrschendes *Denken* als Agens und Movens subjektiv-instrumenteller Vernunft begründen, so müßten sie dies für Naturbeherrschung überhaupt zeigen können. Am Beispiel der Höhlenkunst wird aber deutlich, daß die »Urgeschichte der Subjektivität« nicht in der Allgemeinheit evident ist, wie die Autoren es mit ihrer Rekonstruktion beanspruchen.

Die Anrufung von Fruchtbarkeitssymbolen ist zweckrational, dennoch ist aber die symbolische Handlung selbst nicht Mittel zum Zweck, ist nicht auf Instrumentelles reduzierbar. Sie ist zugleich Gewißheit über die Erfüllbarkeit und Erfüllung des Zwecks; Zweck und Handlung fallen unter einem quasi wertrationalen Gesichtspunkt zusammen. Konsequenterweise betrifft auch das Kriterium eines möglichen Mißerfolgs die Handlung selber nicht. Was faktisch erreichbar ist, ist von einem starken »Umfeld der Handlungs- und Bewirkbarkeitssuggestionen«[220] umgeben.

Diese und weitere Befunde sprechen für die These, daß magisch-mythisches Handeln zwar in einem gewissen Sinne zweckrational ist, dennoch aber nicht im spezifischen Sinne der »Dialektik der Aufklärung« als instrumentell-naturbeherrschendes Handeln gedeutet werden kann.

In seinem Buch »Das wilde Denken« bezeichnet Lévi-Strauss die »mythische Reflexion als eine intellektuelle Form der Bastelei.«[221] Mit Hilfe dieses Vergleichs unterscheidet er wissenschaft-

liche Tätigkeit im heutigen Verständnis von jener Spekulation, die im Bereich des Mythos einmal Wissenschaft sein konnte – nicht primitive, sondern erste Wissenschaft: »die Tätigkeit nämlich, die allgemein mit dem Ausdruck *bricolage* (Bastelei) bezeichnet wird.«[222] Im Gegensatz zum wissenschaftlich vorgehenden Ingenieur macht der Bastler seine Tätigkeit nicht davon abhängig, *daß* und in welcher Reihenfolge er bestimmte Materialien zur Verfügung hat, sondern seine Werkzeuge und Materialien ergeben sich zufällig »nach dem Prinzip ›das kann man immer noch brauchen‹«.[223] Sie sind nicht auf ein bestimmtes Projekt ausgerichtet und sind durch ein solches nicht primär in einer Zweck-Mittel-Relation bestimmt. Die Elemente des Bastlers sind »nur zur Hälfte zweckbestimmt«.[224] Die andere Hälfte bleibt gewissermaßen in oder bei den Dingen selbst als ihr Werkzeug- oder Materialcharakter, der ihre vollständig instrumentalistische Indienstnahme verhindert. »Auf die gleiche Weise liegen die Elemente der mythischen Reflexion immer auf halbem Wege zwischen sinnlich wahrnehmbaren Eindrücken und Begriffen.«[225] Das Zwischenglied zwischen Bild und Begriff ist das Zeichen; es ist wie das Bild etwas Konkretes, besitzt jedoch wie der Begriff die Fähigkeit des Verweisens. Betrachtet man die Handelnden, den Ingenieur und den Bastler, so könnte man, wie Lévi-Strauss pointiert formuliert, »versucht sein zu sagen, der Ingenieur befrage das Universum, während der Bastler sich an eine Sammlung von Überbleibseln menschlicher Produkte richte.«[226] Übertragen auf die Ebene von Zeichen und Begriff läßt sich analog nachzeichnen, daß der Begriff auf die »Eröffnung des Ganzen« zielt, während das Zeichen, die Bezeichnung, die »Reorganisation«[227] des Ganzen bewerkstelligt. Während im wissenschaftlichen Handeln und Erkennen die Mittel konsequent auf Zwecke ausgerichtet sind, können die Elemente mythischer Arrangements Zwecke und Mittel zugleich sein.[228]
Die Nicht-Reduzierbarkeit von Gegenständen und Materialien auf Instrumentalität im Dienste der Naturbeherrschung läßt sich auch auf den sozialen Charakter des Handelns zurückführen. Die sozialisierte Natur und die naturalisierte Gesellschaft bilden im mythischen Weltbezug keinen real erfahrbaren Dualismus von sozialem und natürlichem Kosmos, vor dessen Hintergrund ein methodisch betriebener instrumenteller Zugriff auf die Natur möglich wäre.

Die Beispiele lassen die Annahme plausibel erscheinen, daß das Motiv der Selbsterhaltung gegen die Natur und in der Natur nicht eindimensional instrumentalistisch gesehen werden kann. Bricolage scheint eher auf einen Typus von Handeln hinzuweisen, der sich den Dingen, die eben auch nicht mehr einfach ›Natur‹ sind, ohne jedoch motivlos zu sein, auch zweckfrei und experimentierend zuwendet; zweckfrei jedenfalls in einem Sinne, der Zwecke nur im Zweck-Mittel-Kalkül wahrnimmt.
Auch wenn man Gehlens Konzept einer Philosophischen Anthropologie mit ihren Implikationen nicht übernehmen will,[229] so ist doch die dort vorgenommene kategoriale Unterscheidung von experimentellen und zweckrationalen Handlungen in diesem Zusammenhang erhellend.
Was der experimentierenden Handlung zugrunde liegt, ist nach Gehlen ein ursprüngliches, praktisches Interesse, das jedoch nicht dem Bedürfnis unmittelbarer Selbsterhaltung entstammt, sondern nur am experimentierend erzielten Resultat einer Handlung oder Verfahrensweise orientiert ist; ihr liegt ein Interesse an der Sache zugrunde. »Die Motive des Handelns können also aus der Sache entnommen werden und von ihr weitergetrieben werden, statt aus dem Bedürfnis, das sozusagen eingeklammert wird. Der Sacherfolg wird damit virtuell aus der Antriebssphäre herausgehoben, denn das Handeln ist nicht mehr Mittelhandeln zu antriebsgesetzten Zwecken, sondern es startet bei den Sachverhalten und endet bei herausgestellten veränderten Sachverhalten.«[230]
Es ist der Perspektivenwechsel von der Bedürfnisstruktur des Handelnden hinsichtlich seines materiellen Lebens zum zweckfreien Umgang mit Dingen oder Sachverhalten, der zwei unterschiedliche Dimensionen des Handelns freilegt. Die Dimension der rationalen Mittelwahl erstreckt sich offensichtlich auf den Aspekt der materiellen Selbsterhaltung und läßt sich als ein instrumentelles Verhältnis zur Natur im weitesten Sinne interpretieren, wohingegen die Dimension des Zweckfreien eine spielerisch-experimentierende Komponente des Handelns in einem mimetisch verstandenen Bezug zur Welt erkennen läßt.
Jener Perspektivenwechsel verdankt sich methodisch bei Gehlen jedoch nicht der präzisen kategorialen Unterscheidung verschiedener Handlungstypen – hier scheint er eher sorglos zu verfah-

ren, wenn er ›experimentierend‹, ›herstellend‹, ›instrumentell‹ annähernd synonym gebraucht[231] –, sondern der Differenz von Motiv und Zweck. Zwecksetzungen, die sich mit der Erfüllung konkreter Bedürfnisse verbinden, können sich durch Habitualisierung verselbständigen, so daß der unmittelbare Bedürfnisdruck und das Primärinteresse zugunsten anderer Motive in den Hintergrund treten. Das Handeln kann zum Selbstzweck werden aufgrund einer »›Verselbständigung des Mittelhandelns‹«.[232] Die Verselbständigung der Mittel wird von Gehlen nicht als Tendenz der Entfremdung, z. B. in Arbeitsprozessen, in den Blick genommen, obwohl er die Indienstnahme von Werkstücken durch heterogene Zwecksetzungen (z. B. als Repräsentationsgegenstände von Prestige und Macht) sieht. In seiner Sicht beinhaltet sie die Möglichkeit eines individuellen, authentischen Handelns.

Mit der Unterscheidung von Motiv und Zweck läßt sich jedoch die These einer Nicht-Reduzierbarkeit der Urgeschichte der Subjektivität auf den Primat subjektiv-instrumenteller Vernunft stützen. Unter der Voraussetzung, daß Handeln nicht erst aufgrund einer »Verselbständigung des Mittelhandelns« zum »Selbstzweck« werden kann, wäre es möglich, das experimentelle, also nicht-zweckgebundene Handeln als einen Handlungstypus anzusehen, der sich neben dem des zweckrational-instrumentellen behauptet. Er schließt – und dies trifft ebenso auch auf das Bricolage-Modell wie auf die Höhlenkunst zu – gleichermaßen wertrationale wie zweckrationale Momente in sich ein.

Daraus ergibt sich, daß die geschichtsphilosophisch motivierte Identifizierung selbsterhaltender, naturbeherrschender Vernunft mit subjektiv-instrumenteller Vernunft im Verständnis Horkheimers und Adornos nicht haltbar ist, weil unterschiedliche Handlungstypen nicht auf einen Typus zu reduzieren sind. Dieses These soll nun im folgenden am Konzept der Selbsterhaltung der »Dialektik der Aufklärung« diskutiert werden.

2.1.3. Selbsterhaltung und subjektiv-instrumentelle Vernunft

Die Reduktionismusthese läßt sich am Beispiel einer Episode aus der Odyssee überprüfen. Horkheimer und Adorno exemplifizieren in ihrem Exkurs über Odysseus den Zusammenhang zwischen Selbsterhaltung und subjektiv-instrumenteller Vernunft. Die Urgeschichte der Subjektivität wird als Urgeschichte der Selbsterhaltung gedeutet. Es handelt sich um die Geschichte, in der Odysseus und seine Gefährten auf den Kyklop Polyphem treffen.

Die Griechen landen auf der Insel der Kyklopen – gesetzlosen Frevlern, wie Homer sagt, weil sie noch nicht das zivilisierte Stadium einer ackerbauenden und viehzüchtenden Gesellschaft erreicht haben.[233] Odysseus und seine Leute dringen in die Höhle Polyphems ein. Um sich zu retten – Polyphem ist Menschenfresser – zerstören sie im Laufe der dramatischen Ereignisse dessen einziges Auge. Doch Polyphem will, um das ihm angetane Leid später sühnen zu können, wissen, wer ihn geblendet hat. Odysseus stellt sich als ›Niemand‹ – ›Udeis‹ –, ähnlichklingend wie ›Odysseus‹, vor. An den Bauch der in der Höhle untergebrachten Schafe und Ziegen geklammert, entkommen die Eindringlinge. Polyphem wird der Beistand seiner Genossen versagt: Daß ›Niemand‹ ihn geblendet hat, kann für sie kein Grund zur Beunruhigung sein. Noch bevor jedoch die Griechen – und das ist das Entscheidende – die rettenden Schiffe erreichen, gibt Odysseus Polyphem seinen wahren Namen preis. Durch den Hagel von Felsbrocken, die Polyphem auf sie niederschleudert, wird ihre Rettung fast noch vereitelt.

Soweit die Geschichte. Bestehen bleibt die Frage, warum Odysseus so handelt.

In der »Dialektik der Aufklärung« dient diese Episode dazu, den Zusammenhang zwischen Selbsterhaltung und subjektiv-instrumenteller Vernunft herzustellen. Die Urgeschichte der Subjektivität wird dort als Urgeschichte der Selbsterhaltung – und das heißt als Urgeschichte der instrumentellen Vernunft – expliziert. Odysseus repräsentiert die instrumentell auftretende List. Sie ist bei Horkheimer und Adorno das systematische Bindeglied zwischen Mythos und Aufklärung. Die Dialektik der List ist Grundschema der »Dialektik der Aufklärung«. Die gelungene Unterdrückung der äußeren Natur – Polyphem – wird erkauft mit der Unterdrückung der inneren Natur – die Selbstverleugnung im Namen. Fraglich ist aber, ob sich Odysseus' Selbsterhaltung auf die Instrumentalität naturbeherrschender Vernunft beschränkt. An der Beantwortung dieser Frage hängt die systematische Begründung der universalgeschichtlichen Durchsetzung und Geltung instrumenteller Vernunft.

Hier soll die These vertreten werden, daß sich diese Begründung nicht stichhaltig aus der in der »Dialektik der Aufklärung« zugrunde gelegten evolutionstheoretischen Deutung des dialektischen Zusammenhangs zwischen Mythos und Aufklärung ableiten läßt.

Odysseus kann sich selbst erhalten, weil, folgt man der »Dialektik der Aufklärung«, die Möglichkeit zur sprachlichen List, die er anwendet, ein Stadium gesellschaftlicher Produktivkraftentwicklung voraussetzt, das dem Polyphems überlegen ist. Horkheimer und Adorno interpretieren die sagenhafte Begegnung vor dem Hintergrund des Aufeinandertreffens einer quasi vor-zivilisatorischen Sammler- und Hirtengesellschaft und einer vorbürgerlichen Ackerbau- und Viehzüchter-Gesellschaft als Robinsonade.[234]

Die Rede von der Robinsonade zeigt, daß die Autoren die Odyssee unter dem Gesichtspunkt höherer und niederer wirtschaftlicher Organisationsgrade rekonstruieren. »Der listige Einzelgänger ist schon der homo oeconomicus, dem einmal alle Vernünftigen gleichen; daher ist die Odyssee schon eine Robinsonade.«[235] Daß Polyphem einzig der Seite des blinden Naturzusammenhangs zugeordnet wird, erklärt sich aus der eingenommenen Perspektive der Aufklärung. Er ist noch nicht einmal ein Selbst; Odysseus überlistet ihn durch »Mimikry ans Amorphe«.[236] Im Gegensatz dazu erscheint Odysseus immerhin schon als »Kulturträger«.

Die Polyphem-Geschichte ist innerhalb des Odyssee-Exkurses der »Dialektik der Aufklärung« deshalb von Bedeutung, weil mit ihr der evolutionäre Fortschritt, der die bäuerlich-seßhafte Kultur gegenüber der der Sammler und Hirten auszeichnet, als Entsprechung zum Ausgang subjektiv-instrumenteller Vernunft aus Magie und Mythos gedeutet werden soll. Historisches und Systematisches wird hier – und dies ist eine generelle Schwierigkeit der »Dialektik der Aufklärung« – methodisch nicht voneinander getrennt. Die Interpretation der Polyphem-Episode weist aber im Hinblick auf die Rekonstruktion einer Urgeschichte der instrumentellen Vernunft Inkonsistenzen auf. Denn Odysseus geht aus dieser Begegnung gerade nicht als das ›identische Selbst‹, dessen Vernunft sich auf instrumentelle Vernunft reduzieren ließe, hervor.

Kommen wir zu der Frage zurück, warum Odysseus seinen Namen zu einem Zeitpunkt preisgibt, als er der Gefahr noch nicht entronnen ist.

Sowohl bei Homer als auch in der »Dialektik der Aufklärung« ist diese Stelle von zentraler Bedeutung. In der homerischen Odyssee deshalb, um die mythisch verstrickte Logik der Irrfahrt weiter fortsetzen zu können: Polyphem kann das ihm zugefügte Leid durch seinen Vater Poseidon nur rächen lassen, wenn er auch den Namen des Schuldigen zu sagen weiß. Die Odyssee folgt selbst einem mythischen Muster. In der »Dialektik der Aufklärung« erhellt die fragliche Sequenz die Dialektik der List: als bloße Dummheit wird Odysseus' Verhalten ausgelegt: »Die List, die darin besteht, daß der Kluge die Gestalt der Dummheit annimmt, schlägt in Dummheit um, sobald er diese Gestalt aufgibt.«[237] Diese Interpretation erfaßt jedoch die volle Bedeutung der Situation nicht, denn sie beschränkt sich auf den rein instrumentellen Aspekt. Hier ist Selbsterhaltung nur möglich durch instrumentelle Vernunft.

Dagegen schlage ich eine Interpretation vor, die die Selbstverleugnung im Namen und die Rücknahme der Verleugnung in der Preisgabe des Namens als Sequenzen einer Handlung betrachtet. Odysseus' Identität im Sinne eines aufgeklärten Subjekts konstituiert sich bei Horkheimer und Adorno durch die nominalistische Selbstüberlistung durch das Selbst selbst, das die List als List reflektiert. Nur weil Polyphem zu diesem Selbstbezug nicht fähig ist, kann Odysseus ihm entkommen. Aber die Dialektik der List deutet auf eine Ambivalenz des Handelns hin, deren einen Aspekt Horkheimer und Adorno auszuklammern scheinen. Gemeint ist die Ambivalenz des zweckrationalen Handelns. Odysseus erhält sich in zweifacher Weise selbst: Zum einen muß er sich und die Gefährten vor der unmittelbaren Rache Polyphems bewahren; es gilt, die physische Existenz zu erhalten. Zum anderen sichert Odysseus seine Identität, indem er sich als Akteur seiner Handlungen verstehen und erfahren kann. Anders ist nämlich nicht zu erklären, wieso er das Geheimnis seines Namens zu einem Zeitpunkt offenbart, zu dem er noch gar nicht in Sicherheit ist, das instrumentell zu verwirklichende Ziel seiner Selbsterhaltung also noch gar nicht erreicht ist. Statt dessen begibt er sich noch einmal in Gefahr, um die Identität in seinem Selbst-Sein erhalten zu können. Der Zauber des Namens ›Niemand‹ muß zurückgenommen werden, soll er nicht auf Dauer gestellt und seinen Träger tatsächlich ›niemand‹ werden lassen. Das zweckorientierte Handeln um der Selbsterhaltung willen vergegenwärtigt die Ambivalenz aufgeklärter Subjektivität zwischen Selbstkonstitution und Selbstverleugnung. Weil aber Handeln selbstbezüglich ist – Odysseus muß die instrumentell gedachte Namensverleugnung zurücknehmen, damit er sich handelnd als autonomer Akteur seiner Handlungen selbstverstehen kann –, ist es nicht auf instrumentelles Handeln reduzierbar. Denn daß Odysseus' Identität in seinem Handeln qua Handeln, also durch das Handeln selbst bewahrt wird, zeigt die Rücknahme der Verleugnung am Ende der Geschichte. Unter einem rein instrumentellen Gesichtspunkt wäre das Ziel ›Selbsterhaltung‹ schon erreicht, wenn er das Weite gesucht, Polyphem aber mit der Lüge zurückgelassen hätte.

Daß er das nicht tut, hat für eine Interpretation, die die Episode auf neuzeitliche Subjektivität beziehen will, zur Konsequenz, Odysseus' Selbstbezug auf seine Identität und seine Selbstbewahrung als Handelnder berücksichtigen zu müssen. Diese Momente sind weder in Homers mythologischem Kontext, noch in dem neuzeitlicher Subjektivität als Dummheit auslegbar. Nur wenn man Odysseus' List auf instrumentelle Vernunft reduziert, kann man die Auflösung des Rätsels als Dummheit interpretieren.

Die Dialektik der List wie die des Opfers schließt Selbsterhaltung wie Selbstverleugnung ein. Horkheimer und Adorno vernachlässigen den Aspekt der Selbstverleugnung in ihrer Deutung der Episode. Sie tun dies vermutlich deshalb, weil sonst erkennbar wäre, daß Odysseus selbst die Verleugnung auch wieder aufhebt, als Handelnder wieder aufheben kann. Diese Interpretation verträgt sich allerdings nicht mit der These vom Zwangszusammenhang instrumenteller Vernunft.

Die Intentionalität, die Odysseus' Handeln zugrunde liegt, bezieht sich einerseits auf einen Zweck außerhalb des Handelns, zum anderen auf das Handeln selbst. Gerade bei der Selbsterhaltung wird deutlich, daß das unter dem Gesichtspunkt der Zweckrationalität als rational rekonstruierte Handeln beides, einen praktisch-sinnbezogenen und einen poietisch-instrumentellen Aspekt in sich vereint.

Die List der Namenstäuschung wird dagegen von Horkheimer und Adorno einseitig als Ausdruck subjektiv-instrumenteller Vernunft thematisiert. Sie übersehen, daß der vorliegende Typus von Rationalität nicht nur in Hinsicht auf einen instrumentellen Sprachfetischismus gedeutet werden kann, sondern selbst die Ambivalenz von Niemand-Sein und Jemand-Sein offenhält.

Der Begriff der Selbsterhaltung wird in der Konzeption der »Dialektik der Aufklärung« als Selbsterhaltung gegenüber der Natur expliziert. Er hat seine Voraussetzung in einem theoretischen Konstrukt, das für die »Dialektik der Aufklärung« wesentlich ist. Es ist das der urgeschichtlichen Indifferenz von Subjekt und Objekt.

Diesen Punkt gilt es nun zu erläutern und ihn dann mit der Dialektik von Opfer und Tausch in Beziehung zu setzen.

Der Mythos ist, nach der »Dialektik der Aufklärung«, in dem Maße schon Aufklärung, wie er die Bildung subjektiv-instrumenteller Vernunft ermöglicht. Er erscheint deshalb selber auch nicht als ein einheitliches Substrat. Er hat dort vielmehr den Status eines Grenzbegriffs im Sinne einer idealtypisierten Epochenschwelle: Er ist derjenige realgeschichtliche und systematische Umschlagspunkt, an dem sich gleichsam der Riß durch die Einheit der Welt zieht. Der Mythos hat entsprechend in der »Dialektik der Aufklärung« die Funktion, den Ort anzugeben, von dem die neuzeitliche Subjektivität als selbsterhaltende, naturbeherrschende ihren Ausgang nimmt.

Das wirft allerdings die Frage auf, was der Grenzsituation des Mythos systematisch vorangehen soll. Nach der »Dialektik der Aufklärung« muß man einen Zustand ursprünglicher Ungeschiedenheit voraussetzen. Jene präsupponierte, aber verlorengegangene Ungeschiedenheit schlägt sich auf der Seite der Subjekte einerseits als Erfahrung der Dissoziation nieder; andererseits versichert sie durch ihre Abwesenheit dem subjektiven Bewußtsein in der Erfahrung des Selbst-Seins auch die Kontinuität seiner Weltbezüge. Neuzeitliches Selbstbewußtsein kompensiert diese Dissoziation. Das Konstrukt einer ursprünglichen Ungeschiedenheit, das dem Präanimismus und dem Animismus zugeordnet wird, ist, systematisch gesehen, das Gegenstück zur subjektiv-instrumentellen Vernunft; zwischen beide schiebt sich der Grenzbegriff des Mythos. Vor diesem Hintergrund ist die These, »schon der Mythos ist Aufklärung«,[238] zu verstehen. Sie hat die Fiktion jener ursprünglichen Ungeschiedenheit zur Voraussetzung, die, deutet man sie geschichtsphilosophisch, folgenreich ist, weil sie dazu führt, daß alle Handlungsorientierungen, die mit Zwecken in Verbindung stehen, als instrumentelle interpretiert werden. Denn Zwecke sind Zwecke der Naturbeherrschung; sie können aber erst gesetzt werden, wenn es das Objekt Natur als Objekt gibt.

Wie ist nun diese ursprüngliche Ungeschiedenheit im Sinne der »Dialektik der Aufklärung« zu verstehen? Ungeschiedenheit bezieht sich zunächst auf die zwischen Subjekt und Objekt. Mensch und Natur sind in einen als identisch erfahrenen Naturzusammenhang eingebunden. Nicht die romantische Vorstellung einer glücklichen und befriedeten Einheit, sondern die Abwesenheit einer Differenzerfahrung von Natur und Ich ist gemeint. Die Ungeschiedenheit bringt gerade den mythischen Schrecken des blinden Naturzusammenhangs hervor.[239] Die Erfahrung der Ungeschiedenheit geht der Entzauberung der Welt voraus.

Auf der Hand liegt die Frage, ob man nicht in der Vorstellung einer ursprünglichen Indifferenzerfahrung eine naturalistische Reduktion wird sehen müssen, so daß die subjektiv-instrumentelle Vernunft selbst eine naturalistische Basis hätte, die aber konzeptuell in ihr nicht mehr ausgewiesen wird. Gerade weil diese in sich indifferent und strukturlos ist, wirkt sie als Bedrohung auf die Menschen und erzeugt ein Angstpotential, dem, folgt man der Argumentation der »Dialektik der Aufklärung«, nur durch einen instrumentellen, beherrschenden Zugriff auf die Natur begegnet werden kann. Die subjektiv-instrumentelle Vernunft durchbricht den vorausgesetzten blinden Naturzusammenhang.

Abgesehen davon, daß eine präsupponierte, prälogische Ungeschiedenheit nicht mehr als eine Hypothese ist, die es anthropologisch unter Beweis zu stellen gilt,[240] ist nicht plausibel, warum und inwiefern jene prälogische Ungeschiedenheit von Subjekt und Objekt einen notwendig instrumentell geprägten Umgang mit der Natur motiviert. Denn die anthropologische Konstitution des Menschen hat seit Anbeginn die Erfahrung von Objekten als dem zur äußeren Welt immer schon Gehörigen, dem vom Selbst Verschiedenen impliziert. Entsprechend steht die Richtigkeit der Annahme in Frage, daß aus einem prälogischen Stadium die Bildung eines identischen Selbst deshalb hervorgeht, weil der sich seines Subjekt-Seins unbewußte Mensch durch einen instrumentellen Zugriff auf die Welt subjektiv-instrumentelle Handlungsrationalität als universale in den weltgeschichtlichen Gang bringt.

Das Subjektivitätsbegehren läßt sich in der »Dialektik der Aufklärung« dem Paradigma subjektiv-instrumenteller Vernunft allein deshalb unterordnen, weil es nur in seinem Bezug zur äußeren Natur erscheint. Subjektivität wird ihrem Prinzip nach auf instrumentelle Rationalität reduziert.

Auch wenn jene selbsterhaltende Vernunft aus der genetischen Vorgängigkeit einer ursprünglichen Ungeschiedenheit von Subjekt und Objekt abgeleitet wird, so ist damit jedoch nicht eine präsupponierte Einheit von Mensch und Natur gemeint; denn darin sehen die Autoren gerade ein Konstrukt der Aufklärung.[241] Das »Erwachen des Subjekts«[242] schließt aber die Vorstellung einer Einheit des Subjekts unter Bedingungen der subjektiv-instrumentellen Vernunft ein.[243] Das identische Selbst der Aufklärung kann sich erst in dem Augenblick konstituieren, in dem das Subjekt als Subjekt die Macht dessen erkennt, was es nicht selbst ist. Die Indifferenz von Subjekt und Objekt wird in der Konstitution des Selbst durch es selbst aufgehoben; seine Erhaltung sichert ihm das mit subjektiver Vernunft ausgestattete Bewußtsein von sich als Einheit. Daß aber die Idee einer Einheit des Subjekts bereits aufgeklärte Ideologie ist, können auch Horkheimer und Adorno nur vor dem Hintergrund einer prälogischen Ungeschiedenheit rekonstruieren. In der Überwindung jenes Prälogismus gelangt das Subjekt zu einem Bewußtsein von sich als ein Selbst, das es nur durch subjektiv-instrumentelle Vernunft,

d. h. gegen die Natur gerichtet, gewinnen kann. Das besagt aber auch, daß Selbstkonstitution und Selbsterhaltung immer schon das Moment der Herrschaft, nämlich Herrschaft gegen die Natur, innewohnt.

Im Ausdruck einer Introversion des Opfers wird der zweckrationale Charakter der selbsterhaltenden Vernunft sichtbar: Selbsterhaltung durch Naturbeherrschung und Selbstverleugnung durch die Unterdrückung der inneren Natur. Beide Pole dieser Ambivalenz ergeben sich jedoch aus der Naturbeherrschung selber. Das Selbst dieser naturbeherrschenden Selbsterhaltung ist eigentlich auch nur Mittel zum Zweck der materiellen Selbstbehauptung gegenüber dem blinden Naturzusammenhang. Deshalb wird Selbsterhaltung in der »Dialektik der Aufklärung« als Geschichte der Entsagung thematisiert. Sie richtet sich gegen das Subjekt selbst wie gegen die äußere Natur. Beide haben ihren Preis an die Erhaltung des ›identischen Selbst‹ zu entrichten, wobei unklar bleibt, was unter dem sich selbstverleugnenden, emphatisch begriffenen eigentlichen Subjekt verstanden werden könnte. In dieser Sichtweise blenden die Autoren das Moment der Konstitution von Subjekt-Sein-Können partiell aus: Das Selbst muß sich als Selbst erfahren haben, um sich als Selbst zu erhalten. Dagegen wird der Begriff neuzeitlicher Selbsterhaltung auf subjektiv-instrumentelle, naturbeherrschende Vernunft reduziert. Die Erfahrung subjektiver Identität fällt mit Naturbeherrschung, mit Herrschaft überhaupt zusammen.

Zu dieser naturalistisch gedeuteten Ambivalenz von Herrschaft und Verleugnung, die sich auf eine kognitivistische Sicht hin verengt, tritt jedoch ein Aspekt hinzu, der auf der Seite der Subjekte Selbstbezüglichkeit thematisiert. Die Selbsterhaltung durch das Selbst selbst ist zunächst die Beharrung des Selbst auf sich als Selbst in der *Erfahrung* des Selbst-Seins. Die Erfahrung des Selbst-Seins schließt das Bewußtsein von Vertrautheit und Fremdheit ein.[244]

Wenig einleuchtend ist es deshalb, warum die Selbstbezüglichkeit in der Selbsterhaltung per se, wie die »Dialektik der Aufklärung« argumentiert, instrumentell gedeutet werden muß. Die selbstbezügliche Struktur der Selbsterhaltung zeigt gerade an, daß sie mehr impliziert als instrumentelles Handeln.[245] Schwerlich wird man in der Selbsterhaltung einen Zweck sehen können, der au-

ßerhalb der zu seiner Verwirklichung notwendigen Handlungen liegt. Sich selbst als Selbst zu erhalten, unterliegt deshalb nicht ausschließlich zweckrational-instrumentellen Intentionen, zumal man auch nicht ohne weiteres sagen kann, im Hinblick auf was die Selbsterhaltung rational sein soll. Sie kann also nicht, so wäre zu folgern, ein durch den Menschen selbst gesetzter, rationaler Zweck sein, ein Ziel seines In-der-Welt-Seins, gleichgesetzt anderen Zielen. Das intentionale Moment der Selbsterhaltung geht in der instrumentell verstandenen Zweckrationalität nicht auf, weil alle Handlungen und Lebensvollzüge, die man möglicherweise auch erst retrospektiv erkennt, als Mittel zur Selbsterhaltung verstanden, selbst schon Zwecke sind.
Die Intentionalität, die der Selbsterhaltung immanent ist und die zugleich einen instrumentellen Bezug zur Welt mitmeint, auf subjektiv-instrumentelle Vernunft zu reduzieren, bedeutet, die Ambivalenz von selbsterhaltender Beharrung und instrumenteller Erhaltung einseitig auf das Motiv kognitiver, instrumenteller Selbsterhaltungsabsichten zu reduzieren.

Auch die für die »Dialektik der Aufklärung« zentrale These einer Dialektik von Opfer und Tausch ist für die Bestimmung des Verhältnisses von subjektiv-instrumenteller Vernunft und Selbsterhaltung aufschlußreich.
Das rituelle Opfer wird in der »Dialektik der Aufklärung« als Modell des Warentauschs aufgefaßt. Entsprechend rekonstruieren Horkheimer und Adorno die immanente Logik, der das Opfer folgt, im Kontext der subjektiv-instrumentellen Vernunft.
Im Homerischen Gastgeschenk als der »Mitte zwischen Tausch und Opfer« kündigt sich das »Prinzip des Äquivalents an: der Wirt erhält real oder symbolisch den Gegenwert seiner Leistung, der Gast eine Wegzehrung, die ihn grundsätzlich dazu befähigen soll, nach Hause zu gelangen«.[246] Horkheimer und Adorno betonen den zweckrationalen Charakter des Opfers; Opfer ist demnach immer schon säkularisiertes Opfer: »Ist der Tausch die Säkularisierung des Opfers, so erscheint dieses selber schon wie das magische Schema rationalen Tausches, eine Veranstaltung der Menschen, die Götter zu beherrschen, die gestürzt werden gerade durch das System der ihnen widerfahrenen Ehrung.«[247]
Das Opfer ist an das rationale Moment der über den Tausch

vermittelten Herrschaft gebunden. Innerhalb der »Dialektik der Aufklärung«, die die Urgeschichte der Subjektivität an ein Herrschaftsapriori bindet, ist das auch konsequent. Unter diesem Aspekt muß das Opfer notwendig der gesellschaftlichen Vermittlungsinstanz der Herrschaft, nämlich dem Tausch, unterstellt werden. Seine Bedeutung wird damit auf das Moment der Zweckrationalität eingeschränkt, die in der »Dialektik der Aufklärung« als bloße Instrumentalität verstanden wird. Das Opfer dränge von sich aus auf die Entfaltung der selbsterhaltenden, naturbeherrschenden Vernunft. »Der Doppelcharakter des Opfers jedoch, die magische Selbstpreisgabe des Einzelnen ans Kollektiv – wie immer es damit bestellt sei – und die Selbsterhaltung durch die Technik solcher Magie, impliziert einen objektiven Widerspruch, der auf die Entfaltung gerade des rationalen Elements im Opfer drängt.«[248]
Innerhalb einer Logik des Tauschs steht der pragmatische Aspekt der gesellschaftlichen Beziehungen der Opfernden im Vordergrund: es ist der der Zweckrationalität hinsichtlich der Selbsterhaltung. Dieser Aspekt wird aber selbst als kognitives Muster gedeutet.

Das Opfer wird so interpretiert, als intendiere es stets eine Restauration der ursprünglichen Einheit. Nur unter dieser Perspektive können Horkheimer und Adorno von der »Selbstpreisgabe des Einzelnen ans Kollektiv« sprechen. Die Restauration impliziert jedoch nicht wesentlich regredierende Mimesis, sondern das Opfer ist auch kommunikatives, metaphysisches Medium, das seinerseits auf die Beziehungen zwischen den Subjekten und der Natur einwirkt. Dadurch, daß die Opfer möglicherweise selbst Subjekte oder stellvertretende Mitglieder der Gemeinschaft (Tiere) sind, bedeutet das rituelle Opfer nicht nur die Selbstaufgabe des Einzelnen, sondern ebenso seine Stärkung.

An der Interpretation des rituellen Opfers läßt sich wiederum das für die »Dialektik der Aufklärung« charakteristische Vorgehen verdeutlichen. Die handlungspraktische, intersubjektive Dimension des Opfers wird dort nirgends thematisiert. Dagegen steht die kognitive Dimension einer Rationalität des Opfers im Vordergrund, und handlungspraktische Motive geraten aus dem Blick. Die Urgeschichte der Subjektivität bleibt auf diese Weise merkwürdig subjektlos. Sie fällt mit der Genese einer selbsterhaltenden Vernunft zusammen. Bisweilen entsteht sogar der Eindruck, als vollziehe sich die Urgeschichte der Subjektivität hinter dem Rücken der handelnden Subjekte.

Das Opfer als säkularisierten Tausch zu interpretieren, bedeutet, es mit der gleichen universellen Allgemeinheit auszustatten, wie sie der Kategorie des Tauschs unter Bedingungen der Rationalisierung zukommt. Implizit wird es hinsichtlich seiner Bedeutung und Funktion ausschließlich im Lichte der subjektiv-instrumentellen Vernunft rekonstruiert. Und in dieser Sichtweise wird es für Horkheimer und Adorno selbst zum Gegenstand der Aufklärungskritik. Sie übersehen dabei, daß diese Projektion aufgeklärten Bewußtseins auf das rituelle Opfer dessen mögliche Bedeutungen auch in systematischer Hinsicht verzerrt, nämlich reduziert erscheinen läßt. Denn die Preisgabe der Einzelnen ans Kollektiv ist eben nur ein Aspekt des Opfers; auf ihn allein stützen Horkheimer und Adorno die Dialektik des Opfers zwischen Naturbeherrschung und Selbstverleugnung.

Die gattungsgeschichtliche Bedeutung des Opfers, die religionssoziologisch unter dem Aspekt des Heiligen sichtbar wird, erscheint in der »Dialektik der Aufklärung« als auf einen instrumentell-naturbeherrschenden Gesichtspunkt reduzierte. Die problematische Unterstellung, das Opfer ziele auf die Restaurierung einer blind naturwüchsigen Einheit, liefert aber das Motiv für die säkularisierte Form des introvertierten Opfers. Hier handelt es sich um die Unterdrückung der inneren Natur zugunsten einer Durchsetzung instrumenteller Zwecke in bezug auf die Unterdrückung der äußeren Natur. Die Introversion des Opfers ist als die evolutionär späte Form des Opfers ein Derivat des als ursprünglich angesehenen, rituell vollzogenen Opfers. Odysseus repräsentiert schon den aufgeklärt Opfernden; sein Opfer ist bereits ein säkularisiertes. ›Opfer‹ in diesem Sinn hat nur metaphorische Bedeutung, will man Opferhandlungen nicht insgesamt auf den bloßen Tausch-Aspekt reduzieren.

Der Zusammenhang von Opferhandlung und Selbsterhaltung verweist aber auf religiös oder metaphysisch motivierte Strukturen der Intersubjektivität,[249] die in das Konzept subjektiv-instrumenteller Vernunft nicht ohne weiteres integrierbar sind. Dieser Umstand rechtfertigt es nicht, das rituelle Opfer und das säkularisierte Opfer unter dem Aspekt des Warentauschs in ein genetisches und systematisches Ableitungsverhältnis zu bringen.

In den vorangegangenen Kapiteln wurde die »Dialektik der Aufklärung« vor dem Hintergrund des sinnverstehenden Handlungstypenkonzepts bei Weber unter dem Aspekt eines immanenten Reduktionismus von Zweckrationalität auf Instrumentalität diskutiert. Der Reduktionismus resultierte, wie wir sahen, aus der geschichtsphilosophischen Konstruktion Horkheimers und Adornos. Welchen – veränderten – Stellenwert die Reduktionismusthese im Zusammenhang mit der »Negativen Dialektik« Adornos einnimmt, ist Thema des anschließenden Teils.

2.2. Negative Dialektik – Identitätslogisches Denken und Subjektivität

Das Anliegen der folgenden Überlegungen besteht darin, Adornos »Negative Dialektik« in einer Weise zu explizieren, die es erlaubt, eine Unterscheidung von Zweckrationalität und Instrumentalität aus einer erkenntnistheoretischen Perspektive zu treffen. Diese Unterscheidung ist für die Begründung einer Idee möglicher Versöhnung relevant. Sie betrifft das normative Fundament der Kritischen Theorie Adornos: insofern man die »Negative Dialektik« nicht nur gewissermaßen als das erkenntnistheoretische Fundament der »Dialektik der Aufklärung« begreift, sondern von der These auszugehen bereit ist, daß sie über deren konzeptuellen Rahmen einer Rekonstruktion der Urgeschichte der Subjektivität als Dialektik von Mythos und Aufklärung entscheidend hinausgeht, indem sie noch die Aporien der »Dialektik der Aufklärung« theorieimmanent zu reflektieren sucht.
Dort wird der Prozeß der Rationalisierung als der Prozeß der selbsterhaltenden, instrumentellen Vernunft rekonstruiert. Der These der »Dialektik der Aufklärung« folgend, setzt sich im Prozeß der Rationalisierung quasi naturwüchsig instrumentelle Vernunft als universales geschichtsphilosophisches Prinzip durch. Das Spezifikum der subjektiv-instrumentellen Vernunft besteht darin, daß sie zu sich selbst in kein selbstreflexives Verhältnis treten kann. Im Rahmen dieser Konstruktion, nimmt man noch das Herrschaftsapriori, an das sie gebunden ist, hinzu, muß die subjektiv-instrumentelle Vernunft ganz zwangsläufig in einen totalen Verblendungszusammenhang führen, dem die gesellschaftli-

chen Verhältnisse in allen ihren Sphären unterliegen. Weil der Begriff subjektiv-instrumenteller Vernunft unablösbar mit der Totalität unwahrer, weil verblendeter gesellschaftlicher Verhältnisse verbunden ist, ergibt sich aus dem Konzept einer Dialektik der Aufklärung eine theoretische Aporie, die sich in der Frage ausdrücken läßt, wie denn auf der Basis der Annahme eines totalen Verblendungszusammenhangs infolge der sich naturwüchsig durchsetzenden subjektiv-instrumentellen Vernunft die Kritik jener Vernunft überhaupt möglich sei.

Auf diese Aporie kann man in zweifacher Weise reagieren. Einmal läßt sich, was zu zeigen oben unternommen wurde, die von Horkheimer und Adorno behauptete universalgeschichtliche und alleinige Geltung instrumenteller Rationalität unter Bedingungen neuzeitlicher Subjektivität im Rahmen der »Dialektik der Aufklärung« nicht in der von den Autoren beanspruchten Weise stringent begründen. Daraus wurde der – in seinen Konsequenzen allerdings noch offene – Schluß gezogen, daß die Urgeschichte der Subjektivität letztlich nicht in der Reduktion von zweckrational-selbsterhaltender Vernunft auf Instrumentalität aufgeht. Diese Kritik der »Dialektik der Aufklärung« trifft jedoch nicht die Kritische Theorie insgesamt. Sie fordert vielmehr zur Suche nach möglichen theoretischen Auswegen auf.

Eine andere Möglichkeit, mit der aufgewiesenen Aporie umzugehen, bestünde darin, die Konstruktion der »Dialektik der Aufklärung« beim Wort zu nehmen, die Aporie unter Bedingungen der totalen Verblendung also für theoretisch unausweichlich und in der Sache für angemessen zu halten. Wir haben uns dann zu fragen, wie Kritik aus Vernunftgründen überhaupt möglich sein soll. Denn der kritische Impuls, der von der These einer Dialektik von Mythos und Aufklärung ausgeht, ist unter diesen Umständen selbst nicht mehr begründungsfähig.

Demgegenüber geht es um die Entfaltung und die Begründung der These, daß am theoretischen Ort der »Negativen Dialektik« die Reflexion der »Dialektik der Aufklärung« selbst implizit vollzogen wird. Die »Negative Dialektik« stellt im Medium negativdialektischen Philosophierens Alternativen zur Aporie der »Dialektik der Aufklärung« bereit. Anders als in der geschichtsphilosophischen Rekonstruktion der Genese subjektiv-instrumenteller

Vernunft, deren Entwicklungsdynamik nach der »Dialektik der Aufklärung« dem dialektischen Verhältnis von Selbstkonstitution und Selbstverleugnung entspringt, zeigt sich im Modell der negativen Dialektik eine Möglichkeit, die Hermetik und letztendlich die Aporetik der geschichtsphilosophisch explizierten subjektiv-instrumentellen Vernunft systematisch zu durchbrechen. Aus der erkenntnistheoretischen Perspektive der »Negativen Dialektik« wird in der subjektiven Vernunft – hier, wenn auch nur vermittelt, in Gestalt der Identitäts- oder Subjektphilosophie – eine Ambivalenz sichtbar, die den der subjektiv-instrumentellen Vernunft entstammenden Zwangszusammenhang im Konzept einer unreglementierten Erfahrung im Medium der Reflexion durchstößt. Im Begriff des Nichtidentischen führt Adorno implizit vor, daß die Gleichsetzung von rationaler Erhaltung des Selbst und subjektiv-instrumenteller Vernunft nicht haltbar ist. Er verläßt damit den konzeptuell zu eng bemessenen geschichtsphilosophischen Rahmen der »Dialektik der Aufklärung«. Dort ist die Verwirklichung eines Subjektivitätsbegehrens – exemplarisch vorgeführt an Odysseus – nur im Medium instrumentell-naturbeherrschender Vernunft möglich; Selbstkonstitution und Unterdrückung äußerer wie innerer Natur stehen in einem instrumentalistisch gedachten dialektischen Verweisungsverhältnis.

Wie die oben vorgeschlagene Interpretation der Polyphem-Episode jedoch zeigte, verdankt sich die Konstitution des neuzeitlichen Selbst nicht nur der – zudem kognitivistisch verkürzten – instrumentellen Rationalität, sondern impliziert darüber hinaus selbstreflexive Orientierungen, die sich nicht im instrumentellen Denken und Handeln der um ihre bloße physische Selbsterhaltung kämpfenden Subjekte erschöpfen. Mit der »Negativen Dialektik« kann man diese Einsicht auf erkenntnistheoretischer Ebene entfalten: Denken selbst, seinem Begriff nach, weist die Ambivalenz von instrumenteller und nicht-instrumenteller Vernunft auf. Denken ist auch Denken gegen die sich quasi naturwüchsig durchsetzende Selbsterhaltung.

Das Denken ist selbst dort, wo es scheinbar ganz im Dienste instrumenteller Zwecke steht, demnach Ort und Garant möglicher Selbstreflexion und damit möglicher Kritik. »Nichts führt aus dem dialektischen Immanenzzusammenhang hinaus als er selber.«[250] Entscheidend für ein solches erkenntnistheoretisches

Konzept ist jedoch, ob und wie es Reduktionismen, insbesondere diejenigen, die aus einem kognitivistischem Ansatz resultieren, vermeiden kann. Ein entsprechendes theoretisches Modell ist bei Adorno durch eine spezifische Deutung der Subjekt-Objekt-Beziehung unter dem Vorrang des Objekts theorieimmanent vorgezeichnet.

Adornos Verständnis einer Dialektik von Identität und Nichtidentität mündet in eine Theorie der Erfahrung, in deren Zentrum ein Begriff des Denkens steht, der der Alternative instrumenteller Rationalität einerseits und solipsistischer Bewußtseinsimmanenz andererseits entgeht. Diese These soll mit der »Negativen Dialektik« an Hegels Theorie der Erfahrung und Kants ›Block‹ gegen Identität begründet werden.

Dazu ist es in einem ersten Schritt nötig, Adornos Verwendungsweisen des Begriffs ›Identität‹ zu explizieren. Anschließend wird die geschichtsphilosophisch motivierte Kritik der subjektiv-instrumentellen Vernunft als der universalgeschichtlichen Kategorie des Rationalisierungsprozesses und Adornos Kritik der idealistischen Subjektphilosophie auf ihre möglichen Divergenzen und Konvergenzen hin untersucht. Die Differenz von Zweckrationalität und Instrumentalität zeigt dann Auswirkungen auf der Ebene der theoretischen Reflexion. Sie ist selbst konstitutiv für die Idee möglicher Versöhnung. Der Topos eines Eingedenkens der Natur im Subjekt aus der »Dialektik der Aufklärung« und der einer unreduzierten Erkenntnis im Medium begrifflicher Erfahrung aus der »Negativen Dialektik« stehen für die Idee einer Versöhnung jenseits bloß subjektiv-instrumenteller Vernunft.

Als leitender Gesichtspunkt dient den folgenden Überlegungen die These, daß sich die Kritische Theorie als geschichtsphilosophische »Ontologie des falschen Zustandes«[251] – und damit ist der argumentative und systematische Schwerpunkt der »Dialektik der Aufklärung« gemeint – von der Erkenntnistheorie der »Negativen Dialektik« hinsichtlich ihrer Konzeptionen von Zweckrationalität bzw. Instrumentalität unterscheidet. Die Überlegungen zielen auf die Beantwortung der Frage, ob die Kritik des identifizierenden Denkens in der gleichen Weise in die theoretische Aporie der subjektiv-instrumentellen Vernunft führen muß oder nicht, und auf mögliche Konsequenzen, die sich daraus ergeben.

2.2.1. Dimensionen der Identität

»Denken heißt identifizieren.«[252] Mit diesen prägnanten Worten auf den ersten Seiten der Einleitung zur »Negativen Dialektik« führt Adorno in die erkenntnistheoretische Problematik des Identitätsdenkens ein, wie sie sich aus seiner Sicht einer negativ-dialektischen Theorie der Erkenntnis ergibt.

In einem grundsätzlichen Sinn kann man unter Identitätsdenken bei Adorno diejenige Tradition abendländischen Denkens verstehen, die, von Parmenides ausgehend, die philosophische Frage nach dem Wesen des Seienden mit der Identität von Denken und Sein beantwortete. Philosophie war Erste Philosophie, insofern sie Aussagen über das Erste getroffen hatte. Die Behauptung der Identität von Denken und Sein hat im Laufe der Philosophiegeschichte unterschiedliche Varianten hervorgebracht. Vor allem wird man gewissermaßen zwischen einem vor-cartesianischen und einem nach-cartesianischen Identitätsdenken unterscheiden müssen. Durchgängig erhalten bleibt aber der Kerngedanke, den Adorno insbesondere in Gestalt seiner letzten Konsequenz, den Systemen des deutschen Idealismus, kritisiert: daß die Möglichkeit von Erkenntnis, weitergehend: die Möglichkeit von Objektivität, auf die konstitutiven Leistungen subjektiven Bewußtseins zurückzuführen ist.

Die ontologisch-metaphysische Variante der Identität von Denken und Sein zerfällt mit der Philosophie Descartes'. Danach wird die Suche nach dem Einen, dem Absoluten, dem Wesen des Seienden zu einer paradoxen Anstrengung. Weil jede Identität nur gedachte Identität und nicht objektive ist, ist die Einheit in einem absoluten Sinne nur in der unendlich fortschreitenden Reflexion selbst zu finden.

Die skizzierte erkenntnistheoretische Dimension des Identitätsdenkens, dessen Ausgangspunkt eine philosophische Idee ist, wird nun bei Adorno ausgeweitet, indem er von Identitätsdenken auf einen Modus des Denkens schließt. Identifizierendes Denken ist eine historisch gewordene, universale Weise des In-der-Welt-Seins. Identitätsdenken impliziert neben der erkenntnistheoretischen eine gesellschaftstheoretische, eine geschichtsphilosophische und möglicherweise sogar eine anthropologische Problemstellung.

Unter identifizierendem Denken in einem sehr weiten Sinne kann man bei Adorno diejenigen kognitiven Operationen und Vorgänge in Erkenntnisprozessen verstehen, die auf die Herstellung von Identischem bzw. Identität zielen. Seine Kritik am identifizierenden Denken richtet sich darauf, daß es die für eine wahre Erkenntnis konstitutive Differenz zwischen Allgemeinem und Besonderem einebne, negiere oder aufhebe zugunsten einer Identität von beiden am Orte des Denkens oder des Bewußtseins selbst. Die Spannung zwischen Allgemeinem und Besonderem wird in Adornos Sicht dort, wo Identität hergestellt ist, stets zugunsten des Allgemeinen aufgelöst.

Adornos Identitätskritik behandelt das Verhältnis zwischen Denken oder begreifendem Bewußtsein, Begriffen und dem zu Begreifenden; Identität bezeichnet denjenigen Zusammenhang, den das identifizierende Denken herstellt, indem es die ›Sache‹, die es erkennen will, auf dasjenige reduziert, was es als *begriffliches* Denken an ihr begreift. Überall dort, wo Denken von einer sich selbst genügenden Totalität ausgeht, versteht Adorno negativdialektische Kritik als Einspruchsinstanz.

Ersichtlich handelt es sich für Adorno bei einer Erkenntnis, der bloß identifizierendes Denken zugrunde liegt, um eine Schwundstufe möglicher wahrer Erkenntnis. Denn dieses Denken beschränkt sich auf subsumierende, klassifizierende, tautologische Operationen, die die ›Sache‹ nicht zum Ausdruck, zur Darstellung, sondern tendenziell zum Verschwinden bringen. Konsequent weitergedacht heißt das, daß ein Denken dieses Typs immer nur mit sich selbst beschäftigt ist, denn es erkennt nur das, was in begrifflichen Schemata – gemeint sind nicht die Kantischen Kategorien – schon als Erkenntnis präformiert vorliegt. Das zu Begreifende ist für das identifizierende Denken mit dem identisch, *als* was es die ›Sache‹ identifiziert. In diesem Sinne verharrt identifizierendes Denken in der Immanenz selbst-identifizierender Akte. Adorno spricht vom »Zirkel der Identifikation, die schließlich immer nur sich selbst identifiziert«.[253]

Die Kritik des identifizierenden Denkens ist gegen die Reduktion der Erkenntnisdimension auf ihre begrifflichen Momente gerichtet; gegen diese tritt sie für die Rettung des Nichtbegrifflichen ein. Daß eine solche Kritik prinzipiell möglich ist, verdankt sich dem dialektischen Charakter des Denkens selbst. Der Analyse

dieser dialektischen Struktur im Denken gilt Adornos philosophische Arbeit. Danach ist die jeder Besonderheit entkleidete Identität des begrifflichen Allgemeinen, die das Denken herstellt, selbst nur Schein. Daß etwas mit etwas, nämlich einem Begriff identifiziert wird und darum als Identisches erkannt wird, zugleich aber nur scheinhaft Identisches ist, weil sich Denken nicht in seiner Immanenz gefangen hält, sondern der wie immer auch materialen Gehalte bedarf, die von außen kommen, bringt im Denken selbst einen Widerspruch hervor, der seinerseits das Nichtidentische im identifizierenden Denken ist. Die Fähigkeit des Denkens, prinzipiell auch diesen Zusammenhang noch reflektieren zu können, konstituiert den dialektischen Charakter des Denkens. »Es vermag gegen sich selbst zu denken.«[254]
Es verhält sich zu sich selbst positiv und negativ. Positiv verhält es sich in einer affirmativen Stellung zu Identifikationen des Begriffs mit dem Begriffenen im Medium des Begriffs; negativ dort, wo es die jeder Besonderheit entkleidete Identität des Begriffs als unwahr erkennt, das Resultat von Identifizierungen also deshalb anzweifelt, weil identifizierendes Denken so tut, als ginge das zu Begreifende wirklich im Begriff auf, als sei Identität überhaupt das, worin sich die Erkenntnis und die Erfahrung von Welt erschließen. Dieser Widerspruch, in dem das Denken mit sich selbst steht, ist Index des Nichtidentischen. Er ist das »Nichtidentische unter dem Aspekt der Identität«. Die Dialektik des Denkens, die ihn erfaßt und reflektiert, »ist das konsequente Bewußtsein von Nichtidentität«.[255]

Soweit ein erster Blick auf Adornos Grundgedanken seiner Kritik am identifizierenden Denken. Vielerlei Fragen schließen sich an, die der Klärung bedürfen. Und eine solche Klärung ist notwendig, wenn man die »Negative Dialektik« nicht auf die Lesart einer ›Ontologie des falschen Zustandes‹ beschränken will, sondern ihr um ihrer kritischen Gehalte willen kritisch begegnen will.
In dieser Absicht möchte ich nun den theoretischen Geltungsbereich explizieren, auf den sich das Begriffsfeld ›Identität‹ aus der Sicht Adornos beziehen läßt. Die Frage, von der ich mich dabei leiten lassen will, ist die, in welchem Sinne und mit welchen Intentionen sinnvoll von ›Identität‹ bzw. ›identifizierendem Denken‹ überhaupt gesprochen werden kann.

Hinsichtlich einer umfassenden Beurteilung der Identitätsproblematik müssen allerdings Einschränkungen gemacht werden. So kann beispielsweise die Identitätsdebatte, die insbesondere im Umkreis der angelsächsischen analytischen Philosophie geführt wurde und wird,[256] hier nicht berücksichtigt werden. Ohne Zweifel wäre es interessant, den dort hervorgehobenen sprachlogischen Sinn von Identität kritisch auf Adornos Identitätsbegriff zu beziehen. Für den Gang der folgenden Argumentation ist dies jedoch nicht relevant. Denn beabsichtigt ist nur eine immanente Explikation und Beurteilung dessen, was Adorno unter ›Identitätsdenken‹ und einer möglichen Identitätskritik versteht.

2.2.1.1. Zum Begriff der Identität

Offensichtliche Probleme im Zusammenhang mit Adornos Begriff der Identität sind zunächst begrifflicher Art, genauer: begriffsexplikativer Art. Auf Äquivokationen, Unterbestimmtheiten und Überfrachtungen des Begriffs ist mehrfach hingewiesen worden.[257] Daß Adorno danach gar nicht oder nur ungenau unterscheidet zwischen principium identitatis, Subsumtion, Klassifikation, Adäquanz, Äquivalenz, Widerspruchslosigkeit, nicht zwischen psychologischer und logischer Identität, auch nicht, wie vielerorts kritisiert, explizit zwischen ›identifizieren mit‹ und ›identifizieren als‹ unterscheide, deutet auf eine ganze Reihe ungelöster Fragen hin.

Weniger offenkundig sind Schwierigkeiten, die sich aus dem Selbstverständnis der Philosophie Adornos ergeben. Die »Negative Dialektik« ist das paradoxe Unternehmen, nach der Metaphysik der Identität das Identitätsprinzip – im Hinblick auf das Gegenkonzept der Nichtidentität – noch einmal zu thematisieren. Die Kritik der Einheit von Denken und Sein bildet den gemeinsamen Kern, den die Bedeutungsvarianten des Identitätsbegriffs bei Adorno aufweisen. Nur: das metaphysisch Absolute, auf das das Identitätsprinzip zielte, ist obsolet geworden. Was also nötigt Adorno zu einer Kritik dieses Prinzips? Zunächst die Tatsache, daß es innerhalb der Philosophie in unterschiedlicher Gestalt auftritt, die es zu rekonstruieren gilt. Darüber hinaus, wenngleich damit auch im Zusammenhang stehend, das Programm einer kritischen Philosophie unter Bedingungen der Moderne: Sie hängt wesentlich von der Reflexion ihrer Voraussetzungen ab. In der Philosophie Adornos, die sich als immanente Kritik versteht, ist der Begriff der Identität gewissermaßen ein Verhältnisbegriff; er indiziert unter nach-idealistischen Bedingungen die notwendige Selbstreflexion philosophischen Denkens hinsichtlich seiner Stellung zur Identität. Insofern ist die Mehrdeutigkeit im Begriff der Identität nicht nur einem explikativen Defizit zuzuschreiben, sondern bringt vielmehr selbst zur Darstellung, daß ein Begriff der Identität rein nicht mehr zu haben ist. Die »Negative Dialektik« gibt mögliche Stellungen zum Problem der Identität an. Weil sie selbst die Bewegung philosophischen Denkens in der Auseinandersetzung mit ihren Voraussetzungen ist, ist es sinnvoll, Adornos Begriff der Identität als ein begriffliches Bezugsgewebe im Sinne einer »Konstellation« zu begreifen. Erst in dieser Konstellation kann Adorno seine kritische Intention realisieren: die nach-hegelsche Bestimmung des Verhältnisses von Identität und Nichtidentität. Beginnen wir damit, das Bezugsgewebe des Identitätsbegriffs zu entfalten.

Adornos Redeweisen über Identität kann man zunächst hinsichtlich eines formalen, eines logischen und eines psychologischen Gebrauchs voneinander unterscheiden.
Unter das Verdikt seiner Identitätskritik fallen kognitive Operationen des Klassifizierens und Subsumierens, des Gleichsetzens von Dingen, die eigentlich nicht gleich sind. Formal ist an der solchermaßen hergestellten Identität, daß sie, von der Besonderheit ihrer Gegenstände absehend, diese unter Begriffe bringt und sie nur noch – nicht: auch – als Fall oder als Repräsentant eines Allgemeinen begreift. Seine Kritik an diesem Typ von Identitätsdenken zielt darauf, daß es Formalisierung, Klassifikation und Subsumtion mit Erkenntnis selbst verwechsle. Auch Tautologien gehören dieser Art von identifizierenden Akten an. Man könnte sogar so weit gehen und sagen, daß die Herstellung von Identität unter einem formalen Gesichtspunkt in Adornos Verständnis prinzipiell tautologisch vorgeht.
Das legt den Vorwurf nahe, Adorno fasse auch prädikative Urteile, Prädikationen überhaupt als Resultate bloß identifizieren-

den Denkens in diesem Sinne auf. Seine begriffsexplikative Schwäche legt solche Schlüsse zwar nahe. Aber diese, vorderhand möglich erscheinenden Implikationen der Kritik identifizierenden Denkens wären nicht nur schwer einsehbar und kaum akzeptabel, sie betreffen den Identitätsbegriff auch nur mittelbar.
Denn identifizierendes Denken ist als solches erst an den Absichten erkennbar, die es verfolgt. Dem ›Wozu‹, nicht dem ›Wie‹ identifizierenden Denkens gilt Adornos Interesse. Um diesen Sachverhalt schärfer zu fassen, wollen wir mit einer begrifflichen Unterscheidung arbeiten, die in Adornos Identitätskritik zwar implizit angelegt ist, jedoch nirgends explizit ausgewiesen wird: Etwas *mit* etwas zu identifizieren, ist etwas anderes, als etwas *als* etwas zu identifizieren. Dort, wo Identifikationen von etwas *mit* etwas vorgenommen werden in der Absicht auf eine Formalisierbarkeit oder Berechenbarkeit – zum Beispiel zu Zwecken der Naturbeherrschung –, haben wir es mit identitätslogischen Operationen gegen Nichtidentisches zu tun. Gegenstände oder Sachverhalte würden unter diesen Umständen *mit* einem Begriff von ihnen identifiziert werden. Sie wären, ihrer Besonderheit entkleidet, ganz im Begriff aufgehoben.
Denken wir uns den Fall, daß eine Person *mit* dem identifiziert wird, als was man sie identifiziert: z. B. mit einer Personenkennziffer. Sie hätte über diese Personenkennziffer hinaus keine weiteren qualitativen Merkmale mehr. Diese Identität wird nicht zwangsläufig hergestellt, wenn man etwas oder jemanden *als* etwas identifiziert. Daß man die Möglichkeit, die Begriffe bereitstellen, wahrnimmt und ein singuläres Objekt als Fall eines allgemeineren Begriffs identifiziert, besagt prinzipiell nicht, daß die Singularität und Besonderheit jenes Einzelnen nicht auch gewahrt bleiben könnte. Im Gegenteil läßt dies gerade einen Erfahrungs- und Erkenntniszuwachs zu. Gegenstände werden zu Gegenständen für uns, indem wir sie uns als etwas aneignen, was eine bestimmte Funktion, Zugehörigkeit und eben einen bestimmten begrifflichen Sinn hat. Dennoch können sie gewissermaßen auch nichtidentisch bleiben. Wenn ich etwas *als* etwas identifiziere, schließt das nicht aus, daß es auch noch etwas anderes ist oder sein könnte als das, als was ich es identifiziere.
Weil nun in der Tat bei Adorno Kriterien dafür fehlen, unter welchen Umständen das Denken das Was seines Gegenstandes

und nicht nur das Wie seiner begrifflichen Einordnung trifft – er identifiziert gewissermaßen identifizierendes Denken mit ›identifizieren mit‹ –, setzt sich seine Kritik dem noch nicht von der Hand zu weisenden Verdacht aus, sie könnte auf die Anwendung von Begriffen, analytischen Sätzen, Prädikationen überhaupt bezogen sein. Gegen diesen Einwand können wir vorerst nur seine Unvereinbarkeit mit der Idee negativer Dialektik geltend machen. Denn Erkenntnis ist bei Adorno immer an das Medium des Begriffs gebunden. Erfahrung und Erkenntnis sind, wenn sie bewußte sind, zugleich begrifflicher Natur.

»Die Utopie der Erkenntnis wäre, das Begriffslose mit Begriffen aufzutun, ohne es ihnen gleichzumachen.«[258] Der ambivalente Charakter des Begriffs selbst wird in diesem Satz angesprochen. Die Formulierung »ohne es ihnen gleichzumachen« ist nämlich doppeldeutig. Die Erkenntnis darf das Begriffslose den Begriffen nicht gleichmachen, also es nicht zum Begriff machen. Sie darf aber auch nicht wie die Begriffe selbst verfahren, indem sie dem Begriffslosen mit einem totalisierenden Impetus entgegentritt. Aber Begriffe, eben weil sie das Begriffslose erschließen – Anschauungen ohne Begriffe sind blind – gehen auch auf Nichtbegriffliches.[259] Ohne Begriffe wäre nicht einmal die Differenz zwischen Nichtbegrifflichem und Begrifflichem faßbar; gegen Identifikationen von etwas *mit* seinem Begriff kann wiederum nur begriffsgeleitetes Denken Einspruch erheben. »Nur Begriffe können vollbringen, was der Begriff verhindert.«[260]

Adornos Kritik am identifizierenden Denken richtet sich gegen das Wie einer verdinglichten Praxis von Erkenntnis. Wahrhafte Erkenntnis intendiert die Rettung der Phänomene in der Erkenntnis, nicht ihre Klassifikation. Von diesem Standpunkt aus erklärt sich die prinzipielle Kritik am »Primat der Methode«. Erst wo dieser und mit ihm der »Primat der Organisation« vorherrschen, stellt sich identifizierendes Denken in den Dienst einer »Verfügbarkeit der Erkenntnisse durch logisch-klassifikatorische Ordnung«.[261] Dagegen gilt es, den Gebrauch begrifflicher Mittel auf die Möglichkeit von »Erfahrung im emphatischen Sinn, das Geflecht der unverstümmelten Erkenntnis, wie es der Philosophie zum Modell dienen mag«,[262] zu beziehen. Das allein bildet für Adorno den Maßstab unverkürzten Denkens.

Wir kommen nun zur logischen Dimension des Identitätsbegriffs bei Adorno. In einem engeren Sinne formal ist identifizierendes Denken dort, wo es mit Sätzen der Logik befaßt ist. Der Ausdruck ›formal‹ indiziert, wie wir sahen, im Grunde nicht mehr als Tendenzen einer Verdinglichung im Denken hin zur Seite des Formalen im Verhältnis von Form und Inhalt. Logik, mit der Adorno vom principium identitatis bis zu den modernen »abenteuerlich verbesserten Rechenmaschinen und (der) damit befaßte(n) kybernetische(n) Wissenschaft«[263] anscheinend alles meint, was mit Formeln oder formalisierten sprachlichen Ausdrücken zu tun hat, ist die »große Schule der Vereinheitlichung«, wie es schon in der »Dialektik der Aufklärung« heißt.[264] Sie scheint der paradigmatische Fall identifizierenden Denkens überhaupt zu sein. Jedoch: dies scheint nur so.

Wie Adornos Kritik des logischen Absolutismus in Husserls Logischen Untersuchungen[265] zeigt, wendet er sich nur gegen die Art des wissenschaftlichen Gebrauchs, der zu bestimmten Zwecken von der Logik gemacht wird. Werden logische Prinzipien als Kriterien für Wissenschaftlichkeit benutzt, verlieren sie, unter dem Primat des Methodischen und um der Stringenz ihres Begründungszusammenhangs willen, den Bezug »auf eine wie immer auch geartete Sache«. »Damit aber wird auch die Logik stillschweigend vom Denken losgelöst: nicht dessen Form soll sie sein, sondern die der vorhandenen Wissenschaft.«[266] Nicht die Logik schlechthin, sondern ihre Verdinglichung, der naive Realismus, der ihr darin unterstellt werde, »daß logische Sachverhalte an sich seiend«[267] aufgefaßt würden, ist von Adornos Kritik betroffen. Gewissermaßen mit sich selbst identisch bleibt logisches Denken dort, wo es den Bezug auf Seiendes verloren hat. Denn Prüfstein der Logik ist die Möglichkeit, ihre Sätze zu erfahren, »sonst bleiben sie leer vorgestellt, und es wird der Logik Stringenz zugeschrieben, ohne daß diese selbst im Denken der Logik einsichtig würde. Daher verschränkt sich der naive Realismus der Logik paradox mit der Behauptung der Idealität der Sätze an sich gegenüber dem Seienden«.[268]

Der Kritik geht es also nicht um logisches Denken, sondern um diejenige Entkopplung von Denken und Logik, die letztlich die Selbstreflexion logischen Denkens durch die Logik einer Denkökonomie ersetzt. Sieht Husserl nach Adorno in dieser Denkökonomie der Logik und Mathematik die Möglichkeit, »mittels symbolischer Prozesse und unter Verzichtleistung auf Anschaulichkeit, eigentliches Verständnis und Evidenz, Ergebnisse abzuleiten« und damit »Unvollkommenheiten unserer geistigen Konstitution«[269] zu überwinden, so besteht für Adorno darin gerade das Skandalon des logischen Absolutismus. »Genauer denn als Verzicht auf Anschaulichkeit, Verständnis und Evidenz wäre der Widerspruch kaum zu bezeichnen, daß die mathematische Arbeit nur durch Verdinglichung, durch Preisgabe der Aktualisierung des je Bedeuteten geleistet werden kann und gleichwohl den Vollzug dessen, was sie als Verunreinigung tabuiert, als Rechtsgrund der eigenen Gültigkeit voraussetzt.«[270] Daß logischen Sätzen Wahrheit an sich für Gegenstände überhaupt zugesprochen werde, sehe davon ab, daß Gegenstände der Logik überhaupt nur Sätze sein können. »Einzig auf Sätze läßt Logik sich anwenden, einzig Sätze können wahr oder falsch sein.«[271] Aber Sätze – und das ist das, wovon die verdinglichte Logik im identifizierenden Denken absieht – involvieren notwendig Inhaltliches »sowohl mit Hinblick auf die Faktizität ihres eigentlichen Vollzugs, auf tatsächliches subjektives Urteilen, wie mit Hinblick auf die stofflichen Elemente, die auch dem abstraktesten Satz, sei es noch so vermittelt, zugrundeliegen, wenn er überhaupt etwas bedeuten, ein Satz sein soll«.[272]

Die Einsicht, daß die Logik von Sätzen ihrer Möglichkeit nach auf Gegebenes bezogen sein muß, wie umgekehrt die sprachlichen Ausdrücke über Tatsächliches logisch sein müssen, um wahr zu sein, ist trivial. Hinter der Kritik an Tendenzen, die zu einer quasi verselbständigten Logik führen, steht bei Adorno jedoch die Intention, an die materialen Gehalte des Denkens zu erinnern. Unterschlägt man, so Adorno gegen Husserl, das subjektive Moment der Erfahrung im Denken als dessen objektive Möglichkeit, vergißt man das materiale Moment jeder Erkenntnis als deren Voraussetzung, dann tilgt man auch Objektives, »die in Denken unauflösbare Materie des Denkens«.[273]

Der Mechanismus der Verdinglichung beruht nach Adorno auf einer Äquivokation der Rede vom ›Gegenstand überhaupt‹. Daß im Logikverständnis Husserls logische Sätze für die Inhalte logischer Sätze genommen würden, führt zu einem Selbstmißverständnis der Logik. Absehend von den gegenständlichen Elementen dessen, worüber sie urteilt, beruht ihre Stringenz nicht auf der Struktur ihrer Gegenstände, sondern darauf, daß sie eigentlich nur immer sich selbst erkennt. Das, was sie für Resultate ihrer Urteile hält, entstammt nicht der Anwendung ihrer reinen Formgesetze, sondern der Ontologisierung ihrer selbst. Kritik der Logik bedeutet demnach: Kritik des sich selbst entfremdeten Denkens. »Die Verdinglichung der Logik, als Selbstentfremdung des Denkens, hat zum Äquivalent und Vorbild die Verdinglichung dessen, worauf Denken sich bezieht: der Einheit von Objekten, die dem Denken, das an ihnen arbeitet, derart zur Identität geronnen sind, daß, von ihrem wechselnden Inhalt abgesehen, die bloße Form ihrer Einheit festgehalten werden kann.«[274]

Adornos Kritik am identifizierenden Denken in diesem Sinn ist gegen logische Operationen – wie auch gegen Klassifikationen und Subsumtionen, die wir oben als formale Identität betrachtet haben – nur in einer bestimmten Hinsicht gerichtet. Die Kritik fragt nach der *Stellung zum Objekt*, die das Denken einnimmt. Keinesfalls ist jedoch formale Logik bei Adorno identisch mit Identitätsdenken bzw. logisches Denken mit identifizierendem Denken. Dies sollte festgehalten werden, um ein Mißverständnis gegenüber Adorno, gegen das er sich im übrigen selber ausdrücklich wehrt, zu vermeiden.[275]

Auch hier ist die Unterscheidung zwischen ›identifizieren mit‹ und ›identifizieren als‹ dienlich. Im ersten Fall hätte man primär von einem Selbstbezug der Logik auszugehen. Man würde sie mit demjenigen identifizieren, über das sie urteilen oder Aussagen machen will; der logische Ausdruck wäre die Sache selbst. Im zweiten Fall läßt sich sinnvoll von logischen Ausdrücken oder Sätzen nur in bezug auf das sprechen, worauf sie inhaltlich gehen. Handelt es sich dort um eine Verselbständigung logischen Denkens, so ist hier prinzipiell die Offenheit für die materiale Objektdimension der Erkenntis impliziert. Ob man diese Unterscheidung jedoch praktisch ernsthaft wird machen können, darf bezweifelt werden.

Unter den logischen Sinn des Identitätsbegriffs fällt das principium identitatis, A=A, oder auch der Satz der Identität nur indirekt. Denn Logik, im engeren Sinne eine formalisierte Logik, läßt sich aus dem Satz der Identität nicht ableiten. Ihm zufolge ist jedes Ding sich gleich. Leibniz' Auffassung von Identität als Ununterscheidbarkeit zufolge sind zwei Dinge identisch, wenn sie die gleichen Eigenschaften besitzen. Oder: Zwei sind voneinander ununterscheidbar und ein Einziges, wenn alles, was mit Wahrheit von dem einen behauptet wird, auch von dem anderen gesagt werden kann. Auch der Satz vom verbotenen Widerspruch, wonach es unmöglich ist, wie Aristoteles sagt, »daß dasselbe demselben in derselben Beziehung zugleich zukomme und nicht zukomme«,[276] ist selbst kein im strengen Sinne logisches Prinzip. Für beide Fälle gilt, daß sie eigentlich Voraussetzungen und nicht selbst Prinzipien der Logik sind. Entsprechend schließt Aristoteles seine Ausführungen zum Satz des verbotenen Widerspruchs: »Aus diesem Grund kommen alle, die Beweise führen, auf diese letzte Meinung zurück. Diese nämlich ist von Natur aus das Prinzip aller anderen Axiome.«[277]

Die formale Logik und der Satz der Identität haben gewissermaßen unterschiedliche Geltungsbereiche. Diese Feststellung wollen wir zum Ausgangspunkt nehmen und nun Adornos Identitätsbegriff hinsichtlich seiner Intentionen und hinsichtlich des Vorwurfs der Mehrdeutigkeit präziser fassen.

Das principium identitatis, der Satz der Identität, wird bei Adorno in Gestalt der Fichteschen Variante der absoluten Identität kritisiert, weil es, obwohl es nicht mehr als ein unhintergehbarer Grundsatz und eigentlich nicht mehr als die allgemeinste Bedingung schlüssigen Denkens ist, als Grund und zur Begründung der absoluten Identität des subjektiven Bewußtseins herangezogen wird. Wie wir sehen werden, basiert Adornos Identitätskritik jedoch nicht auf der Gleichung: principium identitatis gleich formalisierte Logik gleich identifizierendes Denken.

Diese Schlußfolgerung wäre nur dann gültig, wenn Adorno den Identitätssatz *mit* dem identifizierte, was er unter dem Identitätsprinzip als Prinzip konstitutiven Bewußtseins versteht. Das ist aber nicht der Fall. Zwar kann man, wie Adorno es ausdrückt, die »Einheit der verschiedenen Bedeutungen von Identität gerade an diesem sogenannten formal-logischen Identitätssatz«[278] zeigen, doch ist jener Identitätssatz eben nur ein sogenannter formal-logischer, und fälschlicherweise werde formal-logische Identität als Satz der Identität ausgedrückt.[279] Bezeichnend hierfür ist

Fichtes Übergang vom A=A zur absoluten Identität. Doch meint das idealistische Identitätsprinzip anderes als logische Identität, derzufolge etwas bloß dasselbe ist. Das idealistische Identitätsprinzip geht im Grunde über die Bedeutung des Identitätssatzes bzw. des Satzes vom verbotenen Widerspruch hinaus.

Zum einen hängt das mit dem Doppelcharakter der Logik als Wissenschaft zusammen, zum anderen mit dem Geltungsbereich der formalen Logik. Wir wollen darauf im folgenden eingehen. Gegenstand und Geltungsbereich der formalen Logik sind zunächst nur Regeln des Denkens ohne Rücksicht auf irgendeinen Inhalt. Der Satz ›zwei mal zwei ist vier‹ ist unabhängig von dem, der ihn denkt, wahr, auch wenn ein denkendes Subjekt vorausgesetzt sein muß, das ihn denkt. Nach Adorno vollziehen nun die mit Logik befaßten Wissenschaften einen nicht zulässigen Übergang von der Regel*rekonstruktion* – also vom Aufweis derjenigen Grundsätze, nach denen Denken, will es ›logisch‹ sein, sich tunlichst richte – auf die Regel*konstitution* – also auf voraussetzbare logische Strukturen mentaler Vorgänge selbst. Von den Regeln des Denkens werde nämlich im Umkehrschluß auf einen Geltungsgrund der Logik in den präformierten Strukturen des Denkens bzw. des Bewußtseins geschlossen. »In dieser Doppeldeutigkeit von Logik zwischen Denkgesetzen als objektiven Gesetzen für die Richtigkeit von Gedanken und Gesetzen, nach denen notwendig das Denken von Menschen sich richtet und die auch den Denkmechanismus voraussetzen, ist diese Mehrdeutigkeit des Begriffs von Logik als der Wissenschaft vom λόγος, also der Wissenschaft vom Gedanken, bereits mitgesetzt.«[280]

Adornos Husserl-Kritik richtet sich in diesem Zusammenhang gegen dessen in seiner Spätphilosophie unternommenen Begründung der Objektivität der Logik. Husserl habe die »Logik eben doch aus dem Apriori des Denkens, also aus den konstitutiven Bedingungen von Subjektivität«[281] abgeleitet. Die Logik repräsentiert demnach einen Typ identifizierenden Denkens, weil sie von einem formal regelrekonstruktiven zu einem ontologischen Status übergeht.

Entscheidend für Adornos Kritik des identifizierenden Denkens unter einem logischen Aspekt ist nicht die formale Logik, sondern der Übergang vom formalen zum ontologischen Status der

Logik zum einen, und zum anderen die Tatsache, daß jener Status selbst die Differenz beider Momente zum Verschwinden bringt. Nicht allein, daß Logik in der Identität konstitutiven Bewußtseins vorausgesetzt wird, ist Gegenstand der Kritik; sie zielt vielmehr auf die Reifizierung dessen, was durch die Ontologisierung über die Grenzen der Logik hinausgeht und ihr dennoch unterstellt wird: die Einheit des subjektiven Bewußtseins selbst. Am »Trug konstitutiver Subjektivität«[282] ist auch die Logik beteiligt, denn im A=A des konstitutiven Bewußtseins werden die Grenzen der klassischen Logik gewissermaßen unzulässig erweitert. Worin besteht nun diese Erweiterung?

Wir deuteten bereits an, daß Identitätsbehauptungen aus dem Satz der Identität und dem Satz vom verbotenen Widerspruch innerhalb einer formalen Logik nur bedingt abgeleitet werden können. Der Satz der Identität im erwähnten Sinne einer allgemeinsten Regel des Denkens ist eine allgemeine Voraussetzung. Nach D. Henrichs Formulierung drückt er nicht mehr als ein »einfaches semantisches Prinzip für alles, auch rein formales Operieren«[283] aus. Er besagt, daß alles, was gedacht werde, auch bestimmt sein und sich in dieser Bestimmtheit prinzipiell durchhalten müsse und nicht spontan und willkürlich geändert werden dürfe, wenn überhaupt Begriffe, Sätze und Urteile stringent dargestellt werden können sollen. Insofern ist der Satz der Identität eine Bedingung, eine Anweisung für schlüssiges Denken. Er ist eigentlich kein Urteil, sondern, wie Adorno sagt, ein Desiderat.[284]

Will man aus diesem »Satz der Bestimmtheit«[285] formalisierte Identitätsbehauptungen über die Welt deduzieren, ergeben sich kategoriale Probleme, weil der Identitätssatz keine Aussagen über Einzelnes macht. Termini, mit denen singuläre Gegenstände erfaßt werden könnten, sind jedoch erst in einer Logik formalisierbar, die über einen Begriff des Einzelnen verfügt. Solche Voraussetzungen erfüllt aber weder der Satz der Identität noch die klassische Syllogistik, denn sie beruht geradezu auf »dem Prinzip, daß zwischen Einzelnem und Allgemeinem ein formaler Unterschied gar nicht zu machen ist. Daraus würde folgen, daß ein Satz von der Identität in irgendeinem spezifischen Sinn in ihr keinen Platz finden kann. Und da die Syllogistik die einzige ausgearbeitete Disziplin der klassischen Logik war, könnte er in dieser Logik eigentlich überhaupt keinen Platz finden. Dem entspricht auch der historische Befund insofern, als die Rede von einer Identität im Rahmen einer Logik, die über die Schlußlehre hinausgeht und die zugleich Methodologie war, nur unbestimmt und in weiter Variationsbreite benutzt wird.«[286] Bezogen auf die transzendentale Logik bei Fichte und Schelling, bedeutet das, daß auch beim A=A von Identität nicht im eigentlich logischen Sinne des Identitätssatzes ausgegangen werden konnte, weil es zu deren Zeit eine ausgearbeitete, anerkannte Logik, aus der »zu entnehmen gewesen wäre, für was in dieser Formel die beiden ›A‹ stehen und wie das Zeichen ›=‹ zu definieren ist«,[287] gar nicht gab.

Erst später zeigte die Entwicklung der formalen Logik, daß von Identität als einem ausgezeichneten Prädikat zu reden nur in bezug auf die formale Bestimmung von Singulärem im Hinblick auf dessen mögliche Variabilität Sinn macht. Was für formal-logische Identität gilt, daß nämlich die Variablen, zwischen denen sie Beziehungen herstellt, austauschbar sind, gilt jedoch nicht für den Satz der Identität selbst, weil dieser immer an inhaltliche Prämissen gebunden bleibt und also selbst nicht formal erfaßt werden kann. Etwas als mit sich Identisches zu bestimmen, etwas – was dasselbe ist – als etwas zu bestimmen, macht nämlich keinen Sinn in einem logischen Ausdruck, dessen Geltungsgrund gerade in der Austauschbarkeit dessen besteht, was er in diesem Fall nicht formal, sondern eben qualitativ als Identisches bestimmen will.

Eine ›Logik der Identität‹ würde damit die Grenzen formaler Logik überschreiten. Formale Logik und Identitätssatz sind hinsichtlich ihrer Stellung zum Objekt nicht kommensurabel. »Identität ist ein Prädikat mit ausgezeichneten Eigenschaften. Ein Satz, der logisch wahr ist, bleibt aber nach der Definition solcher Sätze wahr, ganz unabhängig davon, welche Prädikate an der Stelle der Prädikatvariablen substituiert werden. Dies gilt nicht für das Identitätsprädikat. Wird es in den Sätzen der Identitätslogik durch ein anderes ersetzt, so ergeben sich falsche Sätze. Umgekehrt kann gesagt werden, daß die Sätze der Identitätslogik eben deshalb gar nicht als bloße Satzschemata, sondern als vollbestimmte Sätze aufzufassen sind. Würde die Identitätslogik zur formalen Logik gehören, so würde diese somit nicht nur gültige Satzschemata, sondern selbst wahre Sätze herzuleiten erlauben.«[288]

Aus diesem Grund bringt auch Adorno das principium identitatis nicht mit logischer Identität im strengen Sinne in Zusammenhang. Vielmehr steht das A=A bei Fichte für die transzendentalphilosophische Transformation logischer Grundprinzipien, die, wie wir sahen, der Logik in einem formalen Sinn nur eingeschränkt selbst zugehören: A=A dient dazu, die Funktionsweise des Bewußtseins als logische Funktionsweise auszuweisen. Es begründet die Unhintergehbarkeit konstitutiven Bewußtseins. Die idealistische Erkenntnistheorie findet das Prinzip der Einheit von Erkenntnis und Bewußtsein im Bewußtsein selbst. Sie kann die Beziehung des Bewußtseins auf die materiale Welt unberücksichtigt lassen, weil qualitative Identität von etwas als etwas durch das sich selbst erkennende Bewußtsein hergestellt wird. Hier, wo eine vermeintliche Identitätslogik mit der idealistischen Bewußtseinsphilosophie in Zusammenhang gebracht wird, setzt Adornos Idealismuskritik an: Die Logik ist der »Abwehrmechanismus des verdinglichten Bewußtseins«.[289] Sie reglementiert die Bewegung des Denkens, indem sie es, am Orte des reinen Bewußtseins, mit der Form des Denkens identifiziert; sie trägt dazu bei, Bewußtsein als Prinzip stillzustellen. »Reines Bewußtsein – ›Logik‹ – selber ist ein Gewordenes und ein Geltendes, in dem seine Genese unterging.«[290]

Nach dem bisher Gesagten können wir feststellen, daß Identität kaum einen einheitlichen Gegenstand der Kritik Adornos bildet. Das wird um so deutlicher, wenn man sich eine weitere Verwendungsweise des Begriffs Identität vergegenwärtigt. Gemeint ist seine psychologische Dimension.
Auch hier ist Identität ambivalent. Zum einen ist personale Identität eines qualitativen Subjekts[291] gemeint; zum anderen heißt gelungene personale Identität für Adorno auch: Gewordensein des identischen Selbst unter Bedingungen des identifizierenden Denkens. Das Selbst ist »Urbild aller Identität«.[292] Identität ist aber vorausgesetzt als Bedingung, die die Erfahrung möglicher Einheit gegen Heteronomie und Kontingenz überhaupt erst möglich macht. »Zum Subjekt wird das Individuum, insofern es kraft seines individuellen Bewußtseins sich objektiviert, in der Einheit seiner selbst wie in der seiner Erfahrungen.«[293] Doch ist es auch das durch die Dialektik des Denkens ausgezeichnete Be-

wußtsein selbst, das »unreduzierte Subjektivität«[294] verhindert. Hier fließt in die erkenntnistheoretische Dimension des Identitätsbegriffs – eben vermittelt über den psychologischen Sinn von Identität – massiv das geschichtsphilosophische Grundmotiv eines am Zwang zur Naturbeherrschung gebildeten Selbst, wie es in der »Dialektik der Aufklärung« entwickelt wurde, ein. »Identitätsverlust um der abstrakten Identität, der nackten Selbsterhaltung willen.«[295]
Neben den bisher getroffenen Unterscheidungen ist es deshalb sinnvoll, quer zu den genannten eine weitere Differenzierung zwischen einer geschichtsphilosophischen und einer erkenntnistheoretischen Verwendungsweise von Identität vorzunehmen.
Unter einem geschichtsphilosophischen Aspekt wird Identität, die »Urform von Ideologie«,[296] bei Adorno zum genetischen Prinzip der naturbeherrschenden Vernunft. Identität ist hier das Prinzip der Vereinheitlichung durch Ausgrenzung des Nichtidentischen. Sie besagt, daß ein Adäquanzverhältnis zwischen unterdrückter äußerer und unterdrückter innerer Natur besteht. Identität als Prinzip der Naturbeherrschung verweist zugleich auf den Primat des Subjekts: das »Selbst« ist »Urbild aller Identität«.[297] Die Pointe des Zusammenhangs zwischen Identität und Naturbeherrschung ist nicht die, daß die Natur durch identifizierende Akte im Sinne des formalen Aspekts von Identität zugerichtet und unterdrückt wird, sondern daß Naturbeherrschung Ausdruck der Identität zwischen Subjekt und Identität[298] ist. Sie ist gleichsam die begriffliche Gestalt der Naturbeherrschung, oder anders gesagt: Naturbeherrschung ist Ausdruck konstitutiver Subjektivität. »Naturbeherrschung ist das Prinzip, an dem der Subjektbegriff sich gebildet hat; es ist gewissermaßen der Erfahrungskern, wenn ich einmal so es ausdrücken soll, der der Begriffsbildung zugrunde liegt, die in der Kategorie eines Subjekts terminiert.«[299] Wenn man aber identifizierendes Denken mit Identität überhaupt gleichsetzt, identifiziert man damit naturbeherrschendes, instrumentelles Denken mit der zu Orientierungen notwendigen Fähigkeit des Synthetisierens. Wir haben diese theoretische Figur an der »Dialektik der Aufklärung« expliziert. Die Absicht auf Naturbeherrschung motiviert scheinbar zweck-mittel-rational die instrumentelle Vernunft. Doch Identität ist erst das Resultat identifizierender Akte, und in Adornos Sinne

ideologisch ist solche Identität nur vor dem Hintergrund der These, daß Identität selbst das Prinzip subjektiven Bewußtseins ist. Solange jedoch dessen Tätigkeit eine dialektische Bewegung des Denkens ist, läßt sich die These vom totalen Verblendungszusammenhang, den die instrumentelle Vernunft stiftet, nicht aufrechterhalten. Die Kritik der instrumentellen Vernunft, die die »Dialektik der Aufklärung« leistet, müßte folglich auch die Voraussetzung instrumenteller Vernunft berücksichtigen; diese aber, Denken, ist selbst ambivalent in bezug auf Identität.
Anders gesagt: Identifizierendes Denken ist der vom Naturzusammenhang abgespaltene Geist im Dienst der Naturbeherrschung.[300] Von hier aus entfaltet sich die Dialektik der Autonomie und der Heteronomie des Denkens, deren eines Moment – der heteronome Zwang zur Naturbeherrschung – als identifizierendes Denken zu begreifen wäre. Es ist dieses die kognitive Disposition, die der instrumentellen Vernunft zugrunde liegt, das zentrale Motiv der »Dialektik der Aufklärung«. Relevant ist es auch für die Erkenntniskritik der »Negativen Dialektik«. Identifizierendes Denken, instrumentell gedachte kognitive Verfügungsgewalt tritt hier nur als ein Moment auf. Als »spirituell gewordene Naturbeherrschung«[301] mündet jenes Moment in einen theoretischen Zusammenhang ein, in dem auch der Begriff der Natur begrifflichen Transformationen unterliegt. Erst die negativ-dialektische Reflexion derjenigen Identität, die Naturbeherrschung und Vernunft in der instrumentellen Vernunft zusammenführt, begründet die Kritik der instrumentellen Vernunft.

Wir können zusammenfassend sagen: Man kann weder mit der Kritik des identifizierenden Denkens aus der Perspektive der »Negativen Dialektik« eine Kritik der universalen instrumentellen Vernunft nach dem Muster der »Dialektik der Aufklärung« begründen noch kann man umgekehrt davon ausgehen, daß letztere mit den ihr eigenen geschichtsphilosophischen Mitteln die Dialektik von Identität und Nichtidentität systematisch entfalten könnte. Denkt man diesen Zusammenhang weiter, so ergibt sich, daß die Konstruktion des Identitätsbegriffs in der »Negativen Dialektik« das Herrschaftsapriori der »Dialektik der Aufklärung« – also deren tragendes Element im Begründungszusammenhang – stürzt.

Das hängt vor allem mit einem anders akzentuierten Naturbegriff in der »Negativen Dialektik« zusammen. Weil das Prinzip Naturbeherrschung und die begriffliche Konstruktion von Identität sich nicht wechselseitig explizieren und auch nicht in ein Ableitungsverhältnis zueinander gebracht werden können, ist im Kontext der »Negativen Dialektik« von Natur bzw. Naturbeherrschung, bezogen auf die Kritik des identifizierenden Denkens, konsequenterweise nur metaphorisch die Rede.

›Natur‹ ist hier im Sinne von ›Naturwüchsigkeit‹ bzw. als ›Naturverfallenheit‹ im Denken zu verstehen; sie ist quasi mythisch gewordene Natur, die als Zwang zu identifizierenden Akten auftritt. ›Identifizieren‹ heißt in diesem Zusammenhang, die Differenz von Unmittelbarkeit und Vermittlung zu übergehen. Doch in der vermeintlich vollständigen Vermittlung des Unmittelbaren im Begriff, d. h. in der Identifikation des Unmittelbaren, konkreten Einzelnen mit dem Begriff, erkennt sich Denken immer nur wieder als identifizierendes Denken. In diesem Sinne spricht Adorno, wie wir sahen, vom ›Zirkel der Identifikation‹. Nach dem Muster der »Dialektik der Aufklärung« wird die Identität des zirkulären Verfahrens zwar vom »Bedrohlichen der Natur«[302] diktiert, doch läßt sich das Verhältnis von Naturbeherrschung und Identitätsdenken nicht allein geschichtsphilosophisch begründen. Denn die negativ-dialektische Kritik des Denkens setzt bei der selbstreflexiven Struktur des Denkens an, das die Identifikationen selbst noch als Schein zu erkennen in der Lage ist; unter der Voraussetzung einer verselbständigten instrumentellen Vernunft ist aber dieses erkenntnistheoretische Modell nicht mehr begründbar.

›Natur‹ bzw. ›Naturverfallenheit‹ haben in bezug auf das identifizierende Denken primär eine metaphorische Bedeutung. ›Natur‹ meint nichts anderes als den totalitären Charakter des Begriffs. Die Perpetuierung von Naturverfallenheit[303] findet ihren Ausdruck in der Hypostasierung subjektiven Bewußtseins. Dialektisches Denken dagegen vermag, folgt man Adorno, den Trug totaler Identität in der Differenz von Vermittlung und Unmittelbarkeit zu erkennen. »Daß diese (die idealistische Version von Dialektik – A.Th.) die scheinbar minimale Differenz übergeht, hilft ihr zu ihrer Plausibilität. Der Triumph, das Unmittelbare sei durchaus vermittelt, rollt hinweg über das Vermittelte und erreicht in fröh-

licher Fahrt die Totalität des Begriffs, von keinem Nichtbegrifflichen mehr aufgehalten, die absolute Herrschaft des Subjekts.«[304]
In der »Dialektik der Aufklärung« stellte sich das Problem, mit geschichtsphilosophischen Mitteln den Geltungsgrund der universal gewordenen instrumentellen Vernunft als Urgeschichte der Subjektivität auszuweisen. Die Konstruktion dieser Urgeschichte hatte letztlich die begründungstheoretische Last der Diagnose eines totalen Verblendungszusammenhangs unter Bedingungen der instrumentellen Vernunft zu tragen. Diese Problemlage verschiebt sich nun innerhalb der »Negativen Dialektik«.
Die Dialektik des Denkens und damit die Dialektik des Identitätsbegriffs wird in der »Dialektik der Aufklärung« auf den eindimensionalen Zusammenhang Naturbeherrschung – Tauschverhältnisse – identifizierendes Denken reduziert. Wir sahen bereits, daß dem die nicht-selbstreflexive Struktur instrumentellen Denkens entspricht. Die mit der »Negativen Dialektik« explizierte Selbstreflexion des Denkens wird in der »Dialektik der Aufklärung« gewissermaßen nur auf der Makroebene einer Dialektik von Mythos und Aufklärung entfaltet. Die Identitätsproblematik bezieht sich hier auf die Kritik der Tauschverhältnisse, und insofern läßt sich unter Identität sinnvollerweise ›Äquivalenz‹ verstehen, etwas, was Gleichheit zwischen Dingen unterstellt, die nicht gleich sind. Der Abstraktionsvorgang von ›Gebrauchswert‹ zu ›Tauschwert‹ ist der, der auch für identifizierendes Denken in einem formalen Sinne charakteristisch ist. Dort, wo Identität eine psychologische Bedeutung annimmt, ist sie auf das tauschwertorientiert handelnde, quasi bürgerliche Subjekt bezogen. Wir sahen, daß Odysseus den idealtypisch gebildeten Ausdruck eines solchen Konzepts von Identität repräsentiert.
Dagegen wird das Problem der Identität in der »Negativen Dialektik« auf einer Ebene behandelt, die umfassenderen Begründungsansprüchen genügt.
Wir werden im Abschnitt »Übergänge im Identitätsbegriff« darauf zurückkommen und dort den konzeptionellen Zusammenhang zwischen den erkenntnistheoretischen, den geschichtsphilosophischen und den gesellschaftstheoretischen Aspekten der Identitätskritik Adornos zeigen. Dazu ist jedoch die Analyse der Idealismuskritik, die wir nun am Beispiel Kants und Hegels vornehmen wollen, Voraussetzung.

2.2.1.2. Kritik der Subjektphilosophie

Die Idealismuskritik Adornos wird im folgenden nur insoweit von Interesse sein, als sie für den Identitätsbegriff relevant ist. Die Rekonstruktion dient dazu, den Kerngedanken der Dialektik von Identität und Nichtidentität im Medium negativer Dialektik herausarbeiten zu können.
Negative Dialektik ist der Versuch, unter nach-hegelschen Bedingungen Dialektik als Prinzip Kritischer Theorie zu rehabilitieren. Sie versteht sich als Kritik der entwicklungslogisch fundierten Affirmation Hegelscher Dialektik. Von der »Negativen Dialektik« sagt Adorno in der Vorrede: »Das Buch möchte Dialektik von dererlei affirmativem Wesen befreien, ohne an Bestimmtheit etwas nachzulassen.«[305] Ihr Gestus einer kritischen Aneignung ist der Intention einer Selbstverständigung über die Bedingungen des Philosophierens unter Bedingungen der Moderne geschuldet. Sie ist einzig möglich als konkrete Erfahrung philosophischen Denkens. Nicht, wie es Walter Benjamin von der »Metakritik der Erkenntnistheorie« gesagt haben soll, durch die »Eiswüste der Abstraktion«[306] hindurch will die »Negative Dialektik« zum bündigen Philosophieren gelangen, sondern indem sie retrospektiv einen solchen Weg aufzeichnet.

Das Thema der »Negativen Dialektik« ist die Vermittlung von Besonderem und Allgemeinem; sie argumentiert gegen Identität in der Vermittlung selber. Methodisch leistet sie dies durch ein Verfahren immanenter Kritik an der Identitätsphilosophie. Kritik und Aneignung sind die beiden Seiten negativ-dialektischen Philosophierens. In diesem Sinne verstehe ich sie als Logik des kritischen Diskurses.[307] Die »Negative Dialektik« versucht, sich dem bewußtseinsphilosophisch aufgefaßten Vermittlungsproblem dort zu stellen, wo es seinen systematischen Ort hat, und entwikkelt von dort aus ihre Kritik, indem sie »gegen Fichte fichtisch, gegen Kant kantisch, gegen Hegel hegelisch«[308] argumentiert.
Mit dem Idealismus, eingeleitet durch die Kantische Erkenntniskritik, wird Subjektivität in einer Weise thematisch, die sich sowohl vom vor-kantischen Rationalismus als auch vom Empirismus unterscheidet, indes aber auch beiden nicht entgegengesetzt ist. Subjektivität als Prinzip ist die Antwort auf Probleme, die

sich aus der philosophischen Reflexion auf den Ich-Begriff ergeben. Als Prinzip hat sie jedoch in der Erkenntnistheorie des Idealismus begründende Funktion in einer doppelten Hinsicht. Sie dient einerseits der Begründung eines möglichen Einheitsmoments von Erkenntnis oder, wie man auch sagen kann, der Begründung der Objektivität der Erkenntnis durch subjektive Erkenntnis. Nicht Objektivität in einem, wie Kant sagen würde, dogmatischen Verständnis, wie es im Rationalismus bei Descartes und Leibniz zu finden ist, bedarf der Begründung, sondern Objektivität, die ihren Grund in den Erkenntnisleistungen des Subjekts hat. Subjektivität als Prinzip wird von Kant in Anspruch genommen zum Aufweis der Bedingungen der Möglichkeit von Objektivität. Insofern kann man die Erkenntniskritik Kants auch als den Versuch lesen, Empirismus und Rationalismus miteinander zu vereinbaren.

Zum anderen dient Subjektivität als Prinzip in nach-kantischer Auffassung dazu, ein vollständiges, allen Begründungsansprüchen genügendes System der Philosophie selbst zu entfalten. So fallen hier, mit Beginn des deutschen Idealismus, Gegenstand und metatheoretische Selbstreflexion des Philosophierens auf eine bizarre Weise zusammen. Die hergestellte Identität ist Geist, nicht objektiver, sondern prinzipiell absoluter, wenn man die Nichthintergehbarkeit konstitutiven Bewußtseins als leitendes Prinzip für die Möglichkeit von Objektivität anerkennt.

Diese extreme Position des absoluten Idealismus hat sich zwar als Reaktion auf die Kantische Philosophie konsequent ergeben können, doch wollen wir hier nicht die Frage erörtern, ob sie sich zwingend ergeben mußte oder ob sich aus Kants Erkenntniskritik andere erkenntnistheoretische Möglichkeiten hätten finden lassen können.

Nicht eigentlich die Frage nach dem, was Subjektivität sei und wie sie sich begründen läßt, motiviert Kant zur Kritik der reinen Vernunft. Vielmehr ist es das Ungenügen an der ontologischen Auffassung vom Charakter der Erkenntnis des Wirklichen. Was das Seiende ist, was die einzelnen Gegenstände unserer Welt als einzelne sind und in welcher Weise wir sie als Gegenstände für uns erkennen können, wird ontologisch bzw. rationalistisch dahingehend beantwortet, daß das Wirkliche eben das Wirkliche an sich als Wirklichkeit des Allgemeinen sei. Noch bei Descartes wird die grundsätzlich zweiwertige Beziehung zwischen Erkenntnis und Gegenstand nicht eigentlich aufgelöst und damit die Konsequenzen aus der Tatsache eines Bewußtseins, das der Reflexion auf sich selber fähig ist, nicht gezogen. Selbstbewußtsein wird als Konzept erst virulent, wenn wir fragen, was wir mit einem Gegenstand meinen, der der Erkenntnis entgegengesetzt ist. Zuvor war das Gegebene das Wirkliche gewesen; Ding an sich in einem ontologischen Sinne, den Kant gerade nicht meinte.

In dieser Konstellation steht die Kritik der reinen Vernunft gewissermaßen am systematischen Ort der Frage nach der Unmittelbarkeit des Gegebenen. Kann man nicht-reflektierte Unmittelbarkeit voraussetzen oder ist alle Unmittelbarkeit immer schon reflektierte? Das Zentrum der Kritik ist der fragliche Modus der Vermittlung von empirischer Gegebenheit der Gegenstände und Erkenntnis. Das Verhältnis zwischen unreflektierter Unmittelbarkeit – Hegel wird sie später im Ausdruck einer sinnlichen Gewißheit fassen – und vermittelndem Bewußtsein bestimmt Kant in einer Weise, die in der Tat die Lösung aller erkenntnistheoretischen Fragen in sich zu schließen scheint. Ihr Trick ist ihre Transzendentalität. Nicht das Was möglicher Gegenstände an sich selbst betrachtet steht in Frage, sondern die Gründe und Bedingungen ihrer Möglichkeit. Wenn man so will, und Adorno neigt zu dieser nicht ganz unproblematischen Ansicht, kann man den absoluten Idealismus in der Nachfolge Kants zwar als konsequente Verwirklichung der Kantischen Philosophie begreifen, doch geht er, hinsichtlich der Verhältnisbestimmung von Objektivität und Subjektivität in der Erkenntnis, mit Kant hinter Kant zurück. Er will Kants Transzendentalprogramm material füllen und den Primat des konstitutiven Bewußtseins vertreten.

Im absoluten Idealismus artikuliert sich einmal ein Ungenügen daran, daß Erkenntnis bei Kant als Erkenntnis ›nur‹ diesseits der Grenzen unserer Erfahrung begründet wird und daß damit die konstitutionellen Voraussetzungen einer spekulativen Erkenntnis noch des Ansichseins der Gegenstände ausdrücklich nicht thematisiert werden können. Das Bedürfnis, Erkenntnis als absolute Erkenntnis explizieren zu können, mag die philosophischen Systeme Fichtes, Schellings und Hegels motiviert haben. Sie sind der Versuch, Wirklichkeit überhaupt auf die Konstitution durch Geist zurückzuführen.

Zum anderen reagiert der absolute Idealismus auf Unklarheiten, genauer vielleicht: Ambivalenzen, die sich daraus ergeben, wie Kant das Verhältnis der Erscheinungen zu Gegenständen oder ›Dingen an sich selbst betrachtet‹ bestimmt. Nach Kant wird das Verhältnis der Inhalts- zur Formseite der Erkenntnis anders gewichtet. Dies ist auch eine Konsequenz aus der Transzendentalphilosophie selbst. In der Tat ist die Ding-an-sich-Problematik der Grund für Zweifel daran, ob es Kant tatsächlich gelungen ist, die Objektivität der Subjektivität stringent mit den Bedingungen ihrer Möglichkeiten zu begründen. Debatten, die mit diesem Problem befaßt sind, halten bis in die heutige Zeit an. Auf der anderen Seite führt die strenggenommene Absolutheit von Subjektivität im deutschen Idealismus in eine Aporie, die mit Mitteln der Subjektphilosophie nicht mehr lösbar ist. Der Idealismus muß zugleich von der absoluten Wirklichkeit und der Irrealität konstitutiven Bewußtseins ausgehen.

Das Verhältnis der Kantischen Philosophie zu den Systemen des deutschen Idealismus, insbesondere das Verhältnis Kant – Hegel, ist meiner Auffassung nach die Grundkonstellation, von der aus gesehen sich negative Dialektik als philosophisches Modell erschließt. Der Begriff der Identität nimmt darin eine herausragende Position ein; er ermöglicht es Adorno, Subjektphilosophie als Identitätsphilosophie zu explizieren. Weil Identität in bezug auf Kant nicht im gleichen Sinne zu verstehen ist wie in bezug auf die Systeme des deutschen Idealismus, beinhaltet Adornos Kritik des Idealismus eine doppelte Stellungnahme: Als negative Dialektik ist sie einmal Reaktion auf die Aporien der Hegelschen Philosophie, und sie ist Reaktion auf die ungelösten Probleme der Kantischen Philosophie.

2.2.1.2.1. Kant

Das Problem einer nach-cartesianischen Begründung von Erkenntnis wird bei Kant durch eine transzendentale Begründung von Objektivität gelöst. »Bisher nahm man an, alle unsere Erkenntnis müsse sich nach den Gegenständen richten; aber alle Versuche, über sie apriori etwas« durch Begriffe auszumachen, wodurch unsere Erkenntnis erweitert würde, gingen unter dieser Voraussetzung zu nichte. Man versuche es daher einmal, ob wir nicht in den Aufgaben der Metaphysik damit besser fortkommen, daß wir annehmen, die Gegenstände müssen sich nach unserer Erkenntnis richten (...).«[309] Die Aufgabe, die Kant mit diesen Sätzen programmatisch entwirft, beinhaltet nichts Geringeres als den gesicherten Nachweis der Bedingungen dafür, daß Objektivität selbst in Subjektivität als der Bedingung von Objektivität gründet.

Die Tatsache, daß Kant die Bedingungen der Möglichkeit von Erkenntnis mit der Nichthintergehbarkeit von Erfahrung expliziert, markiert seine eigenwillige Stellung zwischen Rationalismus – Dogmatismus, wie Kant sagt –, Empirismus und Idealismus. Allen drei Richtungen ist er in gewisser Weise zurechenbar und zugleich auch nicht zurechenbar. So will er Objektivität begründen, aber nicht ontologisch; so setzt er Subjektivität, subjektive Vermögen, als Bedingung der Möglichkeit von Objektivität, aber nicht absolute Subjektivität; er rekurriert auf Erfahrung, jedoch nicht empiristisch. In der transzendentalen Synthese unterschiedlicher philosophischer Prinzipien vollzieht Kant die eigentliche Wendung aufs Subjekt, ohne es zu hypostasieren und selbst zum Prinzip zu machen. Immer gilt die Einschränkung, die durch die Bedingung möglicher Erfahrung daran erinnert, daß absolute Erkenntnis zwar spekulativ möglich ist, allerdings nur unter der Voraussetzung der Verabsolutierung einer Dimension der Erkenntnis zu haben ist: die ihrer Objekt- oder die ihrer Subjektseite.

Die Bedeutung der kopernikanischen Wendung besteht nicht darin, an die Stelle, wo zuvor die Objektivität subjekt-unabhängiger Vernunft als dem erkenntnistheoretischen Gegenüber der Subjekte gedacht wurde, Subjekt einzusetzen. Die »Kritik der reinen Vernunft« tritt an zum Nachweis von möglicher Objektivität, indem sie Subjektivität in Anspruch nimmt. Sie gebietet dem Relativismus empiristisch verstandener Subjektivität einerseits und dem objektivistischen Rationalismus andererseits Einhalt.

Für den folgenden Argumentationsgang, den ich als klärenden Beitrag zu Adornos Identitätskritik verstehen möchte, werde ich mich auf die Darstellung eines zentralen Bestandteils der Kantischen Vernunftkritik beschränken. Es kann dabei weder darum gehen, Adornos Kant-Kritik an und mit Kant selbst bestätigen zu wollen, noch umgekehrt darum, Adornos Kant-Interpretation ihrerseits kritisch zu überprüfen und gegebenenfalls zu widerlegen.[310] Möglich und sinnvoll erscheint dagegen der Versuch zu sein, die Motive der Kritik Adornos an Kant selbst nachzuvollziehen, um sie dann auf ihre Plausibiliät hin zu befragen. Interessant ist dabei die Frage, welche kritische Grundintuition Adornos – unter dem Stichwort ›Identitätskritik‹ geführte – Auseinandersetzung mit Kant motiviert. Erst aus ihr heraus läßt sich nämlich die tiefgreifend ambivalente Haltung, die Adorno zu Kant einnimmt, verstehen. Ich möchte der Vermutung nachgehen, daß jene Ambivalenz in der Rezeptionshaltung durch die Kantische Vernunftkritik selbst gestiftet wird. Sie wird sichtbar aus der Perspektive immanenter Kritik, die als Verfahren, und bezogen auf Adorno, selbst noch einmal Anwendung finden soll.

Adorno sieht in Kants transzendentalphilosophischem Programm eine Brüchigkeit, die auf Nichtidentisches verweist. Der transzendentale Anspruch sei nicht stringent zu begründen, so daß Kant implizit auf transzendent-metaphysische Annahmen zurückgreifen müsse. Die transzendentale Erkenntniskritik erweise sich als nicht zwingend und stelle so gewissermaßen selbst das Einfallstor des absoluten Idealismus dar.

Der Streit darüber, wie sich das Verhältnis von transzendentaler Betrachtung und transzendent-metaphysischer Annahmen bei Kant bestimmen läßt, und welche Konsequenzen sich für den Status der »Kritik der reinen Vernunft« insgesamt ergeben, entzündet sich an der Ding-an-sich-Problematik.

Entsprechend sind die folgenden Abschnitte so aufgebaut, daß zunächst auf der Grundlage des Kapitels »Vom Grund der Unterscheidung aller Gegenstände überhaupt in Phaenomena und Noumena« die Kantische Auffassung von ›Dingen an sich‹ näher betrachtet werden soll, um von dort aus den eigentlichen Ansatzpunkt der Kritik Adornos entwickeln zu können. Erst dann, eingedenk der von Adorno verfolgten Intentionen, kann die Frage nach der Berechtigung seiner Kritik sinnvoll beantwortet werden.

Das letzte Kapitel der transzendentalen Analytik beschäftigt sich mit der Unterscheidung der Gegenstände überhaupt in Phaenomena und Noumena. Die »Kritik der reinen Vernunft« hatte bis hierher ihr eigentliches Ziel, nämlich die Beantwortung der Frage, wie synthetische Urteile a priori möglich seien, schon erreicht, indem sie vorführte, daß nicht die Erkenntnis sich nach den Gegenständen, sondern die Gegenstände sich nach unserer Erkenntnis richteten. In dem Kapitel über Phaenomena und Noumena sollen nun gewissermaßen letzte Ungewißheiten darüber, daß Erkenntnis nur diesseits der Grenzen der Erfahrung, nur bezogen auf Erscheinungen, möglich sei, ausgeräumt werden.

Kant verläßt hier, an der Schwelle zur transzendentalen Dialektik, das erkenntnistheoretisch bereits gesicherte Terrain der transzendentalen Analytik. Er fragt: Wie verhält sich die erkenntniskritisch revidierte metaphysische Vernunft zur – transzendentalphilosophisch auf die Bedingungen der Möglichkeit von Erfahrung eingeschränkten – Erkenntnis?

Erkenntnis ist möglich durch die Verbindung von Sinnlichkeit und Verstand; ihr Material kann nur sein, was sie selbst hervorgebracht hat: Erscheinungen, nicht metaphysisch gedachte Dinge an sich, sind das, worauf Erkenntnis bezogen sein kann. Das »Land der Wahrheit«,[311] um mit Kants Metapher zu reden, ist das des reinen Verstandes, dessen Funktionen allein zum Erfahrungsgebrauch hinreichen. Es ist umgeben von einem »weiten und stürmischen Ozeane, dem eigentlichen Sitze des Scheins«,[312] des Scheins metaphysischer Wahrheit. Auf der Insel ist Wahrheit nur auf Erscheinungen – Phaenomena – bezogen möglich; der Anspruch einer übersinnlichen Erkenntnis von Dingen an sich – Noumena – bleibt undurchsichtig hinter den Nebelbänken des Ozeans verborgen.

Dennoch sind Noumena für die transzendentalphilosophische Begründung von Erkenntnis relevant. Gilt es doch, die Möglichkeit ihrer Erkenntnis vom Standpunkt möglicher Erfahrung aus zu widerlegen. Kant muß sich also »auf dieses Meer wagen, um es nach allen Breiten zu durchsuchen«.[313] Diese Suche kann nun nichts anderem gelten als der Möglichkeit einer Erkenntnis, der ihr Gegenstand *nicht* als Erscheinung vorliegt. Wird sie gefunden, ist die Notwendigkeit einer transzendentalen Reduktion von Erkenntnis auf die Bedingungen der Möglichkeit von Erfahrung widerlegt.

›Ding an sich‹ ist eine Kategorie, die für die transzendentale Begründung von Erkenntnis unumgänglich ist. Das verdeutlicht schon ein Satz aus der Einleitung der »Kritik der reinen Vernunft«: »Wenn aber gleich alle unsere Erkenntnis *mit* der Erfahrung anhebt, so entspringt sie darum doch nicht eben alle *aus* der Erfahrung.«[314] Zu beachten sind die Ausdrücke ›anheben‹ und ›entspringen‹. Würde alle Erkenntnis nicht nur mit der Erfahrung anheben, sondern aus ihr entspringen, unterschiede sich Kants Transzendentalphilosophie im Grundsatz nicht von einer empiristischen Position. Daß jedoch Erkenntnisse a priori möglich sind, läßt sich mit einem Modus der Erkenntnis erklären, die selbst bestimmt, wie das, was ihr möglicher Gegenstand ist – die Erscheinung –, erscheint. In der Tat ist aber das, was erscheint, nicht gänzlich und allein dadurch bestimmt, wie es unserer Erkenntnis erscheint. Es ist durch das Verfahren der Synthesis von sinnlich Gegebenem und kategorialen Funktionen des Verstandes nur mitbestimmt. Wenigstens etwas muß also vorausgesetzt sein – und dieses Vorausgesetztsein ist geradezu die Motivation zur Kritik der reinen Vernunft – was in der Erkenntnis noch »mitspielt«,[315] was aber gleichwohl jenseits unserer Erfahrung liegt: der Gegenstand an sich.

Der Begriff eines Dings an sich ist eine negative Bestimmung der Möglichkeit von Erkenntnis. Er wird virulent, wenn man, wie Kant es in der Vernunftkritik beabsichtigt, auf das Prinzip von Erfahrung unter transzendentalphilosophischen Bedingungen reflektiert. Dieser Sachverhalt ist zentral für das Verständnis dessen, was mit ›Ding an sich‹ gemeint ist. Der Ausdruck ›Ding an sich‹ ergibt sich durch eine besondere Art der Betrachtung, nämlich der transzendentalphilosophischen Reflexion auf Dinge, Gegenstände, Objekte. Nicht gemeint ist bei Kant die Hypostasierung einer metaphysischen Hinterwelt gegenüber der Welt der sinnlichen Erscheinung.

G. Prauss,[316] dessen Argumentation ich hier im wesentlichen folgen will, weist darauf hin, daß metaphysische Konnotationen von ›Ding an sich‹ bei Kant schon durch die sprachlichen Ausdrücke im Umfeld des Begriffs nicht nahegelegt werden und den Intentionen Kants sicherlich nicht entsprechen. Der Ausdruck ›Ding an sich‹ komme bei Kant nachgewiesenermaßen eigentlich gar nicht vor. Vielmehr spreche Kant von ›Dingen an sich selbst‹, entscheidender aber von ›Dingen an sich selbst betrachtet‹. Nicht auf die Dinge sei das ›an sich‹ bezogen, sondern auf die Art der

Betrachtung. Es handelt sich also nicht um Dinge-an-sich, sondern nach Prauss um ›Dinge – an sich selbst betrachtet‹.[317] Die Art der Betrachtung ist nun die der Kritik der reinen Vernunft selbst. Sie ist eine Reflexion, die sich aus der Perspektive ergibt, daß Erkenntnis nur in der Verbindung von Sinnlichkeit und Verstand zustandekommt.

Gegenstände dieser Erkenntnis sind nur Erscheinungen (Phaenomena). Wie verhalten sich nun Dinge an sich selbst betrachtet zu Erscheinungen? Prauss betont die Negativität des Sinns von ›an sich selbst‹, indem er ›Dinge an sich selbst betrachtet‹ als ›Dinge nicht als Erscheinungen betrachtet‹ den Erscheinungen, also ›Dingen als Erscheinungen betrachtet‹ gegenüberstellt.[318] Er führt ein Immer-schon-Argument ein, das die Kantische Position der Unhintergehbarkeit der Erscheinungen stützt: Die Negativität der Bestimmung von ›Dingen – nicht als Erscheinung betrachtet‹, ist nämlich nur unter der Voraussetzung möglich, daß Dinge prinzipiell schon als Erscheinungen in Erscheinung getreten sind. Der Status, den Dinge als Dinge an sich selbst haben, ist also dem der Dinge als Erscheinungen betrachtet nachgeordnet. Eine Ontologisierung, die beide Dimensionen in Parallelität zueinander sieht, ist nach dieser Interpretation nicht möglich.

Tatsächlich jedoch kann sich diese Deutung – und dessen ist sich Prauss bewußt – nicht in ihrem vollen Gewicht auf den Text der »Kritik der reinen Vernunft« berufen. Dieser bringt selbst nicht zur vollen Klarheit, daß die Rede von ›Dingen – an sich selbst betrachtet‹ wirklich nur in einem transzendentalphilosophischen Sinne zu verstehen ist, sondern bestätigt die mögliche Ambivalenz, in der auch eine transzendent-metaphysische Bedeutung jenes Ausdrucks mitschwingt.

Diese Doppeldeutigkeit, die ich an Prauss' Argumentation nachzeichnen will, ergibt sich aus der Differenz von empirischer und transzendentaler Betrachtung. Das Verhältnis von Erscheinung und Ding an sich selbst ist auf der Ebene des Empirischen ein anderes, als es sich auf der Stufe transzendentaler Reflexion darstellt.

Das empirische Seiende ist Erscheinung und unterliegt als Vorstellung den Modifikationen des Subjektiv-Psychischen.[319] Es ist aber auch empirisch Seiendes, das subjekt-unabhängig »unter allen verschiedenen Lagen zu den Sinnen, doch in der Anschauung so und nicht anders bestimmt ist«.[320] Kant nennt als Beispiel den Regenbogen. Nicht allein »die(se) Tropfen sind bloße Erscheinungen, sondern selbst ihre runde Gestalt, ja so gar der Raum, in welchem sie fallen, sind nichts an sich selbst, sondern bloße Modifikationen, oder Grundlagen unserer sinnlichen Anschauung, das transzendentale Objekt bleibt uns unbekannt.«[321] Hinzugefügt werden müßte, daß der transzendentale Gegenstand zwar auf der Ebene des Empirischen im Sinne von Ding-an-sich zu verstehen ist, wobei diese Identifikation auf der Ebene der transzendentalen Betrachtung nicht mehr möglich ist. Im Empirischen sind »Dinge an sich selbst nicht bloß undeutlich, sondern gar nicht (zu) erkennen«.[322] Dinge an sich gehören hier der Welt des Objektiv-Physischen an. »Empirische Erscheinungen und empirische Dinge an sich sind numerisch-existenziell *different*«.[323] Auch auf der Ebene der transzendentalphilosophischen Reflexion haben wir es mit Erscheinungen und Dingen an sich zu tun. Die Differenz, die wir eben für die empirische Ebene feststellen konnten, verschmilzt hier jedoch zur Identität: »Was hingegen auf der Ebene der philosophischen Reflexion ›als Erscheinung‹ und auch wieder ›an sich selbst‹ betrachtet wird, ist jeweils *dasselbe*, beispielsweise ein empirisches Ding. So verschieden daher auch der Sinn sein mag, den diese Dinge unter solcher Betrachtung für die philosophische Reflexion jeweils gewinnen, so sind doch ›Erscheinungen‹ und ›Dinge an sich‹ im philosophischen Sinne numerisch-existenziell *identisch*.«[324] Die philosophische Betrachtung bezieht sich auf beides: sie reflektiert ein und dasselbe als Erscheinung im subjektiv-psychischen und als Ding an sich im objektiv-physischen Sinne. Es ist also die Art der Betrachtung, die das, was auf der empirischen Ebene gegensätzlich ist, nun als Zusammengehöriges erkennen kann. Terminologisch wäre der Unterschied dadurch auszudrücken, daß empirische Erscheinungen, als transzendental reflektierte, Phaenomena genannt werden könnten und empirische Dinge an sich Noumena. Phaenomena (Sinnenwesen) und Noumena (Verstandeswesen) stehen für die Möglichkeit philosophischen Denkens, etwas ›als Erscheinung‹ und zugleich ›nicht als Erscheinung‹ wenigstens denken zu können. Das heißt nicht, man könne Dinge als Erscheinungen einerseits und als Dinge an sich andererseits erkennen.

Wenn wir nun daran erinnern, daß die Kategorien das Objekt nicht bestimmen, sondern nur das Denken eines Objekts überhaupt hinsichtlich seiner verschiedenen Modi ausdrücken, dann wird deutlich, warum Kant wohl die Denkmöglichkeit von Dingen an sich, nicht aber ihre Erkenntnis unter Bedingungen der Erfahrung – unter Bedingungen, daß etwas erscheint – behaupten kann. Entsprechend lautet sein Rat, sich so auszudrücken: »die reinen Kategorien, ohne formale Bedingungen der Sinnlichkeit, haben bloß transzendentale Bedeutung, sind aber von keinem transzendentalen Gebrauch, weil dieser an sich selbst unmöglich ist.«[325]

Daß ›Dinge an sich selbst betrachtet‹ gedacht werden können, daß also gedacht werden kann, Dinge nicht als Erscheinungen zu betrachten, bezeichnet sie als Noumena im negativen Verstande. Wird hier von der Art der Anschauung abstrahiert, so würde ein Noumenon in positiver Bedeutung gerade auf eine besondere Form der Anschauung verweisen, in der Objekte einer nichtsinnlichen Anschauung vorgestellt würden. Diese ist aber nur möglich als intellektuelle Anschauung, die Kant hinter die Nebelbänke des metaphysischen Scheins verweist. Anders bei den Noumena in negativer Bedeutung: »Die Lehre von der Sinnlichkeit ist zugleich die Lehre von den Noumenen im negativen Verstande, d. i. von Dingen, die der Verstand sich ohne diese Beziehung auf unsere Anschauungsart, mithin nicht bloß als Erscheinungen, sondern als Dinge an sich selbst denken muß, von denen er aber in dieser Absonderung zugleich begreift, daß er von seinen Kategorien, in dieser Art sie zu erwägen, keinen Gebrauch machen könne, weil diese nur in Beziehung auf die Einheit der Anschauungen in Raum und Zeit Bedeutung haben.«[326]

Das Noumenon in negativer Bedeutung markiert die Grenze zwischen dem, was wir erkennen, und dem, was wir noch denken können. Das Noumenon in positiver Bedeutung markiert die Grenze zu dem, was überhaupt nicht mehr möglich ist: der Vorstellung, wir könnten Objekte, die nicht Erscheinungen sind, in einem nicht-sinnlichen Modus anschauen. Auf dem Boden der Kantischen Transzendentalphilosophie ist nicht möglich, was Fichte schließlich doch zu begründen versuchte: die intellektuelle Anschauung unter Bedingungen absoluter Identität.

Der Verweis auf den transzendentalen Charakter der Begründung scheint Kant von allen Fehldeutungen und Mißverständnissen in bezug auf die Ding-an-sich-Problematik zu bewahren. Doch scheint die Restriktion auf erfahrungsbezogene Erkenntnis, die für die philosophische Reflexion der transzendentalen Begründbarkeit von Erkenntnis eminente Bedeutung hat, weil sie damit jeden Metaphysik-Verdacht im Keim ersticken kann, dennoch nicht in jeder Hinsicht das zu leisten, was Kant sich von ihr verspricht.

Um diese These unter Beweis stellen zu können, müssen wir nochmals auf die Differenz von empirisch Seiendem und transzendentaler Reflexion zurückgehen, für die wir ja bereits den zweifachen Status von ›Erscheinungen‹ und ›Dingen an sich‹ geltend gemacht haben. Dort war, bezogen auf *empirische* Dinge und aufgrund der Differenz beider Bereiche, ein Übergang von Dingen ›nicht als Erscheinungen betrachtet‹ zu Dingen ›als Nichterscheinungen betrachtet‹ und von Dingen ›an sich selbst betrachtet‹ zu Dingen, die als ›Dinge an sich‹ betrachtet werden, möglich gewesen. Prauss weist mit Nachdruck darauf hin, daß diese Übergänge in den Formulierungen jedoch nicht für den Bereich *philosophischer Reflexion* möglich sind, weil dort Erscheinungen einen anderen Status haben, nämlich quasi einen metatheoretischen, als ihn Erscheinungen im Bereich des empirisch Seienden haben. Bestünde hier eine Analogie, dann wären Dinge an sich selbst transzendentalphilosophisch betrachtet genau mit dem metaphysischen Hintersinn von Dingen-an-sich belastet, den Kant vermeiden will.

Doch hat es den Anschein, als habe Kant selbst die Differenz von Ding an sich im empirischen und Ding an sich im transzendentalen Gebrauch, die sich hier zunächst in der Angemessenheit bzw. der Unangemessenheit von Bezeichnungen für jeweils Unterschiedliches niederschlägt, nicht eigentlich bemerkt. Diese Vermutung kulminiert bei Prauss in der These, daß die ursprüngliche, nämlich transzendentale Verwendungsweise von ›Ding an sich‹, auf den Bereich des Empirischen übertragen, von dort aus wieder »rückläufig«[327] für die philosophische Reflexion auf ›Dinge an sich selbst betrachtet‹ übernommen werde. Dieser Vorgang könnte nun allerdings bedeuten, daß die transzendentale Reflexion nicht die Reflexion auf die Betrachtung von Dingen an

sich selbst ist, sondern die Reflexion auf das objektive Ansich der Dinge.
Natürlich meint Kant gerade das nicht. Dennoch hat sich die Frage erhoben, ob nicht sein transzendentaler Begründungsgang diese Deutungsmöglichkeit und damit eine tiefgreifende Ambivalenz beinhaltet.
Für die Erscheinung stellt sich der umgekehrte Zusammenhang her. Empirische Erscheinung ist dasjenige, was als Wahrgenommenes, Empfundenes aufgenommen wird. Phaenomena sind Erscheinungen in einem nicht-empirischen Sinne, gleichwohl ihre Möglichkeit immer auf sinnlicher Erfahrung als Bedingung gründet. Die transzendentale Betrachtung von Phaenomena setzt die Empirizität von Erscheinungen voraus. Dort sind Erscheinungen, wie wir sagten, als Subjektiv-Psychisches ausgewiesen. Aber die transzendentale Betrachtung von Phaenomena beinhaltet beides: das Subjektiv-Psychische des Seienden wie auch das Objektiv-Physische der Dinge. Denn Erscheinungen werden in der transzendentalphilosophischen Reflexion zu Erscheinungen für die Erkenntnis, also zu Objekten möglicher Erfahrung, nur durch die Synthesis der Verstandeskategorien und der Anschauung ihrer Sinnlichkeit. In dieser Synthesis ist aber die Dimension von ›Ding an sich‹ bereits ex negativo eingeschlossen. Gegenstände der Erkenntnis sind nach der Einheit der Kategorien gedachte Erscheinungen. Oder, wie Prauss formuliert: Erkenntnis gewinnt nur dadurch empirische Dinge an sich zum Gegenstand, »daß sie empirische Erscheinungen begrifflich-kategorial *bestimmt*«.[328]
Empirische Gegenstände sind demnach, sofern sie transzendentalphilosophisch betrachtet werden, in zweifacher Weise vom Subjekt abhängig. Interessant ist nun, daß Kant offensichtlich diese zweifache Subjektabhängigkeit auf eine Seite zu reduzieren scheint. Daß Dinge nur als Erscheinungen erkannt werden können, setzt voraus, daß sie nicht als Nichterscheinungen an sich erkannt, gleichwohl aber als solche betrachtet und gedacht werden können. Insofern es transzendental betrachtet wird, wird ein Ding ›als Phaenomenon betrachtet‹ quasi auch als Noumenon aufgefaßt. Doch Kant berücksichtigt für die Erscheinung nur eine Seite der Subjektabhängigkeit, »nämlich die von der empirischen ›Erscheinung‹ der Sinnlichkeit des Subjekts, und läßt mithin da-

bei ganz außer acht, daß diese Dinge doch gleicherweise vom Begriff des Verstandes dieses Subjekts abhängen.«[329] Demnach wäre die phaenomenale Bestimmung von Erscheinung aus der Sicht kategorialer Verstandesfunktionen möglich. Kant zieht diese Möglichkeit nicht in Betracht, weil er die kategoriale Bestimmtheit der Phaenomena immer schon unterstellt. Nur so wird plausibel, warum man Dinge als Phaenomena und als Noumena betrachten kann.

Dennoch scheinen aber Äquivokationen im Begriff ›Phaenomena‹ vorzuliegen. Die zweifache Subjektabhängigkeit der Dinge als Erscheinungen und als Begriffe terminiert in *einem* Ausdruck, der mit ›Phaenomenon‹ nur unzureichend bezeichnet ist, wenn es gilt, Dinge transzendentalphilosophisch an sich selbst betrachten zu können, sie also nicht nur ›als Erscheinungen‹ zu betrachten. »Wenn aber damit, daß die Dinge zunächst einmal ›als Erscheinungen‹ zu betrachten sind, gemeint ist, daß sie jeweils ein *zweifach* Subjektabhängiges sind, so heißt, sie auch wieder ›nicht als Erscheinungen‹ zu betrachten, von *beiden* Seiten ihrer Subjektabhängigkeit, also von ihrer *ganzen* Subjektabhängigkeit auch wieder abzusehen.«[330] Wie nun die Subjektabhängigkeit der Dinge und ihre Betrachtung an sich selbst noch miteinander vereinbar sind, bleibt ein Problem, dessen Klärung davon abhängt, in welcher Weise der Ausdruck ›Erscheinung‹ zu verstehen ist.

Daß Dinge als Erscheinungen betrachtet werden müssen, um erkannt werden zu können, ist ja der eigentliche Sinn der kopernikanischen Wendung von der Subjektunabhängigkeit zur nun transzendental begründeten Subjektabhängigkeit der Dinge in der Erkenntnis. Anders denn als an Erscheinungen kann sich Erfahrung nicht bilden, ist Erkenntnis mithin nicht möglich. Erst die transzendentalphilosophische Reflexion kann, was ihr vorangegangene Abbildtheorien der Erkenntnis nicht konnten: den Bezug, den die Erfahrung und der Gegenstand der Erfahrung aufeinander haben, hinreichend erklären.

Kants Theorie einer erfahrungsbezogenen Erkenntnis gründet auf der transzendentalphilosophischen Reflexion, die empirische Dinge als Erscheinungen betrachtet. Erst diese Notwendigkeit in der Betrachtungsart erklärt auch die Notwendigkeit der Kopernikanischen Wendung aufs Subjekt. Der transzendentalen Reflexion gelten Erscheinungen, sofern sie als Gegenstände nach der

Einheit der Kategorien gedacht werden, als Phaenomena. Die Begründung dieser Reflexion bedarf aber zugleich des transzendentalphilosophischen Nachweises, daß Dinge mit Notwendigkeit nicht nur als Erscheinungen, sondern auch als Dinge an sich selbst betrachtet werden. Die Kantische Transzendentalphilosophie müßte demnach eigentlich ihre Nötigung, *als* Transzendentalphilosophie Dinge nicht nur als Erscheinungen, sondern auch als Dinge an sich selbst zu betrachten, selbst noch einmal begründen. Diesen Schritt hat sie jedoch nirgends getan.[331]
Kant kann nur sagen, was man annehmen müßte, wenn man nicht Dinge als Erscheinungen und an sich selbst betrachten könnte: Daraus »würde der ungereimte Satz (...) folgen, daß Erscheinung ohne etwas wäre, was da erscheint«.[332] Anders gesagt, ergibt sich die Notwendigkeit, ›Dinge an sich selbst betrachtet‹ zu denken, wenngleich nicht erkennen zu können, daraus, *daß* sie Erscheinungen sind. Der Schluß vom Erscheinung-Sein der Dinge auf ihr An-sich-betrachten-Können ist jedoch keiner positiven Begründung fähig, denn Dinge an sich selbst zu betrachten heißt ja, sie nicht als Erscheinung zu betrachten. Aus diesem Begründungsdefizit ergibt sich der Widerspruch, daß »Dinge eben damit, daß man sie ›als Erscheinungen‹ betrachtet, ›nicht als Erscheinungen‹ zu betrachten wären«.[333] Demnach – und unter der Voraussetzung, daß man den transzendentalen Weg der Begründung nicht verlassen will – müßten ›Erscheinung‹ und der Grund der Erscheinung in einem und demselben ihren Ort haben. Es muß *einen* Grund geben, der es notwendig macht, Dinge als Erscheinungen und *nicht* als Erscheinungen zu betrachten. Dieser Grund ist der transzendentale Gegenstand, »d. i. der gänzlich unbestimmte Gedanke von etwas überhaupt«.[334] Dieser transzendentale Gegenstand kann aber selbst nicht Noumenon heißen, denn dieses zu denken, würde ›Erscheinung‹ schon voraussetzen. Er ist begriffslos und erscheinungslos »Gegenstand(e) einer sinnlichen Anschauung überhaupt«.[335]
Mit anderen Worten: transzendentales Objekt kann nicht Ding an sich sein. Auch hier haben wir es mit einer negativen Bestimmung zu tun. Daß sich von ihr keine positive Begründung angeben läßt, mag der Grund dafür sein, warum die entsprechenden Ausführungen der ersten Fassung zum Abschnitt über Phaenomena und Noumena nicht in die zweite Fassung der »Kritik der

reinen Vernunft« übernommen wurden. In der Tat begibt sich Kant in der ersten Fassung auf gefährliches Terrain. Denn daß das transzendentale Objekt nicht Ding an sich in einem metaphysischen Sinne sein kann, bleibt bei Kant transzendentalphilosophisch die richtige Intuition. Sie ist aber aus einer Negativ-Bestimmung gewonnen, die selbst wesentlicher Grund der Restriktionsthese ist. Mit der Restriktionsthese wird behauptet, daß unter Bedingungen transzendentalphilosophischer Erkenntniskritik auf eine transzendent-metaphysische Bedeutung von ›Ding an sich‹ nicht mehr rekurriert zu werden brauche.

Wir sehen jedoch – hier am Schluß des Argumentationsganges –, daß diese These nicht in der Weise unproblematisch ist, wie es zunächst den Anschein hat und wie es von Kant intendiert ist. Am Schluß des Kapitels über die Unterscheidung von Phaenomena und Noumena spricht Kant über die Grenzziehung, die mit dieser Unterscheidung selbst vorgenommen wird. Der Begriff eines Noumenon ist nämlich erstens zulässig, weil er in sich nicht widersprüchlich ist, und zweitens unvermeidlich, indem er der Sinnlichkeit Schranken setzt. Auf diese Weise erfährt der Verstand eine »negative Erweiterung, d. i. er wird nicht durch die Sinnlichkeit eingeschränkt, sondern schränkt vielmehr dieselbe ein, dadurch, daß er Dinge an sich selbst (nicht als Erscheinungen betrachtet) Noumena nennt. Aber er setzt sich auch so fort selbst Grenzen, sie durch keine Kategorien zu erkennen, mithin sie nur unter dem Namen eines unbekannten Etwas zu denken«.[336] Damit ist der systematische Grund genannt für die Restrikton der Transzendentalphilosophie auf eine Theorie der Erkenntnis, der nur Gegenstände möglicher Erfahrung Gegenstände sein können. Oder, wie es in der Einleitung heißt: Erkenntnis ist nur von Erscheinungen möglich.[337]

Doch scheint die Notwendigkeit der Restriktion mit der Möglichkeit einer transzendentalphilosophischen Begründung von Erkenntnis in einem eigenartigen Widerspruch zu stehen. Sie impliziert, daß das, was die Erkenntniskritik mit Notwendigkeit begründet, daß Erkenntnis nur als empirische, an Erscheinungen gebildete möglich ist, überhaupt in Grenzen gehalten werden *muß*. Richtet sich also die Restriktion gegen das Denken des Erkennenden selbst? Das kann eigentlich nicht gemeint sein. Daß es doch so sein könnte, dafür spricht allerdings der warnende

Impetus, mit dem Kant sich gegen eine Erkenntnisart ausspricht, die sich nicht auf die Erscheinungswelt beschränke, sondern sich mehr »anmaße«, indem sie in der Erkenntnis auf Dinge an sich selbst ziele.[338] Könnte also doch sein, was nicht sein darf? Sieht Kant seine Erkenntnistheorie, deren Begründung ja gerade auf der notwendigen Verbindung von Sinnlichkeit und Verstand beruht und also gar nichts anderes sein *kann* als eine Theorie der Erfahrung unter Bedingungen nur möglicher erfahrungsbezogener Erkenntnis, doch nicht ganz gefeit vor transzendent-metaphysischen Entgleisungen? Jedenfalls zieht Kant nachdrücklich eine Grenze, wo er seinem theoretischen Anspruch nach keine Grenze eigens zu ziehen brauchte, weil der Erkenntnis diese Grenze geradezu konstitutiv innewohnt. Die Restriktionsthese, die ursprünglich nur gegen die traditionelle Metaphysik gerichtet sein mochte, verbietet im Prinzip Versuche zu einer nicht-empirischen Erkenntnis und ist also wenigstens tendenziell auch gegen philosophische Spekulation gerichtet. So resümiert Prauss, daß die Restriktionsthese »eines der verwirrendsten Lehrstücke Kants (bleibt), weil sich darin Transzendentalphilosophie gegen sich selbst zu richten scheint«.[339]

Dieser Widerspruch mag möglicherweise H. Röttges zu dem Lösungsvorschlag motiviert haben, eine Dialektik von Bedeutung und Gebrauch der reinen Verstandeskategorien anzunehmen. Kant hatte ja davon gesprochen, daß die reinen Kategorien »bloß transzendentale Bedeutung« haben, aber von »keinem transzendentalen Gebrauch«[340] seien. Das Noumenon hat nach Röttges als Grenzbegriff einerseits keine Bedeutung; was soviel wie die Identität von Bedeutung und Gebrauch unterstellt. Es muß aber auch Bedeutung haben dadurch, daß es die negative Bestimmung der Grenzen möglicher Erkenntnis ist. In dieser Hinsicht müsse man von einer Nichtidentität von Gebrauch und Bedeutung sprechen. Beides ist demnach zutreffend, sowohl die Identität wie auch die Nichtidentität von Bedeutung und Gebrauch: »die Bestimmung des Noumenon als eines Grenzbegriffs, dessen Bedeutung in seinem Gebrauch aufgeht, impliziert eine Bedeutung, die über den bloßen Gebrauch als Grenzbegriff hinausgeht.«[341]

Auch dieser Aspekt verweist auf den Widerspruch, den wir oben expliziert haben. Die Begründung der *Notwendigkeit*, ›Dinge an sich selbst betrachtet‹ in Anspruch zu nehmen, sie aber dennoch mit keiner inhaltlichen Bedeutung versehen zu dürfen, ist, weil sie eine transzendentale ist, nur negativ möglich; sie ist keiner positiven Bestimmung fähig. Der Verweis auf die Empirizität möglicher Erkenntnis und Erfahrung macht die Vorstellung des Dings an sich im empirischen Sinne auf der Ebene der transzendentalen Reflexion zu einer äußerst problematischen Angelegenheit. Nicht immer ist sichergestellt, daß jeder transzendent-metaphysische Bezug auch tatsächlich begründet ausgeschlossen werden kann. In diesem Sinne kann man – gegen die transzendentalen Begründungsansprüche Kants – dennoch von einer vielleicht unvermeidlichen Ambivalenz seines Systems sprechen.

Ich komme nun zu Adornos Kant-Kritik.
Adornos Stellung zu Kant läßt sich von der Ding-an-sich-Problematik ausgehend charakterisieren. Deren Ambivalenz ist Ausdruck der Ambivalenz des Kantischen Systems selbst. Bei Adorno erfährt die problematische Ambivalenz zwischen transzendentaler und transzendent-metaphysischer Bedeutung von ›Dingen an sich selbst‹ eine überraschende Wendung, die ihrerseits nicht unproblematisch ist.
Entgegen den Ergebnissen anderer Auseinandersetzungen mit der Kant-Kritik Adornos,[342] halte ich die Annahme für nicht richtig, Adorno unterstelle Kant selbst eine transzendent-metaphysische Bedeutung des Ausdrucks ›Dinge an sich selbst‹. Dazu hat Adorno den transzendentalen Charakter der Kantischen Vernunftkritik immer wieder selber zu stark herausgestellt, als daß er, gewissermaßen hinter die Kantische Position zurückfallend, ›Dinge an sich selbst‹ in einem ontologischen Sinne verstehen könnte. Inwiefern man den Vorwurf an Adorno, er ontologisiere Kant, dennoch ernst nehmen muß, wird später von Interesse sein. Zunächst steht nicht die Angemessenheit seiner Kant-Rezeption zur Debatte, sondern die Frage, ob sein identitätskritischer Grundgedanke mit Kant bestätigt werden kann oder nicht.
Ich gehe von der These aus, daß der Status von ›Ding an sich‹ zwischen Empirizität und Transzendentalität Adorno zu Recht als in gewisser Weise ungeklärt erscheinen konnte, so daß eine Kritik doch wenigstens hinsichtlich möglicher Konsequenzen aus den transzendentalphilosophischen Begründungsdefiziten berechtigt erscheint.

Gewiß ist das Problem ›Dinge an sich selbst‹ in einem metaphysischen Sinne nicht Kants Problem. Denn einen solchen Sinn kann Kant, wie wir sahen, mit dem Hinweis auf den negativ-transzendentalen Charakter seiner Argumente unberücksichtigt lassen. In der Tat gibt die Transzendentalphilosophie aber selbst Anlaß dazu, daß ›Ding an sich‹ erkenntnistheoretisch zum zentralen Problem in der Nachfolge Kants wird. Die Versuche, konstitutives Bewußtsein zu begründen, sind Versuche, die Erkenntnismöglichkeiten von Noumena in positiver Bedeutung nachzuweisen. Ich werde darauf später im Zusammenhang mit Hegel zurückkommen.

Für Adorno ergibt sich die Ambivalenz in bezug auf Kant aus einer philosophischen Reflexion, deren Gehalt wesentlich davon abhängt, in welcher Weise sie Möglichkeiten, den Ausdruck ›Dinge an sich selbst‹ zu verstehen, bereitstellt. Diese philosophische Reflexion gründet auf einem Dualismus von Form und Inhalt, der seinen Ausdruck in den kategorialen Gegensätzen von Erscheinung und Dingen an sich selbst, Erkennen und Denken, Gebrauch und Bedeutung findet. Nicht jedoch, daß das Kantische System überhaupt dualistisch verfaßt ist, ist für Adorno Anlaß zur Kritik, sondern erst die Zurechnung der einzelnen Momente der Erkenntnis zu den verschiedenen Seiten des Form-Inhalt-Dualismus.

Tatsächlich ergibt sich aus dem Verhältnis von Erscheinungen und Dingen an sich selbst betrachtet, insofern die Geltungsbereiche beider Ausdrücke durch die negative Bestimmung der Noumena festgelegt werden, daß die konstitutiven Formen der Möglichkeit von Erkenntnis der Seite des Subjekts, jedoch die materiale Dimension der Erkenntnis, das Objektiv-Physische, nur der Seite der Objekte zugerechnet wird. Für Adorno ist die »Konstruktion der transzendentalen Subjektivität die großartig paradoxe und fehlbare Anstrengung, des Objekts in seinem Gegenpol mächtig zu werden«.[343] Diese Anstrengung verteidigt Adorno gegen die vorkantische Subjekt-Objekt-Auffassung wie auch gegen die Wiederaufnahme gegen Kant gerichteter, quasi vorkantischer Positionen durch den Idealismus.

Gemeint sind Fichtes und Hegels Versuche, die Dualität der Erkenntnisstruktur und ihr mögliches Moment von Einheit in einer transzendentalen Theorie zusammenzudenken. ›Ding an sich‹

material zu bestimmen, gelingt jedoch nur um den Preis, ein Moment der Erkenntnis zu reduzieren und das andere, indem es den Gegenpol dialektisch in sich zu vermitteln sucht, zu hypostasieren. Damit ist für Adorno die Ausgangslage des absoluten Idealismus, des Trugs konstitutiver Subjektivität bezeichnet.

In bezug auf Kant hat Adorno als Anwalt des Nichtidentischen jedoch gesehen, daß die transzendental restringierte, notwendig auf Erfahrung restringierte und auf das Gegebensein von Erscheinungen angewiesene Erkenntnis über die Grenzen dieser möglichen Erkenntnis hinauszustreben trachtet. Daß die Grenze zwischen mundus sensibilis und mundus intelligibilis unter transzendentalphilosophischen Begründungsansprüchen eine notwendige ist, steht außer Frage. Doch zeigt sich sowohl an der Ding-an-sich-Problematik wie auch an den Antinomien, daß die Erfahrung über ihre Möglichkeiten hinausgehen will. Gegen den transzendentalen Empirismus Kants wäre zu fragen, ob sich darin nicht auch rechtmäßige Ansprüche philosophischen Denkens artikulieren. Die ontologischen oder metaphysischen Restbestände, die im ›intelligiblen Charakter‹ und im ›Ding an sich selbst‹ im Bereich der Erkenntnis und nicht im Bereich des Glaubens mitschwingen, lassen sich innerhalb der Kantischen Konzeption nur eliminieren, indem sie – in transzendentaler Absicht – der formalen Seite der Erkenntnis zugerechnet werden. Doch bleibt diese negative und darum notwendig restringierte Bestimmung der Möglichkeit von Erkenntnis nach einer Seite hin immer ungeschützt: Das Bedürfnis nach Erkenntnis sucht auch das an den Dingen zu erfahren, was ihnen an sich zukommt. Denken vollzieht genau das, was gesicherte Erkenntnis nach Kant per definitionem nicht tun dürfte, und setzt sich damit dem Metaphysik-Verdacht aus. Insofern muß Kant Subjektivität formal auffassen, um die in ihr gründende Objektivität gegen inhaltliche Ansprüche einer Wahrheit des Scheins in Schutz nehmen zu können. Die Formen dieser Subjektivität sind »aber nicht, wie nach Kantischer Lehre, ein der Erkenntnis Letztes; diese vermag im Fortgang ihrer Erfahrung sie zu durchbrechen«.[344] An anderer Stelle heißt es, daß das »dem Erfahrungsinhalt gegenüber doch außerordentlich verselbständigte transzendentale Subjekt in sich selber, möchte ich sagen, eine Dynamik hat, die über die Erfahrung hinausgeht«.[345]

Adorno weist hier auf einen, wie wir oben sahen, systematisch schwachen Punkt der transzendentalen Begründung hin: Die Restriktion auf das ›Phaenomenale‹ ist in ihrer Negativität nicht stark genug, um mit letzter Bestimmtheit philosophische Zugriffe auf Noumenales ausschließen zu können. Adorno hält hier gegen den Anti-Platoniker Kant[346] an noetischen Erkenntniszielen fest,[347] ohne deshalb eine intuitionistische Position zu vertreten. Adornos Stellung zu Kant ist dadurch gekennzeichnet, daß sie Kant gewissermaßen schon im Rücken haben muß, um die Ambivalenz des Kantischen Systems als kritischen Sachverhalt herauszustellen.

Es ist wichtig, diese Haltung Adornos Kant gegenüber im Auge zu behalten, wenn man verstehen will, daß negative Dialektik auf ein Drittes zwischen Aneignung und Kritik zielt. Sie vertritt keinen Standpunkt im Lager großer Gegenentwürfe, sondern will in erster Linie erinnern; erinnern an Nichtidentisches.

Aus diesem Grund finden sich systematische Betrachtungen beispielsweise zum Problem ›Dinge an sich selbst‹ bei Adorno gar nicht oder nur rudimentär. Doch hat Adorno mit Kant stets an den irreduziblen, nicht in Bewußtsein auflösbaren Momenten der Erkenntnis gegen den Idealismus festgehalten. Wahr sei die Kantische Philosophie, »indem sie die Illusion des unmittelbaren Wissens vom Absoluten zerstört«.[348] Darin, daß die Kantische Theorie von den Bedingungen und den Grenzen möglicher Erkenntnis in einen Dualismus von Form und Inhalt mündet, ist sie zugleich Einspruchsinstanz, »Block«[349] gegen die absolute Identität von Form und Inhalt im konstitutiven Bewußtsein. Intelligibler Charakter[350] und Ding an sich[351] sind nicht in Identität auflösbar, sondern verweisen vielmehr implizit auf Nichtidentität.[352] Sie bedürfen auch als transzendentale Kategorien – und eigentlich müßte es heißen: gerade als transzendentale Kategorien – eines Hinzutretenden, Faktischen,[353] eines materialen Moments der Erfahrung, die doch Erkenntnis erst ermöglicht. Material ist jene Erfahrung, indem sie sich auf Erscheinungen bezieht und nicht, wie Kant im Amphiboliekapitel zeigt, auf das Innere der Dinge.[354] Man kann also sagen, daß die Probleme, die sich aus der Unterscheidung von Phaenomena und Noumena ergeben, zwar dadurch gelöst werden, daß die formale Seite der Erkenntnis an die Subjekte und die materiale an die Objekte verwiesen wird, doch fordert diese Zuordnung geradezu die Frage nach ontologischen Resten in ›Ding an sich selbst‹ heraus. So wäre ›Ding an sich selbst‹ als Erinnerung daran aufzufassen, daß die Subjektseite der Erkenntnis materiale Anteile haben könnte und sich nicht in der Form erschöpft, die sie als Träger von Urteilsfunktionen, als Ort der Synthesis als formaler Tätigkeit ausweist.

Im Sinne Adornos wäre die Frage, ob nicht auch die von der Erfahrung abhängigen formalen Bedingungen der Erkenntnis ihrerseits selbst gewissermaßen als »Erscheinungen« aufzufassen wären. Die transzendental verstandene Synthesis wäre dann material in dem Sinne, daß sie selbst in einer materialen, sinnlichen Erfahrung des Denkens gründet. Nicht nur durch Äußeres, durch Affektion verschaffte Empfindungen wären der sinnliche Anteil der Erkenntnis, sondern auch die Erfahrung des Denkens an sich selbst und mit sich selbst. In dieser Weise könnte man den folgenden Satz Adornos interpretieren: »Im transzendentalen Subjekt, der als objektiv sich auslegenden reinen Vernunft, geistert der Vorrang des Objekts, ohne den, als Moment, auch die Kantischen objektivierenden Leistungen des Subjekts nicht wären.«[355]

›Ding an sich selbst‹ ist auch – und schon bei Kant – die Erinnerung daran, daß sich die Dinge nicht in ihrem Erkanntsein erschöpfen. Die Frage ist, worin sie sich erschöpfen. Die Frage ist, wie weit Erfahrung geht und wo sie an unüberschreitbare Grenzen stößt, und ob Erkenntnis auf dem Boden der Erfahrung nicht auch als metaphysische, nach-kantisch als negative möglich ist.

Die Auffassung der Kantischen Transzendentalphilosophie als Bastion gegen die idealistische Identitätsphilosophie bezeichnet nur die eine Seite der Kant-Rezeption Adornos. Hier hebt Adorno das mögliche Eingedenken des Objekts als Dimension des Nichtidentischen an ihr als »Wahres« hervor.
Aber die Kantische Philosophie steht bei Adorno trotz der Ambivalenz in der Rezeptionshaltung prinzipiell auch unter den Vorbehalten seiner Idealismus-Kritik.
Adornos, wie ich meine, richtige Intuition, daß die Formen der Subjektivität »nicht, nach Kantischer Lehre, ein der Erkenntnis Letztes«[356] seien, daß das Subjekt, um Subjekt sein zu können, selbst als materiale Dimension gedacht werden muß, tritt auch in

einer über die Gebühr radikalen Variante auf. Das ist der Fall, wenn Adorno, trotz des »Blocks«, die Transzendentalphilosophie als idealistische Subjektphilosophie deutet. »Unwahr« sei die Kantische Philosophie darin, daß sie das Absolute, dessen Illusion sie mit Mitteln transzendentaler Kritik doch gerade zerstören wollte, »mit einem Modell beschreibt, das einem unmittelbaren Bewußtsein, wäre es auch erst dem intellectus archetypus, entspräche.«[357]

Nicht also das transzendental Begründete – die Bedingungen der Möglichkeit von Erkenntnis –, sondern das Wie der transzendentalen Begründungsart ist nach Adorno dasjenige, worin Kant den von seinen Nachfolgern vollzogenen Schritt zum konstitutiven Bewußtsein vorbereitet. Paradoxerweise sieht Adorno im Form-Inhalt-Dualismus also einerseits die Einspruchsinstanz gegen absolute Identitätskonzepte; andererseits jedoch geradezu die Vorbereitung des absoluten Idealismus. Letzteres ergibt sich nun nicht aus dem Form-Inhalt-Dualismus allein, sondern aus der Zurechnung der Erkenntnisdimensionen an die beiden Pole dieses Dualismus. Adorno wertet den Sachverhalt, daß innerhalb des Kantischen Dualismus das subjektive Moment der Erkenntnis die Seite der Form, und einzig die Seite der Form, repräsentiert, als Vorbereitung des idealistischen Identitätsprinzips. Für Adorno lautet der dramatische Schluß: »prima philosophia und Dualismus gehen zusammen.«[358] Mindestens mißverständlich ist dieser Satz darin, daß er eine Ontologisierung Kants impliziert. Daß es in der Tat, wenn man so will, ontologische Reste in der Kantischen Philosophie gibt, berechtigt nicht dazu, den Dualismus selbst mit der Zuordnung von Subjekt und Form zu identifizieren. Der anschließende Satz nimmt denn auch die ontologische Hypothek, die auf dem zuerst zitierten lastet, zurück, indem er den eigentlichen und berechtigten Kritikpunkt Adornos nennt: daß die Subjektseite nicht in der formalen Seite der Erkenntnis aufgeht, sondern der materialen Momente der Objektseite bedarf. »Dem Ersten Kants, der synthetischen Einheit der Apperzeption (...) ist jegliche Bestimmung des Gegenstandes eine Investition der Subjektivität in die qualitätslose Mannigfaltigkeit, ohne Rücksicht darauf, daß die bestimmenden Akte, die ihm für spontane Leistungen der transzendentalen Logik gelten, auch einem Moment sich anbilden, das sie nicht selbst sind; daß sich

synthetisieren nur läßt, was es auch von sich aus gestaltet und verlangt.«[359]
Gegen die Reduktion der Kantischen Erkenntniskritik auf die Ontologie einer prima philosophia spricht denn auch: »Wollte Kant jenen kosmos noetikos erretten, den die Wendung zum Subjekt attackierte; trägt insofern sein Werk ein ontologisches Moment in sich, so bleibt es doch Moment und nicht das zentrale.«[360] Wenig später ist von einem »ontologischen Bedürfnis«[361] die Rede, das in der Philosophie Kants noch in der aufklärerischen Absage an die Metaphysik überlebe.
Auch wenn der Vorwurf der Ontologisierung Kants von Adorno abgewehrt werden kann, so treffen wir hier dennoch auf einen Aspekt seiner Kant-Interpretation, der problematisch ist: Ohne daß ein sichtbarer Grund dafür vorläge, scheint Adornos bisher als ambivalent charakterisierte Haltung Kant gegenüber nun gegen eine Seite der Ambivalenz zu gravitieren. Adorno relativiert Kants Resistenz gegen die idealistische Identitätsphilosophie, indem er behauptet, der Form-Inhalt-Dualismus der Transzendentalphilosophie verschmelze letztlich im Primat der Subjektivität. Wir haben uns zu fragen, was Adorno dazu motiviert, die Kantische Erkenntniskritik auf ein einheitliches Prinzip, das noch dazu in der Subjektivität ihren Ort hat, festzulegen. Denn dieser Vorgang steht offensichtlich in einem Widerspruch zu der Stellung, die Adorno, unter einem erkenntnistheoretischen Gesichtspunkt betrachtet, bisher zu Kant einnahm.

Als These möchte ich formulieren, daß die Einengung des Kantischen Ansatzes auf seine Subjektdimension Adorno der Begründung eines gesellschaftstheoretischen Zusammenhangs dient. »Ontisch vermittelt ist nicht nur das reine Ich durchs empirische (...), sondern das transzendentale Prinzip selber.« Weiter heißt es, »jenseits des identitätsphilosophischen Zauberkreises läßt sich das transzendentale Subjekt als die ihrer selbst unbewußte Gesellschaft dechiffrieren.«[362] Mit Bezug auf A. Sohn-Rethels marxistische Erkenntnistheorie, deren Einfluß auf Adorno ich hier nicht im einzelnen verfolge,[363] geht Adorno von einer erkenntnistheoretischen zu einer ideologiekritischen Argumentation über. Adorno folgt Sohn-Rethel darin, daß die Abstraktionen des Idealismus die Trennung von geistiger und körperlicher Arbeit reflek-

tierten. Darüber hinaus wird der Idealismus – und mit Einschränkungen auch Kant – durchaus in einer aktiven, ideologiebildenden Funktion gesehen. »Dämmte Kant die Funktionalität des Subjekts dadurch noch ein, daß sie nichtig und leer wäre ohne ein ihr zukommendes Material, so hat er unbeirrt aufgezeichnet, daß gesellschaftliche Arbeit eine an Etwas ist; die größere Konsequenz der nachfolgenden Idealisten hat das ohne Zögern eliminiert.«[364] Die Allgemeinheit des transzendentalen Subjekts stehe nicht nur für den Funktionszusammenhang der Gesellschaft, sondern dieser selbst, als das dem Tauschprinzip unterstellte unwahre Ganze, reduziere Einzelspontaneitäten und -qualitäten auf ein vom Ganzen abhängiges qualitätslos Allgemeines und eliminiere dadurch gerade Subjektivität. Unter ideologiekritischem Gesichtspunkt schließt sich das idealistische Prinzip konstitutiver Subjektivität zu einem Immanenzzusammenhang zusammen und erscheint als objektiver Ausdruck der tauschwertorientierten Gesellschaft. Damit ist das Prinzip transzendentaler Subjektivität zugleich Index der Wahrheit im Unwahren, weil es der wahre Ausdruck des Falschen ist. »Als äußerster Grenzfall von Ideologie rückt das transzendentale Subjekt dicht an die Wahrheit. Die transzendentale Allgemeinheit ist keine bloße narzißtische Selbsterhöhung des Ichs, nicht die Hybris seiner Autonomie, sondern hat ihre Realität an der durchs Äquivalenzprinzip sich durchsetzenden und verewigenden Herrschaft. Der von der Philosophie verklärte und einzig dem erkennenden Subjekt zugeschriebene Abstraktionsvorgang spielt sich in der tatsächlichen Tauschgesellschaft ab.«[365]
Allerdings folgt Adorno dem Modell der Marxschen Warenanalyse nicht mit der Stringenz, mit der Sohn-Rethel bereit ist, sie auf den Bereich der Erkenntnistheorie anzuwenden. Adorno bricht den Argumentationsvorgang gewissermaßen ab und schlägt eine andere Richtung ein. Von der ideologiekritisch motivierten soziologischen Betrachtungsweise vollzieht er nun eine Wendung auf die Geschichtsphilosophie nach dem Muster der »Dialektik der Aufklärung«. So erscheint die Adaption Sohn-Rethelscher Argumente nur als der – ideologiekritische, den theoretischen Konnex scheinbar absichernde – Zwischenschritt im Übergang von der Erkenntnistheorie zur Geschichtsphilosophie. »Die Bestimmung des Transzendentalen als des Notwendi-

gen, die zu Funktionalität und Allgemeinheit sich gesellt, spricht das Prinzip der Selbsterhaltung der Gattung aus. Es liefert den Rechtsgrund für die Abstraktion, ohne die es nicht abgeht; sie ist das Medium selbsterhaltender Vernunft.«[366]
Erkennbar ist, daß Adornos Argumentation nicht konsistent ist. Weder folgt sie von Beginn an konsequent dem Muster der »Dialektik der Aufklärung«, sondern zielt gewissermaßen nur auf den Topos, der für die »Dialektik der Aufklärung« charakteristisch ist: den einer Ontologie des falschen Zustandes; noch folgt sie konsequent dem Begründungsgang Sohn-Rethels in der Explikation der idealistischen Erkenntnistheorie als Ausdruck der von Marx analysierten Wertform. Beides sind indes unterschiedliche Erklärungsmodelle, die Adorno umstandslos zusammenzieht. Denn die Universalität der instrumentellen Vernunft, die der urgeschichtlich gedachten dialektischen Eigendynamik zwischen Mythos und Aufklärung entstammt, läßt sich nicht problemlos mit der Entwicklungslogik gesellschaftlicher Produktionsverhältnisse erklären. Auch in der »Dialektik der Aufklärung« ist dies, wenn auch aus anderen Gründen, im übrigen nicht geschehen. Insbesondere hängt dies, wie wir früher bereits sagten, von den unterschiedlichen Vernunftbegriffen der beiden Konzepte ab. Der Vernunft-Konzeption der »Dialektik der Aufklärung« liegt hinsichtlich der Genese und der Dynamik der instrumentellen Vernunft eine naturalistische Auffassung von Vernunft zugrunde. Sie ergibt sich aus der engen Verbindung von Selbsterhaltung durch Naturbeherrschung und selbsterhaltender Vernunft unter den Bedingungen eines Herrschaftsaprioris. Dagegen liegt der Marxschen Vernunftkonzeption eine kulturalistische Auffassung zugrunde. Vernunft ist immer nur diejenige, die die Logik der gesellschaftlichen Produktivkraftentwicklung aus sich entläßt. Nie könnte jener theoretisch ein naturales Moment, ein naturbedingter Antrieb zur Reproduktion der Gattung jenseits gesellschaftstheoretischer Betrachtung vorausgesetzt sein.
Ich möchte diesen Aspekt nicht weiter vertiefen, sondern auf den Zusammenhang von Erkenntnistheorie, Ideologiekritik und Geschichtsphilosophie zurückkommen, den Adorno an der Kantischen Philosophie aufzuweisen sucht. Festzustellen ist, daß Adorno sich der Erkenntniskritik Sohn-Rethels nur bedient, um von der Kantischen Vernunftkritik auf den gesellschaftstheore-

tisch aufgewiesenen Verblendungszusammenhang der instrumentellen Vernunft schließen zu können. Oder anders gesagt: um von einer transzendentalen Begründung von Objektivität zur Ontologie des falschen Zustandes überzugehen. Aber Adorno kann diesen Übergang theoretisch nicht stringent begründen – weder mit Sohn-Rethel noch mit dem geschichtsphilosophisch gemeinten Hinweis auf die selbsterhaltende Vernunft. Die Konstruktion eines Übergangs von der Kantischen Intention einer Selbsterhaltung der Vernunft unter Bedingungen transzendentaler Begründung zur selbsterhaltenden Vernunft nach dem Vorbild der »Dialektik der Aufklärung« ist aus Gründen, die ich später im Zusammenhang mit den Übergängen im Identitätsbegriff bei Adorno erwägen will, problematisch.

Doch noch aus einem anderen Grund vermag Adorno Sohn-Rethel nicht konsequent zu folgen. Sohn-Rethels These, »daß im Innersten der Formstruktur der Ware – das Transzendentalsubjekt zu finden sei«,[367] bedeutet nämlich, daß umgekehrt das Transzendentalsubjekt der idealistischen Philosophie als das Kapital dechiffriert werden kann. Aufgrund der Prämisse, daß »die Kategorien der rationalen Erkenntnis (sind) aus dem gesellschaftlichen Sein ihrer Subjekte grundsätzlich stets exakt *deduzierbar*«[368] seien, ergibt sich für Sohn-Rethel im Hinblick auf eine materialistische Seinskritik die umgekehrte Aufgabenstellung wie sie der transzendentalen Vernunftkritik Kants vorgelegen hat. Eine »*dialektische Deduktion der Kategorien*« habe bei der Identifikation der Arbeit anzusetzen und in ihr die »konstitutive(n) ›Synthesis‹ des ›Objektes‹ im geschichtlichen Vergesellschaftungsprozeß durchs Ausbeutungsverhältnis« nachzukonstruieren. Arbeit als das in »Form des Kapitals verselbständigte Einheitsprinzip der Aneignung«[369] könne nach diesem Modell formal analog zur transzendentalen Synthesis des Mannigfaltigen der Erscheinung in der Einheit der Apperzeption bei Kant gesehen werden. »Die Analogie ist begründet«, schreibt Sohn-Rethel, »denn *das dechiffrierte ›Transzendentalsubjekt‹ der idealistischen Philosophie ist das Kapital*. Dessen Funktion der ›Synthesis a priori‹ stammt geschichtlich aus der Aneignungsrelation der Ausbeutung, und die Synthesis, die es tatsächlich vollzieht, ist die der Daseinsverflechtung der Menschen nach dem Prinzip der exemplarischen Seinseinheit aller Dinge als Aneignungsobjekte. Die

theoretische Analyse der kapitalistischen Gesellschaft, von dieser ihrer konstitutiven Wurzel aus durchgeführt, ergibt in einem das kritische System der kapitalistischen Ökonomie und zugleich die dialektische Seinskritik der idealistischen Philosophie und der rationalen Erkenntnis überhaupt. Sie ist die Kritik der menschlichen *Daseins*ordnung von der *Praxis* aus und der ›*Erscheinungs*‹-Welt der rationalen Erkenntnis vom ›*Ding an sich*‹ aus.«[370]
Dieser Interpretation folgt Adorno nicht. Denn – wenn auch mit umgekehrten Vorzeichen einer materialistischen Erkenntniskritik – das Nichtidentische möglicher Erkenntnis verschwindet hier, wie auch im absoluten Idealismus, in einem Einheitsmoment. Dagegen versteht sich die »Negative Dialektik« als Reflexion der Selbstreflexion der idealistischen Philosophie nicht aus dem Grund, um das Prinzip konstitutiver Subjektivität durch ein anderes holistisches Prinzip zu ersetzen, sondern um auf das Nichtidentische jeder Erkenntnis aufmerksam zu machen. Die Ambivalenz des Identitätsbegriffs hängt mit der Negativität des Denkens aufs engste zusammen, so daß Identität als Reflexionsbegriff in Adornos Sinne der Logik des Kapitals gerade nicht analog zugeordnet werden kann.
Gewichtiger ist aber ein anderes Argument. Adorno vertritt einen emphatischen Subjektbegriff, der in der Erkenntniskritik Sohn-Rethels mit Sicherheit keinen Platz findet. Sohn-Rethel löst ›Bewußtsein‹ überhaupt im Begriff der Gesellschaft auf, identifiziert Bewußtsein mit Intersubjektivität. Adorno hält indessen mit Kant an einem Subjektbegriff fest, der sich gegen die Auflösung in die Identität des Bewußtseins bzw. des gesellschaftlichen Seins sperrt – gleichgültig, ob man diese Identität im Sinne Fichtes, Hegels oder Sohn-Rethels expliziert. Durch die Brüchigkeit des Form-Inhalt-Dualismus sieht Adorno den Vorrang des Objekts hindurchschimmern bzw. Nichtidentität gegen einen Totalitätszusammenhang von Identität bewahrt. Der idealistische Trug konstitutiven Bewußtseins wird nicht dadurch wahr, daß man ihn mit umgekehrten Vorzeichen versieht und an seine Stelle ›konstitutive Objektivität‹ in Gestalt der Totalität des Kapitals und seiner Dynamik setzt. Wenn Sohn-Rethel behauptet, daß die idealistische Auffassung von der »›Autonomie‹ der Subjektivität (sprich des Kapitals) die vollendete Verkehrung des Seinsproblems«[371] sei, dann würde Adorno dieser Gestalt der idealisti-

schen ›Verkehrung‹ partiell zustimmen können. Das ›transzendentale Subjekt‹ geht nicht im ›Kapital‹ auf. Deshalb läßt sich schon an Adornos Kant-Rezeption – gerade weil sie um des empirischen Subjekts willen in sich ambivalent bleibt – zeigen, daß die systematische Kluft zwischen der »Negativen Dialektik« als einer Logik des kritischen Diskurses und der Ontologie des falschen Zustandes schwerlich überbrückbar ist.

Zusammenfassend läßt sich also sagen, daß der Einfluß der materialistischen Erkenntnistheorie Sohn-Rethels auf die »Negative Dialektik« zwar spürbar, wenngleich nicht weitreichend ist. Die marxistische Erkenntniskritik führt hier einen Weg der Analyse vor, der das Problem der Identität letztlich nicht löst und dadurch, daß sie das transzendentale Verhältnis von Erscheinung und Ding an sich mit umgekehrten Vorzeichen versieht bzw. idealistische Dialektik in materialistische Dialektik transformiert, gegen mögliche Nichtidentität selbst nur immer wieder neu Identität setzt.

Wir haben bis hierher nur Teilantworten auf die Frage geben können, wie Adorno begründen kann, die Kantische Transzendentalphilosophie vertrete implizit bereits das idealistische Prinzip konstitutiver Subjektivität. Sowohl der Bezug auf die materialistische Erkenntnistheorie als auch der Verweis auf das geschichtsphilosophische Modell selbsterhaltender Vernunft klären beide jedoch nicht in befriedigender Weise die Stringenz des Übergangs.

Hinzu tritt noch ein weiterer Gesichtspunkt. Nicht allein der mit Sohn-Rethel begründete Hinweis auf die ontische Dimension der Kantischen Erkenntniskritik ist dasjenige, was Adorno Gründe dafür in die Hand zu geben scheint, um auch für Kant den idealistischen Vorrang des Subjekts kritisch in Anschlag bringen zu können. Daß Adorno solcher Gründe bedarf, ist aus seiner Sicht für die Kritik des Identitätsdenkens scheinbar unerläßlich. Der eigentliche Identitätszusammenhang, der den Vorrang des Subjekts mit Identitätsdenken überhaupt theoretisch zusammenschließen will, würde sonst obsolet werden. In der Kantischen Philosophie stellt sich für Adorno der Zusammenhang zwischen Identitätsphilosophie und der Ontologie des falschen Zustandes her. In dieser Perspektive tritt die Relevanz der Sohn-Rethelschen Konzeption zutage.

Sohn-Rethels Konzeption ist zwar relevant, aber nicht begründungstragend. Erst Hegel bzw. das Fichtesche Kantverständnis geben die Perspektive an, von dem aus auch Kant unter das Verdikt der Idealismuskritik fällt. Die implizite Argumentationsfigur ist dabei die, daß Adorno aus der Sicht der Hegelschen Kritik an Kants transzendentaler Auffassung von ›Ding an sich‹ Kant auf das Prinzip konstitutiver Subjektivität festlegen will, das doch erst mit Fichte, Schelling und Hegel zur Entfaltung kommt. Das ist möglich, indem mit Hegel der transzendentale Charakter von ›Ding an sich‹ entgegen den Kantischen Intentionen für eine transzendent-metaphysische Deutung prinzipiell offengehalten wird. Erst an dieser Stelle, also aus der Perspektive des Hegelschen absoluten Idealismus kann die Bezugnahme auf Sohn-Rethel sinnvoll erscheinen, weil die konzeptionellen Analogien bei Hegel und Marx auch strukturelle Analogien des kritischen Arguments gegen Kant zulassen.

Diese theoretische Konstellation leuchtet ein, wenn man sich an folgendes erinnert: Adornos richtige Intuition, die Kantische Philosophie nicht wegen ihres Form-Inhalt-Dualismus zu kritisieren, sondern wegen ihrer Zuordnung der Form zum Subjekt bzw. des Inhalts zum Objekt, findet bei Kant selbst keine weitergehenden Argumente, die es erlaubten, die materiale Objektdimension noch auf der formalen Subjektseite anzusiedeln. Denn im eigentlichen Angelpunkt bei Kant – der transzendentalphilosophischen Auffassung von ›Dingen an sich selbst‹ – läßt sich jener Dualismus nicht eigentlich dingfest machen, wie wir sahen. Er läßt sich dort nur als subtile Ambivalenz aufspüren. Diese hat Adorno stärken wollen gegen die absolute Identität; doch er hat bei Kant selbst keine Anhaltspunkte dafür gefunden, des ›herumgeisternden Vorrangs des Objekts‹ bei Kant tatsächlich habhaft zu werden. Mit Mitteln der Kantischen Transzendentalphilosophie ist die genuine Nichtidentität von Ding an sich und Erscheinung, von Denken und Erkennen, von Form und Inhalt selbst nur wieder mit negativ-transzendentalen Argumenten zu beweisen. Bei Kant ist aber der Inhalt dieser Argumente, wie der transzendentale Status von ›Ding an sich‹ zeigt, der Erfahrung nicht zugänglich. Die Erfahrung der Nichtidentität ist also mit Mitteln der Transzendentalphilosophie allein nicht auslotbar, weil sie sich selbst über die Grenzen ihrer negativen Bestimmung der Bedin-

gungen der Möglichkeit von Erkenntnis und Erfahrung nicht hinwegsetzen kann.
Das kritische Argument gegen die formale Bestimmtheit der Subjektseite der Erkenntnis bietet sich für Adorno gewissermaßen in Hegels Konzept materialen Philosophierens an, so daß sich die paradoxe Situation ergibt, daß sich Adorno um seiner Idealismuskritik willen, in die auch Kant einbezogen sein soll, Fichte-Hegelscher Argumente bedient und zugleich in Kant die Einspruchsinstanz gegen den absoluten Idealismus sieht.

2.2.1.2.2. Hegel

Bei Kant führte die Problematik von ›Ding an sich selbst‹ zum transzendentalen Objekt als dem unbekannten Grund der Erscheinungen. Bei Hegel spätestens – ich lasse die Fichtesche Kant-Deutung hier außer acht, obwohl sie für das Kant-Verständnis Adornos von Bedeutung ist – findet eine Verschiebung vom Kantischen Problem ›Dinge – an sich selbst betrachtet‹ zu dem Problem ›Ding an sich‹ statt.[372]
Versuche, den unbekannten Grund des transzendentalen Objekts positiv zu bestimmen, stehen in der Gefahr, in eine vor-kantische Metaphysik zurückzufallen. Der absolute Idealismus unternimmt diesen Versuch dennoch, indem er Ort und Bestimmung des bloßen Etwas als Grund der Erscheinungen im ›Ich‹ als einer qualitativ bestimmten Instanz zu finden hofft. Für Kant konnte ›Ich‹ nicht Instanz des unbekannten Etwas sein, denn ›Ich‹ ist kein Prädikat der Anschauung, sondern wird im Hinblick auf den transzendentalen Grund als bloße intellektuelle Vorstellung bestimmt.
Daß die formale Voraussetzung von transzendentalem Ich und transzendentalem Objekt nach Kant etwas Notwendiges, wenngleich nicht Bestimmbares sein sollte, veranlaßt Hegel zu seiner Kant-Kritik. »So kommt denn auf eine Seite das Ich mit seiner produktiven Einbildungskraft, oder vielmehr mit seiner synthetischen Einheit, die, isoliert gesetzt, formale Einheit des Mannigfaltigen ist, neben diesselbe aber eine Unendlichkeit der Empfindungen und, wenn man will der Dinge-an-sich; welches Reich, insofern es von den Kategorien verlassen ist, nichts anderes als ein formloser Klumpen sein kann, obschon es auch Bestimmtheiten in sich enthält.«[373] Das Problem, das Hegel sieht, läßt sich

etwa so formulieren: Die subjektiven Formen der Anschauung und die Kategorien des Verstandes ermöglichen diejenige Erkenntnis der objektiven Welt, die selbst in dieser Welt enthalten ist, die aber nicht die Subjekte selbst hervorbringen. Also hat das Seiende der objektiven Welt einerseits eine Form, eine Ordnung an sich, die es auch ohne subjektive Erkenntnis hat. Andererseits ist diese Erkenntnis ohne die subjektive Fähigkeit zu synthetischen Urteilen a priori gar nicht möglich. Transzendentaler Grund und subjektive Sinnen- und Verstandestätigkeit müssen zwar vorausgesetzt sein, doch bleibt der Verknüpfungsmodus beider aufgrund der Nichtbestimmbarkeit bzw. der Unmöglichkeit einer positiven Bestimmung des An-sichs der Objekte der Erkenntnis ungeklärt.

Hegel versucht, dieses Defizit mit der spekulativen Betrachtung der Identität von Subjekt und Objekt zu lösen. Diese Identität ist aber selbst Instanz auf der Subjektseite der Erkenntnis, nämlich Bewußtsein. Mit Mitteln der spekulativen Dialektik sucht Hegel den Kantischen Dualismus von Form und Inhalt zu überwinden. Auch zu diesem Programm nimmt Adorno, aber anders als Kant gegenüber, eine ambivalente Haltung ein. Zwar vermag die dialektische Verflüssigung des Dualismus bei Hegel die Negativität des Denkens angemessen zu erfassen. Sie impliziert ein materiales Philosophieren und bestätigt damit, was bei Kant ausgeschlossen schien: materiale Elemente der Erkenntnis auch auf der Seite des Subjekts. Aber Hegel muß zur Durchführung seines spekulativen Programms ein Konstrukt in Anspruch nehmen, das letztlich Identität und nicht Nichtidentität ermöglicht: die absolute Identität von Identität und Nichtidentität. Absolute Identität beruht auf der Konstruktion des sich verwirklichenden absoluten Geistes.

Worin sich die Hegelsche Philosophie nach Adorno als wahr erweist, läßt sich material bestimmen. Es ist die als sich ihrer selbst bewußten geistigen Erfahrung begriffene dialektische Vermittlung von Vermittlung und Unmittelbarkeit, von Objekt und Subjekt, Allgemeinem und Besonderem. Das ›Unwahre‹ an Hegel besteht für Adorno darin, daß die Vermittlung selbst am falschen Ort stattfinde: im zum Absoluten stilisierten identischen Selbstbewußtsein konstitutiver Subjektivität. Die Dialektik von

Identität und Nichtidentität behauptet in Hegels spekulativer Grundfigur letztlich doch Identität.

Aber die Hegelsche Philosophie ist nach Adorno trotz des absoluten Identitätsprinzips, das sie vertritt, inhaltliche Philosophie. Der Geist kann das bestimmte Einzelne bestimmen. Er erkennt Wesentliches am Einzelnen, weil dessen Bestimmung selbst Geist ist. Dialektik als Gestalt der Denkbewegung im Bewußtsein selbst hebt die Kantische Trennung von Form und Inhalt auf, indem sie sich wesentlich auf Inhaltliches bezieht. In diesem Sinne versteht sich Hegels Dialektik nicht als Methode; sie ist aber auch nichts Reales, weil der Widerspruch selbst Reflexionsbestimmung ist. Dialektik zielt gerade auf das, was Kant mit dem Dualismus von Form und Inhalt ausgeschlossen hatte: die Erkennbarkeit des Dings an sich.

Hegels spekulative Grundfigur als einer negativen Selbstbeziehung der »Reflexion im Anderssein in sich selbst«[374] führt zu einer Prozessualisierung und Dynamisierung des Denkens, das seinerseits als negatives Prinzip aufgefaßt wird.[375] In dieser spekulativen Kraft, das traditionell nicht Aufzulösende, das Kantische Ding an sich, der Erkenntnis zugänglich gemacht zu haben, sieht Adorno den eigentlich kritischen Sinn der Hegelschen Philosophie. Was Kant noch unverrückbar als Grenze der Erfahrung dachte, wird bei Hegel »zum Prinzip fortschreitender Erkenntnis selber«.[376] Hier beschränkt sich die Arbeit des Begriffs nicht auf das Kategoriale der Verstandestätigkeit, sondern geht auf den Inhalt der Sache selbst. Adornos negative Dialektik findet sich darin konzeptuell wieder. Denn das Negative ist Ausdruck der Ungleichheit, der Nichtidentität zwischen Ich und Gegenstand im Bewußtsein.[377]

Hegel mußte jedoch die intendierte »Freiheit zum Objekt«[378] schließlich verfehlen, weil die dialektisch philosophierende »Versenkung ins Detail« letztendlich doch nur »wie auf Verabredung jenen Geist zutage (fördert), der als Totales und Absolutes von Anbeginn gesetzt war.«[379] Insofern Hegel im subjektiven Bewußtsein die Identität von Sache und Begriff als etwas voraussetzt, was dem Prinzip des Geistigen zugesprochen wird, ist seine Philosophie Subjektphilosophie. »Das Hegelsche Subjekt-Objekt ist Subjekt.«[380] Das vollendete Identitätsprinzip, »Identität der Identität und Nichtidentität«[381], läßt nach Adorno die Auffas-

sung von Dialektik als einem Bewußtsein von der Nichtidentität des in ihm Vermittelten gerade nicht zu. »Hegels inhaltliches Philosophieren hatte zum Fundament und Resultat den Primat des Subjekts oder, nach der berühmten Formulierung aus der Eingangsbetrachtung der Logik, die Identität von Identität und Nichtidentität.«[382]
Die Kritik Adornos richtet sich gegen die *spekulative* Dialektik, nicht gegen die negative Dialektik Hegels. Das Positiv-Vernünftige, das die spekulative Dialektik setzt, transformiert die »ungeheure Macht des Negativen«[383] als das *bestimmte* Negative in Identität. Das ist nach Hegels Dialektik möglich, weil das Negative des Inhalts als immanente Prozessualität selbst das Positive[384] im Sinne des Wirklichen als dem Vernünftigen ist. Adorno sieht darin das eigentliche Skandalon der Hegelschen Philosophie.[385] Was die Hegelsche Philosophie für Adorno bestechend macht, ist, daß die Negativität des Denkens – man kann darunter eine negative Selbstrückbezüglichkeit der reflexiven Tätigkeit des Geistes verstehen – bezogen auf Erkenntnisgegenstände selbst als ein Modell geistiger Erfahrung gedacht wird. Insofern teilt Adorno, was Hegel zu Beginn der Differenzschrift über die Entzweiung als »Quell *des Bedürfnisses der Philosophie*«[386] sagt. Diese Voraussetzung nötigt gewissermaßen zu einer Philosophie, die Entzweiung in der Erfahrung des Bewußtseins selbst zum Thema macht. Insofern ist die »Phänomenologie des Geistes« eine Theorie der Erfahrung, die sie als Prozeß des Geistes rekonstruiert. »Diese *dialektische* Bewegung, welche das Bewußtsein an ihm selbst, sowohl an seinem Wissen als an seinem Gegenstande ausübt, *insofern ihm der neue Gegenstand* daraus *entspringt*, ist eigentlich dasjenige, was *Erfahrung* genannt wird.«[387]
Der entscheidende Unterschied zu Adorno besteht darin, daß Erfahrung bei Hegel den Vollzug des sich seiner selbst bewußten absoluten Geistes meint, Adorno aber an Erfahrung immer individuelle Erfahrung gebunden sieht. »Wäre Philosophie, als was die Hegelsche Phänomenologie sie proklamierte, die Wissenschaft von der Erfahrung des Bewußtseins, dann könnte sie nicht, wie Hegel in fortschreitendem Maß, die individuelle Erfahrung des sich durchsetzenden Allgemeinen als eines unversöhnt Schlechten souverän abfertigen und zum Apologeten der Macht auf angeblich höherer Warte sich hergeben.«[388] Und an anderer

Stelle: »seine (Hegels – A.Th.) Philosophie hat kein Interesse daran, daß eigentlich Individualität sei.«[389] Ich betone diese Differenz, weil sie eine bestimmte Interpretation der »Negativen Dialektik« impliziert, die später ausführlich dargestellt werden soll: Hinter Adornos Hegel-Kritik steht der Versuch einer erkenntnistheoretischen Rehabilitierung des empirischen Subjekts gegenüber dem idealistischen Subjektbegriff; es geht um die Rehabilitierung des leibhaften Moments auch im Medium geistiger Erfahrung. Von hier aus ist es möglich, die »Negative Dialektik« als eine Theorie der Erfahrung zu rekonstruieren, deren Ausgangspunkt in Hegels Begriff der Erfahrung zu finden ist.

Daß man nichts wissen kann, was nicht auch in der Erfahrung ist,[390] ist Hegels unhintergehbare Voraussetzung einer Konzeption von Wissenschaft, die als Wissenschaft des Geistes die »Wissenschaft der *Erfahrung des Bewußtseins*«[391] ist. Insofern Erfahrung als ein prozessuales Geschehen begriffen wird, kann man sagen, daß Hegels Phänomenologie eine Dialektik der Erfahrung impliziert. Die Subjekt-Objekt-Beziehung, die das Bewußtsein als Bewegung an sich selbst vollzieht, ist die dialektische Bewegung, die sein Wissen und das Bewußtsein, das es von dem Gegenstand hat, umschließt. Die doppelte Struktur des Bewußtseins, von *etwas* an sich oder überhaupt zu wissen, das aber zugleich auch als Ansich im Bewußtsein selbst auftritt, wird dynamisch: Das eine Moment des Bewußtseins – daß ein Ansich eines Gegenstandes gegeben ist – wird durch jenes andere Moment – die Reflexion des Bewußtseins in sich selbst als einem Wissen von jenem ersten Moment – verändert. Damit hört der Gegenstand auf, das Ansich zu sein. Er ist nur noch *für* das Bewußtsein das Ansich. »Somit aber ist dann dies: *das Für-es-Sein dieses Ansich*, das Wahre, das heißt aber, dies ist das *Wesen* oder sein *Gegenstand*. Dieser neue Gegenstand erhält die Nichtigkeit des ersten, er ist die über ihn gemachte Erfahrung.«[392]

Die Subjekt-Objekt-Beziehung erfährt also dadurch eine Dynamisierung, daß die Reflexion selbst zwei Gegenstände hat, die zu einer neuen Erfahrung werden müssen, um eine Spaltung des Bewußtseins in sich abzuwehren. Erfahrung als Bewegung des Denkens zu denken, ist der große Gegenentwurf zum Kantischen Dualismus. Die Erfahrung im Hegelschen Sinne kann niemals positive, in sich ruhende sein. Weil ›für sich‹ und ›an sich‹ nicht identisch werden können, kann die Erfahrung nur eine negative Einheit bilden. Wissen und Wahrheit beziehen sich im Bewußtsein negativ aufeinander. Das besagt die doppelte Struktur Selbstbewußtsein und Gegenstandsbewußtsein. Einmal erreichte geistige Erfahrung kann nicht stillgestellt werden, weil immer dann, wenn das Bewußtsein findet, es sei die Einheit beider, der Konflikt von neuem aufbricht. Der Gegenstand an sich, der nicht mehr der ist, der er an sich war, bevor er zum Ansich für das Bewußtsein wurde, ist wiederum ein neuer Gegenstand an sich. Am Hegelschen Erfahrungsbegriff läßt sich die Dialektik der spekulativen Grundfigur als einer negativen Selbstbezüglichkeit demonstrieren.

Die Dialektik der Erfahrungsbildung weist selbst eine zweifache Struktur auf. Sie ist einmal die Voraussetzung dafür, daß Bewußtsein überhaupt gebildet werden kann, und sie zeigt zum anderen, wie ein Wechselbezug zwischen Spontaneität und Rezeptivität – hier wie auch im ersten Moment kann man Kantische Motive entdecken – möglich ist.

Die Phänomenologie des Geistes stellt sich *als* Phänomenologie in dreierlei Weise dar: Sie ist erstens die Wissenschaft, die sich mit dem Phänomen der Erfahrung beschäftigt. Sie ist zweitens der wissenschaftliche Prozeß, der als Theorie der Erfahrung die Konstitutionsbedingungen der Erscheinungen im Sinne von etwas, was uns in der geistigen Erfahrung erst noch erscheinen wird, thematisiert; hier ist sie die Theorie der Konstitution des absoluten Wissens. Und sie ist drittens selbst die (wissenschaftliche) Form, in der die Erscheinung des Absoluten ihren Ausdruck findet; hier *ist* die Phänomenologie des Geistes bereits selber die Wissenschaft des Absoluten. Die Phänomenologie kommt zum Abschluß, wenn sie gezeigt hat, wie sich die dialektische Bewegung im Objekt in Analogie zum Prozeß subjektiver Selbstentfremdung vollzieht. Diese Demonstration wäre die des absoluten Wissens selbst. Ein Gedanke, der wohl nur schwer faßbar ist: Das Wahre als absolutes Wissen wird erst das sich zum Ganzen vollendende Wesen, wird erst »Wirkliches, Subjekt oder Sichselbstwerden«,[393] wenn es sich selbst ganz erkennt im absoluten Anderssein.

Ich habe versucht, einige Aspekte der Hegelschen Phänomenologie nachzuzeichnen, um zeigen zu können, wo die Übereinstimmungen zwischen Hegel und Adorno ihre Grenze erreichen. Auch die »Negative Dialektik« setzt im Motiv der Nichtidentität im Erkennen selbst eine Strukturdifferenz von Reflexionskonstitution und Objektkonstitution voraus. Sie ist darin der Hegelschen Dialektik verpflichtet. Auch Adorno deutet geistige Erfahrungsprozesse bewußtseinstheoretisch als Erfahrung von Negativität im Denken. Bei Hegel wie bei Adorno ist Erfahrungsbildung ein negativ-dialektischer Prozeß. Aber Hegels Phänomenologie ist als *spekulative* Dialektik auf das absolute Wissen des Wahren hin konzipiert. Sie bestätigt das Identitätsprinzip, indem sie es als universalgeschichtliche Verwirklichung des absoluten Geistes deutet. Sie vertritt die Identität der Identität und Nichtidentität. Denn Negativität wird letztlich im An-und-für-sich-Sein des absoluten Geistes aufgehoben, und der Geist bleibt mit sich als Einheit von Selbstbewußtsein und Gegenstandsbewußtsein identisch. Die Logik der spekulativen Dialektik vollzieht Adorno nicht nach.

Vom Hegelschen Begriff der Vermittlung nimmt Adornos Kritik am idealistischen Vorrang des Subjekts ihren Ausgang. »Von Vermittlung ist ohne ein Unmittelbares so wenig zu reden wie umgekehrt ein nicht vermitteltes Unmittelbares zu finden. Aber beide Momente werden bei ihm (Hegel – A. Th.) nicht länger starr kontrastiert. Sie produzieren und reproduzieren sich gegenseitig, bilden auf jeder Stufe sich neu und sollen erst in der Einheit des Ganzen versöhnt verschwinden.«[394] Die Kritik daran, daß die versöhnte Einheit des Ganzen bei Hegel schließlich selbst in die Reflexionsbestimmung konstitutiver Subjektivität fällt, beruht auf der Voraussetzung, daß Hegel von einer symmetrischen Vermitteltheit von Begriff und Sache im Begriff ausgeht. Dagegen insistiert Adorno auf der Resistenz der Unmittelbarkeit gegen die Vermittlung. Hätte man nur Vermitteltes vor sich, könnte man nicht mehr vom ›Was‹ der Vermittlung sprechen. Denken von Etwas,[395] so Adorno gegen Hegel, ist eben nicht nur Denken.

Adorno rechnet in der Vermittlung selbst mit einer Ungleichgewichtigkeit: das Unmittelbare der Vermittlung ist selbst schon vermittelt, wohingegen das Vermitteltsein der Unmittelbarkeit diese nicht restlos in Vermittlung auflöst, nicht auflösen kann,

weil sie ›Etwas‹ ist. Während der Begriff, die Vermittlung – genauer: das ›Wie‹ der Vermittlung – das restlos Vermittelnde ist, bleibt der vermittelten Unmittelbarkeit ihr ›Was‹ zugrunde gelegt. Die Vermittlung konstituiert zwar ein Wissen um das Unmittelbare, doch ist dieses Wissen durch den Begriff im Unmittelbaren selbst begrenzt. Diese Differenz, so Adorno, habe Hegel vernachlässigt. Die durch den materialen Etwas-Charakter des Unmittelbaren motivierte Begrenzung gegenüber der vermittelten Identität von Begriff und Sache erzeugt zwischen Begriff und Sache ein asymmetrisches Verhältnis, das sich der Identifikation im Begriff entzieht; es verweist mithin auf Nichtidentisches. »Vermittlung besagt keineswegs, alles gehe in ihr auf, sondern postuliert, was durch sie vermittelt wird, ein nicht Aufgehendes; Unmittelbarkeit selbst aber steht für ein Moment, das der Erkenntnis, der Vermittlung, nicht ebenso bedarf wie diese des Unmittelbaren.«[396]
Diese Asymmetrie im Modus der Vermittlung ist Adornos Ansatzpunkt seiner Kritik am Identitätsprinzip; hier findet er die erkenntnistheoretische Begründung dafür, warum die konstitutive Subjektivität tatsächlich Trug ist, warum Sache und Begriff nicht identisch sein können. Adorno kann sich hier auf Kants Begründung im Kapitel über die Amphibolie der Reflexionsbegriffe[397] stützen.
Wie an Kant, so gibt es auch an Hegel ›Unwahres‹ und ›Wahres‹. Hegels Analyse der Negativität des Denkens und die Dialektik der Erfahrung sind Elemente, die es nach Adorno an Hegel zu bewahren und produktiv fortzuführen gelte. Allerdings hätte aber Hegel selbst dem Moment des Negativen nicht konsequent genug Rechnung getragen, denn die »Durchführung«[398] einer wirklichen, dialektischen Versenkung in die Sache selbst sei eigentlich nicht geleistet worden. Die »Freiheit zum Objekt«[399] hätte Hegel nicht erreichen können, weil die Voraussetzung der Identitätsthese schließlich immer wieder den idealistischen Primat konstitutiver Subjektivität gesetzt hätte.

2.2.1.2.3. Zusammenfassung

Die »Negative Dialektik« ist der Versuch, unter nach-idealistischen Bedingungen das erkenntnistheoretische Problem einer Subjekt-Objekt-Dialektik zu behandeln. Daß das Verhältnis von Subjekt und Objekt nicht in einer dualistischen Struktur erklärt werden kann, zeigt für Adorno die Kantische Philosophie. In dieser Hinsicht bietet die Hegelsche Dialektik ein erweitertes Modell – wenn auch um den Preis des absoluten Idealismus.

Die Differenz zwischen empirischem und transzendentalem Ich verweist auf eine Dimension der Erkenntnis, die weder Subjekt noch Objekt zurechenbar ist. Bei Kant bleibt dieses Dritte, die Voraussetzung intelligibler Gegenstände, ausdrücklich unbekannt. Jene haben innerhalb des transzendentalen Modells einen Status inne, der auf Nichtidentität verweist. Allerdings setzt das voraus, daß die Differenz zwischen empirischem und transzendentalem Ich gewahrt bleibt. Adorno neigt, in diesem Punkt aus der Perspektive Hegels argumentierend, dazu, beides miteinander zu identifizieren und so Kant dem Vorwurf auszusetzen, der eigentlich Hegel betrifft: den nicht-identifizierbaren Rest der Vermittlung von Subjekt und Objekt dem Subjekt zuzurechnen. Die erkenntnistheoretische Reflexion bei Kant und Hegel legt den eigentlichen Kern des Identitätsproblems frei. Identität muß behauptet und zugleich negiert werden. So ist die Hegelsche Dialektik der Versuch, das Problem dergestalt zu lösen, daß der Satz vom ausgeschlossenen Dritten gilt und nicht gilt. Das erklärungsbedürftige Erkenntnisproblem tritt schon bei Kant in der Lehre vom »transzendentalen Schein« auf.

Die Lehre vom »transzendentalen Schein«, mit dem »Die transzendentale Dialektik« beginnt, macht implizit deutlich, daß es neben dem erkennenden Bewußtsein und den dinglichen Gegenständen ein Drittes geben muß, das weder im einen noch im anderen auflösbar ist.[400] Es handelt sich gewissermaßen um eine Klasse von Gegenständen zweiter Ordnung, die die Reflexion hervorbringt, die aber selbst nicht in das Ich zurückgenommen und in ihm aufgelöst werden können. ›Gott‹, ›Freiheit‹ und ›Unsterblichkeit‹ sind nach Kant solche Objektivationen der Reflexion, »denn wir haben es mit einer *natürlichen* und unvermeidlichen *Illusion* zu tun, die selbst auf subjektiven Grundsätzen beruht, und sie als objektive unterschiebt (...).«[401] »Die Ursache

hievon ist diese: daß in unserer Vernunft (subjektiv als ein menschliches Erkenntnisvermögen betrachtet) Grundregeln und Maximen ihres Gebrauchs liegen, welche gänzlich das Ansehen objektiver Grundsätze haben, und wodurch es geschieht, daß die subjektive Notwendigkeit einer gewissen Verknüpfung unserer Begriffe, zu Gunsten des Verstandes, für eine objektive Notwendigkeit, der Bestimmung der Dinge an sich selbst, gehalten wird.«[402] Die »Unbestimmtheitskomponente«,[403] die sich ergibt, wenn man – wie Kant – in der Absicht, die Einheit des Erfahrungszusammenhangs zu begründen, in der Realgrund-Folge-Verknüpfung zwischen die Existenz mannigfaltiger Erscheinungen und die Gewißheit des Wissens das Moment der Synthesis als ein Mehr gegenüber dem empirisch Gegebenen schalten muß, läßt sich in formaler Identität nicht auflösen. Man muß also einen Reflexionsüberschuß annehmen, den Kant innerhalb seines Form-Inhalt-Dualismus im Wissen als Transzendenz empirisch-allgemeiner Aussagen ansiedeln muß, will er das Identitätsprinzip nicht verletzen. Dennoch bleibt aber die spezifische, dualistisch nicht zu schlichtende Differenz bestehen, die sich darin ausdrückt, »daß, obwohl das Wissen eigentlich aus nichts entsprungen da ist, da man es sich als aus Datenmannigfaltigkeiten entsprungen nicht denken kann, es dennoch objektive Gültigkeit, i. e. Wahrheit oder das ›Mehr-als-Gegeben‹ in ihm einen Grund hat.«[404]
Unter der Voraussetzung möglicher Identität bleibt die Vermittlung zwischen dem Grundsatz der Erfahrung – den synthetisierenden Leistungen des Verstandes – und empirisch-allgemeinen Aussagen über besondere Gesetze unbestimmt. Die Synthese des Mannigfaltigen zu einer Einheit der Erfahrung zeigt an, daß ein Erfahrungsurteil nur deshalb möglich ist, weil etwas ist; Erfahrung ist danach etwas anderes als das, was ist. Transzendentales Bewußtsein hat also bei Kant keinen wirklichen Ort, weil weder formallogisch noch ontisch der Übergang von der Wahrnehmung zur Erfahrung aufweisbar ist. Es bleibt ein Begriff, der die formale Bedingung empirischen Bewußtseins angibt, aber nicht sagen kann, worin die spezifische Differenz der Einheit empirischer Gegebenheiten zu dem bloß Gegebenen besteht.
Die dualistische Konzeption von Form und Inhalt reproduziert das Schema formaler Identität, indem sie Synthesis als apriorische

Voraussetzung transzendental setzt, das Empirische selbst aber nicht mehr systematisch einbinden kann. Konsistent läßt sich Kants Begründungsprogramm nur halten, wenn jenes Dritte gänzlich aus dem Erfahrungshorizont ausgeblendet wird. Das Ding an sich bleibt ›unbekannte Ursache der Erscheinungen‹, »die Welt als Ding an sich«[405] bleibt als transzendentale Idealität eine regulative Idee der Verstandestätigkeit.

Die bewußtseinsphilosophische Frage, wie und ob sich mit dem Prinzip der Identität der bei Kant schon implizit thematisierte Umstand einer doppelten Negationserfahrung des Bewußtseins gegenüber der Objektivität – es ist den Dingen gegenüber fremd, aber auch sich selbst gegenüber *als* demjenigen, was noch sich selbst zu reflektieren in der Lage ist – vereinbaren läßt, überläßt Kant seinen Nachfolgern. Die Frage läßt sich auch als das Problem von Identität als einer zweiwertigen Struktur bezeichnen, die für erkenntnistheoretische Reflexionen seit Kant nicht mehr hinreichend ist, dennoch aber implizit den Maßstab für Erklärungen abgeben soll.

Fichte versucht das Problem mit einem Konzept intellektueller Anschauung zu lösen, blendet aber durch die Bestimmung des Ichs als reine Tathandlung letztendlich jegliche Objektivität aus. Und Schelling, bei dem jenes Dritte virulent wird, behält die Zweiwertigkeit des Identitätsprinzips im Grunde bei, indem er Subjekt und Objekt in der Selbst-Potenz des reinen Subjekts identifiziert. In Gott als dem Begriff reiner Subjektivität fallen beide Dimensionen des Bewußtseins zusammen. Ihm ist das Innewerden wie das Transzendieren des ›unvordenklichen Seins‹ möglich. Die Selbst-Potenz als das mögliche Dritte neben Subjekt und Objekt im Bewußtsein ist aber nur ein Sein-können der Subjektivität selbst, so daß die dualistische Konstruktion von Subjekt und Objekt unter dem Primat der Subjektivität aufrecht erhalten wird. Gott wird sich »nicht nur in seinem über das unvordenkliche Seyn Hinausseynkönnen, sondern zugleich seines unvordenklichen Seyns inne, so daß er sich in der Mitte zwischen beiden und als ein Drittes, von *beiden Freies* sieht. Durch das Seynkönnen frei vom *Seyn* ist dieses Dritte selbst-Potenz, selbst-Können, insofern reines Subjekt; durch das Seyn frei vom Können ist es insofern gegen das Können selbst-Seyn, selbst Objekt; also ist es in *Einem* und *Demselben* Subjekt *und*

Objekt, das unzertrennlich seiner selbst Gegenständliche, sich selbst Besitzende, *notwendig* bei sich Bleibende, was weder mehr Subjekt noch Objekt allein seyn kann, was Subjekt *und* Objekt sein muß und als Geist ist.«[406]

Hegels geniale Lösung besteht nun darin, daß er den Widerspruch in der Logik, d. h. ein Drittes *und* die zweiwertige Struktur von Identität zuläßt. Hegel ist der erste, der jenes Dritte explizit thematisch macht. Will er das Prinzip der Identität und den Widerspruch zulassen, muß er zeigen können, daß der Satz vom ausgeschlossenen Dritten gilt und nicht gilt. Darin besteht die Begründungslast seiner spekulativen Dialektik.

Der Versuch, den Kantischen Form-Inhalt-Dualismus zu überwinden, setzt bei den Kantischen Antinomien an. Hier findet Hegel für sein Dialektikkonzept das Motiv des Widerspruchs. Gegen Schellings ästhetische Auffassung der Einbildungskraft, die gleichwohl für ein Programm spekulativer Dialektik nicht leicht abweisbar ist, greift Hegel auf Kants Antinomien zurück, gegen die Schelling die Möglichkeit kategorialer Erkenntnis jenseits des empirisch Erfahrungsbedingten stark gemacht hatte.

Das bedeutet, daß Hegel gegen Fichte und Schelling zu einer Rehabilitierung der Diskursivität gegen das Konzept der intellektuellen Anschauung antritt. Spekulation wird ausdrücklich unter die Bedingungen des diskursiven Verstandes gestellt. Die spekulative Dialektik macht es sich zur Aufgabe, Kants intellectus archetypus im Medium der diskursiv voranschreitenden negativ-dialektischen Weise des Erkennens zu explizieren. Sie bemüht sich, wie Kulenkampff treffend formuliert, um die »Rekonstruktion eines urbildlichen, nichtdiskursiven Verstandes (intellectus archetypus) unter Bedingungen der Diskursivität.«[407]

Im Medium des Absoluten sind für Hegel transzendentale Einbildungskraft und intellectus archetypus nicht kategorial voneinander unterschieden, sondern werden dort als zwei Aspekte möglicher Erkenntnis verstanden. Als Verstand zeigt sich die Einbildungskraft auf der Seite der Subjekte; sie ist hier – unter empirischen Bedingungen – aber selbst jene Vernunft des intellectus archetypus in seinen Beziehungen zur Objektseite. So kann Hegel folgern: »die transzendentale Einbildungskraft ist also selbst anschauender Verstand.«[408]

Auf diese Weise erreicht er die Vereinbarkeit des antinomischen

Charakters der Vernunft mit dem Identitätsprinzip durch eine Dynamisierung des Widerspruchs selbst. Sie erst ermöglicht es Hegel, jenes unbekannte Dritte des selbstrückbezüglichen Bewußtseins in die Subjekt-Objekt-Dialektik mit einzubinden. Für die Logik bedeutet dies zunächst, daß die uneingeschränkte Gültigkeit des tertium non datur – wir müßten sagen: partiell – bestritten wird. Neben ›+A‹ (Positivität) und ›−A‹ (Negativität) gibt es ›A‹ als ›Etwas‹, das sich als tertium auf den Reflexionsgegensatz bezieht. »Das Etwas selbst ist also das Dritte, welches ausgeschlossen sein sollte. Indem die entgegengesetzten Bestimmungen im Etwas ebensosehr gesetzt als in diesem Setzen aufgehoben sind, so ist das Dritte, das hier die Gestalt eines toten Etwas hat, tiefer genommen die Einheit der Reflexion, in welche als in den Grund die Entgegensetzung zurückgeht.«[409]

Im Bereich der Erkenntnistheorie integriert Hegel jenes Dritte in die Subjekt-Objekt-Beziehung, indem er das Moment des Empirischen in bezug auf die Einheit des Selbstbewußtseins rehabilitiert. »Zur Einheit des Selbstbewußtseins, welche zugleich die objektive Einheit, die Kategorie, formale Identität ist, – zu dieser Einheit muß ein *Plus* des Empirischen, durch diese Identität nicht Bestimmten auf eine unbegreifliche Weise als ein Fremdes hinzutreten, und dies Hinzutreten eines B zur reinen Egoität heißt Erfahrung.«[410] Wir haben bereits gesehen, daß sich die Erfahrung bei Hegel aus der prozessual gedachten doppelten Bewußtseinsstruktur des ›Ansichs‹ und des ›Ansichs für das Bewußtsein‹ konstituiert.

Die klassische, dem Satz der Identität und dem tertium non datur verpflichtete Erkenntnistheorie wird bei Hegel dynamisiert zu einer Logik der iterierenden Reflexion, die die Zweiwertigkeit von Reflexion und Reflexion-auf-anderes um ein drittes Moment erweitert: Die negative Selbstrückbezüglichkeit im Denken erfordert eine Reflexionsstufe mehr. Die Dynamisierung der Reflexion bedeutet, daß Reflexion auf die Reflexion-in-sich und zugleich die Reflexion-auf-anderes bereits das duale Identitätsschema verlassen hat. Allerdings führt Hegel den ›dritten Wert‹ nicht *neben* Positivität und Negativität ein, sondern lagert ihn gewissermaßen zeitlich aus der Identitätsstruktur aus. Die ›bestimmte Negation‹ bzw. die ›Synthese‹ sind resultativ gedacht: sie folgt auf These und Antithese und ist selbst nur wieder der thetische Grundstein für eine weitere Dualität in der Negationserfahrung. Man kann deshalb sagen, daß Hegels dreidimensional angelegtes Dialektikmodell erkenntnistheoretisch über die Geltung des Satzes der Identität nicht hinausgeht. Der Reflexionsüberschuß als das Agens des Dritten wird aus der bipolaren Reflexionsstruktur in eine Zeitstruktur verlegt, in der er als Synthese die Reflexion um eine Stufe weiter vorantreibt. Die Differenz zwischen der gegenstandsbezogenen Reflexion und der Selbstreflexion, die sich als Erfahrung im Bewußtsein niederschlägt, bricht also auch auf der Ebene reiner Reflexionsbestimmungen nicht in die Identität von Denken und Sein ein, sondern bleibt eine externe metaphysische Funktion der Zeit. Und sie ist auch nur vorläufig, weil sie sich am Ende des dialektischen Prozesses im Absoluten selbst aufhebt.

Ich habe in den vorangegangenen Abschnitten über Kant und Hegel versucht, die erkenntnistheoretische Ausgangslage für die »Negative Dialektik« Adornos zu umreißen, insofern sie sich im engeren auf die Kritik des Idealismus bezieht. Der Übergang von der transzendentalen Unterscheidung zwischen Erscheinung und Dingen an sich selbst zur absolut idealistischen Auffassung von Ding-an-sich bei Hegel erläutert die Identitätsproblematik unter erkenntnistheoretischen Bedingungen. So gesehen, bezieht sich die philosophische Reflexion des Idealismus tatsächlich auf dasjenige, was Adorno an ihr kritisiert: den Aufweis der Bedingungen der Möglichkeit von absoluter Identität. Identität impliziert aber, wie in der Nachfolge Kants bei Fichte, Schelling und Hegel zu sehen ist, prinzipiell immer Nichtidentität.

Der Idealismus und die negative Dialektik Adornos unterscheiden sich weniger hinsichtlich darauf, daß ›Identität‹ als Zentrum eines erkenntnistheoretischen Diskurses entfaltet wird, sondern in bezug auf die Resultate. Mit der Hegelschen Identität von Identität und Nichtidentität konkurriert ein Modell, das um einer unreglementierten Erkenntnis willen noch die Nichtidentität der ›Identität von Identität und Nichtidentität‹ zu denken und deuten versucht. Daß hier kein regressus ad infinitum einsetzt, wird bei Adorno durch den Vorrang des Objekts in der materialen Erfahrung von Erkenntnis erreicht. War nach Hegel Dialektik das konsequente Bewußtsein von Identität der Identität und Nichtidentität, so zielt Adornos negative Dialektik auf das »kon-

sequente Bewußtsein von Nichtidentität«[411] der ›Identität von Identität und Nichtidentität‹.
Wir kommen später auf den ›Vorrang des Objekts‹ zurück. Zunächst soll, wie angekündigt, Adornos Identitätsbegriff nochmals aufgenommen werden. Wir hatten von einem erkenntnistheoretischen und einem geschichtsphilosophischen Aspekt gesprochen und kommen nun zur Beantwortung der Frage, in welcher Hinsicht und mit welchen Gründen im Begriff der Identität Übergänge zwischen einer geschichtsphilosophischen und einer erkenntnistheoretischen Argumentation möglich bzw. nicht möglich sind.

2.2.1.3. Übergänge im Identitätsbegriff

Über das Verhältnis der »Dialektik der Aufklärung« zur »Negativen Dialektik« wird oft gesagt, daß letztere die erkenntnistheoretische Fundierung der ersteren sei. Ich halte diese Deutung für problematisch und der Sache nach für nicht gerechtfertigt. Vielmehr verfügt die »Negative Dialektik« gegenüber der »Dialektik der Aufklärung« über eine größere theoretische Reichweite. Wir wollen diese These nun anhand der Unterscheidung zweier Konzeptionen von Identität unter Beweis stellen. Beide ergeben sich aus Adornos Identitätskritik. Allein die Beantwortung der Frage, in welchem Verhältnis sie zueinander stehen, wie sie jeweils gewichtet werden müssen, führt jedoch zu einer aussichtsreichen Neuinterpretation der »Negativen Dialektik«.
Identität ist einmal – wir haben hier insbesondere an das Modell der »Dialektik der Aufklärung« zu denken – das Agens neuzeitlicher Rationalität schlechthin; Identität ist das kognitive Muster von Unterdrückung zu Zwecken der Beherrschbarkeit. Identität legt andererseits – in einem erkenntnistheoretischen Sinne – die Funktionsweise des subjektiven Bewußtseins fest. Beide Konzeptionen sind jedoch nicht wechselseitig aufeinander reduzierbar: Daraus, daß Identität in einer Form die Funktionsweise des subjektiven Bewußtseins festlegt und Identität in einer anderen Form durch identifizierendes Denken als Modus instrumenteller Vernunft auftritt, folgt nicht, daß die Reflexionsbestimmungen subjektiven Bewußtseins die erkenntnistheoretische Entspre-

chung zur instrumentellen Vernunft bilden. Diese Konsequenz wirkt sich insbesondere auf die gesellschaftstheoretische Bedeutung der Kritischen Theorie Adornos aus.

Der Übergang von der geschichtsphilosophischen Begründung der instrumentellen Vernunft durch identifizierendes Denken zu einem dialektisch angelegten Konzept von Identität bleibt bei Adorno eine metaphorische Umschreibung. Naturbeherrschung, die die eigentliche Schnittstelle ist, bleibt begrifflich unscharf. Der Ausdruck einer spirituell gewordenen Naturbeherrschung impliziert, daß der fragliche Übergang nur im Rekurs auf einen Begriff der zweiten Natur möglich ist. Und in der Tat käme es einem gedanklichen Kurzschluß gleich, identifizierte man die kognitiven Akte des Subsumierens, Klassifizierens etc. mit dem theoretischen Status des transzendentalen Subjekts.

Daß Adorno diesem Kurzschluß bisweilen dennoch zu erliegen scheint, erklärt sich damit, daß er dort, wo die Argumentation gesellschaftstheoretisch wird, die Differenz von ›identifizieren mit‹ und ›identifizieren als‹ übergeht. Der Übergang von identifizierendem Denken im Sinne instrumenteller Vernunft zu Identität im Sinne idealistischer Subjektphilosophie ist deshalb nicht zwingend, weil die Kritik der instrumentellen Vernunft an einen reduzierten Identitätsbegriff gebunden ist. Identität wird hier verkürzt auf die Dimension von ›identifizieren mit‹. Dagegen findet die immanente Kritik der Subjektphilosophie in der Identitätsproblematik gerade die Thematisierung von Identität und Nichtidentität in der Dialektik von Besonderem und Allgemeinem vorgezeichnet. Die Kritik des Identitätsdenkens beschränkt sich hier nicht auf ›identifizieren mit‹-Akte, sondern auf ein philosophisches Modell von Subjektivität, das selbst Resultat einer Reflexion des Verhältnisses von Identität und Nichtidentität ist. Die Vorrangigkeit des Subjekts setzt die Thematisierung der Dialektik der Identität schon voraus, so daß ›Vorrang des Subjekts‹ keinesfalls instrumentelle Vernunft bloß expliziert.

Der Idealismus begründet konstitutives Bewußtsein nicht damit, daß er die Subjekt-Objekt-Dialektik der Erkenntnis *mit* dem Bewußtsein identifiziert. Selbstbewußtsein wird *als* Subjekt-Objekt-Dialektik am Ort des Bewußtseins identifiziert.

Daß Adorno auch mit dem reduzierten Identitätsbegriff im ersten Sinne arbeitet, zeigt seine Kant-Kritik. Wir sahen, daß der Form-Inhalt-Dualismus es nicht rechtfertigt, Kant subjektphilosophische Grundentscheidungen zu unterstellen, auch wenn der Dualismus zwischen transzendentalem Subjekt und transzendentalem Objekt dem zumindest Vorschub leistet.

Adorno gibt seine ambivalente Haltung Kant gegenüber an einem zentralen Punkt auf. Er deutet Kant subjekttheoretisch, gibt also den Dualismus zugunsten eines Monismus tendenziell dort auf, wo der eigentliche systematische Zusammenschluß von Geschichtsphilosophie und Erkenntnistheorie erfolgen soll. Die Argumentation, Kants Erkenntniskritik ziele letztlich auf das idealistische Identitätsprinzip, wird durch einen Reduktionismus erreicht, der sich an Adornos Interpretation der Kantischen Auffassung von Kausalität und Freiheit beispielhaft verdeutlichen läßt.

Gegen die, Adornos Auffassung nach, richtige Intuition Kants, daß der Dualismus von Form und Inhalt Nichtidentisches gegen Identität setze, beweise die Auflösung der Antinomien der reinen Vernunft: »die Herstellung von Identität sei das Telos, das Ziel der Erkenntnisanalyse von Kant.«[412]

Die Kategorien stiften nach Maßgabe der Gesetze der Kausalität die Einheit des Mannigfaltigen der Erscheinungen; die Einheit der Objekte entstammt so dem subjektiven Moment des Bewußtseins. Kausalität hat jedoch, wie die Auflösung der dritten Antinomie zeigt, einen Doppelcharakter: Kausalität im Sinne von Naturkausalität meint anderes als Kausalität aus Freiheit. Letztere ist zugleich das Vermögen, Wirkungen hervorzubringen. Und Freiheit ist dort gesetzt, wo der freie Wille Wirkungen hervorbringen kann, ohne selbst einer Ursache zu bedürfen. Die doppelte Perspektive auf ›Kausalität‹ läßt sich nach der Auflösung der Antinomie nicht einseitig subjekttheoretisch interpretieren. Die intelligible Ursache aus Freiheit hat transzendentale und damit negative Bedeutung; ihr Vorausgesetztsein heißt nicht, Kausalität werde bei Kant in letzter Instanz der Subjektseite zugerechnet. Das intelligible Vermögen, das selbst als Ursache von Erscheinungen aufgefaßt werden kann, bedarf der Kausalität der Erscheinungen in der natürlichen Welt. Die Kausalität ist demjenigen Wesen, das mit dem Vermögen, selbst Wirkungen aus Freiheit hervorzubringen ausgestattet ist, in zweifacher Weise zugeordnet: sie ist »*intelligibel* nach ihrer *Handlung*, als eines Dinges an sich selbst, und (als) *sensibel*, nach den *Wirkungen* derselben, als einer Erscheinung in der Sinnenwelt.«[413] Freiheit und Kausalität stehen nur auf der Grundlage eines transzendentalen Begründungszusammenhangs in einem Verhältnis wechselseitigen Vorausgesetztseins; das bedeutet jedoch nicht, daß dieses Verhältnis seinerseits dem Gesetz der Kausalität unterliegt. Das hätte nämlich zur Folge, daß Freiheit ihren Grund in der Kausalität selbst hätte.

Adorno jedoch unterstellt dem Kantischen System den Primat der Kausalität. Weil es »Freiheit ohne Zwang nicht ertragen« könne, unterwerfe es die Freiheit dem Gesetz. »Kausalität aus Freiheit korrumpiert diese in Gehorsam.«[414] So ist die Kantische Philosophie nach Adorno mit der »unerträgliche(n) Hypothek« belastet, nach der »Freiheit ohne Gesetz keine sei«. Zwar sieht Adorno, daß sich Kausalität und Freiheit in der gesamten Antithetik »überschneiden«,[415] doch erkennt er in der Kausalität den subjektphilosophisch übergreifenden nomothetischen Zusammenhang, innerhalb dessen Freiheit eigentlich unterbestimmt bleibt. »Unterliegt bereits die Konstitution der Kausalität durch die reine Vernunft, die doch ihrerseits die Freiheit sein soll, der Kausalität, so ist Freiheit vorweg so kompromittiert, daß sie kaum einen anderen Ort hat als die Gefügigkeit des Bewußtseins dem Gesetz gegenüber.«[416] Adornos Argumentation unterschlägt die doppelte Bestimmung von Kausalität, die er in einem weiteren Schritt implizit als Naturkausalität im Sinne naturwüchsiger Kausalität begreift. Der Zwangszusammenhang naturwüchsiger, als Prinzip gesetzter, Kausalität erhält sich dadurch selbst, daß auch das Gedachte den Gesetzen der Kausalität unterstellt wird. Denn das Subjekt müsse nach Kant naturgemäß kausal denken. Zurecht weist C. Braun darauf hin, daß Adorno in diesem Punkt Objekt- und Metaebene verwechselt. »Das kausale Denken eines Sachverhalts impliziert nicht die Kausalität des Sachverhalts – auch wenn der Sachverhalt die Kausalkonstitution selber sein sollte.«[417]

Auch hier wird deutlich, was sich schon an der Ding-an-sich-Problematik gezeigt hatte. Adorno sucht die ontischen Momente des transzendentalphilosophischen Begründungsprogramms aufzuspüren, um sie, identitätskritisch gewendet, gegen die vermeintliche Identität von empirischem und transzendentalem Subjekt bei Kant geltend zu machen. Der Nachweis solcher ontischen Momente mag berechtigt sein, doch kann er nicht als Argument gegen den negativ-transzendentalen Anspruch Kants dienen; denn er setzt schon ein erweitertes Verständnis dieses Anspruchs bei Kant voraus, das der Bestätigung selbst noch bedarf. Tatsächlich ist also Adornos Kant-Interpretation nicht frei von dem Vorwurf der Ontologisierung, die sich über den negativen, formalen Charakter der transzendentalen Vernunftkritik hinwegsetzt.

Der Grund dafür ist darin zu sehen, daß unter einem ontologischen Aspekt die Reduktion der transzendentalen Bestimmung, beispielsweise des Verhältnisses von Freiheit und Kausalität, auf einen durch Kausalität bestimmten Identitätszusammenhang möglich ist. Die Reduktion ist dabei selbst Basis für eine subjektphilosophische Kritik an Kant. Weil Kant Kausalität nur als Prinzip auffasse, könne Kausalität leitmotivisch als abstraktes Prinzip einer Gesetzlichkeit fungieren, die über die unendliche Verwobenheit kausaler Abhängigkeiten hinwegtäusche und Kausalität auf Eindimensionalität reduziere. Den eigentlichen Grund jenes abstrakten Modells, das Freiheit an die Unterwerfung unter kausale Gesetzlichkeit überhaupt binden wolle, sieht Adorno – in einer entschiedenen Lesart gegen Kant – darin, daß der duale Charakter des Kantischen Systems letztlich doch subjektphilosophisch zurückgenommen werde, indem Kant Kausalität ins transzendentale Subjekt[418] verlagert habe.

Dieser Schritt in der Argumentation ist für uns deshalb interessant, weil er Adorno dazu dient, den argumentativen Übergang von der Geschichtsphilosophie identifizierenden Denkens in der instrumentellen Vernunft zur Transzendentalphilosophie herzustellen. Das ist jedoch nur unter der problematischen Voraussetzung einer subjektphilosophischen Deutung Kants möglich. Und deren Kern ist wiederum die Identifikation des transzendentalen mit dem empirischen Subjekt. Die Gleichsetzung bedeutet, daß das selbsterhaltende Selbst der »Dialektik der Aufklärung« mit dem transzendentalen Subjekt zusammenfällt.

Das gesellschaftliche Identitätsprinzip – nur das identische Selbst kann sich, der »Dialektik der Aufklärung« zufolge, gegen die Natur durchhalten – wird mit den transzendentalen Voraussetzungen der Möglichkeit von Erkenntnis überhaupt identifiziert. Das Interesse an Selbsterhaltung, das im psychologischen Sinne die Identität des Subjekts motiviert, soll auch das des transzendentalen Ichs sein. »Die Einheit der Person« sei »Äquivalent der erkenntnistheoretischen Einheit des Selbstbewußtseins. Hinter den Kulissen des Kantischen Systems wird erwartet, der oberste Begriff der praktischen Philosophie koinzidiere mit dem obersten der theoretischen, dem Ichprinzip, das ebenso theoretische Einheit stiftet wie praktisch die Triebe bändigt und integriert.«[419] Adorno mißversteht die Einheit der dem transzendentalen Subjekt zugrundeliegenden einigenden Handlung der ursprünglichen Synthesis als Identität des subjektiven Bewußtseins.

Ich möchte diese These anhand der Differenz von Einheit und Identität erläutern und folge dabei der Argumentation G. Böhmes. Er expliziert das Problem der Synthesis als Problem des Einen und Vielen an der Unterscheidung von Einheit und Identität.

Weil die Synthesis des Mannigfaltigen in der Vorstellung eine *ursprüngliche* Handlung des Verstandes ist, kann ihr selbst keine Einheit vorausgesetzt werden. Die Handlung als Grund der Einheit des Mannigfaltigen ist ›ursprünglich einig‹. Analytisch lassen sich zwar Teile der Einheit rekonstruieren, doch ist eine Einheit der Teile selbst nicht voraussetzbar. Ihnen geht nur die einigende Handlung voraus. Böhme verweist darauf, daß Kant aus diesem Grund der Analyse die Verbindung »doch jederzeit voraussetze; denn wo der Verstand vorher nichts verbunden hat, da kann er auch nichts auflösen, weil es nur *durch ihn* als verbunden der Vorstellungskraft hat gegeben werden können.«[420] Die ursprüngliche Einheit der synthetisierenden Handlung ist also nicht als Identität aufzufassen, die die Einheit des Mannigfaltigen erst bewirkt; sie ist dagegen wesentlich *Verbindung*. Die Verbindung ist Vorstellung der Einheit des Mannigfaltigen, die selbst nicht in Identität gründet. »Verbindung ist eben nicht Einheit durch Identität.«[421] Entscheidend für die Differenz von Einheit und Identität ist aber, daß Kant synthetische Einheit qualitativ und nicht quantitativ versteht. Qualitative Einheit und nicht Quantität wird erreicht durch »die Verknüpfung auch *ungleichartiger* Erkenntnisstücke«.[422] An Beispielen, die Kant nennt, zeigt Böhme, daß die Einheit der Vorstellung durch Verbindung hergestellt

181

wird, und hält fest: »Verbindung als synthetische Einheit des Mannigfaltigen ist eine Einheit des Vielen, die nicht vom Vielen her, etwa einer Identität darin, begründet wird.«[423] Mit der Deutung, daß die einheitsstiftende Handlung selbst nicht in Identität gründen muß, tritt Böhme einer Kantauffassung entgegen, »nach der die einheitsstiftende Handlung des Verstandes darin besteht, das Mannigfaltige auf ein Identisches, nämlich das transzendentale Subjekt zu beziehen, das dann, indem es für all diese Beziehungen als ein und dasselbe zugrunde liegt, ihre Einheit trägt.«[424] Nun könnte man einwenden, daß durch das ›Ich denke‹, das alle meine Vorstellungen muß begleiten können, in der ursprünglichen synthetischen Einheit der Apperzeption doch Identität vorausgesetzt sei, so daß die Alternative vorliegt: Werden »die mannigfaltigen Vorstellungen verbunden (werden), weil der Möglichkeit nach in jeder von ihnen die Vorstellung ›ich denke‹ enthalten ist, oder kann die Vorstellung ›ich denke‹ in ihnen angetroffen werden, sofern sie in einem einigen Bewußtsein verbunden sind? Oder anders gewendet: Können die mannigfaltigen Vorstellungen in einem einigen Bewußtsein verbunden werden, weil sie allesamt meine sind, oder sind sie allesamt meine Vorstellungen, sofern sie in einem einigen Bewußtsein verbunden sind?«[425]
Daß der Kantischen Vernunftkritik die zweite Variante zugrunde liegt, hat für die Kant-Kritik Adornos weitreichende Folgen: Die Deutung des transzendentalen Ichs als vorausgesetzte Identität des Bewußtseins fällt damit in sich zusammen. Denn die Identität des Subjekts – Gegenstand der Idealismuskritik Adornos – hängt selbst von der ursprünglichen Einheit der Synthesis ab. Kant sagt: »diese durchgängige Identität der Apperzeption, eines in der Anschauung gegebenen Mannigfaltigen, enthält eine Synthesis der Vorstellungen, und ist nur durch das Bewußtsein dieser Synthesis möglich. (...) Also nur dadurch, daß ich ein Mannigfaltiges gegebener Vorstellungen *in einem Bewußtsein* verbinden kann, ist es möglich, daß ich mir die *Identität des Bewußtseins in diesen Vorstellungen* selbst vorstelle, d. i. die *analytische* Einheit der Apperzeption ist nur unter der Voraussetzung irgend einer *synthetischen* möglich.«[426] Nicht Identität, sondern Verbindung ist folglich der Grund der Einheit und damit selbst noch Grund der Identität des ›Ich denke‹, und also ist Einheit nicht auf Identität reduzierbar.[427]

Abgesehen davon, daß Adorno selbst hinter seine eigenen Einsichten in den dualistischen Charakter der Kantischen Philosophie – als einer Möglichkeit des theoretischen Eingedenkens von Nichtidentität – zurückgeht, wenn er von Selbstbewußtsein in einem absolut idealistischen Sinne auch bei Kant ausgeht, ist erstens nicht verständlich, warum Kant überhaupt in dieser Weise reduktionistisch gedeutet werden muß. Denkbar wäre auch gewesen, die Dimensionen des Nichtidentischen, die im Kantischen Dualismus angelegt sind, theoretisch weiterzuentwickeln. Zweitens ist aber auch nicht einsichtig, wie – wenn man Kant subjekttheoretisch interpretiert – methodisch der gesellschaftstheoretisch motivierte Übergang von einem psychologischen Identitätsbegriff zu einer transzendentalen Apriori-Voraussetzung begründet wird. Kants transzendentale Begründung zielt hinsichtlich möglicher Erkenntnis auf die Frage ›quid iuris‹, nicht auf die offensichtliche Intention Adornos, den Zusammenhang der Frage ›quid facti‹ zu klären. Letztere wird für Kant ausdrücklich als unerklärlich dargestellt. Denn von den Begriffen des Raums und der Zeit als Formen der Sinnlichkeit und von den Verstandeskategorien »eine empirische Deduktion versuchen wollen, würde ganz vergebliche Arbeit sein; weil eben darin das Unterscheidende ihrer Natur liegt, daß sie sich auf ihre Gegenstände beziehen, ohne etwas zu deren Vorstellung aus der Erfahrung entlehnt zu haben.«[428]
Anders als C. Braun möchte ich nicht von vornherein unterstellen, daß Adorno Kant ontologisch mißverstehe. Nur: Adorno nimmt Kant für die Begründung eines systematischen Übergangs in Anspruch, deren Resultat tatsächlich in einer identitätstheoretischen Verabsolutierung der psychologischen Perspektive besteht.[429] Wir begegnen auch hier wieder der Indifferenz von ›identifizieren als‹ und ›identifizieren mit‹. Die transzendentalen Topoi Kants beruhen auf ›Identifikationen als‹ in transzendentalphilosophischer Absicht. Identifiziert man jedoch das empirische Subjekt *mit* dem transzendentalen, geschieht das in der gesellschaftskritischen Absicht auf die Beantwortung der Frage ›quid facti‹.
Mit Hilfe der psychologischen Verwendungsweise des Begriffs der Identität macht Adorno den Versuch, die geschichtsphilosophische und die erkenntnistheoretische Dimension von Identität

theoretisch aufeinander abzubilden. Die Begründung verlangt es, die Ambivalenz psychologischer Identität, von der wir oben sprachen, nur von einer Seite aus zu betrachten. Die Dialektik des identifizierenden Denkens wird auf etwas Eindimensionales verkürzt, das unreduzierter Subjektivität bloß entgegensteht. Durch Identitätsdenken konstituiert, sei das Subjekt »die Lüge, weil es um der Unbedingtheit der eigenen Herrschaft willen die objektiven Bestimmungen seiner selbst verleugnet; Subjekt wäre erst, was solcher Lüge sich entschlagen, was aus der eigenen Kraft, die der Identität sich verdankt, deren Verschalung von sich abgeworfen hätte.«[430] Wenn aber das »Selbst« das »Urbild aller Identität«[431] und »Identität« die »Urform von Ideologie«[432] ist, dann bleibt für die erkenntnistheoretisch entfaltete Dialektik der Identität wenig Spielraum.

Ich schlage deshalb folgende Deutung vor: Der Begriff des identischen Selbst meint eigentlich den idealistischen Primat des Subjekts und damit nichts anderes als die Identitätsvorstellung konstitutiver Subjektivität. ›Identisches Selbst‹ kann aber weder für das transzendentale Subjekt Kants in Anspruch genommen werden noch für Identität in einem psychologisch verstandenen Sinne. Konstitutive Subjektivität wäre demnach als Adornos Ausgangspunkt zu verstehen, den er auf die geschichtsphilosophische These rückprojiziert, derzufolge sich Identität an Selbsterhaltung bildet. Was Adorno eigentlich will, scheint jedoch ein umgekehrter Begründungsgang zu sein: Das erkenntnistheoretische Identitätsprinzip ist nur der Reflex der als Urgeschichte rekonstruierten Bildung des identischen Selbst. Diese Argumentation ist allerdings mit dem Modell negativer Dialektik nicht vereinbar.

Adorno befindet sich in dem Dilemma, einen systematischen Zusammenhang aufzeigen zu wollen, der sich mit den Mitteln, die er dazu bereitstellt – die negativ-dialektische Auffassung von Identität – gerade nicht herstellen läßt, weil ein negativ-dialektisches Verständnis der Identitätsproblematik Reduktionismen nicht akzeptiert. Die Idealismuskritik Adornos will gerade zeigen, daß erst unter Bedingungen des Idealismus die Einheit des subjektiven Bewußtseins zum Prinzip absoluter Identität hatte werden können. Sie besagt weiterhin, daß von der unhintergehbaren Vermittlung, der Vermittlung durchs Subjekt, nicht auf das Subjekt als Prinzip geschlossen werden dürfe. Von hier aus also, von einem erkenntnistheoretischen Standpunkt aus, gelangt Adorno zu der »These, daß Identität gleich Subjekt sei«.[433] Identitätskritik bleibt an die Idealismuskritik gebunden. Sie wird dort problematisch, wo Adorno Identitätsphilosophie unter einem gesellschaftstheoretischen Blickwinkel geschichtsphilosophisch einzubetten sucht.

Was aber ist das eigentlich Gesellschaftstheoretische an der Identitätskritik Adornos? Es betrifft das Verhältnis von Identität und Tausch, das wir nun, vor dem Hintergrund der Idealismuskritik, erneut aufgreifen können.

In dem Kapitel »Zur Dialektik der Identität«,[434] dem einzigen in der »Negativen Dialektik« übrigens, das den Begriff der Identität im Titel trägt, bindet Adorno Identität bzw. das Identifikationsprinzip an das Prinzip des Warentauschs. »Das Tauschprinzip, die Reduktion menschlicher Arbeit auf den abstrakten Allgemeinbegriff der durchschnittlichen Arbeitszeit, ist urverwandt mit dem Identifikationsprinzip. Am Tausch hat es sein gesellschaftliches Modell, und er wäre nicht ohne es.«[435] Der Begriff der Identität tritt hier nicht nur unter einem gesellschaftstheoretischen Aspekt auf, unter dem er die Bedeutung von ›Äquivalenz‹ annimmt, sondern darüber hinaus werden Tausch und Identität in ein genetisches Ableitungsverhältnis zueinander gebracht.

An dem betrachteten Kapitel fällt zudem auf, daß das Verhältnis von Identifikationsprinzip und Äquivalententausch explizit selber nicht in Beziehung zur Naturbeherrschung gesetzt wird. Gerade dies schien jedoch für den Begriff des Identitätsdenkens unter einer gesellschaftstheoretischen Perspektive bei Adorno zunächst von zentraler Bedeutung zu sein. Erinnert sei an die Identifikation von transzendentalem Subjekt mit dem urgeschichtlichen Subjekt, das sich an der Naturbeherrschung bildet. Es hat den Anschein, als wolle Adorno das Verhältnis Identität – Tausch von der geschichtsphilosophischen Konstruktion der naturwüchsigen, subjektiv-instrumentellen Vernunft abkoppeln. Den Grund dafür vermute ich darin, daß Adorno um die konzeptuellen Schwierigkeiten weiß, mit den geschichtsphilosophischen Mitteln der »Dialektik der Aufklärung« den Übergang zwischen Erkenntnistheorie und Gesellschaftstheorie explizieren zu wollen.

A. Sohn-Rethels Versuch einer Ableitung des ›abstrakten Denkens‹ aus der Marxschen Wertform[436] basiert auf der These, daß die Abstraktheit der Tauschhandlung, die Tauschabstraktion, auf intersubjektiv geltenden, durch die Verhältnisse einer tauschwertproduzierenden Gesellschaft in ihrer Form bestimmten, Postulaten beruht.[437] Diese auf die Universalität des Tauschs bezogenen Postulate seien es, die die eigentlichen Abstraktionsleistungen bewirkten, die vorausgesetzt werden müßten, solle überhaupt getauscht werden können. Sie stellen nach Sohn-Rethel, indem sie den Wert der Ware gemäß der in ihr vergegenständlichten Arbeitszeit bestimmbar machen, die Gleichheit der Waren unter Bedingungen des Tauschs her. Die quantitative Bestimmtheit der Ware – durch die Abstraktion aller Eigenschaften und Qualitäten außer ihrer Tauschbarkeit gewonnen – ist ihre eigentliche Formbestimmtheit. Diese Formbestimmtheit ist nun, Sohn-Rethels zentraler These zufolge, die des abstrakten Denkens, wie es in den Wissenschaften bestimmend ist.»Diese normative Natur der reinen Verstandesbegriffe erklärt sich aus der Tatsache, daß die Tauschabstraktion insgesamt aus einem gesellschaftlichen *Postulat* entspringt.«[438]

Unerklärlich bleibt allerdings der von Sohn-Rethel behauptete Sachverhalt, daß die Äquivalenzbeziehungen zwischen Gegenständen zu Identitätsbehauptungen über Gegenstände führen sollen, die allein deshalb deren Formbestimmtheit ausmachen, weil abstrahiert wird, und warum daraus zwingend auf die Formbestimmtheit des ›abstrakten Denkens‹ geschlossen werden kann. Mehr noch: wieso sich die normative Natur der reinen Verstandesbegriffe – damit wird auf Kant angespielt – aus den Postulaten der Tauschabstraktion und aus nichts anderem ergeben soll. Die Notwendigkeit des Übergangs von ›Abstraktion‹ als der Bedingung der Möglichkeit, Gegenstände zu tauschen, zu der Behauptung, diese Abstraktionen reichten als Abstraktionen schon hin, die Identität der Formbestimmtheit von Tauschen und Denken zu erklären, kann Sohn-Rethel in meinem Verständnis nicht überzeugend darlegen.[439] Denn die Reduktion der Tauschgegenstände auf ihre abstrakte Quantität der Arbeit ist zwar Bedingung des Tauschens, wenn man der Marxschen Argumentation folgt, doch ist damit nicht gezeigt, warum der Akt des Tauschens auch je aktuell an die Abstraktionsleistungen gebunden sein soll, deren Resultat die formbestimmenden Postulate zur Möglichkeit von

Tausch überhaupt sind. Daß Waren in der Tauschgleichung als »Quantität schlechthin«, »unbezogen auf jegliche Art von Qualität«,[440] erscheinen, ist jedoch nicht davon abhängig, ob die Tauschenden im Akt des Tauschens die formbestimmenden Abstraktionen selbst leisten müssen. »Diese Quantität an sich oder in abstracto ist wie die Tauschgleichung, aus der sie entspringt, relationaler Natur und *haftet* wiederum wie die Tauschgleichung *am Akt* des Tauschvollzuges. (...) Es ist diese absolute, von Qualität überhaupt ›abgelöste‹ Quantität relationaler Natur, welche dem reinen mathematischen Denken als Formbestimmtheit zugrundeliegt.«[441]

Ich schließe mich in diesem Punkt dem Einwand H. Wohlrapps an, nach dem Sohn-Rethel hinsichtlich der Begründung des Übergangs von der Realabstraktion im Tausch zur Denkabstraktion die Differenz von »geregelten Operationen und der Theorie über solche Operationen«[442] übergeht. Ob allerdings Wohlrapps Argument in dieser Schärfe überzeugend ist, darf bezweifelt werden: Zwar erfordere der Begriff der Zahl, wie man erst verhältnismäßig spät herausgefunden habe, in der Tat zwei Abstraktionen. Doch sei dies deshalb eine späte Erkenntnis, »weil man es beim Zählen und Rechnen nicht zu wissen braucht. Es wird eben nicht ›beim‹ Zählen abstrahiert, sondern beim Reden darüber. Und dieses Reden ist nicht die Grundlage des Zählens, sondern die Theorie der Grundlage.«[443] Für das grundsätzliche Argument gegen Sohn-Rethel brauchte Wohlrapp aber nicht zu der starken Behauptung zu greifen, daß beim Zählen nicht abstrahiert werde – was im übrigen wohl auch nicht zutreffend ist. Tatsächlich wird beim Zählen abstrahiert; anders könnten wir Zahlen gar nicht gebrauchen, wüßten nicht die Regeln ihres Gebrauchs. Wohlrapps Argument gegen Sohn-Rethel lautet nun so, daß man quasi eingelebt selbstverständlich zählt, zählen kann, ohne dabei Abstraktionen im mathematischen Sinne vornehmen zu müssen. Er überträgt dann das Argument, beim konkreten Zählen brauchte man nicht in dem Sinne zu abstrahieren, den Sohn-Rethel erkenntnistheoretisch explizieren will, auf den Tausch. Beim Tauschen werde das Absehen von anderen Eigenschaften des Gegenstandes »nicht durch eine Denkleistung vollbracht, sondern es geschieht im Handeln«,[444] zu dem die Menschen in einer warenproduzierenden Gesellschaft gezwungen würden.

Mir scheint, daß die Reduktion von Zählen wie von Tauschen allein auf den sozialen Aspekt ihres gesellschaftlichen Vollzugs zu weit greift. Trotzdem halte ich den Einwand gegen Sohn-Rethels zentrale These, daß die Denkgesetze genetisch dem Tausch entspringen und dessen Formbestimmtheit reproduzieren, weil die Abstraktionen dieselben seien, im Kern für richtig. Kognitive Operationen, logische Strukturen können durchaus als etwas angesehen werden, was durch die Strukturen des Sozialen mit präformiert, in ihnen strukturell vorgebildet ist, doch heißt das im Umkehrschluß nicht zwangsläufig, daß alles ›abstrakte Denken‹ – besonders in der Mathematik und der Erkenntnistheorie – linear auf Tauschabstraktion zurückführbar ist.

An dieser Stelle wird deutlich, wie problematisch es ist, die Marxsche Analyse der dem Sozialen entnommenen Bewegungsgesetze warenproduzierender Gesellschaften erkenntnistheoretisch zu deuten. Sohn-Rethels materialistische Erkenntniskritik steht in der Gefahr, den bei Marx zentralen Punkt einer prinzipiellen Veränderbarkeit gesellschaftlicher Verhältnisse – veränderbar deshalb, weil sie einem Bewegungsgesetz unterliegen, das sukzessive Widersprüche produziert – durch die erkenntnistheoretische Fixierung des Zusammenhangs von Tausch und Denken nicht mehr begründen zu können. Veränderungen könnten dann nur noch durch bewußtloses Handeln bewirkt werden; denn das Denken, die Formen des Bewußtseins, wären ein Abgeleitetes, Epiphänomen der Warenproduktion. Die von Marx beschriebene Dynamik der sozialen, politischen und ökonomischen Veränderung, die Dialektik in der Entwicklung der Produktionsverhältnisse, ist in Sohn-Rethels strikter erkenntnistheoretischer Ableitung nicht mehr möglich. Die ›Formbestimmtheit‹ des Denkens legt das Denken als ein Bestimmtes fest.

Was sich hinter diesem gesellschaftstheoretischen Problem verbirgt, stellt sich in bezug auf die Erkenntnistheorie systematisch als das Problem dar, wie die Frage nach den erkenntnistheoretischen Konstitutionsbedingungen gesellschaftstheoretisch gedeutet werden kann. Das Modell seiner Erklärungen übernimmt Sohn-Rethel von Kant, doch soll Kants transzendentale Erklärung der Konstitutionsbedingungen abstrakten Denkens – wie sind synthetische Urteile a priori möglich? – selbst historisiert werden. Ich folge an dieser Stelle der Argumentation Wohlrapps:

Einen transzendentalen und damit nicht historischen Aufweis der Bedingungen der Möglichkeit derjenigen Regeln, nach denen gedacht werden können muß, damit Handlungsweisen und kognitive Operationen in praktischer Anwendung erklärt werden können, macht Sohn-Rethel auch für den Tausch geltend. Der Tausch wird also zunächst unhistorisch, gewissermaßen transzendental, untersucht. Tauschen ist möglich, weil wir immer schon unter der Voraussetzung apriorisch gegebener Postulate tauschen. Das abstrakte Denken und das Tauschen verlaufen also beide nach feststellbaren Regeln, die apriorischen Status haben. Soweit mag man Sohn-Rethel folgen. Seine Pointe ist jedoch, daß die Normen, die das Denken konstituierten, von denjenigen Normen geprägt werden, die das Tauschen konstituierten. »Diese Behauptung ist entweder reine Willkür, oder es ist eine frappierend naive Anwendung der These von der Basis, die den Überbau bestimmt.«[445] Die Basis-Überbau-These ist nun allerdings genau dasjenige, was Sohn-Rethel erkenntnistheoretisch eigentlich erst begründen müßte. Wie man von der strukturell gleichen – angenommen, sie sei gleich – Formbestimmtheit von Tauschen und Denken zu einer begründeten Ableitung des einen aus dem anderen kommt, die Darlegung dieses Schritts ist Sohn-Rethel meiner Auffassung nach schuldig geblieben.

Für die Genese des Verhältnisses von Tauschgesetzen und Denkgesetzen lassen sich keine konstitutionellen Erklärungen angeben, sondern wiederum nur historische bzw. sozialwissenschaftliche. Gegen die Unhistorizität des wissenschaftlichen Denkens im Bereich der Erkenntnistheorie tritt Sohn-Rethel mit einer Strategie an, in der sein Gegenstand – die Konstitutionsregeln abstrakten Denkens, sofern es den Bedingungen einer warentauschenden Gesellschaft untersteht – selbst als unhistorischer auftreten muß.[446] Sohn-Rethels materialistische Erkenntniskritik am theoretischen Status apriorischer Wahrheiten gerät, auf die eigene Theorie angewandt, in eine Aporie.

Die Wahrheit der Behauptung, es gebe prinzipiell keine von historischen Bedingungen in irgendeiner Weise unabhängige Erkenntnis, endet, wenn diese Behauptung auf sich selber bezogen wird, im Lügenparadoxon.[447] Insofern muß die in Sohn-Rethels Aufsatz »Zur kritischen Liquidierung des Apriorismus« formulierte Forderung an eine materialistische Methode, »daß in ihr keine Kategorien verwandt werden, von denen man nicht weiß, von welchen Produktionsverhältnissen sie bedingt sind«,[448] mindestens abgeschwächt werden.

In einem weiteren Schritt impliziert zudem die These, daß es nur relative historische Wahrheiten gebe, auch, daß die Argumentation über apriorische Wahrheiten selbst relativ sein müßte. Dann aber machte das Argumentieren in letzter Konsequenz keinen Sinn. Und insofern wäre die Möglichkeit der Geltung einer apriorischen Wahrheit – z. B. einer transzendentalen Begründung bei Kant – von dem Status der Argumente über theoretische Sätze zu unterscheiden.

Die Reifizierung apriorischer Annahmen bedeutet, den negativ-transzendentalen Status, den solche Annahmen nur innehaben können, auf unzulässige Weise umzudeuten; transzendentale Erklärungen werden so zu »Denkformen«. Dieser theoretische Zugriff führt zu einer ontologischen Fixierung des Verhältnisses von Warentausch und Denkform, Mit der Einschränkung, daß sinnvolles Theoretisieren selbst nicht voraussetzungslos ist, kann man mit Wohlrapp resümieren: »Das Apriorische ist keine ›Denkform‹, sondern es ist, soweit man darüber jetzt reden kann, Bestandteil allen sinnvollen Theoretisierens«.[449]

In welcher Weise läßt sich nun Sohn-Rethels materialistische Erkenntniskritik auf Adorno beziehen?

Zunächst kann man durchaus sagen, daß Adorno, wie Sohn-Rethel, prinzipiell bereit ist, von den Abstraktionen, die dem Tausch zugrunde liegen, auf eine Form erkenntnistheoretischen Denkens zu schließen.

Im Unterschied zu der Auffassung Sohn-Rethels hat jedoch die Kategorie ›Tausch‹ bei Adorno einen Status inne, der sie nicht als quasi transzendentalen Gegenstand einer theoretischen Reflexion aufweist, sondern am Tausch gerade die material-historische Dimension hervorhebt, die ihn in engen Zusammenhang mit ›Naturbeherrschung‹ bringt. Andererseits findet Adorno bei Sohn-Rethel Argumente, die es ihm vermeintlich erlauben, Kant in die Kritik des Identitätsdenkens einzubeziehen. Auch für Adorno ist, insofern er dieser Argumentation folgt, die transzendentale Begründung möglicher objektiver, durch Subjektivität vermittelter Erkenntnis der erkenntnistheoretisch formulierte Ausdruck

einer gesellschaftlich präformierten Formbestimmtheit des Denkens. Ihren Grund hat sie in den Tauschverhältnissen.
Adornos Übernahme Sohn-Rethelscher Theoreme suggeriert jedoch zu Unrecht, beide teilten einen theoretischen Standpunkt. Ihre Differenzen ergeben sich vor allem aus einem unterschiedlichen Erkenntnisinteresse. Sohn-Rethel geht es darum, den historischen Materialismus durch die Dimension erkenntnistheoretischer Erklärungen zu vervollständigen; Adornos Interesse gilt einer theoretischen Fundierung m. E. richtiger Intuitionen, die seine Kritik des Identitätsprinzips leiten. Deshalb nimmt er Sohn-Rethel in Anspruch, ohne die ganze Tragweite der Argumentation abzusehen.
Eine Konsequenz wäre beispielsweise, daß, folgte man Sohn-Rethel, der Topos ›Nichtidentität‹, insofern er an die Erfahrungsgehalte empirischer Subjekte gebunden ist, obsolet würde. Unreduzierte, unreglementierte Erfahrung des Nichtidentischen könnte bei Sohn-Rethel nur unter Ideologieverdacht fallen. Die Erklärungsversuche der materialistischen Erkenntnistheorie fallen, weil sie das Verhältnis von Warenform und Denkform reduktionistisch behandeln, selbst unter die Kritik des Identitätsdenkens.
Was aber die erkenntnistheoretische These eines Übergangs, eines genetischen Ableitungsverhältnisses, zwischen Real- und Denkabstraktion für Adorno so attraktiv macht, ist, daß die durch Abstraktion gewonnenen Äquivalenzrelationen zwischen Tauschgegenständen ›Identität‹ explizieren. Mit anderen Worten: ›Quantität überhaupt‹, die abstrakte Quantität relationaler Natur, die Sohn-Rethel dem Tausch wie dem abstrakten Denken als Formbestimmung gleichermaßen zuschreibt, stellt Identität in einem Sinne her, der Nichtidentität gerade ausschließt. ›Quantität überhaupt‹ ist nichts anderes als der durch Identitätsdenken gestiftete Zwangszusammenhang. Zugunsten seiner Identitätskritik glaubt Adorno, dem Sohn-Rethelschen Begründungszusammenhang entnehmen zu können, daß die Äquivalenzrelation zwischen Waren, die über die Vergleichbarkeit qua Zahl in bezug auf ein Tertium, nämlich Arbeitszeit, gewonnen wird, schon zu Identitätsbehauptungen führt. Die Besonderheit des Gegenstandes verschwindet, insofern er zählbar ist.
Ich halte dies für einen theoretischen Kurzschluß aus Prämissen,

die in ihrer Richtigkeit bezweifelt werden müssen, und die zu problematischen Konsequenzen führen. Ihm liegt erstens ein begriffliches Mißverständnis zugrunde: Einheit ist, wie oben gezeigt, nicht Identität. Äquivalenzrelationen implizieren zwar Einheit, Vereinheitlichung, nicht jedoch Identität der unter sie befaßten Gegenstände. Er führt zweitens zu Reduktionismen im Identitätsbegriff.
Sohn-Rethels problematische Identifizierung von Tauschen und Denken hinsichtlich ihrer gesellschaftlichen Formbestimmtheit ist kein stichhaltiges Argument, mit dem Adorno die sogenannte Identität des Tauschens *mit* dem identifizieren könnte, was transzendentale (Kant) und absolute (Hegel) Identität des Selbstbewußtseins bezeichnet.

Zusammenfassend kann man feststellen, daß die Übergänge im Identitätsbegriff wenig methodisch und systematisch Gesichertes zurückzulassen scheinen, was für eine ausgewiesene Identitätskritik im Sinne Adornos spricht: Zwischen dem empirischen und dem transzendentalen Subjekt bei Kant besteht ein Zusammenhang; aber er läßt sich nicht als Identität beider explizieren. Weder der geschichtsphilosophische Aspekt einer naturbeherrschenden Urgeschichte der Subjektivität noch Argumente einer materialistischen Erkenntniskritik, die den konstitutiven Zusammenhang zwischen Real- und Denkabstraktion zu begründen sucht, vermögen diesen Zusammenhang als Problem des Identitätsdenkens stringent herzuleiten. Die Hegelsche Kritik an Kant hat ihren realen Grund in der Kantischen Konstruktion von Transzendentalphilosophie selbst, aber sie reicht nicht hin, um Kant identitätsphilosophisch zu interpretieren. Hegels System zielt auf absolute Identität, doch sie verdankt sich negativ-dialektischer Erfahrungsbildung.
Was also bleibt für eine Kritik des Identitätsdenkens, nachdem Adornos Identitätsbegriff darüber belehrt hat, daß sie immer nur partiell möglich ist? Ich schlage vor, die positiven Intuitionen der Identitätskritik bei Adorno dadurch fruchtbar zu machen, daß man sie von der *unhintergehbaren Erfahrung von Nichtidentität* her begreift. Gerade weil Adorno gegen die Vorstellung einer Identität des Bewußtseins die Materialität der Objektdimension zu stärken sucht, macht die Kritik der Identität keinen Sinn ohne

die Erfahrung von Nichtidentität. Nichtidentität ist selbst schon materiale Voraussetzung in der Erfahrung, um auf Identität kritisch reflektieren zu können. Adornos Identitätskritik speist sich, wie wir sahen, aus drei Quellen: Erstens aus der immanenten Kritik der idealistischen Subjektphilosophie. Hier bleibt Adornos Identitätsbegriff bzw. die zugrundeliegende Konzeption von Identität ambivalent; wobei ich ›ambivalent‹ im Sinne von ›negativ-dialektisch‹ verstehen möchte. Die immanente Kritik des Identitätsproblems reflektiert eine Identitätskonzeption, die selbst schon die philosophisch reflektierte Antwort auf die Frage nach der erkenntnistheoretischen Möglichkeit von Identität darstellt; die idealistische Reflexion auf Identität ist eine mögliche Antwort auf die erkenntnistheoretische Krise von Identität. Adorno gelingt es, Identität und Identitätskritik zu einem Ausdruck philosophischer Reflexion zu verhelfen. Identitätskritik realisiert die Idee eines negativ-dialektischen Denkens, indem sie Identität als Konstellation philosophischen Denkens begreift und sie negativ-dialektisch begrifflich zu entfalten sucht.

Das kann allerdings, wie wir sahen, nur mit Einschränkungen gelten. Denn der zweite Weg der Identitätskritik führt tendenziell zu einer Einebnung der zuvor gehaltenen Spannung im Identitätsbegriff Adornos. Das läßt sich an der Differenz von ›identifizieren als‹ und ›identifizieren mit‹ zeigen. Mit der zweiten Quelle der Identitätskritik Adornos ist gemeint: die geschichtsphilosophische Argumentation. Ihr liegt eine Identifikation des urgeschichtlichen, naturbeherrschenden Subjekts mit dem transzendentalen Subjekt zugrunde. Die Auswirkungen, beispielsweise auf eine Kant-Interpretation, konnten verdeutlichen, welche Folgen diese Identifizierung hat. Darüber sollte jedoch nicht die richtige Unterstellung Adornos vergessen werden, die auf den schlechterdings schwer bezweifelbaren Zusammenhang zwischen Naturbeherrschung und abstraktem Denken – im Sinne kognitiver Fähigkeiten einer reflektierten Aneignung von Welt – zielt. Nur läßt sich, wie ich meine, diese Beziehung systematisch befriedigend nicht unter der Voraussetzung geschichtsphilosophischer Prämissen erklären, wie sie die »Dialektik der Aufklärung« vertritt. Auch hier wird der Identitätsbegriff reduktionistisch behandelt; ein Zusammenhang zwischen einer Urgeschichte der

Subjektivität und dem Identitätsprinzip des absoluten Idealismus kann nur behauptet werden, wenn man, was nicht möglich ist, Identität auf instrumentelle Vernunft reduziert. Adorno scheint sich dieses Defizits bewußt zu sein. Deshalb nimmt er als dritte Quelle die Marxschen Implikationen der Konstruktion einer Dialektik der Aufklärung in Anspruch, deren erkenntnistheoretische Explikation Adorno bei Sohn-Rethel vorgezeichnet findet. Man kann sagen, daß so der wechselseitige Übergang von der geschichtsphilosophischen zur erkenntnistheoretischen Dimension von Identität mit sozialwissenschaftlichen, im engeren Sinne gesellschaftstheoretischen Mitteln erklärt werden soll. Aber die gesellschaftstheoretischen Argumente nach dem Muster einer materialistischen Erkenntniskritik bei Sohn-Rethel erwiesen sich als nicht im erwarteten Maße fruchtbar. Auch sie implizieren letztendlich Identitätsdenken im Sinne von ›identifizieren mit‹. Der Begriff der Identität fällt so in der begrifflichen Explikation selbst unter Identitätsverdacht.

Entfaltet man die verschiedenen Dimensionen, die wir eben als Quellen bezeichneten, ergibt sich für die identitätskritische Konzeption Adornos ein Tableau von kritischen Aspekten zum Problem des Identitätsdenkens. Adorno gelingt es jedoch nicht, den Zusammenhang dieser Aspekte stringent herzustellen. Vielleicht ist das unter einem einheitlichen Gesichtspunkt auch gar nicht möglich. Allein für sich genommen lassen sich gegen jeden der drei Aspekte profunde theoretische und konzeptionelle Einwände machen. Zusammengenommen verweisen sie jedoch mit einem hohen Plausibilitätsgrad auf eine philosophische Problemkonstellation zwischen Erkenntnistheorie und Gesellschaftstheorie, die mit dem Begriff ›Identitätsdenken‹ im wesentlichen zutreffend charakterisiert ist.

Den Impuls zu einer Philosophie, die sich als Kritik des Identitätsdenkens versteht, bezieht Adorno jedoch auch noch aus einem anderen philosophischen Kontext, den wir allerdings als solchen nur in Andeutungen ausgewiesen finden. Die Einsicht eines über den Begriff der Identität vermittelbaren Zusammenhangs zwischen Naturbeherrschung, ja, Herrschaft überhaupt, und Denken teilt Adorno mit der tiefgreifenden Skepsis gegen Abstraktionen, gegen Theoretisches, Systematisches, Rationales, wie sie in der Lebensphilosophie und bei Nietzsche zum Ausdruck kommt.[450] Nietzsches Aufklärungskritik und Adornos Identitätskritik sind in gewisser, wir könnten sagen: phänomenologischer, Hinsicht sehr ähnlich. Bei Nietzsche sind Abstraktionen, Begriffliches, Logisches, Vernunftmäßiges die grundlegenden Elemente eines Zivilisationsprozesses, den er als Dialektik des Willens zur Macht expliziert. Anders als Nietzsche, nämlich vom Standpunkt möglicher Vernunft aus, vertraut Adorno auf die Vernunft, deren dialektisches Wesen Begriffliches und Nichtbegriffliches im Medium des Denkens gleichermaßen umfaßt. Die Kulturkritik Nietzsches und die »Dialektik der Aufklärung« treffen sich in ihrem kritischen Impuls gegen den Rationalismus der Aufklärung. Auch Webers Entzauberungsthese, die Lebensphilosophie Simmels, der Kulturpessimismus eines Klages oder Spengler gehören in diesen Kontext, der fraglos durch eine tiefe Skepsis ob der Verwirklichung von aufklärerischen Idealen gekennzeichnet ist. Welchen Ausgang verspricht die Dialektik der Aufklärung? »Alle Parteien scheinen sich einig zu sein in den Konsequenzen, gleichviel ob der eine als negative Totalität anklagt, was der andere als Kristallisation feiert, ob der eine als Versachlichung denunziert, was der andere als Sachgesetzlichkeit technokratisch fortschreibt.«[451]

G. Simmel formuliert die für alle gleichermaßen geltende Einsicht, »daß die Objekte eine eigene Logik ihrer Entwicklung haben – keine begriffliche, keine naturhafte, sondern nur ihrer Entwicklung als kultureller Menschenwerke – und in deren Konsequenz von der Richtung abbiegen, mit der sie sich der personalen Entwicklung menschlicher Seelen einfügen könnten.«[452]

Doch ist Nietzsche derjenige, der die ambivalente Spannung der Dialektik der Aufklärung immer wieder selbst zum Thema macht. Sein Nihilismus beschwört nicht eine Ontologie des Falschen, sondern will sich, um es in Adornos Terminologie auszudrücken, Möglichkeiten der Versöhnung vergewissern, die nicht das Andere der Vernunft sind, sondern auch nur im Medium der Vernunft erreichbar sind durch »eine Art **praktischen Nachdenkens** über *unsere Existenzbedingungen* als Erkennende.«[453] Zwar resigniert Nietzsches Erkenntnistheorie an dem Widerspruch zwischen der Wissenschaft, der Erkenntnis, die er als Illusion begreift[454] und der Tatsache, daß eben dies erkannt werden kann.

»Wir sind von vornherein unlogische und daher ungerechte Wesen *und können diess erkennen*: diess ist eine der grössten Disharmonien des Daseins.«[455] Doch führt das nicht zu einer Ablehnung von Rationalität überhaupt zugunsten eines Solipsismus subjektiver Neigungen. Anstatt auf die Wahrheit subjektiver Gefühle zu vertrauen, wäre es besser, »den Göttern (zu gehorchen), die in *uns* sind: unserer Vernunft und unserer Erfahrung.«[456]
Nietzsches Kritik des Begrifflichen in dem von Adorno gemeinten Sinne des Identitätsdenkens ist Adorno gerade wegen seiner Ambivalenz näher als beispielsweise der Intuitionismus Bergsons. Bergson, den Adorno dennoch als Anwalt des Nichtidentischen sieht, tritt gegen die Starre der Begriffswelt für ein intuitives, mimetisches Verhältnis gegenüber den Objekten ein. Doch ist das Nichtbegriffliche bei ihm anti-begrifflich gemeint und nicht, wie bei Nietzsche und Adorno, seinerseits begrifflich vermittelt. Weil Begriffe stillstellten, könne man mit ihnen die Beweglichkeit der Wirklichkeit und damit Wirklichkeit überhaupt nicht erfassen. »Man begreift, daß durch unser Denken feste Begriffe aus der beweglichen Realität gezogen werden können; aber es ist durchaus unmöglich, mit der Festigkeit der Begriffe eine Beweglichkeit des Wirklichen zu rekonstruieren.«[457] Begriffe selbst sind Mittel der Intuition; sie ist das Medium, in dem die Gegenstände der Erkenntnis als Konstellationen erscheinen.[458]
Adornos begrifflich vermittelte Erkenntnis des konstellierend gedachten Nichtbegrifflichen begegnet Bergsons Intuitionismus mit Vorbehalten. Und auch Nietzsche hätte die Hoffnung auf eine Metaphysik, die Bergson als »absolute Totalität aller Erfahrung«[459] definiert, nicht geteilt. Denn die Einsicht in die Entzauberung der Welt durch das Begriffliche wird auch bei ihm nicht ins Anti-Begriffliche gewendet. Dazu ist Nietzsche viel zu sehr Dialektiker der Aufklärung, der neben die Skepsis an der Vernunft die Notwendigkeit von Vernunft und Erfahrung in einem nicht-positivistischen Sinne setzt. Weder ist Vernunft überhaupt nur Instrument im Dienste des Willens zur Macht, noch ist sie objektive Vernunft; sie ist aber trotz des Mißtrauens, dessen Ausdruck Nietzsches Werk insgesamt prägt, unhintergehbar.
Wie in der »Dialektik der Aufklärung« ist Vernunft bei Nietzsche auf der Spur der Zivilisation zur instrumentellen Vernunft geworden. »Wissenschaft – Umwandlung der Natur in Begriffe zum

Zweck der Beherrschung der Natur – das gehört in die Rubrik ›Mittel‹ (;) aber der Zweck und der Wille des Menschen muß ebenso *wachsen*, die Absicht in Hinsicht auf das Ganze«.[460] Wie bei Adorno, so ist bei Nietzsche die Dialektik der Aufklärung an die Dialektik von ›Identität‹ geknüpft. Darin bewahrt Nietzsches Aufklärungskritik ihre Ambivalenz, ohne bei einem Kulturpessimismus Zuflucht suchen zu müssen. »*Die Umformung der Welt, um es in ihr aushalten zu können*«,[461] hat diejenige Gestalt von Rationalität hervorgebracht, die auf Identifikationsleistungen im Sinne von ›identifizieren mit‹ beruht. In der Logik sieht Nietzsche ein Instrument des identifizierenden Verstandes. Wir treffen hier auf Adornos Motiv der Zirkelhaftigkeit identifizierenden Denkens.[462] »Alles Denken, Urtheilen, Wahrnehmen als *Vergleichen* hat als Voraussetzung ein ›*Gleichsetzen*‹, noch früher ein ›*Gleichmachen*‹«.[463] Und an anderer Stelle ist zu lesen: »*Die Logik ist geknüpft an die Bedingung: gesetzt, es giebt identische Fälle*. Thatsächlich, damit logisch gedacht und geschlossen werde, *muß diese* Bedingung erst als erfüllt fingiert werden. Das heißt: der Wille zur *logischen Wahrheit* kann sich erst vollziehen, nachdem eine grundsätzliche *Fälschung* alles Geschehens vorgenommen ist.«[464] Auch Begriffe entstehen aus Identifikationen. »Der Begriff entsteht aus einem Gleichsetzen des Nichtgleichen: d. h. durch die Täuschung, es gäbe ein Gleiches, durch die Voraussetzung von *Identitäten*: also durch falsche Anschauungen.«[465]

Daß aber die philosophische Reflexion, auch die eigene, sich dem Systematischen, Begrifflichen, dem Denken in Systemen schwer entziehen kann, wußte Nietzsche wie kein anderer. »Ich mißtraue allen Systemen und Systematikern und gehe ihnen aus dem Weg: vielleicht entdeckt man noch hinter diesem Buche das System, dem ich *ausgewichen* bin ...«.[466]

Ich möchte diese Andeutungen zum Verhältnis Nietzsche–Adorno nicht weiter vertiefen. Wichtig erschien es mir jedoch, eine Vorstellung davon zu geben, daß der kritische Impuls, der Adornos Identitätskritik zugrunde liegt, auch aus Quellen stammt, deren Bezüge zu Adornos eigenen gesellschaftstheoretischen und erkenntnistheoretischen Intentionen erst noch umfassend herausgearbeitet werden müßten. Das ist bei Adorno selbst nicht geschehen. Mit Nietzsche teilt er die Skepsis gegenüber dem Fortschritt der Vernunft, insofern sie eine Vernunft ist, die auf Identitätsdenken im Sinne von ›identifizieren mit‹ beruht. Man mag den Grund dafür, daß die systematische Verbindung der drei theoretischen Aspekte der Identitätskritik bei Adorno nicht gelingt, darin sehen, daß alle drei selber von einer methodisch nicht systematisierbaren Intuition wenigstens partiell mitbestimmt werden. So erscheint Adornos Identitätskritik selbst als Konstellation. Zu verstehen ist sie aus ihrem dialektischen Gegenstück, dem Nichtidentischen.

2.2.2. Dimensionen des Nichtidentischen

Ich möchte mit einer begrifflichen Annäherung an das fortfahren, was ich die Dimension des Nichtidentischen bei Adorno nennen will. Nichtidentisches als Begriff ist selbst ein Beispiel für das philosophische Verfahren, das die »Negative Dialektik« als Modell kritischen Philosophierens vorlegt: Begriffe als Konstellationen, um dasjenige zu begreifen, womit sie befaßt sind, und nicht als Definitionen. Vergegenwärtigt man sich, daß Nichtidentität in einem ihrer Aspekte das Begrifflose meint, dann, so könnte argumentiert werden, ist das Vorhaben einer begrifflichen Explikation nicht nur nicht möglich, sondern verstößt darüber hinaus auch gegen den Sinn von Nichtidentität, gegen das Konzept negativer Dialektik. Dagegen möchte ich die These setzen, daß das Nichtidentische dem philosophischen Diskurs – das heißt begrifflichen Zumutungen – offensteht, und von der Rationalität des Nichtidentischen sprechen. Nichtidentität ist nicht einfach das Gegenstück zu Identität, das Andere der Identität. Sie ist vielmehr der konstruktive Grenzbegriff des Begrifflichen, der Identität selber. Eine positive Bestimmung ist deshalb vermutlich nicht möglich. Denn die »Negative Dialektik«, deren Thema Vermittlungen sind, kann das Nichtidentische nicht als positiv-utopischen Gegenentwurf zum Identitätsdenken festlegen. Ihr Programm ist ein anderes; negative Dialektik zielt auf das Eingedenken dessen, was Hegels Formel der ›Identität der Identität und Nichtidentität‹ besagt. Faßt man Nichtidentität als Moment einer Reflexion mit offenem Ausgang auf, dann rückt Nichtidentität begrifflich in enge Nähe zu dem, was negative Dialektik in ihrem Kern besagt.

Sie wird als das konsequente Bewußtsein von Nichtidentität bestimmt.

Reflexion mit offenem Ausgang – das bedeutet für die Möglichkeit des Erkanntseins der Gegenstände der Erkenntnis, daß Nichtidentität in der Tat als ein Moment der Erkenntnis verstanden werden müßte.

Zu Recht weist U. Guzzoni darauf hin, daß ›Moment‹ im Hegelschen Sinne auf Nichtidentität im Verständnis Adornos nicht zutrifft, »weil sich bei ihm (bei Adorno – A. Th.) das Nichtidentische gerade nicht in die Bewegung eines umfassenden und alles durchgreifenden Ganzen aufhebt. (...) Nur als Moment *des Ganzen* ist es *Moment*.«[467] Das Moment, bei Hegel als spekulativer Begriff verstanden, ›verschwindet‹ im Ganzen; es ist Korrelat zum Begriff der Aufhebung. Adorno teilt diesen spekulativen Sinn von ›Moment‹, der auf die Identität des wahren Ganzen zielt, nicht.

Mit Sicherheit führt jedoch auch die Auffassung der Dialektik Adornos als eine »*Dialektik ohne Momente*«[468] dazu, daß Nichtidentität und Identität als Gegenpole in der Erkenntnis erscheinen; mehr noch, daß mit Identität falsche, mit Nichtidentität aber wahre Erkenntnis konnotiert wird. Entsprechend expliziert U. Guzzoni ›Nichtidentität‹ als ›Andersheit‹.[469] Aus Gründen, auf die ich gleich eingehen will, vermag diese Interpretation die Radikalität des Nichtidentischen nicht zu erfassen.

Wie der absolute Idealismus, so kreist auch die »Negative Dialektik« um das Problem einer Verflüssigung der zweiwertigen Subjekt-Objekt-Struktur. In dieser Struktur läßt sich Erkenntnis seit Kant nicht mehr explizieren. Doch sind die Konsequenzen aus der Reflexion auf das erkenntnistheoretische Problem bei Adorno andere als im Idealismus. Dessen Reflexionsniveau muß Adorno gewissermaßen schon im Rücken haben, um von der Kritik des Identitätsprinzips zur systematischen Rehabilitierung der Nichtidentität bzw. des Vorrangs des Objekts zu kommen. Wir erinnern uns an das ›Dritte‹ in der Erkenntnis als Ort der Selbstbezüglichkeit der Reflexion des Erkennenden auf sich als Erkennenden, das der Idealismus als Moment des Bewußtseins expliziert. Wahre Erkenntnis ist demnach unter idealistischen Voraussetzungen – das heißt, auf der Grundlage der Prämisse,

199

daß Identität sein soll – nur möglich, indem ein metaphysisch letztes Medium unterstellt wird: absoluter Geist, absolutes Ich, Gott. Aus dieser idealistischen Antwort auf das reflexionstheoretische Problem eines ›Dritten‹ ergibt sich, so paradox das klingen mag, für Adorno überhaupt erst die Möglichkeit eines Konzepts negativer Dialektik. Stellt man nämlich jenes affirmativ besetzte metaphysische Medium idealistischer Systeme, das verabsolutierte Prinzip der Subjektivität, selbst unter Vorbehalte des Nichtidentischen, bleibt eine offene, jedoch nicht relativistische, Erkenntnisstruktur zurück, d. h. eine Erkenntnis, die nicht mehr verläßlich in Identität terminieren kann. Negative Selbstrückbezüglichkeit des Denkens kann nicht in einem Absoluten aufgehen, das seiner eigenen Immanenz entspringt. Denn unter dem Vorzeichen eines Bewußtseins von Nichtidentität bedarf es der materialen Gehalte in der Erkenntnis, auf die die idealistischen Konzeptionen gerade zu verzichten können glauben.

Will man also, wie Adorno, das Problem der bewußtseinsphilosophischen Subjekt-Objekt-Dialektik mit Mitteln einer Subjekt-Objekt-Dialektik kritisch reflektieren, dann bleibt nur die Möglichkeit, die Objektseite der Erkenntnis systematisch gegen den Idealismus zu rehabilitieren. Genau an dieser Stelle ist auch der systematische Ort des Theorems vom Vorrang des Objekts bei Adorno zu finden. Vorrang des Objekts bedeutet nicht, daß an die Stelle des Vorrangs des Subjekts nun der Vorrang des Objekts tritt. Die »Negative Dialektik« nimmt implizit, gegen Fichte, Schelling und Hegel, nochmals die Kantische Konzeption von ›Ding an sich selbst‹ auf. Man kann die ›Ding an sich‹-Problematik als Schlüssel zur Objektdimension der Erkenntnis bei Adorno verstehen.

Wir haben gesehen, daß Adornos Identitätsbegriff und damit auch seine Kritik an dem, was er als Identitätsprinzip identifiziert, in manchen Hinsichten nicht unproblematisch ist. Aber die Rettung seines kritischen Impulses gegen das Identitätsdenken kann nicht darin bestehen, daß man Nichtidentität, gegen die »schlechte« Identität gesetzt, bloß beschwört. Das Verständnis von Nichtidentität, das ich im folgenden zur Diskussion stellen werde, wird anhand einer kritischen Auseinandersetzung mit U. Guzzonis Vorschlägen zu diesem Thema vorgezeichnet.[470]

Die Dialektik von Identität und Nichtidentität bei Adorno verhält sich nicht antithetisch zum Idealismus. Adorno »hält« der ›Identität von Identität und Nichtidentität‹ nicht nur die Nichtidentität von Identität und Nichtidentität »entgegen«.[471] Immanente Kritik versteht sich als kritische Reflexion; Adornos Idealismuskritik machte keinen Sinn, wenn man sie als Inthronisierung von Nichtidentität an die Stelle von Identität begriffe. Nichtidentität ist nicht die »gute« Andersheit gegen die entfremdete Identität.

Mißverständnisse in dieser Hinsicht verdanken sich jedoch nicht zuletzt der Übernahme der äquivoken Verwendungsweise von ›Identität‹, wie sie bei Adorno anzutreffen ist. Darauf ist möglicherweise auch U. Guzzonis Auslegung der Nichtidentität als wesentliche Andersheit zurückzuführen. Sie expliziert Identität letztlich als ›Einheit‹. Nichtidentität kommt dagegen dem Vielen, dem Verschiedenen, dem Fremden, dem Anderen als Prädikat zu. Ich habe weiter oben versucht zu zeigen, warum Identität und Einheit gerade nicht deckungsgleich sind.

Den grundsätzlichen Mangel an U. Guzzonis Entwurf sehe ich jedoch darin, daß sie den systematischen Zusammenhang zwischen Gesellschaftstheorie und Erkenntnistheorie bei Adorno in einer Ontologie des falschen Zustandes sieht. Aus den bereits genannten Gründen scheint mir damit für die Identitätskritik Adornos wenig gewonnen zu sein. Hinsichtlich ihrer Identitätskritik in ontologischer Absicht interpretiert U. Guzzoni Adorno so, als biete er gleichberechtigt zwei Wege an, »den Vorrang der Identität in Frage zu stellen«.[472] Der eine Weg sei mit der »Dialektik der Aufklärung« als Kritik der »identifizierenden Beherrschung des je anderen« gewiesen worden; dem anderen läge eher eine »spekulativ-kategorial zu nennende Dimension«[473] zugrunde. In ihrer Kritik des Identitätsparadigmas vollzieht U. Guzzoni dabei scheinbar problemlos, was in unserem Zusammenhang gerade als das zentrale Problem formuliert wurde: den Übergang zwischen Gesellschaftstheorie und Erkenntnistheorie bei Adorno.[474] Unter dieser Voraussetzung sind bei ihr subjektiv-instrumentelle Vernunft und das Identitätsprinzip des Idealismus nicht voneinander unterschieden.

Das hat zur Folge, daß Nichtidentität gegen die ontologisch fixierte Übermacht des Identitätsparadigmas eigentlich nur der Status eines Residuums zugewiesen werden kann. Nichtidentität verkommt so zu einem »Rest«, den das Identitätsdenken nicht erreicht. Diese Sichtweise könnte man als eine Ontologisierung des Nicht-Ontologisierbaren bezeichnen. Die These lautet: »Das Grundverhältnis des Menschen zu seiner Welt ist dann so zu fassen, daß es *nicht* durch *Identität* bestimmt ist: Das Seiende ist *nicht identisch* in seinem Sein begreifbar, es bleibt ein Rest, der in der Selbigkeit des Seins nicht repräsentierbar ist und sich jeder Identifizierung entzieht; und der Mensch ist *nicht* das allgemeine Vermögen des Weltbegreifens, in dem er sich mit allen Anderen identisch setzt, sein Denken scheitert an seinen Erfahrungen. (...) Das Seiende ist *nicht-identisch*, nämlich anders und fremd, weil vieldeutig, werdend-geworden, abhängig von Situationen und Konstellationen.«[475] Abgesehen davon, daß unklar bleibt, warum Andersheit und Fremdheit notwendig mit Vieldeutigkeit und Prozessualität verbunden sein sollen, ist das Seiende selbstverständlich nicht identisch in seinem Sein begreifbar, auch nicht repräsentierbar. Letzterem würde Adorno zustimmen. Eine Position, die das bestritte, fiele hinter die Kantische Vernunftkritik auf die Metaphysik eines Ding-an-sich und damit auf eine einfache Subjekt-Objekt-Vorstellung zurück.

Adornos Konzeption von Nichtidentität ist gerade nicht ontologisch in diesem Sinne gemeint. Auch wenn sie – wie gesagt: nicht ohne mißverständliche Konsequenzen – ontische Momente zum Anlaß der Reflexion nimmt. Durch die Dualismen Subjekt – Objekt, Identität – Nichtidentität, Vermitteltes – Unmittelbares, Einheit – Mannigfaltiges etc. schneidet nicht *eine* Linie hindurch, auf deren einer Seite man einen Standpunkt beziehen könnte, dem die andere Seite als das Andere schlechthin erschiene. Daß Identität und Nichtidentität miteinander und durcheinander vermittelt sind, heißt auch, daß man sinnvoll nicht von ontologisch verstandenen Resten oder Residuen sprechen kann, in denen allein Nichtidentisches zu Hause ist. Das Verhältnis von Begriff und Begriffslosem kann nicht analog zum Verhältnis Identität – Nichtidentität gedacht werden. Adornos Stellung dazu besagt konsequenterweise nur soviel, daß die »Utopie der Erkenntnis wäre, das Begriffslose mit Begriffen aufzutun, ohne es ihnen gleichzumachen«.[476] Dialektik als Erkenntnis mit offenem Ausgang bedeutet, das Erkennen nicht von seinen Resultaten her zu begreifen – je nachdem, ob es in Identität oder in Nichtidentität terminiert –, sondern bedeutet ein Eingedenken des spezifischen Modus der Erkenntnis in Ansehung ihrer Objekte. Nichtidentität als Modus einer Erkenntnis ist Eingedenken dessen, daß Identität nicht ein ontologisch Letztes ist; mehr noch: daß es überhaupt kein Letztes im Sinne eines letzten Prinzips gibt, gleich, ob es Identität oder Nichtidentität heißt.

Diese Sicht widerspricht der Auffassung U. Guzzonis. Ihr zufolge weist die Rede vom Nichtidentischen »nicht auf etwas vom Identitätsdenken Vergessenes hin, sondern sie widerspricht der identitätsphilosophischen Überzeugung, daß nur das in allgemeingültige Begriffe Aufhebbare ein philosophischer Gegenstand sein könne«.[477] Tatsächlich ist Nichtidentität aber mit dem Gegensatz von ›Vergessen‹ konnotiert. Sie ist Erinnerung, aber was sie erinnert, sind nicht nur die vom Identitätsdenken ausgesparten Reste. Sie ist, wie das Kantische ›Ding an sich selbst‹, die Erinnerung oder das Eingedenken daran, daß sich die Dinge nicht in ihrem Erkanntsein erschöpfen. Was besagt aber die »identitätsphilosophische Überzeugung«, nach der Gegenstände der Erkenntnis nur im Medium des begrifflich Allgemeinen als philosophische behandelt werden können? Adornos Identitätsbegriff jedenfalls erschöpft sich, wie wir sahen, nicht in dieser Dimension des Identischen.

Ich möchte deshalb im folgenden eine entsprechende These untermauern: Adornos Utopie einer Erkenntnis, die des Nichtidentischen eingedenk, basiert auf einem theoretischen Fundament, in das der Begriff der Identität in einer Vielfalt von Aspekten eingelassen ist. Erst aus der Perspektive einer wechselseitigen Explikation von Identität und Nichtidentität erhält Nichtidentität als *Grenzbegriff des Begrifflichen*, als Konstellation, Konturen. Die wichtigste, in den ersten Teilen dieser Untersuchung vorbereitete Einsicht, die wir zugrunde legen wollen, ist die, daß der erkenntnistheoretische Vorrang des Objekts bei Adorno nicht aus einer Identitätskritik resultiert, die als ›Ontologie des falschen Zustandes‹ auftritt, sondern aus dem Prozeß einer philosophischen Reflexion gewonnen wird, die sich im Medium immanenter Kritik vollzieht.

2.2.2.1. Das Nichtidentische

Ob der Begriff des Nichtidentischen bei Adorno in einem terminologisch fixierten Sinne[478] gebraucht wird oder ob er »eine logische Metapher (ist), deren Faszination auf lauter nichtanalysierten Assoziationen beruht, die sie nahelegt«,[479] ist eine Frage, die auf die Schwierigkeiten im Umgang mit diesem Begriff ein Licht wirft.

Tatsächlich ist er von einem weiten Feld anderer Ausdrücke umgeben, die ihn, jeder einzeln, zwar nicht explizieren, dennoch aber erläuternde Funktion haben. Zusammengenommen vermitteln sie eine Vorstellung davon, was gegebenenfalls unter ›Nichtidentischem‹ verstanden werden kann. In der »Negativen Dialektik« findet sich eine Reihe solcher Ausdrücke: das Nichtbegriffliche, das Begriffslose, das dem Begriff Heterogene, Nichtbegriffliches als Inhalt des Begriffs,[480] das Unauflösliche,[481] das Qualitative,[482] das Unmittelbare,[483] das Andere,[484] das Verschiedene,[485] das Fremde,[486] das Offene, Ungedeckte,[487] das Unentstellte,[488] das Gewordene,[489] das Unidentische.[490]

Die genannten Ausdrücke bilden eine Konstellation um einen gemeinsamen Bedeutungskern. Negativ ausgedrückt ist er nicht mehr als das *nicht Identische.* Der Begriff gewinnt seinen Sinn durch eine Negationserfahrung, die gegen ›Identisches‹ gerichtet ist. Diese Auslegung des Begriffs bleibt jedoch noch unbefriedigend. Ich schlage deshalb vor, Nichtidentität als *Grenzbegriff des Begrifflichen* zu verstehen. Er gehört weder ganz dem Begrifflichen, dem Identischen noch ganz dem schlechthin Begriffslosen, Mimetischen an. Darüber hinaus hat die Bestimmung als Grenzbegriff einen methodologischen Sinn. Wir erinnern an Webers Konzept idealtypischen Sinnverstehens. Dort haben Grenzbegriffe – wie z. B. der der Zweckrationalität – eine heuristische Funktion. Sie decken Sinnzusammenhänge auf, doch sind sie keine Definitionen. Sie erschließen den möglichen Sinn dessen, womit sie sich befassen, *indem* sie an dem gebildet werden, womit sie sich befassen. Dieses Verfahren ist auch für den Begriff der Nichtidentität charakteristisch. Die Erfahrung von Nichtidentität in der Erkenntnis zielt auf die Explikation der Spannung zwischen Identität und Nichtidentität, die in die Gegenstände der Erkenntnis selbst eingelassen ist.

Der »Identität gegenüber Negatives«[491] beinhaltet Nichtidentität, insofern sie das Moment der Selbstreflexion von Identität bereithält. Wir sprachen davon, daß Identität als Topos nur aus der Perspektive einer nichthintergehbaren Erfahrung von Nichtidentität zu verstehen ist. Umgekehrt ist Identität ihrerseits die nichthintergehbare Bedingung von Nichtidentität. Sie wird in der Erfahrung einer Differenz zwischen Identischem und Nichtidentischem schon vorausgesetzt. Nichtidentisches wäre demnach als Kritik des Identischen, nicht als das Andere des Identischen zu verstehen; Nichtidentisches verhält sich zu Identischem nicht kontradiktorisch, sondern dialektisch.

Zwar verweist Nichtidentisches darauf, daß das, was ist, mehr ist, als es ist, doch heißt das nicht, daß das Nichtidentische das Identische umfaßt, extensiver ist als dieses. Nichtidentisches wird nicht als das der Sache Anderes wahrgenommen, sondern bezeichnet einen anderen Blick auf die Sache; den, der sich ins Detail versenkt, sich des Besonderen, Individuellen in ihr annimmt. Erkenntnis, die Nichtidentisches am Objekt erfahren will, ist nicht gegen Identität, sondern gegen Identifikationen gerichtet. »Insofern wäre das Nichtidentische die eigene Identität der Sache gegen ihre Identifikationen.«[492] Dieser Satz ist aufschlußreich. Zum einen widerspricht er einer Auffassung, die Identität und Nichtidentität aus der Perspektive einer Ontologie des falschen Bestehenden gegeneinander ausspielen will, indem das falsche Bestehende mit Identischem, eine Utopie der Versöhnung aber mit Nichtidentischem identifiziert wird. Die Dialektik von Identität und Nichtidentität wäre damit obsolet geworden. Zum anderen bestätigt er unsere Differenzierung im Identitätsbegriff. Erkenntnis des Nichtidentischen zielt auf die Identität des Objekts; sie identifiziert es *als* etwas, aber sie meldet Vorbehalte gegen Identifikationen im Sinne von ›identifizieren *mit*‹ an. Nichtidentisches nimmt Interesse am Besonderen, aber nicht gegen das Allgemeine, sondern durch das Allgemeine vermittelt. Gegen die Hypostasierung des Allgemeinen will solche Reflexion das Eingedenken dessen leisten, was das Begriffliche seiner Tendenz nach vernachlässigt. »Philosophie hat, nach dem geschichtlichen Stande, ihr wahres Interesse dort, wo Hegel, einig mit der Tradition, sein Desinteressement bekundete: beim Begrifflosen, Einzelnen und Besonderen; bei dem, was seit Platon als vergäng-

lich und unerheblich abgefertigt wurde und worauf Hegel das Etikett der faulen Existenz klebte. Ihr Thema wären die von ihr als kontingent zur quantité négligeable degradierten Qualitäten. Dringlich wird, für den Begriff, woran er nicht heranreicht, was sein Abstraktionsmechanismus ausscheidet, was nicht bereits Exemplar des Begriffs ist.«[493] Die zitierte Stelle macht deutlich, daß eine Erkenntnis, die in Adornos Sinne auf Nichtidentisches geht, selbst keineswegs nicht-begrifflich ist. Für den Begriff wird dringlich, woran er nicht heranreicht. Daß Begriffliches defizitär bleibt und gleichwohl doch unerläßlich ist, ist gewissermaßen die Geschäftsgrundlage der Idee negativer Dialektik. »Nur Begriffe können vollbringen, was der Begriff verhindert.«[494] Und: »Weil das Seiende nicht unmittelbar(,) sondern nur durch den Begriff hindurch ist, wäre beim Begriff anzuheben, nicht bei der bloßen Gegebenheit.«[495]
Wodurch sich das Nichtidentische sein Recht verschafft, läßt sich durch drei Momente angeben, die dem Objekt der Erkenntnis fundamental zukommen, die aber durch begriffliche Identifikationsleistungen – hier sind vor allem Subsumtionen und Klassifikationen des identifizierenden Denkens von etwas mit etwas gemeint – nicht angemessen erfaßt werden können. Es sind dies die qualitative Differenziertheit[496] eines bestimmten Seienden, der Sinnhorizont, in den es auf eine spezifische Weise eingebunden ist, und seine Veränderung in der Zeit. Unter der qualitativen Differenziertheit will ich mit U. Guzzoni »die Mannigfaltigkeit der endlichen Bestimmtheiten und Eigenheiten eines Einzelnen«[497] verstehen, die diesem als sinnlich erfahrbare Qualitäten zukommen. Diese endlichen Bestimmtheiten sind auch relativ zu dem Sinnhorizont, in den sie für den Erkennenden und Wahrnehmenden eingebettet sind. Allein die Erfahrung der Zeitlichkeit eines Einzelnen bereitet Probleme, wie die Erfassung dieser Dimension vorzustellen ist. Adorno hat dafür die dunkle, an W. Benjamin erinnernde Formulierung gefunden, nach der sich zeitliche Erfahrung in der Erkenntnis als »Lesen des Seienden als Text seines Werdens«[498] ausdrückt.
Die Aneignung und Erfahrung dieser drei Momente ist ihrerseits begriffsgeleitet. Aber die Begriffe fügen sich zu Konstellationen zusammen, in deren Kontext sich das Erkennen seinen Gegenständen annähert. Konstellationen bilden Begriffe, wenn sie den

Gegenstand *als* etwas identifizieren. Denn etwas als etwas zu identifizieren bedeutet, wie wir sahen, nicht, daß der Gegenstand der Identifikation vollständig koextensiv zu einem Begriff ist, sondern schließt gerade die Möglichkeit ein, daß er auch noch anderes ist. Wichtig ist, daß eine Erkenntnis, die im Sinne Adornos zu einer Erfahrung des Nichtidentischen wird, an die Erfahrung des Einzelnen als Einzelnem gebunden ist. Erkenntnis vollzieht sich am Leitfaden der Objekte. Das heißt, in den Reflexionsprozeß selbst fließt die Materialität der Objekte ein. Das Objekt der Erkenntnis ist gerade kein im Denken des Erkennenden mit sich Identisches. Die Erfahrung von Nichtidentischem an einer Sache setzt voraus, daß diese sich der Erkenntnis nicht als restlos identifizierbare präsentiert. Aus dieser Einsicht erklärt sich das Interesse Adornos an der systematischen Rehabilitierung der Objektdimension der Erkenntnis am Leitfaden individueller Erfahrung und Erkenntnis.

2.2.2.2. Vorrang des Objekts

›Vorrang des Objekts‹ wird in der »Negativen Dialektik« nicht als Alternative zum idealistischen Primat der Subjektivität gesehen; als ließe sich das Verhältnis von Subjektivität und Objektivität schlicht mit umgekehrten Vorzeichen versehen. »Aber der kritische Gedanke möchte nicht dem Objekt den verwaisten Königsthron des Subjekts verschaffen, auf dem das Objekt nichts wäre als ein Götze, sondern die Hierarchie beseitigen.«[499] Adorno bringt zwar den materialen ›Etwas‹-Charakter des Unmittelbaren, das Hegel dem konstitutiven Bewußtsein zurechnet, gegen die Identität konstitutiver Subjektivität zur Geltung, aber er ist weit davon entfernt, von unmittelbarer Erkenntnis zu sprechen. Erkenntnis als Intuition der Unmittelbarkeit hatte Adorno doch gerade der Philosophie Bergsons vorgeworfen.
Der Vorrang des Objekts ist selbst vermittelt. Es gilt der Vorrang des Objekts, aber es gibt keine Gegenstände, auf die sich Erkenntnis unverstellt, vermittlungslos beziehen könnte. Wäre dem anders, gäbe es berechtigte Zweifel an Adornos Verständnis philosophischer Reflexionsprozesse. Hegels ›Drittes‹ würde damit nur einfach der Objektseite zugerechnet werden. Die »Negative

Dialektik« löst das Problem – und dies gerade in der Tradition Hegels – dahingehend auf, daß es ›das Subjekt‹ so wenig wie ›das Objekt‹ im eigentlichen Sinne gibt. »Subjekt ist in Wahrheit nie ganz Subjekt, Objekt nie ganz Objekt; dennoch beide nicht aus einem Dritten herausgestückt, das sie transzendierte.«[500]

Der Vorrang des Objekts wird aus dem defizienten Modus des idealistischen Vermittlungsbegriffs gewonnen und nicht durch die Negation des Vorrangs des Subjekts. Erst aus jenem defizienten Modus läßt sich das Ungleichgewicht von Subjekt und Objekt ableiten. »Vermöge der Ungleichheit im Begriff der Vermittlung fällt das Subjekt ganz anders ins Objekt als dieses in jenes. Objekt kann nur durch Subjekt gedacht werden; erhält sich aber diesem gegenüber immer als Anderes.«[501]
Aus der immanenten Kritik des Idealismus entspringt die These vom Vorrang des Objekts. Sie beansprucht nicht den Primat des Objekts vor dem des Subjekts, sondern besagt nur, daß es den des Subjekts nicht gibt. »Strenggenommen hieße Vorrang des Objekts, daß es Objekt als ein dem Subjekt abstrakt Gegenüberstehendes nicht gibt, daß es aber als solches notwendig erscheint; die Notwendigkeit dieses Scheins wäre zu beseitigen. Ebensowenig allerdings ›gibt‹ es eigentlich Subjekt. Die Hypostasis im Idealismus führt auf Ungereimtheiten.«[502] Würde die negative Dialektik tatsächlich den Vorrang des Objekts gegen den des Subjekts ausspielen, fiele sie auf das Reflexionsniveau des Idealismus zurück. Auch die Asymmetrie der Subjekt-Objekt-Vermittlung kehrt in der »Negativen Dialektik« nicht nur mit umgekehrten Vorzeichen wieder. Sie erfüllt vielmehr eine Funktion der Kritik und besagt: Objektivität geht nicht in Subjektivität auf. Das zu reflektieren ist allerdings dem Subjekt aufgegeben. »Einzig subjektiver Reflexion, und der aufs Subjekt, ist der Vorrang des Objekts erreichbar.«[503]
Aus der angenommenen Asymmetrie in der Subjekt-Objekt-Beziehung folgt jedoch bei Adorno, anders als bei Hegel, kein ontologisches Vorrecht des Bewußtseins. Der Vorrang des Objekts begründet sich bei Adorno genetisch: Geist, Bewußtsein ist das dem Natürlichen Abkünftige, »abgezweigt von der libidinösen Energie des Gattungswesens Mensch«.[504]
Deshalb ist die Subjekt-Objekt-Trennung nicht nur Schein, son-

dern eben auch real. »Die Trennung von Subjekt und Objekt ist real und Schein. Wahr, weil sie im Bereich der Erkenntnis der realen Trennung, der Gespaltenheit des menschlichen Zustands, einem zwangvoll Gewordenen Ausdruck verleiht; unwahr, weil die gewordene Trennung nicht hypostasiert, nicht zur Invarianten verzaubert werden darf.«[505] ›Real‹ darf man zwar nicht im Sinne eines naiven Realismus verstehen; daß jedoch, wie Hegel voraussetzte, Objektivität nichts anderes sei als nur das Ich selbst,[506] täuscht nach Adorno darüber hinweg, daß das Subjekt selbst Objektivität ist. Durch das empirische Etwas, an das Subjektivität gebunden ist bzw. ihr zugrunde liegt, sieht sich Adorno berechtigt, jenes Dritte – den Objektcharakter der Reflexion auf die Reflexion und die Reflexion-auf-anderes – nicht der Seite des Subjekts allein zuzuschlagen, sondern auch der des Objekts.

Was Hegel der Erfahrung im Hinblick auf das Absolute nur als Selbstbewußtsein zurechnen konnte, ist für Adorno ein Moment der Unterscheidung am Ort der Vermittlung selbst. Es verweist negativ-dialektisch auf die Bestimmtheit jener Vermittlung durch die Objektseite. Das Nichtidentische benennt die qualitative Differenz, die der Auflösung des Erkenntnisprozesses ins Prinzip der Subjektivität widerstreitet.

Der produktive Erfahrungsfortschritt in der Erkenntnis stellt sich bei Adorno nicht wie bei Hegel dadurch her, daß das Ansich der Gegenstände zum Ansich für das Bewußtsein wird, sondern tritt schon in der Negationserfahrung auf, die die Reflexion an ihrem Gegenstand erlebt. Die negativ-dialektische Forderung an das Denken, der Nichtidentität seines inhaltlichen ›Etwas‹ einzugedenken, macht Erkenntnis im Verständnis Adornos zu einem hermeneutischen Prozeß ohne festes Ende. In ihm werden sich Erfahrung und Erkenntnis des Gegenstandes nie beruhigen können, solange ihm das Moment des Negierens konstitutiv innewohnt. Der Prozeß diskursiver Erfahrung bleibt offen, wird nicht mit sich selbst identisch.

Vor diesem Hintergrund kann man die »Negative Dialektik« als eine Erkenntnistheorie lesen, die nach einem nach-idealistischen Ort wahrer Erkenntnis sucht. Dieser Ort ist das subjekt-philosophisch gereinigte Subjekt. Dem Vorrang des Objekts korrespondiert das empirische Subjekt. Wenn Adorno darauf verweist, daß »einzig subjektiver Reflexion und der aufs Subjekt«[507] der

Vorrang des Objekts erreichbar ist, dann ist mit ›Subjekt‹ das denkende, leibhaftige Individuum gemeint. ›Vorrang des Objekts‹ betrifft sowohl das Objekt wie auch das Subjekt. Die negativ-dialektische Erkenntnistheorie fordert das Denken auf, sich in seine Gegenstände hineinzuversenken, sich ihrer qualitativen Elemente zu versichern in dem Wissen, sie nicht in Bewußtsein auflösen zu können. Zur Erkenntnis in diesem Sinne gehört, daß sich ihre Gegenstände nicht im Erkanntsein erschöpfen. Das Nichtidentische ist nicht der unabgegoltene Rest der Erkenntnis, sondern ein ihr wesentlicher Teil, in dem sie als eine Einspruchsinstanz gegen Totalitätsansprüche des Begrifflich-Identischen auftritt. Erkenntnistheoretisch bedeutet Nichtidentität aber auch, daß das Denken keinen festen Halt mehr in Systemen finden kann. Es ist seinen Gegenständen gewissermaßen ausgesetzt. Adorno denkt an eine Spontaneität des Denkens am Leitfaden der Objekte.

Vorrang des Objekts als Erinnerung an ein unauflösliches materiales Etwas ist in bestimmter Hinsicht mit Kants transzendentalem Ding an sich vergleichbar. In beidem teilt sich etwas der Erkenntnis Unhintergehbares mit, das gleichwohl die Bedingung der Möglichkeit wahrer Erkenntnis ist. Bei Adorno hat dieses nichtidentische Etwas materialen Charakter. Das Wie seiner Vermittlung ist nicht, wie bei Kant, formal gedacht. Aus diesem Grund spricht Adorno von einem leibhaften, somatischen Moment in der Erfahrung.[508]

Nichtidentität ist, weil sie auf das Besondere, Einzelne zielt, zugleich Erinnerung an den nichtbegrifflichen Charakter des Ganzen, der Totalität. Sie impliziert in einem nicht-idealistischen Sinne die Kategorie des Unendlichen. »Sie (eine veränderte Philosophie – A. Th.) würde aber statt dessen selber, zart verstanden, unendlich insofern, als sie verschmäht, in einem Corpus zählbarer Theoreme sich zu fixieren. Ihren Gehalt hätte sie in der von keinem Schema zugerichteten Mannigfaltigkeit der Gegenstände, die ihr sich aufdrängen oder die sie sucht; ihnen überließe sie sich wahrhaft, benützte sie nicht als Spiegel, aus dem sie wiederum sich herausliest, ihr Abbild verwechselnd mit der Konkretion. Sie wäre nichts anderes als die volle, unreduzierte Erfahrung im Medium begrifflicher Reflexion.«[509] Negative Dialektik intendiert die Verwirklichung einer solchen Erfahrung nicht im Medium des

Begriffslosen, sondern durch die Richtungsänderung einer Begrifflichkeit, deren Ziel Identität ist. Es sind diskursive Prozesse, die diese Richtungsänderung bewirken. Denn »nur Begriffe können vollbringen, was der Begriff verhindert«.[510] Die Erfahrung von Nichtidentität ist selbst begriffsgeleitet und nicht begriffslos.
Paradoxerweise bewirkt und bedeutet der erkenntnistheoretische Vorrang des Objekts eine Rehabilitierung des Subjekts, damit es wirklich Subjekt sein kann. Mit dem Ende der Subjektphilosophie ist die Erkenntnistheorie, will sie sich nicht von der Idee des Subjekts verabschieden, mit der Rehabilitierung des empirischen Subjekts befaßt. Vor diesem Hintergrund ist die »Negative Dialektik« zu sehen.[511] Gegen den absoluten Idealismus nimmt sie nochmals die Kantische Unterscheidung zwischen empirischem und transzendentalem Subjekt auf. Nur mit dem Unterschied, daß ›Subjekt‹ mehr als nur – wie es die transzendentale Begründungsstruktur bei Kant verlangt – Formales zugerechnet wird. Das wirkliche Subjekt kommt in der Identitätsphilosophie gar nicht vor, weil diese einen zentralen Tatbestand in der Vermittlung von Subjekt und Objekt vernachlässigt: »Subjekt jedoch ist der eigenen Beschaffenheit nach vorweg auch Objekt.«[512] Gegen die von Hegel intendierte Einheit des versöhnten Ganzen im subjektiven Bewußtsein macht Adorno den Vorrang des Objekts für das Subjekt stark. Wie läßt sich dieser Sachverhalt auseinanderlegen?
Sein Kern ist die Differenz zwischen dem nicht auf das transzendentale Subjekt reduzierten »qualitative(n) Subjekt«[513] und dem pejorativ gemeinten bloß Subjektiven. Nach Adorno schlägt sich in unserem Sprachgebrauch das Erbe idealistischer Subjektphilosophie als Zurückweisung sogenannter bloß subjektiver Meinungen und Erkenntnisse nieder.
Erkenntnistheoretisch identifiziert der Idealismus ›Subjekt‹ mit ›Transzendentalsubjekt‹. Die noch von Kant betonte Verschiedenheit von transzendentalem und empirischem Subjekt wird in dessen Nachfolge zugunsten einer Konstruktion eines vorgängig ersten, transzendentalen Subjekts aufgehoben. Adorno stellt fest, daß mit dem idealistischen Primat konstituierter Subjektivität eine eigentümliche Verkehrung der Verhältnisse stattfindet: das transzendentale Subjekt sei in gewisser Weise wirklicher als die realen Subjekte, von denen subjektives Bewußtsein nur abstra-

hiert wurde. »Unter diesem Aspekt ist das transzendentale Subjekt ›konstitutiv‹«.⁵¹⁴ In der Subjektphilosophie erscheint das identitätslogisch konstituierte Prinzip ›Subjektivität‹ als durch sie erzeugte Objektivität. Das wirkliche Subjekt fällt gewissermaßen hinter die Objektivität des Subjektivismus zurück. Das transzendentale Bewußtsein ist Inbegriff der Abstraktionen, die die Subjektphilosophie um des reinen Prinzips der Subjektivität willen an den wirklichen Subjekten vornimmt. Die Totalität und Universalität verabsolutierter Subjektivität erfährt im Zeitalter subjektiver Ohnmacht eine weitere, nämlich positivistische Transformation. Identitätsdenken schlägt sich hier nieder als »Typus scheinbar antisubjektivistischen, wissenschaftlich objektiven Identitätsdenkens«.⁵¹⁵ Das Prinzip konstitutiver Subjektivität wird gewissermaßen dadurch gesteigert, daß Erkenntnis um angestrebter Objektivität willen entpersonalisiert wird. Ein falscher ›Vorrang des Objekts‹ ist gemeint, wenn praktische Wissenschaft ihren Gegenstandsbereich für ein Residuum subjektloser Objektivität hält. ›Subjektivität‹ ist nurmehr noch eine Schwundstufe des Subjekts, das als »subtrahierbare(s) Addendum«⁵¹⁶ Objektivität gerade nicht erkennen kann; es wird als Moment des Erkenntniszusammenhangs systematisch ausgegrenzt. Adorno setzt dagegen, daß das »Objekt (ist) so wenig subjektloses Residuum wie das vom Subjekt Gesetzte«⁵¹⁷ sei.

Zusammenfassend läßt sich sagen: Der erkenntnistheoretische Vorrang des Objekts, mit dem eigentlich keine Vorrangigkeit, keine Hierarchie intendiert ist, entspringt der Reflexion auf die Asymmetrie im Subjekt-Objekt-Verhältnis durch das Subjekt selbst. Subjekt ist Form im Kantischen Sinne, doch bedarf die Form der Erkenntnis des Inhaltlichen, Objektiven, das zu einem Geformten erst werden kann. Zugleich ist Subjekt als Existierendes, Materiales, sich Durchhaltendes auch Objekt. Es ist Objekt als das »Feste des erkenntnistheoretischen Ichs«.⁵¹⁸ Die Identität des Selbstbewußtseins ist an das empirische Ich gebunden und ist so auch Objekt; Subjekt ist Objekt, insofern es irreduzibel auf etwas verweist. Nur als ›Etwas‹, sich als Objekt erfahrenes, besitzt es die »Fähigkeit zur Erfahrung«.⁵¹⁹ »Ist Subjekt nicht etwas – und ›etwas‹ bezeichnet ein irreduzibel objektives Moment –, so ist gar nichts; noch als actus purus bedarf es des Bezugs auf ein Agierendes.«⁵²⁰

Vorrang des Objekts steht für die Kritik jeder Hierarchie im Verhältnis zwischen Subjekt und Objekt. Adornos Kritik wendet sich gegen jede Art von erstem, absolut gesetztem Prinzip.

2.2.2.3. Negative Dialektik und Erfahrung

Erkenntnis, die durch den Vorrang des Objekts des Nichtidentischen eingedenken will, läßt sich mit Adorno auch als eine spezifische Form von Erfahrung auffassen. Man kann die »Negative Dialektik« als eine Theorie der Erfahrung lesen. Gemeint ist eine diskursive, d. h. reflexionsgeleitete und reflexionsbestimmte Erfahrung, die aus einer Weise der Aneignung von möglichen Gegenständen der Reflexion gewonnen wird, die das Unauflösliche des Objekts als dessen Freiheit bewahrt. »Entäußerte wirklich der Gedanke sich an die Sache, gälte er dieser, nicht ihrer Kategorie, so begänne das Objekt unter dem verweilenden Blick des Gedankens selber zu reden.«[521] Der philosophische Gedanke hätte, insofern er selbst die Freiheit zum Objekt aufbrächte, das Miteinander des Verschiedenen zu denken. In der »Kommunikation des Unterschiedenen«[522] würde sich Wahrheit als »Konstellation von Subjekt und Objekt, in der beide sich durchdringen«,[523] darstellen.

In dieser Weise ist die Utopie »unreglementierter Erfahrung«, in der »das Subjekt als Moment von Erkenntnis«[524] zu seinem Recht kommt, zu verstehen. »Utopie wäre die opferlose Nichtidentität des Subjekts.«[525] Im Eingedenken des Nichtidentischen, in dem die Spontaneität des Denkens bewahrt bleibt, ist die »volle, unreduzierte Erfahrung im Medium begrifflicher Reflexion«[526] möglich.

Wir sahen, daß Adorno das Nichtidentische diskursiver Erfahrungsbildung aus einem Moment der Hegelschen Dialektik, der negativen Dialektik, gewinnt. Dieses Moment ist, anders als bei Hegel – in dieser Hinsicht steht Adorno Kant näher –, nicht in Identität auflösbar. Das unauflösliche ›Etwas‹ im Erkennen nötigt zum Sachhaltigen, Inhaltlichen, Materialen.[527] Gleichwohl ist das Nichtidentische – hier wiederum mit Hegel – an das dynamische Widerspruchsprinzip der Dialektik gebunden.

Die Dynamik der Dialektik verdankt sich in Adornos Perspektive der Negativität des Denkens selber. Dem entspricht Hegels Begriff negativer Dialektik. Die negative Dialektik Adornos bleibt quasi auf der Stufe Hegelscher Dialektik, auf der die Nichtidentität zwischen Subjekt und Objekt als Nichtidentität hervortritt. Am Ort dieser Nichtidentität will Adorno Reflexionsbestimmungen und Gegenstände in Konstellationen bringen, die sich gegen die vollständige Auflösung in Denken sperren. Dieser Widerstand ist das eigentliche Movens der Erfahrung. Sie arbeitet sich fortschreitend an begrifflichen Bestimmungen, die sie ihren Gegenständen zumutet, ab. Insofern teilt die »Negative Dialektik« das entwicklungslogische Modell Hegels nicht. Bei jenem kommt das neuerliche Aufbrechen des Konflikts zwischen Identität und Nichtidentität letztendlich zum Stillstand. Denn Adorno entnimmt der Dialektik Hegels zwar die spezifische Auffassung vom Widerspruch als dem vermittelnden Agens und Movens der Erfahrung. Doch denkt er sie als offenen Prozeß, weil das Nichtidentische selbst konstitutives Moment der Erkenntnis ist.

Das Resultat der Erfahrung ist bei Hegel Identität. Denn er argumentiert am Leitfaden des konstitutiven Subjektbewußtseins, das eben selbst der dynamische Träger der Erfahrung ist. Nichtidentität bleibt bei Adorno bestehen, weil er am Leitfaden des Objekts argumentiert, das selbst eben nicht das Moment der Erfahrung impliziert. Deswegen ist Erfahrung bei Adorno an individuelle Erfahrung gebunden, wohingegen sie bei Hegel für die universalgeschichtliche Verwirklichung des absoluten Geistes stehen kann.

Adornos »Negative Dialektik« entspricht einem strukturellen Moment Hegelscher Dialektik, das die Mikroanalyse immanenter Kritik an jener erkennt. Das negative Wesen des Bewußtseins verhält sich zu den Gegenständen passiv, zusehend; dieses einfühlende Moment des Erkenntnisvorgangs, das sich den Gegenständen überläßt, hält Nichtidentisches als Moment der Wahrheit fest. Nichtidentität als ›gewährte Nähe‹ ist Moment der Versöhnung. »Der versöhnte Zustand annektierte nicht mit philosophischem Imperialismus das Fremde, sondern hätte sein Glück daran, daß es in der gewährten Nähe das Ferne und Verschiedene bleibt, jenseits des Heterogenen wie des Eigenen.«[528] In der Vielheit des Verschiedenen könnte die Identität des Subjekts jenseits des Identischen als »Miteinander des Verschiedenen«[529] gewahrt werden. In diesem Zusammenhang macht Adorno das Moment der Analyse gegen die Prozessualität des Synthetischen bei Hegel stark. Jenes passive, phänomenologische Verhältnis zum Erscheinenden, das das Negativ-Dialektische bei Hegel in der Tat in sich einschließt, bringt Adorno mit dem von Benjamin geprägten Topos einer Dialektik im Stillstand[530] in Zusammenhang.

Das bedeutet, daß Dialektik nicht auf eine Methode, in Widersprüchen zu denken, reduziert werden kann; Dialektik ist vielmehr die »methodische Operation«, in der die Entzweiung von Gegebenem und Gedachtem auf einer Metaebene thematisiert wird. Hier erst wird die negativ-reflexive Selbstbeziehung sichtbar, die »im Horizont des natürlichen, von Entzweiung betroffenen Bewußtseins«[531] gar nicht vorkommt. Dialektik ist also das Rekonstruktionsverfahren und der Ort, an dem die negative Selbstbezüglichkeit als Differenzerfahrung des Bewußtseins mit sich selbst reflektiert wird. Sie bezeichnet den systematischen Anfang, an dem der Widerspruch ins Denken kommt. »Auf *den* Anfang, dessen Analyse die ›Einheit des Unterschieden- und Nichtunterschiedenseins‹ ergibt, führt erst eine Reflexion, die sich über die unmittelbare Vorstellung der Jetztfolge erhebt und die erfaßt, was diese Vorstellung voraussetzt und was als Voraussetzung des unmittelbaren Vorstellungszusammenhangs in diesem selbst außerthematisch, verdeckt enthalten ist.«[532]

»Die Reflexion im Anderssein in sich selbst«[533] muß also als Moment des Andersseins in sich selbst schon im Anfang enthalten sein. Diese Abstraktion bezeichnet den methodischen Schritt in die Dialektik. In dieser Hinsicht ist Adornos negative Dialektik der spekulativen Grundfigur der Hegelschen Dialektik verpflichtet. Der Unterschied – und es ist der ums Ganze, wie Adorno sagen würde – ist der, daß der außerthematische Widerspruch wesentlich durch die Sachhaltigkeit des Gegebenen, das das Denken zum Blick auf Nichtidentisches veranlaßt, motiviert wird und nicht nur Thema der Spekulation in der Reflexion auf sich selbst ist.

»Dialektik als Verfahren heißt, um des einmal an der Sache erfahrenen Widerspruches willen und gegen ihn in Widersprüchen zu denken.«[534]

Wie kann man nun diesen programmatisch zentralen Satz der »Negativen Dialektik« im Hinblick auf die ›unreduzierte Erfahrung im Medium begrifflicher Reflexion‹ auflösen? Die Formulierung des »an der Sache erfahrenen Widerspruchs« heißt, daß der Widerspruch die Reflexionsbestimmung der Sache selbst als der antagonistischen gesellschaftlichen Totalität ist. Der Widerspruch formuliert jenen antagonistischen Charakter als Diskrepanz zwischen Sache und Begriff. »Um des Widerspruches willen« meint, daß die Diskrepanz zwischen Sache und Begriff nicht auf die bloße Nichtübereinstimmung von res extensa und res cogitans verweist, sondern daß der Widerspruch gegen deren Identität selbst Index der richtigen Erkenntnis ist. »Gegen den Widerspruch in Widersprüchen« dialektisch zu denken heißt, daß der Widerspruch – entgegen der adaequatio-Konzeption – nicht aufgehoben werden kann. Als Widerspruch gegen *alle* Identitätsmuster bleibt er notwendig Widerspruch. Nichtidentität als sein Medium ist integraler Bestandteil negativer Dialektik. Jenes Hegelsche negativ-dialektische Widerspruchsmoment ist es, um dessentwillen *und* gegen das Adornos negative Dialektik in Widersprüchen denkt; sie verhindert die Schlichtung des Widerspruchs in Hegels finalistischer Perspektive. Die Konsequenz, »mit Hegel aber läßt solche Dialektik nicht mehr sich vereinen«,[535] ist zwangsläufig, denn die Diskursivität des Widerspruchsprinzips bei Adorno läßt eine stufenweise, jeweils erfolgende Schlichtung des Widerspruchs nicht zu. Weil der Antagonismus, der sich in der Differenz von philosophischer Reflexion und Wirklichkeit ausdrückt, anders als bei Hegel, nicht-identisch bleibt, ist die »Negative Dialektik« die konsequente Kritik des Identitätsdenkens überhaupt. Hier weist sie sich als Logik der Kritik aus; über ihren Ausgang kann sie selbst nicht bestimmen. Die so verstandene negative Dialektik kann kein erkenntnistheoretisches Telos außerhalb ihrer selbst haben, das sie über Stufen des erkennenden Bewußtseins schließlich erreicht. Sie ist kraft ihrer Negativität prinzipiell immer schon am Ort nichtidentischer Erkenntnis.

Die Dynamik einer negativ-dialektischen Logik der Kritik läßt sich bei Adorno nicht im Schema des Dreierschritts kanalisieren; sie widersteht dem Zwang des absoluten Idealismus. Das ist deshalb nicht möglich, weil die Art der Objektrepräsentation im

Denken nicht antizipierbar ist. In diesem Sinne ist die negative Dialektik eine Hermeneutik des kritischen Diskurses am Leitfaden der Objekte.

Hermeneutisch ist negative Dialektik auch durch ihr Verfahren, in *Konstellationen* zu denken. In begrifflichen Konstellationen sollen sich die Objekte erschließen. Denken in Konstellationen tritt bei Adorno systematisch an die Stelle, die bei Hegel die bestimmte Negation als Moment der spekulativen Dialektik einnimmt. Zwar sichert auch ein Denken in begrifflichen Konstellationen, in dem Adorno gewissermaßen die Authentizität der Gegenstände gewahrt sieht, qualitativen Fortschritt in der Erfahrung durch Erkenntnis, doch widerstrebt dieser Topos auch dem Hegelschen Gedanken einer finalistisch gedachten Prozessualität von Erkenntnis im Medium der Dialektik. Bestimmte Negation als qualitativer Umschlagspunkt, ist auch bei Adorno an das Moment der Aufhebung gebunden. Doch wird der Gedanke der entwicklungslogisch angelegten Synthesis von Adorno nicht konsequent übernommen. Diese Akzentverschiebung zugunsten der bestimmten Negation rehabilitiert die Spontaneität diskursiver Erfahrungsbildung. Ohne sie ist für Adorno wirklicher Fortschritt nicht möglich.

Das philosophische Konzept einer Erkenntnis als Eingedenken des Nichtidentischen in der Erfahrung läßt sich mit Entwicklungslogiken nur schwer vereinbaren. Denken in Konstellationen ergibt sich aus der Kritik des identifizierenden Denkens. Die »Konstellation« »belichtet das Spezifische des Gegenstandes, das dem klassifikatorischen Verfahren gleichgültig ist oder zur Last«.[536] In ihr entfaltet sich die in der Sache selbst enthaltene Dialektik des Begrifflichen und des Nichtbegrifflichen. »Konstellationen allein repräsentieren, von außen, was der Begriff im Innern weggeschnitten hat, das Mehr, das er sein will so sehr, wie er es nicht sein kann. Indem die Begriffe um die zu erkennende Sache sich versammeln, bestimmen sie potentiell deren Inneres, erreichen denkend, was Denken notwendig aus sich ausmerzte.«[537] Dieses Verfahren ist mit Webers Modell der Idealtypenbildung verwandt. Ich werde darauf später zurückkommen. Weil die negative Dialektik durch die Rehabilitierung des Nichtidentischen zum Inhaltlichen, Materialen der Erkenntnis nötigt, ist sie Erkenntnistheorie in einem spezifischen Sinn. Das Nicht-

begriffliche, Inhalt des Begriffs, wird bei Hegel immer schon als Begriff gedacht; es läßt sich immer schon unter die Bewegung des Begriffs subsumieren. Adorno betont gegen die identitätsphilosophische Schlichtung des Subjekt-Objekt-Verhältnisses das somatische Moment aller Erfahrung durch Erkenntnis. Körperlichkeit läßt sich nicht unter die kognitiven Schemata des Bewußtseins subsumieren; sie vertritt den Anspruch des Objekts und rehabilitiert zugleich das empfindende Subjekt. »Daß die cognitiven Leistungen des Erkenntnissubjekts dem eigenen Sinn nach somatisch sind, affiziert nicht nur das Fundierungsverhältnis von Subjekt und Objekt(,) sondern die Dignität des Körperlichen. Am ontischen Pol subjektiver Erkenntnis tritt es als deren Kern hervor.«[538] Gegen die Herrschaft des Begrifflichen spricht die Vergänglichkeit der Empfindungsmomente; sein Ansichsein unterliegt Veränderungen, deren erkenntnistheoretische Rahmenbedingungen das Nichtbegriffliche überschreitet. »Der Begriff des Nichtbegrifflichen kann nicht bei sich, der Erkenntnistheorie verweilen; zur Sachhaltigkeit der Philosophie nötigt diese.«[539]
Die Irritation des erkenntnistheoretischen Subjekt-Objekt-Dualismus durch das somatische Moment im Vorrang des Objekts begründet weit mehr als nur die Kritik des Idealismus. Die Nichthintergehbarkeit ontischer Residuen[540] in den Begriffen initiiert ein philosophisches Denken, das um die authentische Präsentierung der Objekte in der Erfahrung bemüht ist, ohne empiristisch zu sein.

Die Utopie einer unreduzierten, unreglementierten Erfahrung ist ein anderer Ausdruck für die *Idee der Versöhnung*. Nichtidentisches ist zugleich das Telos möglicher Versöhnung. Denn jede Erfahrung im Medium der Reflexion stößt auf etwas Unauflösliches, das nicht durch Begriffe allein eingeholt werden kann. Insofern impliziert Adornos Ansatz zu einer Theorie der Erfahrung Metaphysisches. Negativ-metaphysisch ist sie in ihrer Absage an identitätsphilosophische Transformationen, die zum übergreifenden Primat von Subjekt oder Objekt führen müssen.
Die »Negative Dialektik« führt vor, daß unserem Denken zwar die Trennung von Subjekt und Objekt zugrunde liegt, daß aber jene Trennung zwischen Subjekt und Objekt nicht analog der zwischen Ich und Sache ist.[541] Das war schon für Hegel Antrieb

der Dialektik des Begriffs. Doch weil unter Bedingungen der Idealismuskritik der positiv bestimmbare Ort, an dem alle Momente der Erkenntnis doch noch zusammenfallen könnten, nicht mehr vorausgesetzt werden kann, ist Adornos Philosophie negative Metaphysik. Jenseits aller Verabsolutierungen will sie die Erfahrung, daß das, was ist, mehr ist, als es ist.[542]
Aus der Sicht einer Utopie unreduzierter Erfahrung wird überhaupt erst begreiflich, was bei Adorno unter Versöhnung verstanden werden kann. ›Versöhnung‹ selbst ist notwendig nur negativ bestimmbar, denn die Rehabilitierung des empirischen Subjekts in der Erkenntnis am Leitfaden des Objekts führt dazu, daß das konkrete ›Was‹ der Versöhnung methodisch nicht antizipierbar ist. Die Kategorie der Versöhnung bleibt deswegen bei Adorno schillernd.
Einige Elemente von ›Versöhnung‹ sollen jedoch genannt werden. Versöhnung bezieht sich auf die Freiheit zum Objekt;[543] gemeint ist die befreite Kommunikation zwischen Subjekt und Objekt, zwischen Geist und Natur.[544] Sie ist möglich als Dialektik im Stillstand;[545] als Fähigkeit, dem Objekt wirklich zuzusehen;[546] in der Kommunikation des Unterschiedenen.[547] Sie wird erreicht in der Aufhebung von Herrschaft durch die Selbstsetzung des Subjekts;[548] durch die Konvergenz von Leiblichkeit und theoretischem Bewußtsein als Inbegriff wahrer Praxis;[549] nach der Abschaffung sinnlosen Leidens;[550] als Versöhnung der Naturgeschichte mit sich selbst;[551] in der angstlosen, aktiven Partizipation des Einzelnen im Ganzen.[552] Sie ist gemeint als Versöhnung des Subjekts mit dem Nicht-ich.[553]
Versöhnung ist an die Möglichkeit von Erfahrung gebunden. Tendenziell unterbestimmt bleibt der Gedanke einer möglichen Versöhnung, weil unreduzierte Erfahrung, die des Nichtidentischen eingedenk, als eine in Konstellationen gewordene Erfahrung in ihren Resultaten nicht antizipierbar ist. Es sind die konkreten, denkenden Individuen, die allein unreduzierte Erfahrung machen und ihr zum Ausdruck verhelfen können. Die Wahrheit einer solchen Erfahrung bemißt sich aber auch an den Objekten selbst.
Im Anschluß an Hegels – unter dem Vorrang des Objekts nun kritisch gewendeten – Erfahrungsbegriff, in dem gegen das absolute Bewußtsein die Dimension des Materialen, ein ursprüngli-

ches Moment somatischer Impulse betont wird, läßt sich mit Adorno ein Ort unreduzierter Erfahrung angeben: Gegen den idealistischen Vorrang des Subjekts soll den wirklichen Subjekten Erfahrung möglich sein. Erfahrung durch Reflexion, in der sich Sinnliches mit Kognitivem zusammenschließt, ist an die persönliche Identität von Individuen gebunden. Hier gewinnt die Utopie negativ-dialektischer Erkenntnis eine praktische Dimension. Erkenntnis und Erfahrung finden nicht mehr im absoluten Subjekt Hegels, Schellings oder Fichtes statt, sondern werden der Möglichkeit nach den empirischen Subjekten selbst zugemutet. »Unreduzierter Subjektivität« ist, wenn sie zu »uneingeschränkter Erfahrung«[554] in der Kommunikation mit den Objekten gelangt, der unverstellte Blick auf jene möglich, doch setzt diese Freiheit zum Objekt die in ihrer Reflexion autonomen Individuen voraus. Zwar bleibt deren Zugriff auf die Welt subjektiv, doch ist er nicht Ausdruck subjektiv-instrumenteller Vernunft, sondern ist, eingedenk des Nichtidentischen, als Versöhnung ›des nicht länger feindseligen Vielen‹ denkbar. Nicht die transzendentale Unhintergehbarkeit von ›Ich‹, sondern das ›qualitative Subjekt‹ ist im Medium der Reflexion ein Drittes neben absoluter Heteronomieerfahrung und der Hypostasierung des Ichs.

Im Unterschied zu Bergsons Intuitionismus ist bei Adorno geistige Erfahrung an den Begriff gebunden. Das Seiende ist nicht, wie bei Bergson, unmittelbar dem solipsistischen Einfühlungsvermögen[555] gegeben, sondern ist immer schon vermittelt durch den Begriff hindurch.

Dennoch steht die Redeweise »durch den Begriff hindurch« – wenn man sich vergegenwärtigt, was sie praktisch bedeuten könnte – in gewisser Nähe zum Begriff der Intuition. Den Archaismus, den er Bergson vorwirft, will Adorno dadurch vermeiden, daß die Gegenstände der Erkenntnis nicht voraussetzungslos der Erkenntnis zugänglich sind. Die Erfahrung kann sich nur auf eine dem individuellen Bewußtsein vorgeordnete Objektivität beziehen. Unter Bedingungen der Rationalisierung ist sie nach Adorno »die Einheit der total vergesellschafteten Gesellschaft«.[556] Solche Erfahrung ist selbst noch nicht Versöhnung im Sinne von Glück; allein, sie ist dessen Voraussetzung und Möglichkeit. Gerade weil geistige Erfahrung, Reflexionstätigkeit im Verständnis Adornos nicht auf kognitive, im engeren Sinne be-

griffliche, theoretische Fähigkeiten beschränkt bleibt, sondern auch eine inhaltliche, praktische Dimension mit einbezieht, ist sie dasjenige Medium, in dem der universale Verblendungszusammenhang prinzipiell und systematisch überschritten werden kann. Negativ-dialektischem Denken ist es nicht um den formalen Vermittlungszusammenhang in der Erkenntnis zu tun. Indem es sich der qualitativen Momente im zu Erkennenden zu versichern sucht, geht es, jenseits der Quantifizierungstendenz, begrifflich-mimetisch vor. Die scheinbare Widersprüchlichkeit dieses Ausdrucks verweist auf den spezifischen Sinn einer negativ-dialektischen Vermittlung von Identität und Nichtidentität. Adorno spricht in diesem Zusammenhang von »der Wahlverwandtschaft von Erkennendem und Erkanntem«.[557]
Die Erfahrung einer solchen Wahlverwandtschaft ist weder mystisch noch intuitionistisch noch allein ästhetischer Natur, sondern unter Bedingungen der Rationalisierung eben auch diskursiv. Darin liegt das besondere an Adornos Versöhnungsperspektive: sie nimmt intuitiv-mimetische, rationale und metaphysische Aspekte der Erfahrung gleichermaßen auf. Besonders im dritten Teil der »Negativen Dialektik«, den »Meditationen zur Metaphysik«, wird deutlich, daß mit dem Modell einer negativen Dialektik nicht nur eine Kritik des traditionellen, philosophischen Identitätsdenkens vorgelegt werden soll, sondern auch über die Möglichkeiten einer negativen Metaphysik nachgedacht werden kann. In diesem Teil finden sich Stellen, die eine Fortführung der »Negativen Dialektik« als Ethik erkennbar werden lassen: Die Erkenntnis und Erfahrung des Nichtidentischen stehen für ein Glücksversprechen. »Glück, das einzige an metaphysischer Erfahrung, was mehr ist denn ohnmächtiges Verlangen, gewährt das Innere der Gegenstände als diesen zugleich Entrücktes.«[558] Es ist die subjektive Erfahrung, in der die ethische Bedeutung der »Negativen Dialektik« ihren Ort hat. »Subjektiv befreite und metaphysische Erfahrung konvergieren in Humanität.«[559]

3. Zur Rationalität des Nichtidentischen

In diesem letzten Abschnitt will ich die Argumentationsstränge der vorangegangenen drei Teile zusammenführen. Zur Vergegenwärtigung des entfalteten Problemstandes werde ich zunächst die Ausgangslage kurz skizzieren.
Webers Konzept deutenden Sinnverstehens, wie er es in der Wissenschaftslehre entwickelt, interpretiere ich als den Versuch einer Methodologie begriffsgeleiteter und begriffsbildender Rekonstruktion und Konstruktion möglichen Handlungssinns. Idealtypisches Deuten und Verstehen im Sinne Webers kann prinzipiell empiristische Verkürzungen vermeiden, ohne empirisch gehaltlos zu sein; es erlaubt ein Verstehen historischer Prozesse und Sinnzusammenhänge, ohne in geschichtsphilosophische Aporien zu kommen; es ermöglicht Klassifikationen und ist doch gegen subsumtionslogische Identitätsbehauptungen, die den gemeinten Sinn verdecken, hinreichend gefeit. Gerade weil Webers Modell der Idealtypenbildung vorführt, daß und wie man Reduktionismen begrifflicher Art vermeiden kann, ist es geeignet, meine These eines impliziten Reduktionismus, der die »Dialektik der Aufklärung« charakterisiert, zu stützen. Weil sich Zweckrationalität nicht auf instrumentelle Vernunft reduzieren läßt, ist es auch nicht möglich, die Urgeschichte der Subjektivität konsistent als Verabsolutierung subjektiv-instrumenteller Vernunft im Zeichen von Naturbeherrschung zu begründen. Die Aporien dieser Geschichtsphilosophie wurden aufgezeigt. Mit Weber läßt sich aber der immanente Grund jener Aporie – zwischen diagnostiziertem Verblendungszusammenhang und intendierter Idee der Versöhnung – aufweisen.
Auf merkwürdig paradoxe Weise konvergieren in der Kritik der »Dialektik der Aufklärung« Webers idealtypisches Verstehenskonzept und Adornos Utopie einer Erkenntnis als Eingedenken des Nichtidentischen. Daß ›Identität‹ sich nicht als ›Instrumentalität‹ explizieren läßt, entspricht der Idee negativer Dialektik. Die Reduktion des Rationalisierungstheorems auf die universal gewordene instrumentelle Vernunft gründet in einem geschichtsphilosophischen Ansatz, der sich, weil er sich ideologiekritischer

Mittel bedient, konzeptuell selbst in die Dialektik der Aufklärung verstrickt. Die heuristische Bedeutung der These einer dialektischen Verschlingung von Mythos und Aufklärung ist unbestritten, ihre Aporie aber evident. Zu dieser Aporie bieten sowohl Webers Idealtypenkonzept als auch Adornos negative Dialektik Alternativen: Subjektivität kann nicht-subjektivistisch thematisiert werden, die Kritik der Rationalisierung ist möglich als immanente Kritik; die Idee der Versöhnung kann gedacht werden als Wie der Aneignung und Bildung reflexionsgeleiteter Erfahrung, ohne sich auf den idealistischen Geist-Diskurs beschränken zu müssen. Adornos »Negative Dialektik« ermöglicht die Reflexion des Verhältnisses von Denken und Erfahrung unter Bedingungen der Moderne. Diese Reflexion ist nicht auf den Bereich der Erkenntnistheorie im traditionellen Sinne beschränkt. Gerade weil die »Negative Dialektik« der Versuch einer Rehabilitierung des empirischen Subjekts hinsichtlich möglicher Erfahrung ist, überschreitet sie den Gegenstand ihrer immanenten Kritik, die Erkenntnistheorie. Die Intention einer negativen Metaphysik, die für die Idee der Versöhnung einsteht, gibt unter diesen Umständen Anlaß, das Verhältnis von negativer Dialektik und kommunikativer Rationalität neu zu überdenken.

3.1. Instrumentalität und Zweckrationalität

Nach der »Dialektik der Aufklärung« wird der Beginn der Aufklärung systematisch dadurch charakterisiert, daß die Subjekte um ihrer gegen die Natur gerichteten Selbsterhaltung willen Zwecke setzen, die mit den effektivsten und geeignetsten Mitteln erreicht werden sollen. Die Subjekte sind darin autonom gegenüber der Heteronomie des blinden Naturzusammenhangs. Und diese Erfahrung von Autonomie fällt zusammen mit der Ausbildung von Identität. Aber das ›identische Selbst‹ ist erst Resultat der Konvergenz von unterdrückter äußerer und unterdrückter innerer Natur. Unter diesem Aspekt ist Identität ihrer Möglichkeit nach überhaupt auf Repression zurückzuführen. »Furchtbares hat die Menschheit sich antun müssen, bis das Selbst, der identische, zweckgerichtete, männliche Charakter des Menschen geschaffen war.«[560]

Doch eine Theorie der Ich-Bildung wird in der geschichtsphilosophischen Rekonstruktion einer Urgeschichte des Subjekts eigentlich nicht vorgelegt. Die Dynamik der gesellschaftlichen Entwicklung rührt einzig aus dem Prinzip der Naturbeherrschung. Alle anderen Herrschaftsverhältnisse sind daraus abgeleitet. Natur selbst wird aber als das schlechthin Bedrohliche, das ganz Andere des Subjekts gedeutet. Das zentrale Argument in der Rekonstruktion des Zivilisationsprozesses ist für Horkheimer und Adorno das der Notwendigkeit einer unter dem Zeichen der Beherrschbarkeit stehenden Beziehung des Subjekts zu der ihm entgegengesetzten bedrohlichen Natur. Von zweitrangiger Bedeutung sind, worauf auch A. Honneths Kritik der »Dialektik der Aufklärung« zielt, die durch innergesellschaftliche, intersubjektive Verhältnisse und deren Organisationsweise gebildeten Herrschaftsstrukturen.[561] Einzig der Warentausch erscheint, wie oben gezeigt wurde, als dasjenige gesellschaftliche Medium, das, als verlängerter Arm der Naturbeherrschung, sich auch als Herrschaftsprinzip in den innergesellschaftlichen Verhältnissen durchsetzt.

Daß die Rekonstruktion der Dynamik gesellschaftlicher Entwicklung von einem Apriori der Naturbeherrschung theoretisch seinen Ausgang nimmt, hat Gründe, die in der spezifisch geschichtsphilosophischen Deutung des Naturverhältnisses zu suchen sind. Natur als das bedrohlich Andere steht aus der Sicht der »Dialektik der Aufklärung« in einer rein instrumentell gedachten Beziehung zu den Subjekten. Doch wird diese Instrumentalität nicht handlungstheoretisch gedeutet, sondern entstammt primär kognitiv strukturierten Orientierungsmustern: Es ist die begriffliche Strukturierung der natürlichen Umwelt, die Verdinglichung, Verfügbarkeit und damit die Beherrschbarkeit von Natur ermöglicht. Das Naturverhältnis wird demnach nicht handlungspraktisch als instrumentelles gedeutet, sondern kognitivistisch. Naturbeherrschung erscheint so als Resultat eines kognitivistisch interpretierten Instrumentalismus. Die kategoriale Verfügungsgewalt des erkennenden Subjekts ist der systematische Ursprung instrumenteller Naturbeherrschung. Die gesellschaftliche Praxis, in der Herrschaft zum Ausdruck kommt, der Warentausch, ist demgegenüber ein Epiphänomen. Wir sprachen deshalb von einer quasi mythologisch verwurzelten Dominanz

der Herrschaft über den Tausch. Ihren Grund hat jene Dominanz in den Strukturen des zu begrifflichen, klassifizierenden, subsumierenden Operationen befähigten Denkens.[562]
Erst aus dem kognitivistisch gedachten Naturverhältnis ergibt sich die zentrale These der »Dialektik der Aufklärung«. Die ›Introversion des Opfers‹ als Preis für die Bildung des identischen Selbst setzt die Dialektik der Aufklärung in Gang, weil die begriffliche Aneignung von Natur zum Zwecke deren Beherrschbarkeit auf der Seite der Subjekte eine Reduktion und Neutralisation sinnlich lebendiger, mimetischer Erfahrungsweisen im Umgang mit der Natur fordert. »Anstelle der leiblichen Angleichung an Natur tritt die ›Rekognition im Begriff‹, die Befassung des Verschiedenen unter Gleiches (...). Technik vollzieht die Anpassung ans Tote im Dienste der Selbsterhaltung nicht mehr wie die Magie durch körperliche Nachahmung, sondern durch Automatisierung der geistigen Prozesse, durch ihre Umwandlung in blinde Abläufe.«[563]
Das Einfallstor des Mythischen in die Aufklärung ist die Verabsolutierung der begrifflichen Abstraktionen. Die spezifische Auffassung von Instrumentalität führt dazu, daß das Naturverhältnis in der »Dialektik der Aufklärung« mythisch gedacht wird. Es ist die Formbestimmtheit eines ursprünglich instrumentellen Denkens, das ›Natur‹ im Sinne einer naturwüchsigen zweiten Natur fortgesetzt als mythischen Zwangszusammenhang erscheinen läßt. Die Freisetzung aus dem blinden Naturzusammenhang und die Remythisierung instrumenteller Vernunft in Gestalt des identifizierenden Denkens bilden vor dem Hintergrund verabsolutierter Instrumentalität im Denken ihrerseits einen mythischen Zwangszusammenhang. Die *Dialektik* der Aufklärung steht so in der Gefahr, stillgestellt zu werden. Und die Aporie der theoretischen Konstruktion ergibt sich konsequent aus der instrumentell-kognitivistischen Reduktion des Naturverhältnisses. Anders gesagt: Naturbeherrschung, die Bildung des identischen Selbst an der Naturbeherrschung, die reflexionslos verabsolutierte subjektiv-instrumentelle Vernunft ergeben einen Verblendungszusammenhang, den Bann, dem die gesellschaftlichen Verhältnisse eingeschrieben sind, weil die zweckgerichtete Aneignung von Natur rein instrumentell gedeutet wird. Identitätsdenken, als das Paradigma des abendländischen Zivilisationsprozesses schlechthin,

begründet die Herrschaft instrumenteller Vernunft, die Hermetik im Falschen befangener gesellschaftlicher Verhältnisse noch bis in die Moderne hinein. Und zwar deshalb, weil die Instrumentalität des Denkens einer Reduktion des begrifflich-kategorialen Denkens auf Identifikationen im Sinne von ›identifizieren mit‹ gleichgesetzt wird. So gesehen verdankt sich die Explikation einer Logik des Zivilisationsprozesses als Logik des Zerfalls einem theorieimmanenten Reduktionismus.

Der Reduktionismus besteht darin, Zwecksetzungen in bezug auf die Natur, die auch Ausdruck subjektiver Autonomie sind, instrumentell zu deuten, um dann diesen Instrumentalismus nicht nur als systematisch grundlegendes Prinzip, sondern auch als genetisch Erstes bestätigt zu finden. »Die Menschen distanzieren denkend sich von Natur, um sie so vor sich hinzustellen, wie sie zu beherrschen ist. Gleich dem Ding, dem materiellen Werkzeug, das in verschiedenen Situationen als dasselbe festgehalten wird und so die Welt als das Chaotische, Vielseitige, Disparate vom Bekannten, Einen, Identischen scheidet, ist der Begriff das ideelle Werkzeug, das in die Stelle an allen Dingen paßt, wo man sie packen kann.«[564]

Zu Recht haben beispielsweise J. Habermas, A. Honneth und Ch. Hubig[565] – wenn auch mit unterschiedlichen theoretischen Intentionen – darauf hingewiesen, daß sich aus der geschichtsphilosophischen Perspektive einer Kritik der instrumentellen Vernunft ein handlungstheoretisches Defizit der »Dialektik der Aufklärung« ergibt.

Die Kritik eines handlungstheoretischen Defizits besagt, daß Prozesse der gesellschaftlichen Rationalisierung nicht angemessen in einem Modell erklärt werden können, das für den grundlegenden Mechanismus dieser Prozesse eine auf die Subjekte zurückschlagende kognitiv-instrumentell gedachte Naturbeherrschung zum Ausgangspunkt nimmt. Unter diesem Aspekt scheint die Kritik gerechtfertigt zu sein. Die – zudem anthropologisch fragwürdige – These eines begrifflich vorstrukturierten Instrumentalismus der Naturbeherrschung als Voraussetzung der Genese subjektiv-instrumenteller Vernunft führt in der Tat zu Inkonsistenzen, wenn man den Rationalisierungsprozeß als Dialektik von Mythos und Aufklärung explizieren will. Andererseits steht ein Theoriemodell, das das mit dem Topos der Naturbeherrschung bezeichnete Verhältnis des Menschen zur äußeren Natur allein über innergesellschaftliche Mechanismen, also aus der Binnenperspektive von Intersubjektivität, thematisieren will, in der Gefahr, ›Natur‹ als Ausdruck eines materialen Substrats gänzlich aus dem Blick zu verlieren. Die kritische Intuition dessen, was die »Dialektik der Aufklärung« mit den Topoi ›Urgeschichte der Subjektivität‹, ›Dialektik von Mythos und Aufklärung‹ zur Sprache bringt, fällt auf diese Weise nicht zuletzt theoriestrategischen Erfordernissen zum Opfer.

Demgegenüber erscheint der Versuch lohnenswert, die Konstruktion einer instrumentell gedachten Naturbeherrschung zunächst auf ihre immanente Stimmigkeit hin zu befragen. Denn selbst wenn sich der theoretische Ansatz der »Dialektik der Aufklärung« als problematisch erweisen sollte, schließt das ja nicht aus, daß mit einer modifizierten Begrifflichkeit trotzdem das Verhältnis von subjektiver Vernunft zur Naturbeherrschung thematisiert werden kann.
Anhand der Reduktionismusthese sollte gezeigt werden, daß der von Horkheimer und Adorno diagnostizierte gesellschaftliche Zwangszusammenhang in eine – jedenfalls für die Idee der Versöhnung in negativer Weise folgenreiche – Aporie gerät, wenn man Zweckrationalität begrifflich auf instrumentelle Rationalität einschränkt.
Daß dieser Reduktionismus schon innerhalb der »Dialektik der Aufklärung« nicht haltbar ist, sollte mit der Interpretation der Polyphem-Episode und der Kritik der Mythos-Konzeption dargelegt werden. Besonders an der Polyphem-Episode zeigte sich, daß das Naturverhältnis – Beherrschung der Natur und Introversion der Beherrschung als Unterdrückung innerer Natur – nicht allein als ein instrumentelles gedeutet werden kann. Weder das Naturverhältnis noch das Selbstverhältnis, deren Dialektik sich in der Person des Odysseus Ausdruck verschafft, lassen sich dem Instrumentalismus eines listenreichen Sprachnominalismus subsumieren. Denn auffällig ambivalent bleibt die List der Täuschung über den wahren Namen und damit über die Identität des Protagonisten. Sie ist, wie zu sehen war, nicht nur Instrument der Unterdrückung äußerer – gegen Polyphem – wie innerer Natur – die Verleugnung des Selbst in der Verleugnung des Namens –,

sondern läßt sich insgesamt als selbstbezügliche Handlungsstruktur begreifen, in der die Identität des Selbst nicht nur bewahrt, sondern zugleich auch hergestellt wird. Diese Selbstbezüglichkeit geht nicht in einem instrumentalen Handlungsschema auf. Vielmehr impliziert sie, daß die Zwecksetzung im Hinblick auf Selbsterhaltung auch wertorientierte Momente enthält und nicht strikt nach der Logik verabsolutierter Mittelwahl funktioniert. Die subjektive Vernunft enthält handlungspraktische Elemente, die über die instrumentelle Rationalität hinausgehen; das läßt sich am Begriff der Zweckrationalität demonstrieren.

Der selbstreflexive Charakter zweckrational orientierten Handelns erlaubt, weil er die Abwägung der Zwecke untereinander und nicht nur in Hinsicht auf die Verfügbarkeit der Mittel beinhaltet und dadurch implizit mit wertrationalen Orientierungen konfrontiert ist, prinzipiell die Setzung von Zwecken, die nicht rein erfolgsorientiert und instrumentell sind. In der Tat ist das aber in einem Modell, das Zweckrationalität als verabsolutierte Mittelwahl versteht und darin gewissermaßen eine Ontologisierung der ›Mittel‹ betreibt, nicht möglich. In diesem Sinne spricht auch Hubig von »reduzierte(r) Zweckrationalität«, der Reduktion von Zweckrationalität auf Mittelwahl als einen ihrer Aspekte. »Instrumentelle Vernunft hieße also: verabsolutierte Rationalität der Mittel, und zwar in dem Sinne, daß nicht die Zweck-Mittel-Relation ›symmetrisch‹ rational bedacht würde, sondern lediglich der Werkzeugcharakter, d.h. der den Gegenständen eigene Zug, Mittel sein zu können, nicht mehr ›Mittel für…‹ (ein rational zweckhaft entworfenes Dasein), sondern Mittel ›ontologisch‹, d.h. Mittel mit einem eigenen Charakter, demgegenüber das Dasein als irrational erscheint, weil nicht mehr unter diesem Aspekt diskutierbar.«[566]

Abweichend von Hubig könnte man in der hier verwendeten Terminologie davon sprechen, daß Zweckrationalität auf identifizierendes Denken im Sinne von ›identifizieren mit‹ reduziert wird: Es handelt sich hier um die Identifikation des Mittels mit dem Zweck unter dem Primat der Rationalität der Mittel. Wenn die Mittel, technisch betrachtet, zur Verfügung stünden, wäre mit ihnen zugleich ein Zweck gesetzt, nämlich der, sie anzuwenden. Ein Zweck, d.h. Ziel einer instrumentellen Handlung, müßte dann zu den Mitteln und ausgehend von den Mitteln gesetzt

werden. Er würde auf die Faktizität möglicher Mittel hin orientiert sein. Ersichtlich läßt sich darauf weder Naturbeherrschung noch Selbsterhaltung noch die Dialektik von Aufklärung und Mythos reduzieren.
Die Schwierigkeiten einer Bestimmung des Verhältnisses von instrumenteller Rationalität und Naturbeherrschung resultieren in der »Dialektik der Aufklärung« aus dem Naturbegriff. Danach ist zwar ›Natur‹ die äußere Natur, die natürliche Umwelt des Menschen, und sie ist entsprechend innere Natur, Triebnatur. Aber ›Natur‹ ist in einem weiteren Sinne auch Naturhaftes, Naturwüchsiges, Mythisches oder mythisch Regrediertes. In einem sehr weiten Sinne, der sich aus einem frühen Vortrag Adornos zur »Idee der Naturgeschichte« (1932) entnehmen läßt, ist ›Natur‹ aus der Perspektive der Gesellschaft das schlechthin Unhintergehbare. »Der Naturbegriff, der hier verwendet wird, hat mit dem Naturbegriff der mathematischen Naturwissenschaften überhaupt nichts zu tun. (...) Zur Erläuterung des Naturbegriffs, den ich auflösen möchte, ist soviel zu sagen, daß es sich dabei um einen Begriff handelt, der, wenn ich ihn in die übliche philosophische Begriffssprache übersetzen wollte, am ehesten mit dem Begriff des Mythischen übersetzt werden könnte. Auch dieser Begriff ist ganz vage und seine genaue Bestimmung kann sich nicht in vorgängigen Definitionen, sondern erst in der Analyse ergeben. Es ist damit gemeint das, was von jeher da ist, was als schicksalhaft gefügtes, vorgegebenes Sein die menschliche Geschichte trägt, in ihr erscheint, was substantiell ist in ihr.«[567]
Die intendierte Auflösung des Naturbegriffs richtet sich gegen zwei Konzepte von ›Natur‹ zugunsten eines Dritten: Die Idee der Naturgeschichte ist einerseits gegen das durch Hegel und Marx nahegelegte Verständnis gerichtet, dem zufolge die totale Beherrschung der Natur die notwendige Voraussetzung einer Wiederauferstehung der Natur als dem zu sich gekommenen Naturverhältnis des Menschen ist; andererseits gegen ein quasi mystisch oder religiös motiviertes, symbolisch-vorbegriffliches Naturverhältnis. »Die Idee der Naturgeschichte« wendet sich also sowohl gegen die Entwicklungslogik eines hegel-marxschen Objektivismus – ›Natur‹ geht eben nicht in der Logik der Geschichte auf – als auch gegen eine geschichtslos bzw. geschichtsindifferent verstandene Mimesis. Die Verfügbarkeit einer gewissermaßen ›er-

sten‹ Natur steht unter Bedingungen der Entzauberung allemal nicht zur Disposition; sie ist Schein.
Im Kontext der »Dialektik der Aufklärung« ist ›Natur‹ die Metapher für dasjenige, worauf und wogegen sich instrumentelle Vernunft richtet. Mögliche Versöhnung ist darum nur am Ort einer Kritik der instrumentellen Vernunft denkbar. Aus der Perspektive der instrumentellen Vernunft heißt ›Natur‹ ›instrumentell beherrschbare Natur‹; Naturbeherrschung ist auf den Begriff instrumenteller Vernunft beschränkt. Das bedeutet, daß jede Form des aufgeklärten Eingriffs in die Natur Naturbeherrschung, Unterdrückung der Natur ist. Jede Identitätsbildung, jede Identitätsbehauptung ist, weil sie durch und an der Naturbeherrschung gebildet wird, repressiv.
Entgegen dieser Auffassung versuchte ich zu zeigen, daß Natur auch unter Bedingungen der Selbst-Erhaltung durchaus als nichtrepressiver Modus der Aneignung thematisierbar ist, wenn man Selbsterhaltung kategorial nicht nur an instrumentelle Vernunft bindet. Denn die Zwecksetzung ›Naturbeherrschung‹ bzw. ›Selbsterhaltung‹ ist gar nicht möglich, wenn der Zweck auf die verabsolutierte Rationalität der Mittel reduziert wird und jenseits der Dynamik der Mittel *als* Zweck nicht mehr reflektiert wird. In einem – Weber folgenden – Verständnis von Zweckrationalität wäre aber die Reduktion des Zwecks ›Selbsterhaltung‹ bzw. Selbsterhaltung durch Naturbeherrschung als reine Instrumentalität des Handelns nicht möglich, weil neben der rationalen Wahl der Mittel auch die spezifische Sinnhaftigkeit, das Wie der Selbsterhaltung, die Rationalität der Zwecksetzung selbst in der handlungsleitenden Motivation enthalten wäre. Odysseus erscheint Polyphem gegenüber eben nicht nur als derjenige, der rational die richtigen Mittel zum Zweck seiner Erhaltung zum Einsatz bringt, sondern als dasjenige Selbst, das sich handelnd als Handelnder erhält. Der Sinn der Handlungssequenz läßt sich nicht auf die Richtigkeit der Mittel beschränken, sondern impliziert die wertrational motivierte Intentionalität eines Handlungsgeschehens, das seinen Sinn in sich selbst trägt.
Der schon in der »Kritik der instrumentellen Vernunft« von Horkheimer vertretenen These, daß unter Bedingungen instrumenteller Vernunft einerseits »die Natur alles inneren Werts oder Sinnes entkleidet« worden sei und andererseits »der Mensch aller

Ziele außer dem der Selbsterhaltung beraubt«[568] worden sei, liegt die Auffassung zugrunde, daß Zwecke und Zwecksetzungen einer Logik instrumenteller Mittelwahl folgen. Nur vor dem Hintergrund einer ausschließlich instrumentell gedachten Verfügungsgewalt über die Natur macht die These vom Sinnverlust in dieser Prägnanz ihren Sinn. Die Kritik der selbsterhaltenden Vernunft, die als ihren einzigen Zweck Selbsterhaltung setzt, sieht den Zweck ›Selbsterhaltung‹ von vornherein unter einem rein instrumentellen Gesichtspunkt. Die Reduktion von Zwecksetzungen – in bezug auf die Erhaltung des Selbst – auf Instrumentalität ergibt sich aus dem instrumentell gedeuteten Naturverhältnis und umgekehrt. Der wechselseitige Verweisungszusammenhang wird aber nirgends systematisch begründet.

Die Tatsache, daß *jedem* Handeln Zwecke zugrundeliegen, rechtfertigt es nicht – auch dann nicht, wenn davon die These eines universalen Verblendungszusammenhangs abhängt –, eine bestimmte Art von Zwecken, nämlich die zum Selbst-Zweck gewordene Mittel-Rationalität mit Zwecksetzungen überhaupt zu identifizieren. Der Zweck ›Selbsterhaltung‹ wäre folglich nicht nur, wie das Beispiel der Polyphem-Episode zeigt, als instrumentell zu verwirklichender Zweck anzusehen. Die Reduktion von Zwecken auf Mittel zieht als Konsequenz aber nach sich, daß die Idee einer möglichen Versöhnung, die man sich hier als mögliche Selbsterhaltung im Kontext eines sinnhaften, sinnvollen Naturverhältnisses – »Eingedenken der Natur im Subjekt«[569] – vorstellen kann, von der Diskussion um Zwecke, d. h. von der Frage nach sinnhaften Orientierungen auch im Bereich der Zweckrationalität, losgelöst betrachtet werden muß. Versöhnung ist demnach auch nicht mehr praktisch begründbar, sondern ist thematisierbar und realisierbar einzig jenseits von Handlungen. Einzig im Denken ist das Eingedenken der Natur im Subjekt möglich. »Denken, in dessen Zwangsmechanismus Natur sich reflektiert und fortsetzt, reflektiert eben vermöge seiner unaufhaltsamen Konsequenz auch sich selber als ihrer selbst vergessene Natur, als Zwangsmechanismus.«[570] In der »Kritik der instrumentellen Vernunft« findet sich folgende Variante dieses Gedankens: »Der einzige Weg, der Natur beizustehen, liegt darin, ihr scheinbares Gegenteil zu entfesseln, das unabhängige Denken.«[571]
Der ontologische Status, der hier, anders als in der »Negativen

Dialektik«, der Natur zugewiesen wird, führt zu einer Idee von Versöhnung, die als Versöhnung mit der Natur gemeint ist. Die Dialektik des identifizierenden Denkens ist, weil sie durch Identifikationen von etwas mit etwas auf die blinde Naturwüchsigkeit der instrumentellen Vernunft reduziert wird, im Hinblick auf die Möglichkeit von Versöhnung nur durch die *Negation* der instrumentellen Vernunft denkbar. Die Dialektik wirkt sich dann aber nicht mehr auf die ontologische Differenz von Natur und subjektiv-instrumenteller Vernunft aus. Sie ist stillgestellt. Dieser Gedanke findet sich ähnlich bei M. Theunissen. »Vernunft soll sich aus der schlechten Dialektik von Naturbeherrschung und Naturverfallenheit lösen, indem sie sich der guten Dialektik überläßt, die ihr als Gegengabe für die Befreiung der Natur ihre eigene Befreiung gewährt.«[572] Vernunft, die die Versöhnung will, muß sich ihre Herrschaft über die Natur eingestehen und von ihr ablassen, »der Macht endlich (zu) entraten«.[573] Die Vorstellung, in dieser Weise könne Natur zu sich selbst kommen, setzt aber, wie M. Theunissen zu Recht anmerkt, eine »objektivistische Ontologie voraus, die ein subjektunabhängiges Selbstsein der Natur lehrt«.[574]

Der subjekt-unabhängigen Natur korrespondiert im Modell der »Dialektik der Aufklärung« das empirische Subjekt, das von sich aus, zur Vernunft gekommen, die Befreiung aus der Naturverfallenheit bewirkt. Anders als in der »Negativen Dialektik« wird dem empirischen Subjekt hier eine Vernunft zugemutet, die jenseits der Dialektik von Identität und Nichtidentität angesiedelt ist. Sie ist die bloße Negation von Identität. Der Versöhnungsgedanke der »Dialektik der Aufklärung« beruht nicht auf der Vorstellung, die die Rehabilitierung des empirischen Subjekts um einer unreduzierten, unreglementierten Erfahrung willen intendiert, sondern auf der Identifikation des empirischen Subjekts mit dem materialistisch gewendeten transzendentalen Subjekt, mit der Menschengattung.

Deutet man die subjektive Vernunft als einen Zwangsmechanismus, der dem instrumentell gedachten Naturverhältnis entspringt, läßt sich ›Versöhnung‹ nur minimalistisch begründen. Im Denken ist die Reflexion auf die Verstrickung des Denkens in den zwanghaft naturwüchsigen Zusammenhang von Naturbeherrschung und Selbsterhaltung möglich. ›Eingedenken der Natur im

Subjekt‹ meint die Erinnerung an das universalgeschichtliche Faktum jener Verstrickung. Gegen die instrumentelle Vernunft benennt das Eingedenken die Ausweglosigkeit instrumenteller Vernunft. Doch nirgends kann der Verblendungszusammenhang wirklich überschritten werden. Denn die instrumentelle Vernunft bleibt mit sich identisch im Zirkel der Identifikation.

Die Dialektik von Identität und Nichtidentität, wie sie die »Negative Dialektik« entfaltet, überschreitet diesen Horizont, denn in ihr ist die Möglichkeit zu unreduzierter Erfahrung angelegt. Gegen die Beschränkung auf die kognitive Dimension der subjektiv-instrumentellen Vernunft versucht die »Negative Dialektik«, die Möglichkeit einer umfassenderen Dimension von Erfahrung theoretisch auszuweisen, indem sie die materialen Gehalte im Denken und in der Erkenntnis als Erfahrungen thematisiert.

Von hier aus wird verständlich, um auf das Beispiel der Polyphem-Episode zurückzukommen, warum die Reflexivität der untersuchten Handlung von Horkheimer und Adorno nur im Hinblick auf eine instrumentell zu verwirklichende Selbsterhaltung gedeutet wird. Das Nicht-Instrumentelle im Selbstbezug des Handelnden widerspräche einer Konzeption von subjektiver Vernunft, die am instrumentalen Handlungstypus ›Arbeit‹ ihr Modell hat.

Auch nach Hannah Arendt sind die auf Natur gerichteten Handlungen nicht allein im Modell der Arbeit, die den Zweck der materiellen Reproduktion erfüllt, als poietische – instrumentell-herstellende – Tätigkeiten beschreibbar. Sie können auch als praktische Handlungen im aristotelischen Verständnis von Praxis aufgefaßt werden. Praktische Handlungen dieses Typs wären dann durch den Prozeßcharakter des Tuns zu beschreiben, der nicht unmittelbaren Zwecksetzungen folgt. Der Zweck, verstanden als Sinn einer Handlung, stellt sich hier erst im Verlauf der Handlung selbst als Zweck her; er ist nicht instrumentell gesetzt. Solche Handlungen haben ihr Modell am »Bezugsgewebe menschlicher Angelegenheiten«;[575] sie sind durch ihre Prozessualität und durch die Offenheit eines möglichen Endes oder Zwecks gekennzeichnet. Zwecke entziehen sich in diesem Handlungsmodell der instrumentellen Verfügungsgewalt durch die Rationalität der Mittel, weil sie oft überhaupt erst retrospektiv als Zweck identifizierbar sind. Daß wir uns »zur Natur als Handelnde verhalten, daß wir wortwörtlich in sie hineinhandeln«,[576] ist für H. Arendt Kennzeichen insbesondere der modernen Naturwissenschaften. »Nur das Handeln (im Unterschied zum Arbeiten und Herstellen – A. Th.) hat die Fähigkeit, das zu tun, was die naturwissenschaftliche ›Forschung‹ heute täglich tut, nämlich Vorgänge zu veranlassen, deren Ende ungewiß und unabsehbar ist, Prozesse einzuleiten, die man nicht rückgängig machen kann, Kräfte zu erzeugen, die im Haushalt der Natur nicht vorgesehen sind.«[577] Doch kann der praktisch-handelnde Bezug auf die Natur in unserem Zusammenhang als Hinweis auf die Möglichkeit eines nicht-instrumentellen Aspekts im Umgang mit der Natur verstanden werden. Der auf die instrumentelle Vernunft beschränkte Blick der »Dialektik der Aufklärung« übersieht aber diejenigen Deutungsmuster von Handlungen, denen eine spezifische Form von Intentionalität zugrunde liegt, ohne instrumentell im Sinne einer rationalisierten Eigenlogik der Mittel zu sein. Der Sinn der betrachteten Handlung erklärt sich, legt man Webers Sinn-Begriff zugrunde, nicht aus der Logik der richtigen Mittel im Hinblick auf den Zweck der bloßen Selbsterhaltung. Die »Dialektik der Aufklärung« schließt sich der Weberschen These vom Sinnverlust an. Auch sie spricht von der Sinnentleerung des Naturverhältnisses. Aber Sinnentleerung in bezug auf die Natur setzt hier die Reduktion von Zweckrationalität auf Instrumentalität voraus. Erst unter dieser Voraussetzung kann von einem Intentionalitätsverlust in dem von Horkheimer und Adorno diagnostizierten Umfang gesprochen werden. Das zentrale Problem, das sich an die instrumentelle Vernunft knüpft und das das eigentliche Zentrum der Kritik der instrumentellen Vernunft bildet, ist, daß sie über ihre eigenen Hervorbringungen – die Resultate aus der Anwendung von Mitteln als Mitteln – nicht mehr verfügen kann. Denn der Sinn möglicher Zwecke kann für sie gar kein Gegenstand sein; die handlungsleitenden Überlegungen und Motivationen zielen einzig auf die Mittel.

Für das Verhältnis von Zweckrationalität und instrumenteller Rationalität ergibt sich eine interessante Perspektive, wenn man den Weberschen Typus der Wertrationalität in die Betrachtung mit einbezieht.

Wir haben oben bereits gesehen, daß Zweckrationalität und instrumentelle Rationalität in bezug auf Handlungen deshalb nicht zusammenfallen, weil Zweckrationalität über Wertrationalität vermittelte Sinnorientierungen im Hinblick auf die rationale Abwägung von Zwecken unabhängig von den gegebenen Mitteln impliziert. Insofern wertrationale Handlungen durch den Eigenwert der Handlungen gekennzeichnet sind, läßt sich zwischen wertrationalen und instrumentellen Handlungen durchaus eine Strukturgleichheit feststellen. Nicht die Wertrationalität – Eigenwert der Handlung – steht der instrumentellen Rationalität – Eigenwert der Mittel – als konträrer Typus gegenüber, sondern Zweckrationalität und instrumentelle Rationalität entpuppen sich als die eigentlichen Kontrahenten. Sowohl Instrumentalität als auch Wertrationalität werden im Weberschen Sinne dort irrational, wo sie ohne Abwägung der Folgen in der Verabsolutierung ihrer Inhalte – Mittel bzw. Werte – verharren. Allein sinnhaftes, d. h. durch wertorientierte Entscheidungen motiviertes zweckrationales Handeln ist fähig zum ›Blick auf die Folgen‹. Die Folgeabwägung von Zwecken unterliegt, wie wir bereits sagten, auch der Rechtfertigung durch Gesichtspunkte, die sich nicht allein über die faktische Verfügung von Mitteln legitimieren. Im Hinblick auf Zwecksetzungen kann man also von einem wechselseitigen Implikationsverhältnis zweckrationaler und wertrationaler Orientierungen sprechen. Die Folgen möglichen Handelns geraten erst dort aus dem Blick, wo verabsolutierte Instrumentalität der Eigenlogik von Mitteln folgt.

Die Reduktion von Zwecken auf Mittel ergibt sich nicht zuletzt daraus, daß Zwecke, wenn man sie hierarchisch ordnet, jeweils auf der niederen Stufe vermeintlich zu Mitteln für übergeordnete Zwecke werden. Ich schließe mich hier Hubig an, der in diesem Vorgehen einen Kategorienfehler sieht. Dieser Kategorienfehler ist es, der das Konstrukt einer verabsolutierten instrumentellen Vernunft begründen hilft, indem letztlich alle Zwecke als Mittel zu einem Zweck angesehen werden können, dessen Sinn selber nicht mehr sichtbar ist. Die Hierarchisierung von Zwecken ermöglicht die Begründung einer Degeneration von Zwecken auf Mittel und bestätigt damit, was eigentlich vorausgesetzt sein müßte: den Sinnverlust in bezug auf vernünftige Zwecksetzungen. Zwar können Zwecke Mittel für andere Zwecke sein, Mittel jedoch nicht Zwecke. Den Kategorien liegt jeweils eine Struktur

zugrunde, die den äquivoken Gebrauch von ›Zweck‹ – als ›Zweck‹ und als ›Mittel‹ verstanden – in einem letzten Sinn ausschließt.
»Zwecke nun sind erwünschte und als herbeiführbar erachtete *Sachverhalte* in der Zukunft, d. h. um zu Zwecken zu gelangen, müssen zwei Identifikationen vorgenommen werden: 1. muß ein zukünftiges Ereignis als Sachverhalt identifiziert werden, 2. muß dieser Sachverhalt als gewünschter und herbeiführbarer Sachverhalt identifiziert werden, d. h. er erfährt zusätzlich eine zweite intentionale Interpretation. Gerade diese variiert jedoch ständig, je nach Erfüllungsstand sowie zusätzlichen Einflüssen wie Sanktionsstand, Gratifikationsstand etc., dem das identifizierende Individuum unterliegt. Mittel hingegen gehören nicht in den Bereich der Sachverhalte, sondern den der Gegenstände (Hammer) oder Ereignisse (Hammer schwingen), sie umfassen also Dinge oder faktische Handlungen oder faktisch existierende Handlungsschemata (Institutionen), sofern sie objektiviert sind. Zwecke sind gerade dann Zwecke, wenn sie als Sachverhalte nicht existieren, Mittel nur dann Mittel, wenn sie existieren bzw. die Annahme eines Dinges oder Ereignisses als Mittel zur Herbeiführung eines Zweckes ist an die Annahme seiner realen Existenz gebunden. Zwecke beenden also ihr Zweck-Sein, wenn sie realisiert sind, Mittel ermöglichen gerade erst durch ihr Realisiertsein ihren Mittel-Charakter, denn wenn Zwecke realisiert sind, also das zukünftige Ereignis eingetreten ist, ist der Sachverhalt nicht mehr zweckhaft, seine intentionale Interpretation als Zweck wird falsch: Er ist nicht mehr Zweck, sondern war es allenfalls. Mittel hingegen bleiben, solange sie existieren, immer mögliche Mittel – ihr ›Werkzeugcharakter‹ ermöglicht verschiedene intentionale Interpretationen, hängt jedoch nicht von einer bestimmten Interpretation ab.«[578]
Eine Grundlegung zu dieser kategorialen Unterscheidung zwischen Zwecken und Mitteln findet sich bei Th. Ebert, »Zweck und Mittel. Zur Klärung einiger Grundbegriffe der Handlungstheorie«. Ausgangsthese ist dort, daß der univoke Gebrauch der Ausdrücke ›Mittel‹ und ›Zweck‹ auf ihre kategoriale Unterordnung unter das Kausalitätsverhältnis von Ursache und Wirkung zurückzuführen ist. Der kausalen Interpretation des Verhältnisses von Mitteln und Zwecken hält Ebert im wesentlichen eine

Argumentation entgegen, die wir eben mit Hubig zitiert haben. Ergänzend muß jedoch hinzugefügt werden, daß Ebert aus einer differenzierten Analyse der umgangssprachlichen Kontexte, in denen von Mitteln und Zwecken die Rede ist, auf die Mehrdeutigkeit beider Ausdrücke schließt. Die Intentionalität von Zwecken unterscheidet sich danach von der der Mittel in einem entscheidenden Punkt: nämlich hinsichtlich ihrer möglichen Interpretation durch die Handelnden selbst.

»Zwecke, die jemand erreichen will, stehen ontologisch gar nicht auf dem gleichen Fuß mit den Handlungen, die um ihretwillen unternommen werden. Diese Handlungen sind Ereignisse in der Wirklichkeit, nicht so ihre Zwecke.«[579] Zwecke, die mit Handlungen erreicht werden wollen, sind aus der Perspektive eines Betrachters nur partiell identifizierbar bzw. objektivierbar. Denn die Zwecke liegen nicht außerhalb des Handelnden, sind nicht gewissermaßen in der Welt auffindbar. Sie sind verknüpft mit spezifischen Dispositionen der Handlungssubjekte, die Zwecke als Zwecke nur verfolgen können, solange sie nicht erreicht sind. »Mit ihrem Erreichtsein ›verschwinden‹ Zwecke, und das heißt nichts anderes, als daß die Rede von ›Zwecken‹ nur Sinn hat in der Interpretation von Handlungen, die jedenfalls nicht nach dem Erreichen des Zwecks liegen können.«[580] An einem Beispiel läßt sich verdeutlichen, wie schwierig es ist, Zwecke und Mittel kausal voneinander abzuleiten, wenn man sich konkrete Handlungen vor Augen führt. Können Handlungen überhaupt als Mittel benutzt werden, um Zwecke zu erreichen? »Zwar können wir sagen: ›Er benutzte seine Reise nach Kleinasien, um sich Informationen über neuere Grabungen zu verschaffen‹, aber in diesem (und analogen Fällen) ist immer impliziert, daß die Reise *nicht* zu dem Zwecke, mit dem Ziel oder in der Absicht unternommen wurde, sich Informationen über neuere Grabungen zu verschaffen, sondern daß sie einen anderen Grund hatte. Das, wozu die Handlung ›Reise‹ hier möglicherweise benutzt wird, ist gerade nicht mit dem identisch, wozu diese Handlung möglicherweise ein Mittel ist.«[581]

Das Beispiel verweist erneut auf das Problem einer Hierarchisierung von Zwecken, die selbst sukzessive in der Folge neuer, übergeordneter Zwecksetzungen jeweils zu Mitteln werden. Oben wurde bereits erwähnt, daß Zwecke nur bedingt auf eine

Logik der Mittel – Zwecke werden als Unterzwecke zu Mitteln für Oberzwecke – reduzierbar sind. Ebert bezeichnet das Problem als das der »›Iterierbarkeit‹ der Zweck-Mittel-Beziehung«.[582] Die Iterierbarkeit der Zweck-Mittel-Beziehung enthält aber auch die richtige Vorstellung, daß Zwecke, sofern sie erfüllt werden, neue Handlungsmöglichkeiten und damit neue Zwecksetzungen zur Disposition stellen. Aber diese Vorstellung rechtfertigt zum einen nicht die Schlußfolgerung, daß die bereits erfüllten Zwecke Mittel für weitere Zwecke sind. Zum anderen ergibt sich der Kategorienfehler, der mit dem Rückschluß von Zwecken auf Mittel eintritt, aus der Dinghaftigkeit, der Verfügbarkeit dessen, was der Inhalt eines Zwecks ist. Das Verfügen-Können über Dinge und Dispositionen läßt Zwecke in der Tat als Mittel für andere Zwecke auftreten. Vergegenwärtigt man sich jedoch, daß Zwecke Sachverhalte dispositionaler Art sind, Mittel aber an die Faktizität von Dingen und Ereignissen gebunden sind, dann ist es ein Irrtum zu meinen, das mit der Zweckerfüllung erreichte Ding oder die erreichte Disposition sei der »Zweck vorhergehender Handlungen gewesen und Zwecke (seien) daher mögliche Mittel anderer Zwecke. Da Zwecke immer Sachverhalte sind, können wir uns wohl den *Besitz eines Dinges*, das *Verfügenkönnen über eine Disposition* zum Zweck machen – denn diese Ausdrücke vertreten Daß-Sätze, sie indizieren Sachverhalte –, nicht aber Dinge, Dispositionen, Gegenstände also.«[583]

Trägt man diese Überlegungen an das Problem der selbsterhaltenden subjektiv-instrumentellen Vernunft heran, dann wird deutlich: Selbsterhaltung kann ein Zweck sein in dem Sinne, daß das Subjekt über die Disposition verfügen können will, sich selbst als Selbst zu erhalten. Aber ›Selbsterhaltung‹ als Zweck läßt sich niemals auf die Mittel reduzieren, mit denen das Selbst sich als Selbst erhalten kann. Selbsterhaltung geht nicht auf in den faktisch zur Verfügung stehenden Mitteln, die zur Erfüllung eines Zwecks, der als ganzer gar nicht mehr eingesehen werden kann, eingesetzt werden. Von der Eigenlogik bzw. Eigendynamik der Mittel darauf zu schließen, daß Selbsterhaltung selbst nur der Rationalität der Mittel folgt, ist ein Fehlschluß, dem der univoke Gebrauch von ›Zweck‹ und ›Mittel‹ bzw. der äquivoke Gebrauch von ›Zweck‹ zugrunde liegt. Der Fehlschluß läßt sich unter anderem damit erklären, daß die Handlungen – denken wir an Odysseus' Handlungssequenz im Kampf mit Polyphem –, die im Horizont erstrebter Selbsterhaltung als Disposition über bestimmte Sachverhalte von den handelnden Subjekten als solche interpretiert werden müssen, auf den Status von Dingen und Ereignissen, also Mitteln, reduziert werden.

Die hier getroffene Unterscheidung von Zwecken und Mitteln läßt sich – und Hubig führt dies überzeugend vor – mit der aristotelischen Unterscheidung von Praxis und Poiesis in Einklang bringen. Demnach läge das Ziel praktischen Handelns, das Ziel der Praxis – Zweckrationalität in einem Sinne, der mit dem obigen Zweck-Begriff korrespondiert – in der Praxis selbst, wohingegen das Ziel poietischen Handelns, das Ziel der Poiesis – Instrumentalität, die mit dem Mittel-Begriff im obigen Sinne korrespondiert – niemals in der Poiesis liegen könnte. Der Differenzpunkt, bezogen auf die Mittel und die Zwecke des Handelns, läßt sich allein durch die Aspekte angeben, unter denen gehandelt wird.

Zweckrationalität wäre als »Rationalität über Intentionen« zu explizieren; sie betrifft die »Interpretation von Sachverhalten; Instrumentalität ist eine Beziehung zwischen Gegenständen und Ereignissen«.[584] Wenn wir den Gehalt dieser Unterscheidung auf die Problematik des identifizierenden Denkens beziehen, dann ergibt sich folgender Gesichtspunkt: Zwecke sind Ausdruck einer Intentionalität, der Interpretationen von Absichten *als* mögliche und sinnhafte Handlungsziele zugrunde liegen. D. h. Zwecke müssen *als* mögliche und sinnhafte Zwecke identifiziert werden. Der Gehalt der Zwecke ist jedoch nicht mit dem Zweck als Zweck identisch. Zwecksetzungen erfordern mithin Orientierungen, in denen Sinn als möglicher Sinn identifiziert wird; alternative Zwecke sind damit prinzipiell nicht ausgeschlossen.

Die Identifikation angemessener Mittel hängt von den gesetzten Zwecken ab. Das Vorhandensein von Mitteln erlaubt es zwar, daß vorgegebene Mittel als Mittel identifiziert werden, aber *als* Mittel werden sie *mit* dem identifiziert, was sie sind, nämlich Mittel. Zwecksetzungen implizieren Sinnorientierungen, die in konkreten Zwecksetzungen nur partiell ihren Ausdruck finden. Die – ernstgenommene – Dialektik von Identität und Nichtidentität läßt, im Eingedenken der Nichtidentität möglicher Zwecke und Zwecksetzungen, einen Begriff von Zweckrationalität offen, der nicht auf Instrumentalität reduzierbar ist. Dafür spricht sowohl die Explikation des Weberschen Idealtypus zweckrationalen Handelns als auch die in der »Negativen Dialektik« entfaltete Dialektik von Identität und Nichtidentität.

3.2. Erkenntnis des Nichtidentischen und idealtypisches Sinnverstehen

In dem vorangegangenen Abschnitt habe ich versucht, Konvergenzen zwischen Weber und Adorno im Hinblick auf handlungstheoretische Probleme im engeren Sinne herauszuarbeiten. Das Augenmerk lag dabei insbesondere auf der Kritik der instrumentellen Vernunft. Jetzt soll es darum gehen, mögliche Bezüge zwischen Webers Konzept idealtypischen Sinnverstehens und Adornos negativer Dialektik hervorzuheben.

Die These der Nicht-Reduzierbarkeit von Zweckrationalität auf Instrumentalität, von deren Bestätigung im Rahmen dieser Untersuchung nicht zuletzt die Bestätigung der Aktualität der Kritischen Theorie Adornos im Konzept einer negativen Dialektik abhängt, gründet auch in denjenigen Einsichten, die Weber und Adorno trotz unterschiedlicher Erkenntnisinteressen teilen. Die Gemeinsamkeit kann man als Gemeinsamkeit in methodologischer Hinsicht auffassen. Ich denke hier insbesondere an die Übereinstimmungen zwischen dem Konstellationen-Begriff bei Adorno und dem Konzept der Idealtypenbildung bei Weber.

Wir sahen bei Weber, daß Methodologisches eben nicht ›bloß‹ Methodologisches meint. Idealtypisches Sinnverstehen ist nicht nur sozialwissenschaftliche Methode, dient nicht nur der erfolgreichen Verifikation bzw. Falsifikation von Hypothesen, ist in diesem Sinne also nicht nur Mittel, sondern selbst konstitutiv im Hinblick auf mögliche Erfahrung.

Die Bildung und Anwendung von Idealtypen hat nicht nur in bezug auf ihren Objektbereich heuristische Bedeutung, sondern, in einem metatheoretischen Bezug auf sich selbst, auch für den Teilnehmer, für den Handelnden am Ort der Theorie. Die Widersprüchlichkeit dieser Formulierung löst sich auf, wenn man Handlungsverstehen seinerseits als Handlung im Medium der Reflexion versteht.[585]

Der Bezug auf sich selbst weist im Weberschen Konzept des deutenden Verstehens reflexionstheoretische Elemente aus. Die zentrale Bestimmung sozialen Handelns ist erstens, wie wir im Eingangskapitel sagten, in seiner Sinnbezogenheit zu suchen, und zweitens soll die Subjektivität des Handelns – ›subjektiv gemeinter Sinn‹ – durch einen methodischen Individualismus erschlossen werden, der gleichwohl auf die Entfaltung des Allgemeinen im Handeln zielt. Daß Handlungen als subjektive verstanden werden können, ist möglich, weil die Rekonstruktion möglichen subjektiven Sinns zugleich die Konstitution von Sinn auf der Metaebene der Theorie ist. Folgerichtig ist das deutende Erklären, weil es Ausdruck der Möglichkeit des Verstehens ist, durch eine »Mehrleistung« gegenüber der beobachtenden Erklärung charakterisiert.[586] Es ist dieser spezifische Begriff des Verstehens, der in einem nicht-erlebnishaften Sinne im Zusammenhang von Deutungsprozessen selber bedeutungskonstitutiv ist.

Die Methode der Idealtypenbildung und der Gegenstand, worauf sie zielt – Handeln –, explizieren sich wechselseitig. Die Verstehbarkeit von Handlungen korrespondiert dem methodologischen Aufweis, daß deutendes Verstehen als rationales Verstehen möglich ist. Die Bewußtseinsfähigkeit von Sinn impliziert die Reflexivität von Sinn. Weil Sinn selbst reflexiv ist, ist subjektiv gemeinter Sinn *als* subjektiv gemeinter Sinn verstehbar. Seine Rekonstruktion ist möglich, weil er konstituierbar ist. Zirkulär ist dieses Verfahren nur in einem eingeschränkten Sinne zu nennen. Denn Theorie- und Objektebene stehen in einem wechselseitigen Implikationsverhältnis – und nicht nur in Wechselwirkung – zueinander.

Die Bestimmung von Handlungen als Akte der Reflexion bedeutet, daß sowohl in der Handlung selbst als auch in ihrer Deutung, in dem Verstehen dessen, was sie *als* Handlung auszeichnet, beides enthalten ist: das ›Daß‹ der Handlung, ihre Materialität, und ihr Modus, der im Medium des ›subjektiv gemeinten Sinns‹ die Handlung reflexiv begleitet. Die Reflexionsbestimmungen, die sich in der Handlung auffinden lassen, sind, weil sie Bedingung der Möglichkeit sind, Handlungen zu verstehen und zu erklären, auch auf die Handlung des Verstehens und Deutens selbst anwendbar. Insofern ist das idealtypische Sinnverstehen selbst als ein Idealtypus von Handlungen aufzufassen.[587] Die reflexive

Struktur der Idealtypen ermöglicht Deutungen, die über funktionale oder kausale Erklärungen hinausgehen. Bezogen auf den möglichen Sinn von Handlungen sind sie bedeutungs-rekonstruktiv und bedeutungs-konstitutiv.
Idealtypische Erkenntnisverfahren explizieren die Bedeutung von Handlungen nicht nur aus deren Resultaten, sondern suchen ihre Bedeutung in der spezifischen Form ihrer Intentionalität. Die Bedeutung oder der Sinn einer Handlung erschließen sich im Horizont sinnvoller Möglichkeiten des Handelns.
In der Diskussion der Reduktionismus-These konvergieren, wie wir sahen, Webers Konzept rationalen Handlungsverstehens und Adornos Utopie unreduzierter Erfahrung darin, daß der mögliche Objektbezug aus der Perspektive beider Theorien idealtypisierend hergestellt wird. Bei Weber ist die Objektivierung subjektiv gemeinten Sinns kein Verstehensprozeß, an dessen Ende, gewissermaßen als Resultat, der Sinn einer Handlung sichtbar zutage läge. Ebenso ist Adornos Utopie einer Erkenntnis als Eingedenken des Nichtidentischen nicht auf das Nichtidentische als Telos der Erkenntnis hin angelegt. Das Nichtidentische offenbart sich nicht am Ende eines ›wahren‹ Erkenntnisprozesses, sondern gibt einen Modus unverstellter Erkenntnis an. Beide Konzepte sind nicht eigentlich als Instrumente sozialwissenschaftlicher bzw. philosophischer Erkenntnis zu verstehen.
Adornos Programm einer Erkenntnis, das Begriffslose mit Begriffen zu erschließen, ohne es ihnen gleichzumachen, arbeitet mit einem Verständnis von ›Begriff‹, das dem Begriff ›Idealtypus‹ nahekommt. Für beide Begriffe ist charakteristisch, daß in ihnen die Vermittlung von Begriffsbildung und Begriffsanwendung thematisch wird. Wir sprachen in diesem Zusammenhang von begriffsbildender und begriffsgeleiteter Erkenntnis. Webers Methodologie und Adornos Philosophie sind – so gesehen – Konzepte selbstbezüglicher Thematisierung von Vermittlungsproblemen unter Bedingungen der Rationalisierung.

Die Konvergenzen von ›Begriff‹ und ›Idealtypus‹ werden besonders an Adornos Konstellations-Begriff deutlich. Es ist zunächst aufschlußreich, daß Adorno in dem Zusammenhang, in dem er den Begriff der Konstellation vorstellt, auf Weber und nicht etwa auf den ›Konstellations-Theoretiker‹ Benjamin zu-

rückgreift. Er erkennt das szientismus-kritische Moment der Soziologie Webers darin, daß sie begriffsgeleitet ist, ohne Begriffe zu hypostasieren.
Zu den wenigen konkreten Hinweisen darauf, in welcher Weise sich die Erfahrung des Nichtidentischen in der Erkenntnis vollzieht, gehört bei Adorno der Topos vom Denken in Konstellationen. Es ist ein wesentliches Prinzip negativer Dialektik. In Konstellationen versammeln sich Gedanken um den Begriff – »repräsentieren, von außen, was der Begriff im Innern weggeschnitten hat, das Mehr, das er sein will so sehr, wie er es nicht sein kann« –, und Begriffe versammeln sich um die zu erkennende Sache, deren Inneres sie potentiell bestimmen, »erreichen denkend, was Denken notwendig aus sich ausmerzte«.[588] An der Idee der Konstellation verdeutlicht sich die Kritik identifizierenden Denkens: die Sache soll nicht mit einem Begriff identifiziert werden, sondern Begriffe sind Annäherungen an die Sache. Sie wird als qualitatives Etwas und nicht mit etwas identifiziert. Einem Denken in Konstellationen würde dieses Nichtidentische als Nichtidentisches schließlich als Erfahrung, die das Denken an und mit der Sache macht, bewußt werden können.
In Webers Idealtypen sieht Adorno ein Modell für wissenschaftliche Erkenntnis, die sich ihrer Gegenstände in begrifflichen Konstellationen annähert, die sich von den Gegenständen leiten läßt und sie nicht durch Begriffe verdeckt. Die Tätigkeit des ›Komponierens‹[589] – ein Ausdruck Webers – ist die des idealtypischen Sinnverstehens. Sie ist subjektiv; gleichwohl besteht ihr Wahrheitsgehalt darin, daß die Sinnzusammenhänge, die sie offenlegen will, als Konstellationen, in denen die subjektiven Motive des Komponierens aufgehoben sind, Ausdruck von Objektivität sind. Adorno vergleicht die idealtypisch gebildeten begrifflichen Konstellationen mit den musikalischen Kompositionen. »Subjektiv hervorgebracht, sind diese gelungen allein, wo die subjektive Produktion in ihnen untergeht. Der Zusammenhang, den sie stiftet – eben die ›Konstellation‹ –, wird lesbar als Zeichen der Objektivität: des geistigen Gehalts.«[590]
Die Erfahrung, die sich über den »geistigen Gehalt« mitteilt, ist die, daß mögliche Zusammenhänge als Sinnzusammenhänge objektive Bedeutung haben. Unreglementiert durch identifizierendes Denken ist diese Erfahrung dort, wo der Gegenstand nicht

begrifflich fixiert wird, sondern als komplexes Gebilde erscheint, das der Entfaltung bedarf. Zu Recht macht Adorno darauf aufmerksam, daß dieses Verfahren auf Kosten einer durchgängigen Systematisierung geht. Dagegen steht aber eine Erfahrung der Spannung zwischen Identifizierbarkeit und Nichtidentifizierbarkeit, der die Gegenstände ausgesetzt sind. Im Sinne Webers entspräche diese Erfahrung weitgehend dem, was sich im Verstehen vollzieht. Das Verstehen ist ein begrenztes, weil subjektives, das nie ganz an seine Gegenstände heranreicht. Auch hier schlägt sich der Vorrang des Objekts in der Erfahrung der ›Freiheit‹ der Gegenstände, ihrer Nichtidentität, nieder. Dieser Erfahrung an den Gegenständen entspricht die, die das erkennende Subjekt selbst macht: daß nämlich Verstehen (Weber) bzw. Erfahren (Adorno) begriffsgeleitet sind, aber mit der Anwendung von Begriffen, in deren Medium sie sich vollziehen, nicht identisch sind, sondern dem Begrifflichen gegenüber ein Mehr in der Erfahrung implizieren. Idealtypen sind erfahrungserzeugend. Als Konstellationen tragen sie der bedingten Methodisierbarkeit der Gegenstände Rechnung. Sie erscheinen als einzelne, besondere Gegenstände im Schnittfeld von Begriffen, die durch ihre Allgemeinheit zwar zuallererst das Begreifen des Einzelnen als Einzelnes – und damit das des Einzelnen als Einzelnes *und* Allgemeines – möglich machen, aber sie können doch selbst nicht an die Stelle des Einzelnen treten. In Konstellationen ist eine Identität von Begriff und Sache in dem Sinne möglich, daß die Sache als Begriff, als Idealtypus, identifiziert wird, nicht aber mit ihm. Nichtidentität ist die Negativität, die sich der Gegenstand dennoch erhält; sie ist im idealtypischen Sinnverstehen als Modus der Erkenntnis der Möglichkeit nach bereits angelegt.
Webers Denken bewähre sich, wie Adorno sagt, in der Absenz einer Systematik »als ein Drittes jenseits der Alternative von Positivismus und Idealismus«.[591] Idealtypen, als Konstellationen verstanden, relativieren den Anspruch systematisch konsistenter – ›identischer‹ – Erklärungs- und Begründungsmodelle. Webers Vorbehalte gegen universalistische Entwicklungstheorien, von denen wir oben sprachen, haben ihren sachlichen Grund in der methodologischen Entscheidung für das Idealtypen-Konzept. Er sieht die Arbeit der erklärenden Kulturwissenschaft in einem stetigen »Umbildungsprozeß jener Begriffe, in denen wir die Wirk-

lichkeit zu erfassen suchen«.[592] Das Verhältnis von Begriff und
Begriffenem unterliegt der historischen Wandelbarkeit dessen,
was begriffen werden soll, so daß eine Synthese zwischen beiden
nicht möglich ist. Vielmehr enthüllten sich in begrifflichen Konstruktionsversuchen oft gerade die »*Schranken* der Bedeutung
desjenigen Gesichtspunktes, der ihnen zugrunde lag«.[593]
Zusammenfassend können wir sagen: Idealtypen sind Grenzbegriffe zwischen Identität und Nichtidentität, zwischen dem
Allgemeinen objektiv möglicher Sinnzusammenhänge und dem
Einzelnen, Individuellen, zwischen der Universalität von Erscheinungen und der methodischen Individualisierung, zwischen
Methode und Gegenstand. Diese Grenzsituation ist eigentlich
dasjenige, was ihren produktiven Erfahrungsgehalt ausmacht.
Nicht-substantielle, regulative Prinzipien[594] sind Idealtypen unter dem Aspekt ihres typologischen Charakters, in dem Erfahrungsbezogenheit in einem ersten Schritt nur präsupponiert,
nicht aber ausgewiesen ist; wir finden darin das hypothetische
Element der Idealtypen. Ihre Bildung setzt empirische Subjekte
voraus, denen sich Sinn erschließt zwischen Hypothese und Evidenz. Die Vermittlung zwischen Hypothese und Evidenz, die
letztlich das Kriterium der Wahrheit eines Idealtypus abgibt, ist
auf die Kompositionstätigkeit des Subjekts und auf dessen Erfahrungshorizont angewiesen. Konstellationen in diesem Sinne verstandener Grenzbegriffe verweisen auf die Nichtidentität dessen,
was sie als Sinnhaftes zu erfassen suchen.

3.3. Negative Dialektik
und kommunikative Rationalität

Ich möchte nun das Verhältnis von negativer Dialektik und kommunikativer Rationalität genauer bestimmen. Der Sinn dieses
Vorgehens besteht darin, zugunsten einer Kritischen Theorie der
Erfahrung, die sich an Adornos »Negative Dialektik« anschließen läßt, auf Divergenzen zwischen dialektischer und kommunikativer Rationalität aufmerksam zu machen. Dabei gehe ich von
der These aus, daß beide Konzepte – wenigstens partiell – nicht
miteinander vereinbar sind. Daraus werden Schlußfolgerungen
hinsichtlich der Begründung einer Kritischen Theorie zu ziehen

sein. Wenn sich bestätigen sollte, daß sich Adornos Philosophie im gegenwärtigen Stand der Diskussion darüber, was sich Kritische Theorie nennen darf, keineswegs in einer defensiven Position befindet, dann müßte auch die kommunikationstheoretische Transformation neu überdacht werden.

Vorbereitend ist es jedoch notwendig, sich den Einführungskontext der »Theorie des kommunikativen Handelns« zu vergegenwärtigen (1), vor dessen Hintergrund Habermas' Weber-Rezeption (2) und seine Kritik der »Dialektik der Aufklärung« (3) zu verstehen sind. Für unseren Zusammenhang sind vor allem zwei Fragen relevant: Was motiviert den Paradigmenwechsel von der Bewußtseins- zur Sprachphilosophie, der aus der Sicht Habermas' zur Begründung einer Kritischen Theorie unumgänglich erscheint? Und: Wird dieser Paradigmenwechsel den kritischen Potentialen der älteren Kritischen Theorie gerecht? Die folgenden Überlegungen sind der Versuch einer kritischen Auseinandersetzung mit dem Konzept kommunikativer Rationalität aus der Perspektive desjenigen Standpunktes, der mit der vorangegangenen Weber-Interpretation und der Kritik der »Dialektik der Aufklärung« im Verhältnis zur »Negativen Dialektik« expliziert wurde. Die Konsequenzen aus der Beantwortung der beiden Fragen sind dann Thema des nachfolgenden Kapitels.

(1) Habermas' »Theorie des kommunikativen Handelns«, auf deren beeindruckende Architektonik ich hier nicht eingehen werde,[595] gilt, wie es schon in der Frankfurter Antrittsvorlesung heißt, dem »Interesse an Mündigkeit«.[596] Von der Begründung eines normativ-kritischen Zusammenhangs von Erkenntnis und Interesse zur »Theorie des kommunikativen Handelns« vollzieht sich eine Entwicklung, in deren Verlauf die Kritische Theorie in der Tradition Horkheimers und Adornos hinsichtlich ihres Selbstverständnisses als Kritische Theorie grundlegende Transformationen erfahren hat. Aus der Sicht Habermas' werden diese Transformationen notwendig, weil die geschichtsphilosophischen und ideologiekritischen Mittel, derer sich die ältere Kritische Theorie bediente, nicht hinreichend seien, um den selbstgestellten Anspruch, Kritik zu sein, rechtfertigen zu können.

Hatte Habermas in »Erkenntnis und Interesse« der Philosophie noch zuerkannt, sie sei »in Wissenschaft als Kritik aufbewahrt«, ihr bliebe »außerhalb der Kritik (...) kein Recht«,[597] so fällt mit der »Theorie des kommunikativen Handelns« Grundlage und Ausweis derjenigen Kritik, die an die »Intention des wahren Lebens gebunden ist«,[598] mit einer konzeptuell entschieden erweiterten und sozialwissenschaftlich angeleiteten Gesellschaftstheorie zusammen. Dieses Projekt einer kritischen Gesellschaftstheorie ist so angelegt, daß es auf Geschichtsphilosophie und Ideologiekritik in einem entscheidenden Punkt verzichten kann: im selbstreflexiv gewonnenen Aufweis seiner eigenen normativen Maßstäbe. Die Selbstreflexion der Theorie als kritischer Theorie, schon Programm der älteren Kritischen Theorie, scheint hier zu gelingen. Habermas' Gesellschaftstheorie bedarf keiner externen Maßstäbe, um Kritik als Kritik auszuweisen; die Selbstreflexion der Wissenschaften *ist* Gesellschaftstheorie; Ideologiekritik und ihr Telos – ›Versöhnung‹, wie es noch bei Horkheimer und Adorno hieß – sind in einem und demselben theoretischen Paradigma explizierbar. Kritische Theorie im Sinne Habermas' braucht sich nicht mehr auf die Kritik der herrschenden, der instrumentellen Vernunft zu beschränken, die mit dem Defizit belastet ist, nicht begründen zu können, wie Kritik unter Bedingungen der instrumentellen Vernunft möglich sein soll. Seine transformierte Kritische Theorie weist sich selbst als kritische Theorie der Rationalität aus. »Die Theorie des kommunikativen Handelns ist keine Metatheorie, sondern Anfang einer Gesellschaftstheorie, die sich bemüht, ihre kritischen Maßstäbe auszuweisen«.[599] Eine Theorie der Rationalität, die diesem Anspruch gerecht zu werden vermag, ist zugleich der eigentliche »Konvergenzpunkt«, auf den die »Philosophie in ihren nachmetaphysischen, posthegelschen Strömungen (...) zustrebt«.[600] Jener Konvergenzpunkt einer Theorie der Rationalität wird sichtbar, wenn man, wie Habermas, Probleme der Vernunftbegründung nicht mehr bewußtseinstheoretisch, sondern sprachtheoretisch betrachtet. Dieser Paradigmenwechsel impliziert, daß die »Analyse der Bedingungen von Rationalität« formal ist und daß sich mit ihr »weder ontologische Hoffnungen auf material gehaltvolle Theorien der Natur, der Geschichte, der Gesellschaft usw., noch transzendentalphilosophische Hoffnungen auf eine apriorische Rekonstruktion der Ausstattung eines nicht-empirischen Gattungssubjekts, eines Bewußtseins überhaupt, verbinden«[601] las-

sen. Im Verständnis Habermas' ist das Paradigma der Bewußtseinsphilosophie erschöpft, weil es die Vernünftigkeit, die den Subjekten zugemutet werden kann und muß, letztlich nicht begründen kann. Vernunft bleibt dort als gesellschaftstheoretisch nicht integrierbare Präsupposition unausgewiesen.
Dagegen sieht Habermas nach dem linguistic turn der Sprachphilosophie Genesis und Geltung dessen, was explikativ einzig als Begriff des Rationalen gelten kann, in den Strukturen sprachlicher Verständigung verankert. Sprache ist nicht nur das Medium, in dem sich mögliche Vernunft auch intersubjektiv verwirklicht, sondern sie stellt zugleich den normativen Maßstab dafür bereit, was als wahre Vernunft gelten kann. ›Verständigung‹, das Paradigma, das nach der sprachtheoretischen Transformation der Kritischen Theorie an die Stelle von ›Versöhnung‹ tritt, wohnt den Strukturen der Sprache selbst inne, »sprachliche Verständigung als Mechanismus der Handlungskoordinierung (rückt) in den Mittelpunkt des Interesses«.[602] Daß Vernunft nicht nur präsupponiert, sondern ihrer Möglichkeit nach, kontrafaktisch, auch als immer schon verwirklichte gelten kann, daß Vernunft nicht nur den Subjekten zur Disposition steht, sondern immer schon, im Medium der Sprache, gelebte Vernunft ist, ergibt sich bei Habermas daraus, daß im Begriff der kommunikativen Rationalität Kommunikation und Handlung systematisch aufeinander bezogen werden. Sprache als das Konstituens von Intersubjektivität stellt selbst den Mechanismus bereit, durch den die Handlungspläne der Subjekte koordiniert werden. Handeln basiert demnach unhintergehbar seinem Begriff nach auf dem der Sprache inhärenten Mechanismus der Verständigung. Die Bedingung der Möglichkeit intersubjektiv verständlicher Handlungen ist zugleich die Bedingung der Möglichkeit gelingender Verständigung. Und diese steht im Konzept kommunikativer Rationalität für Mündigkeit, für die Utopie der Versöhnung ein.
Die Theorie der Geltungsansprüche ist das eigentliche Kernstück der Theorie kommunikativer Rationalität. Die formale Rekonstruktion, daß die Reflexivität sprachlicher Verständigung über die Begründung von Geltungsansprüchen immer schon gewährleistet ist, scheint die Verknüpfung von Normativität und Rationalität zu erlauben. Vernunft läßt sich als kommunikative Rationalität explizieren, weil die der kommunikativen Alltagspraxis

innewohnende Rationalität über die formale Rekonstruktion der Reflexivität von Geltungsansprüchen ausgewiesen werden kann. Die Pointe des Ansatzes ist nun die, daß Habermas in der Theorie der Geltungsansprüche den Nachweis führt, daß der Theoretiker, der Beobachter der rational verfaßten kommunikativen Alltagspraxis *als* Theoretiker denselben Bedingungen unterliegt, um deren Explikation er bemüht ist. Die normative Kraft, die der kommunikativen Alltagspraxis unterstellt wird, steht zugleich für den normativen Gehalt der Theorie des kommunikativen Handelns ein.

Rationalität, die durch sprechaktimmanente – auf der Anerkennung von Geltungsansprüchen gründende – Gewährleistungen wenigstens kontrafaktisch gelingender Verständigung ausgewiesen wird, ist eine »Disposition sprach- und handlungsfähiger Subjekte«. Diese Bestimmung impliziert, daß rationale Äußerungen deshalb rational sind, weil sie einer »objektiven Beurteilung zugänglich sind«;[603] ›Begründung‹ ist systematisch an ›Wissen‹ gebunden. In diesem Sinne wird mit der Verwendung des Ausdrucks ›rational‹ »eine enge Beziehung zwischen Wissen und Rationalität«[604] unterstellt. Für Habermas' Konzeption ist in der Folge dieses Ansatzes ein kognitivistischer Rationalitätsbegriff charakteristisch. Die Rationalität einer Äußerung ist auf Kritisierbarkeit und Begründungsfähigkeit zurückzuführen, »soweit sie fehlbares Wissen verkörpert«.[605] Zu Recht weist H. Schnädelbach auf die Entbehrlichkeit eines Kognitivismus in der Theorie der Rationalität hin. »Wir können Äußerungen und Handlungen immer auch dann als rational einstufen, wenn sich die Einschätzungen, auf denen sie beruhen, als irrig erweisen, während der Kognitivismus, der die Vernunft an Erkenntnis und Wahrheit bindet, dies nicht vermag: das Irrige, die Lüge, die Täuschung muß für ihn das Irrationale gewesen sein.« Denn: »Man kann den Kognitivismus aufgeben, ohne bestreiten zu müssen, daß rationale Äußerungen oder Handlungen in der Regel vorgeben, guten Gründen zu folgen und einer objektiven Beurteilung standzuhalten.«[606]

Die Wahrheitsfähigkeit der gegebenenfalls angebbaren Gründe einer Äußerung läßt sich, folgt man Habermas, nicht mehr an der Wahrheit des den Gründen immanenten Wissens bemessen, sondern wird an die formalen Regeln des Diskurses verwiesen. Die

ihm immanenten Geltungsansprüche geben den systematischen Ort an, dem die eigentliche Begründung eines Vernunftbegriffs unter nachhegelschen Bedingungen einer obsolet gewordenen Idee objektiver Vernunft entnommen werden soll. Den Platz der objektiven Vernunft nimmt nun ein formal verstandener Zusammenhang der differenzierten Vernunftmomente ein: »nämlich die prozedurale Einheit argumentativer Begründung«.[607]
Die normativen Implikationen von Geltungsansprüchen, mit denen Äußerungen, wenn sie als rational gelten sollen, immer verbunden sind, legitimieren sich nach Habermas dadurch, daß beschreibbare Gründe, auf die sich Geltungsansprüche stützen, »eo ipso« eine Bewertung auch dann verlangen, wenn die Beurteilung ihrer Stichhaltigkeit durch denjenigen, der die Beschreibung gibt, ad hoc nicht möglich ist. »Man kann Gründe nur in dem Maße verstehen, wie man versteht, *warum* sie stichhaltig sind, und warum gegebenenfalls eine Entscheidung darüber, ob die Gründe gut oder schlecht sind, (noch) nicht möglich ist. Deshalb kann ein Interpret Äußerungen, die über kritisierbare Geltungsansprüche mit einem Potential an Gründen verknüpft sind und somit Wissen repräsentieren, nicht deuten, ohne zu ihnen Stellung zu nehmen, ohne *eigene* Standards der Beurteilung anzulegen, Standards jedenfalls, die er sich zu eigen gemacht hat.«[608] Das heißt, daß Sprechakte nur dann als gelungen angesehen werden können, wenn derjenige, an den sie gerichtet sind, mit Ja oder Nein zu grundsätzlich mit dem Sprechakt verbundenen, kritisierbaren Geltungsansprüchen Stellung nimmt.[609]
Daß die Vergegenwärtigung von Gründen dazu führt, daß derjenige, der sich als Hörer eines Sprechakts auf diese Gründe als Gründe bezieht, in den »Prozeß der Beurteilung von Geltungsansprüchen hineingezogen«[610] wird, erscheint jedoch nicht plausibel. Sicherlich können, und ich folge hier der Kritik H. Schnädelbachs, Gründe *als* Gründe verstanden werden. Warum sie aber, wie es bei Habermas heißt, auch als Gründe *bewertet* werden müssen – »Aber Gründe können nur in dem Maße *verstanden* werden, wie sie als Gründe ernst genommen – und *bewertet* – werden«[611] –, scheint eine Schlußfolgerung zu sein, die nicht unbedingt zwingend ist: die Rationalität der Begründung ist nicht die Rationalität des Begründeten. Tatsächlich hängt es aber von dem Nachweis eines normativen Charakters der universal-

pragmatisch explizierten Geltungsansprüche der Rede ab, ob der systematische Zusammenschluß von Normativität und Rationalität in der Geltungsbasis sprachlicher Interaktion möglich ist. Kann man Begründungsansprüche wirklich auf einen formalen Begriff von Rationalität beschränken oder muß nicht vielmehr ein wie auch immer gearteter Bezug auf den Inhalt des Sprechakts – also nicht nur auf den Geltungsanspruch des Sprechakts *als* Sprechakt – vorausgesetzt werden, um den normativen Aspekt der Verständigungsorientierung auszuweisen? Man kann bei Habermas in dieser Frage eine Unentschiedenheit beobachten: Ein Einverständnis, dem die Bedingung der Möglichkeit von Verständigung in einem formalen Sinne zugrunde gelegt wird, wird begründet, wenn ein Hörer mit seinem ›Ja‹ ein Sprechaktangebot akzeptiert und das damit begründete Einverständnis »sich einerseits auf den *Inhalt der Äußerung*, andererseits auf *sprechaktimmanente Gewährleistungen* und *interaktionsfolgerelevante Verbindlichkeiten* bezieht«.[612] Der in diesem Zusammenhang genannte Beispielsatz eines expressiven Sprechakts, sowie die auf ihn folgende bejahende Stellungnahme,[613] belegen, daß eine Stellungnahme zum Sprechakt und eine Stellungnahme zum propositionalen Gehalt der Äußerung nicht hinsichtlich ihrer Bewertung identisch sein müssen. Wenn das Verstehen eines Sprechakts an das Wissen dessen gebunden ist, was ihn akzeptabel macht,[614] heißt das nicht, daß der Inhalt dessen, was als akzeptabel gelten kann, seinerseits (faktisch) akzeptiert werden muß. Universalpragmatisch, so wäre zu folgern, läßt sich ein intersubjektiv geteiltes Einvernehmen über die Bedeutung von Äußerungen nicht aus der *formal*pragmatischen Rekonstruktion sprechaktimmanenter Gewährleistungen ableiten, denn die Sprechakte beziehen sich auf Sprechakte als Sprechakte, nicht aber auf die Bedeutung des propositionalen Gehalts.

Entsprechend ist auch der Übergang von ›Verständigung überhaupt‹ – den Bedingungen der Möglichkeit von Einverständnis, von Konsensbildung – zu ›Einverständnis‹ – dem Telos von Verständigung – nicht eigentlich begründet. »Der Terminus ›Verständigung‹ hat die Minimalbedeutung, daß (mindestens) zwei sprach- und handlungsfähige Subjekte einen sprachlichen Ausdruck identisch verstehen.«[615] Fraglich ist zum einen, wann ein Ausdruck »identisch« verstanden werden kann. Ganz sicherlich besteht nämlich »die Bedeutung eines elementaren Ausdrucks« *nicht* nur »in dem Beitrag, den dieser zur Bedeutung einer akzeptablen Sprechhandlung leistet«,[616] wie Habermas unterstellt. Offensichtlich wird hier die Bedeutung eines Ausdrucks auf die formalen Bedingungen seiner prinzipiellen Verständlichkeit reduziert. »Um zu verstehen, was ein Sprecher mit einem solchen Akt sagen will, muß der Hörer die Bedingungen kennen, unter denen er akzeptiert werden kann«, ist das Argument dafür, daß »bereits das Verständnis eines elementaren Ausdrucks über die Minimalbedeutung des Ausdrucks ›Verständigung‹«[617] hinausweise. Reicht die Kraft des Arguments aus, um den Übergang von der Regelrekonstruktion zur Normativität zu begründen? »Wenn nun der Hörer ein Sprechaktangebot akzeptiert, kommt zwischen (mindestens) zwei sprach- und handlungsfähigen Subjekten ein *Einverständnis* zustande.«[618] Die Frage, warum dieses Einverständnis faktisch normativ gehaltvoll im Hinblick auf eine interaktionsfolgerelevante Handlungskoordinierung der Akteure auch jenseits formalpragmatisch ausweisbarer Gemeinsamkeit sein soll, ist damit noch nicht befriedigend beantwortet. Das Einverständnis – verstanden als Einverständnis zu Sprechakten als Sprechakten – besagt nämlich nichts in bezug auf seine möglichen Inhalte. Der Inhalt der kommunikativen Rationalität entzieht sich dem normativen Zugriff. In letzter Instanz läßt die Theorie der kommunikativen Rationalität offen, warum Einverständnis per se und kontrafaktisch schon richtiges Einverständnis, mithin Wahrheit indiziert.

Die Idee der Versöhnung bei Adorno und Horkheimer, die noch in ›Mündigkeit‹ zum Ausdruck kommt, von der Habermas in seiner Antrittsvorlesung als der einzigen Idee sprach, »derer wir im Sinne der philosophischen Tradition mächtig sind«,[619] weicht nun der Orientierung auf ›Verständigung‹, die der menschlichen Sprache innewohne.[620] ›Verständigung‹ verhält sich aber gegenüber den materialen Gehalten einer möglichen Utopie neutral. Versöhnung ist material gehaltvoll.

So gesehen bestehen Zweifel daran, ob es Habermas gelungen ist, das »Moment von Unbedingtheit, welches mit den kritisierbaren Geltungsansprüchen in die Bedingungen der Konsensbildungsprozesse eingebaut ist«,[621] wirklich als das normative Fundament Kritischer Theorie auszuweisen.

Es ist Skepsis darüber angebracht, »wie ein rekonstruierendes Philosophieren mit lediglich hypothetischen Geltungsansprüchen (vgl. II, S. 587 ff.) dazu taugen soll, jenes ›Moment von Unbedingtheit‹ bereitzustellen, ohne das ›normative Grundlagen‹ nun einmal nicht zu haben sind. Die Alternative ist Hermeneutik als praktische Philosophie *ohne* Unbedingtheitsansprüche mit allen relativistischen Konsequenzen. Daß in kommunikativem Handeln unbedingte Ansprüche erhoben werden, mag ja der Fall sein, aber dies qualifiziert sie noch nicht dazu, kritische Theorie zu fundieren; dazu müßten sie selbst kritisch beurteilbar sein; d. h. der Theoretiker müßte die unbedingten Maßstäbe der Kritik unbedingt schon mitbringen, und er wird sie niemals auf dem Wege der hypothetischen Regelrekonstruktion seinem Gegenstand entnehmen können.«[622]
Daß aber dem Gegenstand mehr zu entnehmen ist, so wäre hinzuzufügen, als es regelrekonstruktive Verfahren erlauben, führt Adornos negative Dialektik als materiales Philosophieren vor, ohne kritische Ansprüche wirklich aufgeben zu müssen.

(2) Wir sagten, daß Habermas' Theorie kommunikativer Rationalität aus dem systematischen Zusammenschluß von ›Handlung‹ und ›Kommunikation‹ gewonnen wird. Diese Konstruktion erfordert einen Handlungsbegriff, der geeignet ist, die Komplexität der Handlungskoordination im gesellschaftlichen Maßstab zu umfassen. Das Projekt einer sprachphilosophisch gewendeten Kritischen Theorie ist, wie auch die ältere Kritische Theorie, der Rationalisierungsthese Max Webers verpflichtet.
Habermas' Explikation der Weberschen Handlungstheorie, die uns in diesem Abschnitt beschäftigen wird, ist nicht nur für das Verständnis Webers folgenreich, sondern auch für seine Kritik an der älteren Kritischen Theorie relevant.
Zwar findet Habermas bei Weber, dem sozialwissenschaftlichen Kritiker der Vorherrschaft zweckrationalen Handelns, eine theoretische Verschränkung von ›Handeln‹ und ›Rationalität‹ vor, die das Konzept kommunikativen Handelns systematisch vorbereitet, doch bleibt Webers Modell für ihn theoretisch unbefriedigend.
Sein zentraler Einwand gegen Weber ist der, daß dieser die Rationalisierung von Handlungen einzig unter dem Aspekt der

Zweckrationalität sehe, was eine »*folgenreiche Verengung* des Rationalitätsbegriffs«[623] nach sich ziehe, weil moralisch-praktische und ästhetisch-praktische Dimensionen des Handelns so gar nicht mehr in den Blick kämen. Weber gelinge es nicht, die praktische Rationalität der kulturellen bzw. motivationalen Rationalisierung, wie er sie in der Religionssoziologie und der Protestantischen Ethik als methodische Lebensführung ausweist, mit der theoretischen Rationalität, die als Rationalisierung der Weltbilder auftritt, zusammenzuführen. Die gesellschaftliche Rationalisierung und die Rationalisierung des Handelns blieben letztendlich unverbunden nebeneinander bestehen. Die Verengung von Rationalität auf Zweckrationalität verhindere einen Transfer zwischen beiden Sphären; ein Begriff praktischer Rationalität als einem übergreifenden Rationalitätsmoment ließe sich so im Modell von Zweckrationalität nicht explizieren. Rationalisierungen, die Weber in der Rekonstruktion der Eigenlogik kultureller Wertsphären gezeigt habe, wären, weil dort zweckrationale Handlungsorientierungen dominierten, nicht auf den Bereich sozialen Handelns übertragbar. Grundsätzlich sieht Habermas die Webersche Rationalisierungstheorie – vorausgesetzt, Weber hätte eine solche intendiert – daran scheitern, daß sie die in Handlungen implementierte – im Verständnis Habermas' bei Weber rein zweckorientierte – Rationalität nicht an die Rationalität von Bewußtseinsstrukturen, die in Symbolsystemen und kulturellen Traditionen durch Weltbilder zum Ausdruck kommen, anschließen kann. So steht der Formulierung eines Rationalitätsbegriffs, der den Bedingungen der Moderne gerecht wird, nach Habermas im Wege, daß Weber an einem bewußtseinstheoretischen Paradigma festhält.

Webers Bestimmung des Handelns als ein Handeln, mit dem die Handelnden einen subjektiv gemeinten Sinn verbinden, weist für Habermas auf eine »intentionalistische Bewußtseinstheorie« hin, die Weber »im Rücken«[624] habe. Die Perspektive, aus der diese Kritik vorgetragen wird, ist deutlich, ihre Absichten klar: »Er (Weber – A. Th.) erläutert ›Sinn‹ nicht anhand des Modells sprachlicher Bedeutungen und bezieht ›Sinn‹ nicht auf das sprachliche Medium möglicher Verständigung, sondern auf Meinungen und Absichten eines zunächst isoliert vorgestellten Handlungssubjekts. Diese erste Weichenstellung trennt Weber von einer Theorie kommunikativen Handelns: nicht die auf sprachliche Verständi-

gung verweisende interpersonale Beziehung zwischen mindestens zwei sprach- und handlungsfähigen Subjekten gilt als fundamental, sondern die Zwecktätigkeit eines einsamen Handlungssubjekts. (...) Verständigung gilt als ein abgeleitetes Phänomen«.[625]
Gegen diese Interpretation, die ihrerseits eine Einengung des Weberschen Begriffs der Zweckrationalität impliziert, lassen sich Einwände geltend machen.[626]
Erstens kann man bestreiten, daß Weber ›subjektiv gemeinten Sinn‹ nur auf ein monologisch vorgestelltes Handlungssubjekt bezieht. Webers Handlungstypologie ist ausdrücklich auf den Bereich des sozialen Handelns bezogen. Bei Habermas erfährt der Gegenstandsbereich der Weberschen Untersuchungen eine Verzerrung. Rationalitätsunterstellungen in bezug auf Handlungen beziehen sich bei Weber auf Handlungen hinsichtlich ihrer Sozialität. Das schließt jedoch nicht aus, daß der den Handlungsorientierungen zugrundeliegende subjektiv gemeinte Sinn einen Bezug auf das subjektive Bewußtsein hat. Möglicherweise ist der subjektiv gemeinte Sinn nicht universalpragmatisch auflösbar, aber Webers Handlungsbegriff ist deshalb nicht auf monologisches Handeln reduzierbar.
Zweitens ist ›subjektiv gemeinter Sinn‹ bei Weber tatsächlich eine Kategorie, die ihren Gehalten nach objektivierbar nur vor dem Hintergrund von Intersubjektivität ist. Soziales Handeln ist am Verhalten anderer orientiert oder durch das Verhalten anderer mitbestimmt. Daß das subjektive Meinen, das an die Handlungsmotivationen der Individuen gebunden ist, möglicherweise nicht kommunikationstheoretisch zu verflüssigen ist, heißt nicht, daß es nicht intersubjektiv relevant ist. Soziale Handlungen werden bei Weber gerade als Objektivationen – intersubjektiv verstehbare Objektivationen – subjektiv gemeinten Sinns verstanden. Man kann deshalb ›subjektiv gemeinten Sinn‹ nicht auf »(vorkommunikative) Handlungsabsicht(en)«[627] reduzieren und Webers Bestimmung des sozialen Handelns als bloße, aber notwendige Zusatzbestimmung interpretieren, die das im Kern bewußtseinstheoretische Handlungsverstehen jedoch nicht antaste. Denn Webers Konzept deutenden Sinnverstehens besagt nur, daß es einen privilegierten Zugang zu den Handlungsantrieben gibt; er behauptet aber nicht, daß subjektiver Sinn nicht deutbar sei.

Versucht man die beiden genannten Punkte auf einen internen Zusammenhang hin zusammenzudenken, dann ergibt sich *drittens* ein Einwand, der sich auf das theoriestrategische Vorgehen bei Habermas bezieht. Der argumentative Übergang vom ›subjektiv gemeinten Sinn‹ zum ›isoliert handelnden Subjekt‹ wird bewußtseinstheoretisch begründet. Habermas identifiziert bewußtseinstheoretische Implikationen bei Weber mit einem subjektivistischen Handlungsbegriff. Weber wird auf Bewußtseinstheorie hin verengt, um kommunikative Rationalität als den komplexeren handlungstheoretischen Maßstab auszuweisen. Gerade wenn man sich auf Weber bezieht, fällt jedoch die Begründung schwer, warum sich ›Bewußtsein‹ und ›Kommunikation‹ paradigmatisch ausschließen und warum eine Bewußtseinstheorie notwendig solipsistische, vor-kommunikative, monologische, nicht-rationale Unterstellungen impliziert. Weder ist die Kategorie subjektiv gemeinten Sinns auf monologisches Handeln reduzierbar noch ist Webers Handlungstheorie bewußtseinstheoretisch im Sinne Habermas'. Sie ist, wie wir sahen, formal genug, um einen schlechten Subjektivismus zu vermeiden, und material genug, um noch material über ›Sinn‹ nachdenken zu können. Die Möglichkeit zu dieser theoretischen Gratwanderung ist im Konzept der Idealtypen angelegt.

Ein *vierter* Einwand bezieht sich auf Habermas' Kritik des Weberschen Sinn-Begriffs. Habermas will ›Sinn‹ allein dem sprachlichen Medium möglicher Verständigung beilegen. ›Sinn‹ ist bei Weber jedoch nicht nur auf die Versprachlichung, sondern auch auf die Bewußtseinsfähigkeit des gemeinten Sinns bezogen. Er entzieht sich auf der Handlungsebene partiell der Versprachlichung und auf der Theorieebene der kommunikationstheoretischen Verflüssigung. Im subjektiv gemeinten Sinn artikuliert sich ein systematisch angelegter Dissens zwischen Individualität und Intersubjektivität. Er verweist gleichsam auf die Nichtidentität im Verhältnis von Individualität und Intersubjektivität.

Aus dieser Sicht ist Habermas' Konstruktion problematisch, die das isoliert vorgestellte Handlungssubjekt mit vorkommunikativem Sinn in Zusammenhang bringt.[628] »Weber geht also von einem teleologischen Handlungsmodell aus und bestimmt den ›subjektiven Sinn‹ als eine (vorkommunikative) Handlungsabsicht.«[629]

Diese Deutung hat – auch unabhängig von Weber – zur Folge, daß Subjektivität als eine philosophische Kategorie nicht mehr theoriefähig ist. Darin kann der Sinn eines kommunikationstheoretischen Paradigmenwechsels nicht bestehen.
Ein *fünfter* Einwand betrifft das Verhältnis von Rationalität und Zweckrationalität. Habermas zufolge ergeben sich bei Weber durch eine Verengung von Rationalität auf Zweckrationalität Engpässe in der handlungstheoretischen Begriffsbildung. Dieser Interpretation liegt aus meiner Sicht ein folgenreicher Reduktionismus zugrunde, der sich ergibt, wenn man den Idealtypus ›zweckrationales Handeln‹ mit dem methodischen Zweckmäßigkeitsgrund verwechselt. Webers Idealtypenkonzept unterscheidet jedoch, wie wir sahen, sehr präzise zwischen einem methodischen Zweckmäßigkeitsgrund und dem Idealtypus ›Zweckrationalität‹. Daß Handeln Zwecken folgt, ist etwas anderes als die Beschreibung und Deutung von Handlungen. Man würde andernfalls den methodischen Zweckmäßigkeitsgrund schon für die Rationalität der Handlungen selbst nehmen. Wenn man, wie Habermas, ›Sinn‹ nicht als rationalen Sinn begreift, sondern als vorrationalen, vor-kommunikativen, dann reduziert man Handlungsrationalität implizit auf methodische Zweckrationalität.
Daraus, daß Habermas Webers Rationalitätsbegriff auf Zweckrationalität hin verengt sieht, ergibt sich über die Einwände hinaus eine eigenartige Zwiespältigkeit in der Gesamtinterpretation Webers, die sich auf der einen Seite als Reduzierung, auf der anderen Seite als Entschärfung darstellt.
Habermas expliziert ›Zweckrationalität‹, wie er sie begrifflich bei Weber vorfindet, als instrumentelle bzw. strategische Vernunft.[630] D. h., Webers Idealtypus der Zweckrationalität wird auf instrumentelle Rationalität reduziert. Dagegen sprechen Gründe, denen ich oben nachgegangen bin. Zu erinnern ist insbesondere an das Verhältnis von Zweckrationalität und Wertrationalität. Diese Verkürzung bietet dann den theoriestrategischen Ansatzpunkt für Habermas, Webers Rationalitätsbegriff zu kritisieren, weil er zu eng sei. Weber könne auf diesem Wege die Komplexität der gesellschaftlichen Rationalisierung nicht befriedigend erklären; ihm fehle ein umgreifendes Konzept praktischer Rationalität, in dem sich die Ausdifferenzierung der gesellschaftlichen und kulturellen Sphären unter *einem* Aspekt explizieren ließe. Ein

übergreifender Rationalitätsbegriff hätte es Weber erlaubt, die Rationalisierung der Welt nicht nur als zweckrationalistische Entzauberung zu sehen: Er hätte sehen können, daß moralisch-praktische und ästhetisch-praktische Erscheinungen der Rationalisierung auf einem normativen Einverständnis der handelnden Subjekte beruhen, und wäre dann auf das normativ-kritische Potential der Rationalisierung gestoßen, hätte er praktische Rationalität im Medium sprachlicher Verständigung ausgewiesen. Dann, so wäre zu folgern, hätte in der Tat schon Weber den Grundstein zu einer universalen Theorie der Rationalität gelegt. Nach Habermas trennt eine bewußtseinstheoretische Weichenstellung Weber von einer Theorie des kommunikativen Handelns.

Weber geht Habermas einerseits nicht weit genug in der Explikation des kritischen Potentials der Rationalisierung, andererseits entschärft er dessen theoretisches Potential. Man kann annehmen, daß Weber sein Erklärungsmodell des okzidentalen Rationalismus deshalb in einem kommunikationstheoretischen Sinne »nicht ausschöpft«,[631] weil er die kulturelle und gesellschaftliche Entwicklung unter Bedingungen einer sich durchsetzenden Zweckrationalität pessimistisch einschätzt. Die Normativität sprachlicher Verständigung wäre in dieser Perspektive nicht ein fehlender Begriff in der Theorie, sondern ein Paradigma, das einer Grundlage in der Wirklichkeit entbehrt.[632] In der Tat stimmte dann: »Weber setzt also *unmittelbar* an den faktisch vorgefundenen Gestalten des okzidentalen Rationalismus an, ohne sie an den kontrafaktisch entworfenen Möglichkeiten der rationalisierten Lebenswelt zu spiegeln.«[633]

Zu Recht betont Habermas, daß Weber vom paradoxen, nicht vom partiellen Charakter der Rationalisierung sprach. Das Phänomen der Rationalisierung steht bei Weber im Zusammenhang mit einer ethischen Stellungnahme zu ihr; von ihr ist die These vom universellen Sinnverlust nicht zu trennen. Die Erfahrung eines Sinnverlustes in der Folge einer dissoziierten Vernunft, die Erfahrung einer obsolet gewordenen universellen Vernunft war für Weber grundlegend. Daraus ergibt sich seine pessimistische Zeitdiagnose. Die Entzauberung der Welt kulminiert im »stahlharten Gehäuse« der kapitalistischen Ordnung. Habermas kann dieser Diagnose, die mit der Rede vom Verblendungszusammenhang in der »Dialektik der Aufklärung« vergleichbar ist, nicht zustimmen. Mehr noch: die These vom Sinnverlust sei »in sich nicht plausibel«.[634] Weber gehe »zu weit«, »wenn er aus dem Verlust der substantiellen Einheit der Vernunft auf einen Polytheismus miteinander ringender Glaubensmächte schließt, deren Unversöhnlichkeit in einem Pluralismus *unvereinbarer* Geltungsansprüche wurzelt.« Denn: »Gerade auf der formalen Ebene der argumentativen Einlösung von Geltungsansprüchen ist die *Einheit* der Rationalität in der Mannigfaltigkeit der eigensinnig rationalisierten Wertsphären gesichert. Geltungsansprüche unterscheiden sich von empirischen Ansprüchen durch die Präsupposition, daß sie mit Hilfe von Argumenten eingelöst werden können.«[635]

Wir müssen uns jedoch fragen: Kann man die Erfahrung eines universalen Sinnverlustes mit dem Hinweis auf einen *formalen* Vernunftzusammenhang der ›prozeduralen Einheit argumentativer Begründung‹ angemessen erfassen? Verständigungsorientierung tritt an die Stelle des ›stahlharten Gehäuses‹ und ist so Einspruchsinstanz gegen die Logik der Rationalisierung. Weder entkräftet noch widerlegt das jedoch den materialen Erfahrungsgehalt, der die Zeitdiagnosen Webers, Adornos und Horkheimers motiviert.

(3) Das Muster der Kritik an Weber findet seine Analogie in Habermas' Kritik der »Dialektik der Aufklärung«.
Zunächst ist mir die allgemeine Bemerkung wichtig, daß die Erfahrungen, die einem Text wie dem der »Dialektik der Aufklärung«, von dem Habermas schreibt, es sei Horkheimers und Adornos schwärzestes Buch, zugrunde liegen, noch keinen Einwand gegen seine theoretische Konstruktion rechtfertigen. Die Anstrengung, »den Selbstzerstörungsprozeß der Aufklärung auf den Begriff zu bringen« ist sich des Umstands einer »paradox gewordenen Arbeit des Begriffs«[636] bewußt. Von ihr wollen Horkheimer und Adorno gleichwohl nicht lassen. Zweifel an der Kraft der Aufklärung sind legitim. Gleichwohl sind Horkheimer und Adorno nicht einem verzweifelten Kulturpessimismus verfallen. Vielmehr repräsentieren sie denjenigen Typus des Intellektuellen, den S. Kracauer als den Wartenden beschreibt,[637] und der auch in »Minima Moralia« seinen festen Platz hat. Daß Theorie an Erfahrungen gebunden ist, wo sie neue Erfahrungen und kriti-

sches Denken evozieren will, wußten Horkheimer und Adorno wie nur wenige, auch, daß Erfahrung als reflektierte Erfahrung Ferment philosophischen Denkens ist. Der Erfahrungshintergrund der »Dialektik der Aufklärung« ist der Nationalsozialismus. Welchen Status aber die Feststellung, daß »diese Stimmung, diese Einstellung (ist) nicht mehr die unsere«[638] sei, für die Entwicklung der Kritischen Theorie haben soll, bleibt unerfindlich – es sei denn, sie verfolge theoriestrategische Absichten.

Habermas' sachliche Kritik der Kritischen Theorie Horkheimers und Adornos setzt bei deren aporetischer Vernunftkonzeption an, mit der Begründungsansprüche Kritischer Theorie nicht erfüllt werden könnten. Vernunft sei implizit normativ, ohne dies ausweisen zu können, weil sie einem bewußtseinstheoretischen Paradigma folge.

Ich fasse die Kritik im einzelnen folgendermaßen zusammen: Anders als Weber, der die Vernunftmomente als disparate Momente innerhalb des Rationalisierungsprozesses systematisch unverbunden nebeneinander stehen läßt, versuchen Horkheimer und Adorno, einen umfassenden Zusammenhang der gesellschaftlichen Rationalisierung herzustellen. Aus der Perspektive einer unwiderruflich obsolet gewordenen Idee objektiver Vernunft unterziehen sie die subjektive Vernunft der Kritik. Als instrumentelle Vernunft wird sie zur treibenden Kraft im Zivilisationsprozeß.

Theoriegeschichtlich beziehen sich Horkheimer und Adorno dabei auf Lukács' Verdinglichungstheorem. Aber der Verdinglichungsbegriff wird von seinem ursprünglichen Hintergrund der Marxschen Warenanalyse losgelöst und erfährt eine Generalisierung sowohl in zeitlicher als auch in sachlicher Hinsicht. Im Topos einer Urgeschichte der Subjektivität rückt instrumentelle Vernunft, unter deren Bedingungen die Bildung von Ich-Identität und verdinglichten intersubjektiven Verhältnissen allein stattfindet, in eine geschichtsphilosophisch umfassende Perspektive. Identifizierendes Denken wird zu der primären Kategorie, die noch der Tauschabstraktion zugrunde liegt. Habermas sieht darin eine »idealistische(n) Rückübersetzung des Verdinglichungsbegriffs in den Kontext der Bewußtseinsphilosophie«.[639] Aus dem Zusammenhang, den Horkheimer und Adorno zwischen identifizierendem Denken, Selbsterhaltung und Naturbeherrschung herstellen, ergibt sich die Identifikation von Identitätsdenken und Herrschaft. Aus dieser Logik der Herrschaft folgt der universale Verblendungszusammenhang – die Totalität der subjektiv-instrumentellen Vernunft wird zur Chiffre aller gesellschaftlichen Verhältnisse und Bereiche. Daß die Kritik des unwahren Ganzen vom Standpunkt der Reflexion, zu der das Denken prinzipiell fähig ist, möglich sein soll, setzt geschichtsphilosophische Perspektiven, Mittel der Ideologiekritik und die Präsupposition wahrhafter Vernunft voraus; letztere läßt sich aber geschichtsphilosophisch und ideologiekritisch nicht ausweisen, bleibt der Kritik der instrumentellen Vernunft systematisch, jedoch unbegründet übergeordnet. Die Idee der Versöhnung, in deren Verwirklichung die falsche Synthese von Natur und Vernunft im Eingedenken der Natur im Subjekt aufgebrochen wird, gründet nach Habermas auf einem Konzept von ›Mimesis‹, das aber in der »Dialektik der Aufklärung« aus systematischen Gründen nicht entfaltet werden kann. Weil die vergewaltigte Natur selbst nur aus der Perspektive der subjektiven Vernunft zugänglich ist, kann die »Dialektik der Aufklärung« auch nicht sagen, worin ihre Zerstörung und die von der Naturbeherrschung ausgehende, bis in die Gesellschaft hineinreichende Herrschaft besteht. Der theoretische Ausgangspunkt einer subjektiven Vernunft wirkt sich nach Habermas aporetisch auf die Konzeption insgesamt aus. Die bewußtseinsphilosophische Terminologie von Subjekt und Objekt tritt unter Bedingungen der ›Aufklärung‹ selbst nur noch im Medium subjektiver Vernunft in den Blick. ›Subjektiv-instrumentelle Vernunft‹ »stellt deshalb auch keine explikativen Mittel bereit, um zu erklären, was denn die Instrumentalisierung gesellschaftlicher wie intrapsychischer Beziehungen *aus der Perspektive der vergewaltigten und deformierten Lebenszusammenhänge* bedeutet«. Die Kritik der instrumentellen Vernunft kann »lediglich anzeigen, *daß* die Instrumentalisierung der Gesellschaft und ihrer Mitglieder etwas zerstört; aber sie kann nicht explizit angeben, *worin* diese Zerstörung besteht«.[640] Ihr, die den »Bedingungen der Subjektphilosophie verhaftet bleibt«, fehlt eine »hinreichend geschmeidige Begrifflichkeit«,[641] um den theoretischen Zusammenhang zwischen der Logik der Herrschaft und der Utopie der Versöhnung in ein und demselben Vernunftkonzept begründen zu können.

Einzig ein grundlegender Wechsel von der Bewußtseinsphilosophie zur Sprachphilosophie erlaubt es nach Habermas, Kritische Theorie als diejenige Theorie der Gesellschaft auszuweisen, der ihr normatives Fundament selbst innewohnt.

Habermas' Kritik am Theoriekonzept der »Dialektik der Aufklärung« bzw. der »Kritik der instrumentellen Vernunft« ist der Sache nach zuzustimmen. Mit dem Begriff der kommunikativen Rationalität, in dem die instrumentelle Vernunft nur als ein Teilaspekt erscheint, lassen sich Mechanismen der Vergesellschaftung kommunikationstheoretisch erklären, ohne in die für die »Dialektik der Aufklärung« augenfällige Aporie zu geraten. Aber mit dieser Entscheidung zugunsten eines kommunikationstheoretischen Paradigmas sind Abstriche verbunden. Insbesondere im Hinblick auf die Idee der Versöhnung, der normativen Grundlage der Kritischen Theorie, sind folgenreiche Akzentverschiebungen erkennbar.

Horkheimer und Adorno verzichten auf die Explikation der Idee der Versöhnung, um nicht einer Metaphysik der Versöhnung zu verfallen. Dennoch nimmt die ältere Kritische Theorie zu ihren normativen Absichten Stellung. Sie hat keinen Zweifel daran gelassen, daß es ihr um die Autonomie der Individuen in einer von strukturell bedingtem Zwang befreiten Gesellschaft, um unreduzierte Erfahrung, um die Möglichkeit verwirklichten Glücks zu tun war, und daß für die Hoffnung auf diese Utopie ein Begriff von Moral vorausgesetzt werden muß, der selber in einem letzten Sinne nicht begründbar ist. »Sie (die Moral – A. Th.) ist keiner Begründung fähig – weder durch Intuition noch durch Argumente.«[642] Diese Haltung des zur Seite theoretischer Begründungen hin ungeschützten Eintretens für die Idee des Glücks – eine Haltung, die vielleicht insbesondere für Horkheimer charakteristisch ist[643] – gründet in der idealismuskritischen Skepsis daran, das Moralische sei das begründete Vernünftige, das Vernünftige dasjenige, dem Moralität allein entstammt. Vorbehalte gegen diese rationalistische Auffassung des Moralischen als Fundament des Interesses, das sich in der Theorie artikuliert, betreffen auch die Diskursethik: Das, was vernünftig begründbar ist, muß noch nicht zugleich als vernünftig eingesehen werden. »Überhaupt ist die Vorstellung, wir könnten nur das *vernünftig* einsehen, was wir *als vernünftig* einsehen, ein rationalistischer Mythos.«[644] Das

Interesse kritischer Philosophie gilt – gegen das gesellschaftliche Unrecht – der Verwirklichung von Glück. Horkheimer ist sich bewußt, daß der Begriff des Interesses dabei systematisch unterbestimmt bleibt. »Die kritische Theorie hat bei aller Einsichtigkeit der einzelnen Schritte und der Übereinstimmung ihrer Elemente mit den fortgeschrittensten traditionellen Theorien keine spezifische Instanz für sich als das mit ihr selbst verknüpfte Interesse an der Aufhebung des gesellschaftlichen Unrechts.«[645] Es ist das Mitleiden angesichts des Unrechts, das sich bis in die Theorie hinein fortsetzt und dort sein Interesse artikuliert. Die Erfahrung dieses Interesses ist unabweisbar. In der »Dialektik der Aufklärung« heißt es darüber, es sei das »sinnliche Bewußtsein der Identität von Allgemeinem und Besonderem, als die naturalisierte Vermittlung«.[646] Nicht eine Gefühlsethik kommt hier zum Ausdruck, sondern ein Einspruch gegen die idealistisch leerlaufende rationalistische Vernunft, die sich als Moral ausweist.

Das Interesse kritischer Theorie, »die Sorge um das Glück der Menschen«,[647] impliziert eine Mitleidsethik, in der Rationales, Kognitives und Emotives, Voluntatives eine Verbindung eingehen, die selbst einem begriffsgeleiteten moralischen Gefühl entspringt. »Interessen sind nicht bloße Gefühle oder Gefühlslagen; sie sind auch nicht auf punktuelle Trieb- oder Willensregungen reduzierbar; man muß sie wohl als rational und kognitiv durchgearbeitete Antriebs- und Willensdispositionen auffassen.«[648] Die theoretische Perspektive auf eine Utopie des Glücks versieht diese mit einem universalen Anspruch. Sie ist an rationale Kritik gebunden; aber sie ist ungeschützt gegenüber Letztbegründungsansprüchen. Für die Kritische Theorie ist die Kraft des Einspruchs und der Kritik charakteristisch, auch wenn der Wahrheitsanspruch einer Utopie der Versöhnung einer »negativen Bedingtheit«[649] unterworfen ist. Die negative Bestimmtheit der Utopie, das Bilderverbot über den versöhnten Zustand ist auf den materialistischen Charakter des Theoriekonzepts zurückzuführen. Denn ›Glück‹ hängt auch von der Verfügung über und vom Umgang mit der naturalen Basis menschlicher Existenz ab. ›Natur‹ aber ist begrifflich nicht positiv zu fassen. Dennoch ist Glück an versöhnte Natur, an das Eingedenken der Natur im Subjekt gebunden. Der Materialismus der älteren Kritischen Theorie thematisiert Glück, Versöhnung und Natur als einen Zusammenhang, auch wenn er systematische Leerstellen in Kauf nehmen muß. Interessen gelten ihm nicht als Prinzip, denn sie sind selber nicht historisch invariant. ›Interesse‹ ist ein Vermittlungsbegriff, der sich wegen seiner materialen Implikationen nicht formal explizieren läßt.

Der Materialismus der älteren Kritischen Theorie ist mit einem reinen Rationalismus nicht vereinbar. Sie will materiales Philosophieren, auch wenn dem der Anspruch auf kritische Begründung manchmal zuwiderläuft. So gesehen scheitert die ältere Kritische Theorie nicht am ›falschen‹ Paradigma der Bewußtseinsphilosophie, sondern daran, daß sie auf der Sachhaltigkeit der Theorie beharrt.

Es handelt sich um eine Entscheidung für einen bestimmten Theorietypus, dem es nicht an einer »hinreichend geschmeidige(n) Begrifflichkeit«[650] fehlt, sondern der andere Akzente in bezug auf das Interesse der Philosophie setzt. ›Versöhnung‹ und ›Verständigung‹ sind nur bedingt aufeinander abzubilden. Die materialen Gehalte von ›Versöhnung‹ lassen sich nicht in einem formalen Konzept kommunikativer Rationalität ausweisen. Sie indizieren ihm gegenüber ein Mehr an erfahrungsbezogenen Gehalten der theoretischen Reflexion. ›Verständigung‹, die Utopie kommunikativer Rationalität, bleibt formal.

Die Diskursethik gibt eine »Prozedur«[651] an. »Die prozedurale Bestimmung des Moralischen« intendiert – anders, als es in der älteren Kritischen Theorie der Fall ist – gerade eine »hinreichend scharfe Trennung der kognitiven Strukturen von den Inhalten moralischer Urteile«.[652] Diese prozedurale Bestimmung ist gerechtfertigt, wenn man Rationalität über den Begründungsbegriff explizieren kann. Wir sahen jedoch, daß das nicht problemlos möglich ist. Auch die Moralbegründung impliziert bei Habermas einen Rationalismus, mit dem sich aber nicht das Gute, sondern allenfalls das Gerechte ausweisen läßt. Mit Horkheimer wäre daran zu erinnern, daß sich das Gute nicht in der Rationalität der Geltungsansprüche auffinden läßt.

Die formale Begründung von Rationalität erfordert eine systematische Ausgrenzung dessen, was Horkheimer und Adorno Eingedenken der Natur im Subjekt nannten. Die »hinreichend geschmeidige Begrifflichkeit« bewirkt eine Rationalisierung der Theorie kommunikativer Rationalität: Sprachliche Kommunikation als Realität eigenen Rechts ist von der Realität der Natur und der Gesellschaft abgehoben.[653] Die Rationalität der sprachlichen Regeln, denen die Verständigungsorientierung folgt, ist zwar notwendige Bedingung für Verständigung, aber sie ist nicht hinreichend, um die Idee vom richtigen Leben begründen zu können. Das Konzept kommunikativer Rationalität ermäßigt so die Ansprüche hinsichtlich des normativen Fundaments der Kritischen Theorie.

Die Alternative ist, entgegen Habermas, nicht die zwischen Sprachphilosphie und Bewußtseinsphilosophie, sondern die zwischen einem formalen Begründungskonzept und einem Theoriemodell, das auf materiale Gehalte nicht verzichtet. Denn der Zusammenhang, der den Wechsel der Paradigmen begründet, ist eine Theorie formaler Geltungsansprüche der Rede, in die Präsuppositionen eingehen, die nicht befriedigend ausgewiesen werden. So gesehen führen hohe formale Begründungsansprüche zu inhaltlichen Reduktionen. Das kritische Potential der älteren Kritischen Theorie wird durch den Universalismus eines regelrekonstruktiven Formalismus entschärft.
Inbesondere Habermas' nicht immer einsichtiges Verständnis von Bewußtseinsphilosophie bewirkt eine reduktionistische Betrachtung der Philosophie Adornos. Wir haben gesehen, warum die Gleichung Zweckrationalität gleich instrumentelle Vernunft gleich Identitätsdenken nicht aufgeht und daß man die Dialektik von Identität und Nichtidentität in der Erkenntnistheorie der »Negativen Dialektik« nicht als Geschichtsphilosophie einer Logik des Zerfalls interpretieren kann. Doch nach Habermas explizieren sich die »Dialektik der Aufklärung« und die »Negative Dialektik« unter dem Aspekt der genannten Gleichung wechselseitig. Er rechtfertigt so die Behauptung, Adornos Philosophie besiegle gewissermaßen die Abtretung der Rationalitätsdebatte an die Kunst, insofern die »negativ-dialektische Selbstaufhebung des philosophischen Denkens«[654] in die Aporien der Bewußtseinsphilosophie führt. In dieser Lage seien die Aporien allein im Medium der Kunst noch explizierbar und bloß mimetisch, nicht mehr diskursiv, durchdringbar. Dieser Auffassung kann man jedoch entgegenhalten, daß die Selbstreflexion philosophischen Denkens im Konzept negativer Dialektik als immanente Kritik

nicht nur der Möglichkeit nach angelegt ist, sondern auch durchgeführt wird. Wenn man die »Negative Dialektik« als Theorie der Erfahrung liest, besteht kein Anlaß, ihre Perspektiven auf die Kunst einzuschränken.

Aus der Sicht einer Kritik, die die Aporien der Philosophie Adornos auf deren bewußtseinsphilosophische Implikationen zurückführt, fallen Dialektik im Sinne der spekulativen Dialektik Hegels und negative Dialektik im Sinne Adornos zusammen. So erscheint die »Negative Dialektik« als negative Geschichtsphilosophie. Adornos Hegel-Kritik legt ein anderes Verständnis nahe. Denn es ist die Hegelsche Dialektik, die »angesichts der konkreten Möglichkeit von Utopie« zur »Ontologie des falschen Zustandes«[655] wird, nicht die negative Dialektik. »Von ihr (dieser idealistischen Dialektik – A. Th.) wäre ein richtiger (Zustand – A. Th.) befreit, System so wenig wie Widerspruch.«[656] Negative Dialektik beinhaltet unter dem Vorrang des Objekts ein Moment von Erfahrung, das den konkreten Stand der Möglichkeiten, das faktisch Mögliche transzendiert; sie ist die Erinnerung an Nichtidentisches als dem »Ineffabile der Utopie.«[657]

Aus diesem Grund ist Adornos Utopie der Erkenntnis, »das Begriffslose mit Begriffen aufzutun, ohne es ihnen gleichzumachen«,[658] gerade nicht als Formulierung der Aporie der älteren Kritischen Theorie zu verstehen. Habermas' Kommentar zu Adornos Intention trifft den Kerngedanken negativer Dialektik nicht. »Wie Adorno diesen programmatischen Gedanken als ›Negative Dialektik‹ durchführt, oder besser: in seiner Undurchführbarkeit vorführt, brauche ich an dieser Stelle nicht zu diskutieren.«[659] Adornos Philosophie wird auf ein Konzept nichtbegrifflicher Mimesis festgelegt, das diskursive Ansprüche fallenlasse. »Die ›Negative Dialektik‹ ist beides: der Versuch, zu umschreiben, was sich diskursiv nicht sagen läßt, und die Warnung, in dieser Lage doch noch bei Hegel Zuflucht zu suchen. Erst die ›Ästhetische Theorie‹ besiegelt dann die Abtretung der Erkenntnis-Kompetenzen an die Kunst, in der das mimetische Vermögen objektive Gestalt gewinnt. Adorno zieht den theoretischen Anspruch ein: Negative Dialektik und Ästhetische Theorie können nur noch ›hilflos aufeinander verweisen‹ (Th. Baumeister, J. Kulenkampff).«[660]

Dagegen läßt sich jedoch einwenden, daß negative Dialektik gerade das diskursive, begriffsgeleitete Eingedenken des Nichtidentischen in der Erfahrung ist. Die »Negative Dialektik« ist der Versuch, unter Bedingungen der subjektiv-instrumentellen Vernunft material zu philosophieren, kritische Ansprüche nicht aufzugeben, sondern sie im Medium der Reflexion als erfahrbare auszuweisen. Die dialektische Rationalität, die dafür in Anspruch genommen wird, begründet Dialektik als Medium eines diskursiven Erkenntnisprozesses. Für Adorno ist Dialektik unter den Bedingungen der Paradoxien der Moderne gewissermaßen ihr eigentlicher Ernstfall. In dieser Situation philosophischen Denkens ist die Rationalität des Nichtidentischen nicht auf eine Diskursivität reduzierbar, die die Rekonstruktion universeller Regeln der Kommunikation mit der Erfahrung dessen, worüber kommuniziert wird, identifiziert. Die Rationalität des Nichtidentischen und die Rationalität der Verständigungsorientierung haben einen unterschiedlichen Status. Sie unterscheiden sich nicht nur hinsichtlich der theoretischen Strategien, die sie verfolgen, sondern auch hinsichtlich der Intentionen und der möglichen Gehalte diskursiver Erfahrungsbildung.

3.4. Theorie und Erfahrung

Aus der Konfrontation der Philosophie Adornos mit der Theorie der kommunikativen Rationalität ergeben sich zwei Schlußfolgerungen.
Erstens: Die von mir vorgeschlagene Interpretation der »Negativen Dialektik« ist geeignet, sie als kritische Erkenntnistheorie auszuweisen, ohne die kommunikationstheoretische Transformation in Anspruch nehmen zu müssen. Die »Negative Dialektik« tritt unter diesem Aspekt nicht als Konkurrenz zu einer sozialwissenschaftlich orientierten Theorie der kommunikativen Rationalität auf. Dennoch ist sie zu jener aus philosophischer Sicht eine Alternative, wenn es darum geht, Kritische Theorie zu begründen. Gefragt ist nach einer erkenntnistheoretisch fundierten Theorie der Erfahrung, deren Gegenstandsbereich die Rationalität des Nichtidentischen umfaßt. Ihr Thema ist das aus philosophischer Sicht Unabgegoltene, das die Theorie kommunikativer Rationalität nicht erreicht. (1)
Zweitens: Die Philosophie Adornos enthält Elemente, die kommu-

nikationstheoretisch nicht eingeholt werden können, die aber dennoch für eine Kritische Theorie relevant sind. Wenn sich diese Auffassung bestätigt, dann ist darüber nachzudenken, welche Korrekturen auf der einen wie auf der anderen Seite gegebenenfalls nötig sind, um gewissermaßen eine produktive Durchlässigkeit derjenigen Theorien zu gewährleisten, in denen sich kritisches Denken – sozialwissenschaftliches oder philosophisches – bewegt. (2)

(1) Ich habe oben davon gesprochen, daß sich aus der kommunikationstheoretisch motivierten Kritik an der Bewußtseinsphilosophie eine Interpretation der »Negativen Dialektik« ergibt, die deren theoretischen Gehalten nicht gerecht wird, weil sie reduktionistisch verfährt. Habermas' Kritik zufolge ist die »Negative Dialektik« »nurmehr als ein Exerzitium, eine Übung, zu verstehen. Indem sie dialektisches Denken noch einmal reflektiert, führt sie vor, was man nur so zu Gesicht bekommt: die Aporetik des Begriffs des Nichtidentischen.«[661] Philosophisches Denken regrediere im Schatten einer Philosophie, die sich überlebt hat, zur Gebärde.[662]

Das darin angesprochene Problem philosophischer Darstellung bedarf eigentlich einer gesonderten Betrachtung. Hier soll der Hinweis genügen, daß die Form, in der philosophische Gedanken zum Ausdruck gebracht werden, kein Beurteilungskriterium ihrer Gehalte sein kann. Dieser Hinweis bezieht sich nicht nur auf die Kritik an Adornos ästhetisierender Darstellung, sondern schließt Adorno – man denke an seine Heidegger-Kritik – gleichermaßen ein. In der Tat ist aber die Frage nach der Form zugleich eine inhaltliche. So gesehen sind Adornos philosophische Bemühungen um das Nichtidentische bereits eine Durchführung des theoretischen Programms negativer Dialektik. Er beabsichtigt die Explikation und zugleich die Darstellung eines Typus von Erfahrung im Medium philosophischer Reflexion. Das Thema dieser Reflexion ist die Selbstreflexion kritischen Philosophierens, das sich unter nachhegelschen Bedingungen als dialektisches ausweist.

Habermas sieht nun ausgerechnet dort eine gefährliche Weichenstellung in Richtung Bewußtseinsphilosophie, wo Adorno philosophisches Denken gerade motivieren will: In der Vermittlung zwischen dem Hegelschen ›reinen Zusehen‹ und der Reflexion auf die Gegenstände unter Bedingungen, in denen die Identität von Subjekt und Objekt als philosophischer Topos nicht mehr vorgegeben werden kann. In »Minima Moralia« formuliert Adorno dieses Dilemma: »Vom Denkenden heute wird nicht weniger verlangt, als daß er in jedem Augenblick in den Sachen und außer den Sachen sein soll – der Gestus Münchhausens, der sich an dem Zopf aus dem Sumpf zieht, wird zum Schema einer jeden Erkenntnis, die mehr sein will als entweder Feststellung oder Entwurf. Und dann kommen noch die angestellten Philosophen und machen uns zum Vorwurf, daß wir keinen festen Standpunkt hätten.«[663]

Theorie- bzw. reflexionsgeleitete Erfahrung als Eingedenken des Nichtidentischen in der Erkenntnis ist gleichwohl nicht auf nichtbegriffliche Mimesis reduzierbar. Die philosophische Theorie, die dieser Intention folgt, hat sich keinesfalls »hinter die Linien des diskursiven Denkens aufs ›Eingedenken der Natur‹« zurückgezogen, »bezahlt für die erweckende Kraft ihres Exerzitiums« keinesfalls »mit der Abkehr vom Ziel theoretischer Erkenntnis«.[664]

Auch A. Söllners Kritik der »Negativen Dialektik« trifft nicht. Seine Explikation des Identitätsbegriffs bei Adorno verfehlt den Kern der Identitätskritik Adornos. Man werde »den Eindruck nicht los, daß die in ihr (der »Negativen Dialektik« – A. Th.) praktizierte Verknüpfung von unmittelbarer Erfahrung und idealistischer Immanenz wenn nicht die Funktion, so doch die Wirkung einer Immunisierungsstrategie hat.«[665] Das Gesellschaftsbild Adornos sei »Resultat eines radikalisierten Erkenntnisindividualismus, der den Schock vor allem am Faschismus festgemachter lebensgeschichtlicher Erfahrungen unkorrigierbar festhielt«; dieses »Trauma« bestimmte Adornos »intelligiblen Charakter sozusagen aus psychomotorischer Tiefe«, aus der heraus er nur noch die Perspektive einer »theorielosen Artikulation unmittelbarer Leiderfahrung«[666] habe entwerfen können.

Zum Sachlichen dieser Äußerung, auf das ich mich beschränken will, ist zu sagen, daß das Thema der »Negativen Dialektik«, wenn man so will, die Identität der Nichtidentität ist und nicht die Unmittelbarkeit der Nichtidentität, unmittelbare Erfahrung, theorielose Artikulation unmittelbarer Leiderfahrung oder be-

griffslose Erfahrung.⁶⁶⁷ Söllners Verständnis von ›Nichtidentität‹ ist ein vor-kritisches; es ist mit Adornos Philosophie nicht vereinbar.
Adornos Begriff der Vermittlung wird als Dialektik von Identität und Nichtidentität expliziert. Ihm zufolge gibt es einen irreduziblen Kern in der Erfahrung, der durch Identität und Nichtidentität gleichermaßen ausgezeichnet ist. Dieser Widerspruch ist das Nichtidentische unter dem Aspekt der Identität; er ist erfahrbar. Denn zwischen Identität und Nichtidentität, zwischen Begriff und Begriffslosem, zwischen Subjekt und Objekt schneidet nicht *eine* Linie hindurch. Die Erfahrung, die sich an der Dialektik von Identität und Nichtidentität bildet, beinhaltet, daß sich die Dinge nicht in ihrem Erkanntsein erschöpfen. Darüber hinaus gibt es Erfahrungen, die weder kommunikationstheoretisch, d. h. formal, zu erfassen sind, noch mimetisch-begriffslos sind. Sie beinhalten rational und begrifflich motivierte *Verweise* auf Nichtidentisches, die das Nichtidentische doch gleichwohl nicht in Identisches überführen. ›Eingedenken von Nichtidentität‹ impliziert ein *diskursives* Wissen um Nichtidentisches, aber es ist nicht kognitivistisch in dem Sinne, daß nur etwas ›Wissen‹ zu sein beanspruchen kann, das rational eingesehen und begründet werden kann.
Hinsichtlich möglicher Erfahrung sind die Grenzen kommunikativer Rationalität enger gesteckt als die dialektischer Rationalität. Der zwanglose Zwang des besseren Arguments ist wohl für die Praxis des wissenschaftlichen Diskurses relevant, aber unreglementierte Erkenntnis und unreduzierte Erfahrung ergeben sich aus einem Modus der Aneignung von möglichen Gegenständen der Erkenntnis, für die der unterstellte Nexus von Geltung und Begründung auch nur bedingt zutrifft. »Es käme darauf an, Erkenntnisse zu haben, die nicht etwa absolut richtig, hieb- und stichfest sind – solche laufen unweigerlich auf die Tautologie hinaus –, sondern solche, denen gegenüber die Frage nach der Richtigkeit sich selber richtet. – Damit wird aber nicht Irrationalismus angestrebt, das Aufstellen willkürlicher, durch den Offenbarungsglauben der Intuition gerechtfertigter Thesen, sondern die Abschaffung des Unterschieds von These und Argument. Dialektisch denken heißt, unter diesem Aspekt, daß das Argument die Drastik der These gewinnen soll und die These die Fülle ihres

Grundes in sich enthalten. Alle Brückenbegriffe, alle Verbindungen und logischen Hilfsoperationen, die nicht in der Sache selber sind, alle sekundären und nicht mit der Erfahrung des Gegenstandes gesättigten Folgerungen müßten entfallen.«[668] Der ›zwanglose Zwang‹ steht in der Gefahr, Nichtidentisches auszugrenzen. ›Unversehrte Intersubjektivität‹, ›Verständigung‹, ›zwangloser Zwang‹ sind normative Zielvorstellungen, die Adorno in dieser Form nicht teilen kann, weil die Rationalität des Nichtidentischen ›Dissens‹ als systematischen Bestandteil gelingender Verständigung rehabilitiert. Nicht gegen kommunikative Rationalität spricht negativ-dialektische Erkenntnis, sondern nur gegen deren Anspruch, die übergreifende zu sein.
Es ist deshalb einsichtig, wenn Adorno sich nicht dazu »entschließt«, den »zum Greifen nahe(n)«[669] Paradigmenwechsel vorzunehmen. Die Möglichkeit zu unversehrter Intersubjektivität ist in der Utopie der Versöhnung enthalten, aber sie *ist* nicht bereits Versöhnung.
Deshalb kann man die »Negative Dialektik« auch nicht in der Terminologie der Kommunikationstheorie explizieren. »Adorno beschreibt Versöhnung in den Begriffen einer *unversehrten Intersubjektivität*, die sich allein herstellt und erhält in der Reziprozität der auf freier Anerkennung beruhenden *Verständigung*.«[670] Gegen diese Auffassung kann man zunächst einwenden, daß Adorno gerade dies nicht tut. Mit Bezug auf Eichendorff schreibt er: »Der versöhnte Zustand annektierte nicht mit philosophischem Imperialismus das Fremde, sondern hätte sein Glück daran, daß es in der gewährten Nähe das Ferne und Verschiedene bleibt, jenseits des Heterogenen wie des Eigenen.«[671] Hier ist nicht von kommunikativer Verflüssigung, von Diskursivität im Sinne von Begründbarkeit die Rede. Das Fremde *bleibt* auch in der gewährten Nähe das Ferne und Verschiedene. Daß Vermittlung und damit auch die Möglichkeit von Erfahrung gesellschaftlich, intersubjektiv wirksam sind, d. h., nicht jenseits von Sozialität gedacht werden können, daß Versöhnung überhaupt an die versöhnte Gesellschaft gebunden ist, ist für Adorno nicht strittig. Warum das aber zwingend zum Primat kommunikativer Rationalität, zu ›Verständigungsorientierung‹ führen soll, kann man der »Theorie des kommunikativen Handelns« auch an dieser Stelle nicht entnehmen.

Damit ist die Frage aufgeworfen, von welcher theoretischen Tragweite der sogenannte Paradigmenwechsel von der Bewußtseinsphilosophie zur Sprachphilosophie ist. Wenn es nur theoriestrategische Überlegungen sind, von denen man sich Vorteile hinsichtlich konsistenter Begründungen verspricht, wird man bedenken müssen, ob der Wechsel es rechtfertigen kann, inhaltlich relevante Elemente deshalb auszugrenzen, weil sie nicht in der Terminologie des neuen Paradigmas ausgedrückt werden können. Man wird also theoriestrategische Argumente gegen reduktionistische Konsequenzen abwägen müssen.

Um dafür ein Beispiel zu geben, möchte ich nun der Frage nach der Notwendigkeit eines Paradigmenwechsels anhand eines Gesichtspunktes nachgehen, der innerhalb der »Theorie des kommunikativen Handelns«, wie mir scheint, zentrale Bedeutung hat. Im Kern geht es dabei um das Problem, ob uneingeschränkte Vernünftigkeit durch die Rekonstruktion kommunikativer Rationalität hinreichend bestimmt ist; oder ob nicht infolge der kommunikationstheoretischen Grundlegung mit Ausgrenzungen operiert werden muß, die sich belastend auf die Gesamtkonstruktion auswirken. Exemplarisch kann man diese Frage daran verfolgen, in welcher Weise ›Natur‹ begrifflich und systematisch in die Kommunikationstheorie eingeht bzw. nicht eingeht.

Der Kritik U. Matthiesens[672] folgend, möchte ich auf einen mir zentral erscheinenden Bestandteil der Regelrekonstruktion kommunikativer Rationalität zu sprechen kommen. Es handelt sich um die These, daß in der Versprachlichung des Sakralen die Ausbildung von Geltungsansprüchen phylogenetisch rekonstruierbar ist, wobei dieser Prozeß in den formalen Strukturen der Sprache selbst auffindbar sei.[673] Dieser These zufolge führt die kommunikative Verflüssigung des sakralen Banns zu konsensuell erzeugten sozialen Geltungen. Entscheidend ist, daß die regelrekonstruktiv gewonnene Rekonstruktion kontrafaktisch wirksamer Interaktionsmuster als etwas Faktisches unterstellt wird. Die Begründung des Übergangs von Kontrafaktizität zu Faktizität ist jedoch vorgreifend; sie wird erst in einem späteren Stadium der Regelrekonstruktion geliefert. Die Faktifizierung des Kontrafaktischen ist bei Habermas möglich, weil er die Konsensusbildung als den Mechanismus der Handlungskoordinierung in der Struktur der Sprache entdeckt; die Faktifizierung auch auf phylogenetischer

Ebene wird jedoch erst mit dieser Entdeckung begründet. »Wenn die Geltungsansprüche gleichsam als Rollen funktionieren, über die die Konsensusbildung und damit die symbolische Reproduktion der Lebenswelt abläuft, sind sie, unbeschadet ihres normativen Gehalts, als soziale Tatsachen eingeführt – ihre Faktizität bedarf dann keiner weiteren Begründung mehr.«[674]
Gegen die Versprachlichungsthese – die Versprachlichung des Sakralen – lassen sich jedoch aus religionssoziologischer Sicht Einwände erheben, die die Theorie der Geltungsansprüche, den Kern der Theorie kommunikativen Handelns treffen.
Bereits E. Durkheim und M. Mauss haben auf den ambivalenten Charakter des Sakralen zwischen Ehrfurcht und Grauen hingewiesen. Diese archaische Ambivalenz führt zu ursprünglichen Verbotsnormen. Daraus ergibt sich ein ursprünglicher, in die anthropologischen Grundlagen der Gattung eingelassener Zusammenhang zwischen dem ambivalenten Sakralen einerseits und den archaischen Verbotsnormen andererseits. Habermas löst diese ursprüngliche Ambivalenz kommunikationstheoretisch. Ambivalenz und Verbot werden konsensualistisch geglättet. »An den rituellen Handlungen läßt sich ablesen, daß das Sakrale Ausdruck eines normativen Konsenses ist, der regelmäßig aktualisiert wird.«[675] Mit der kommunikationstheoretischen Deutung des Sakralen, die sich daran anschließt, erreicht Habermas eine Harmonisierung von Ambivalenzen zugunsten eines Kognitivismus, in dem die Dimension der Leiblichkeit getilgt ist. Die Durkheim-Mauss-Schule hatte den Zusammenhang von Ambivalenz und Verbot nicht ohne die Dimension des Leiblich-Körperlichen fassen können. Bei Habermas dagegen ist das Somatische als Moment des Sakralen nicht mehr relevant. Er setzt einseitig auf die Kraft zur Idealisierung, die dem Sakralen innewohne; wobei sich die Idealisierungsleistungen bei Habermas auf die Ausbildung von Geltungsansprüchen im Medium kommunikativen Handelns beziehen.
Die Folgegeneration der Durkheim-Mauss-Schule des ›Collège de Sociologie‹ geht dagegen der Bedeutung ursprünglicher, durch die Körperlichkeit selbst motivierter Ambivalenzen im Sakralen nach. Matthiesen formuliert in Anlehnung an die Konzeption des Heiligen im ›Collège de Sociologie‹ eine begründbare Gegenposition zu Habermas' »harmonisierend-konsentierende(m) Zug«[676]

der kommunikationstheoretisch zentralen These einer Versprachlichung des Sakralen. Er untersucht dabei die Rolle der ›Ambiguität‹ zwischen Heil und Schrecken, Anziehung und Abscheu vor dem Heiligen und der daraus resultierenden strukturellen Analogie des Heiligen und des Moralischen, die Funktion des ›Verbots‹, das von einer Dialektik von Verbot und Übertretung umspannt wird, und die sogenannte ›Ansteckungs-Bindung‹ in der leibvermittelten ›Interattraktion‹ – eine durch sexuelle Anziehung motivierte Bindungskraft, die intersubjektiv fusionierend wirkt.[677]
Anders als bei Habermas, der die Mediatisierung von Sozialbeziehungen an Verständigungsprozessen und Reziprozitätserwartungen der Akteure expliziert, konzentrieren sich die Arbeiten des ›Collège de Sociologie‹ – insbesondere die Batailles – »auf archaische Sozialformationen, in denen Generosität, Entgrenzung und das Aus-sich-herausgehen, in denen also Transgressionen als Paradigma der Intersubjektivität und ›ansteckenden Potenz‹ von Wechselseitigkeit überhaupt dienen.«[678] Nicht die auf dem Wege sprachlicher Interaktion konsensuell erzeugten Normen allein sind Movens der Entwicklung sozialer Bindungen, sondern ebenso, wenn nicht elementarer, die leiblich vermittelten Bindungskräfte der über das Spiel von Verbot und Übertretung gattungskonstitutiv wirksamen Transgressionen. »Diese Konzeptualisierungsweise ansteckender Bindungskräfte scheint sich nur schwerlich in eine evolutionäre Reihe von sozialen Bindungsformen, einem mit sprachlichem Niveau überwundenen Stadium bloßer ›Gefühlsansteckung‹ (Habermas) zuordnen zu lassen (letztere vergäße danach die ›humanisierende‹ Rolle von Verbot und Überschreitung).«[679] Allein aus der kommunikativen Verflüssigung des Sakralen heraus läßt sich kommunikativ erzieltes normatives Einverständnis nicht explizieren, denn auch »der Körper, Bedeutung-tragend und Bedeutung-erzeugend von Anbeginn, ist zugleich das Exerzierfeld von fundamentalen Verbotsnormen.«[680]
Dieser Gesichtspunkt der ambivalenten Körperlichkeit widerspricht Habermas' Versprachlichungsthese; zumindest wirft er Fragen auf, denen sich die »Theorie des kommunikativen Handelns«, die den Prozeß der Rationalisierung als Versprachlichung deutet, stellen muß. Die Versprachlichungsthese hängt von der

fraglichen Voraussetzung ab, daß die fundamentale und gegenüber einer formalen Regelrekonstruktion widerständige Bedeutung des Zusammenhangs zwischen Ambiguität, Verbot und leibvermittelter Attraktion zugunsten kommunikationstheoretischer Erklärungen entschärft und harmonistisch geglättet wird. Die Rekonstruktion des Rationalisierungsprozesses steht in der Gefahr einer kommunikationstheoretischen Vereinseitigung.

An den Wirkungsbereich des Leibes, für den bei Bataille und Foucault stets »die verbotsgeschützte Inkommensurabilität von Sprache und Fleisch präsent blieb«,[681] behält die »Idee der Versprachlichung, welche subjektive, objektive und soziale Welt gleichermaßen umgreifen möchte, (...) keine Erinnerung: Auf ›postkonventioneller Stufe‹ legt sich ihr nach dem Modell des Leib/Körpers nichts mehr aus«.[682]

Aus der Sicht des ›Collège de Sociologie‹ wird der Prozeß der Zivilisation gerade durch eine zunehmende Unfähigkeit charakterisiert, mit Kontinuitätsbrüchen umzugehen, die ihren Grund in der ambivalenten Leiblichkeit des Menschen haben. »Versprachlichungsbefunde der kommunikativen Theorie schönen systematisch unter dem ›Stern der Verständigung‹ die enttabuisierenden Effekte sprachlicher Thematisierungswellen zu Rationalisierungsfortschritten auf, ohne die spezifische Bedeutungsstruktur der Körperlichkeit zu berücksichtigen.«[683] Die Ambiguität des Körperlichen stellt Intersubjektivitätstheorien vor eine Dimension, deren theoretische Aufarbeitung im Ergebnis zu einer Relativierung der kognitivistischen Interpretation der zivilisatorischen Entwicklung und zu einer Relativierung der prospektiven Möglichkeiten von kommunikativem Handeln und Diskurs führen. »Statt der harmonistischen Feier eines anfänglichen ›religiösen Grundkonsenses‹ müßten eher die renitenten Komponenten auratischen Bannes (Ambivalenz, Verbot, leibvermittelte Ansteckung) als *Erkenntnismittel* eingesetzt werden, um Kerne von Obstination und wie auch immer lokale nischenartige Insulationsprozesse, um ›Verdickungen‹ gegen das Verflüssigungsprogramm der *scheinbar prinzipiell über alles sprechenden Gattung* aufzuspüren. Die Perspektive der Ausdifferenzierung von Geltungsansprüchen wäre oberhalb des Niveaus der vorvertrauten Lebenswelt abzurunden durch die *widerspenstige Perspektive auf Ausgrenzungsprozeduren* von nicht rationalisierbaren Geltungsanmutungen.«[684]

Habermas' These der Versprachlichung des Sakralen ist die theoretische Schnittstelle, die die Entbindung von Rationalitätspotentialen in der Geltungsbasis der Rede ermöglicht und zugleich systematisch den Begriff verständigungsorientierten Handelns begründet.[685] Sie läuft auf eine Konzeption von Rationalität hinaus, die einseitig am Kognitivismus begründeter Einverständnisbildung orientiert ist. ›Sinn‹, ›Bedeutung‹, ›Erfahrung‹ reichen aber, wie sich nicht nur mit Weber und Adorno, sondern auch anhand des vorangegangenen religionssoziologischen Aspekts belegen läßt, über Kognitiv-Sprachliches hinaus. Hier aber hält Habermas an einem rationalistischen Erklärungsmodell fest, das sich selbst zunehmend kognitivistisch abdichtet. Die Diskursethik selbst erscheint so als folgerichtiges Substitut der – kommunikativ verflüssigten – Autorität des Heiligen. »In ihr hat sich der archaische Kern des Normativen aufgelöst, mit ihr entfaltet sich der rationale Sinn von normativer Geltung.«[686]

Auch wenn man sich der grundsätzlichen Kritik Habermas' an der »Dialektik der Aufklärung« anschließt, so ist doch nicht zu übersehen, daß der Verzicht auf den Topos ›Eingedenken der Natur im Subjekt‹ nicht nur für die Rekonstruktion kommunikativer Rationalität, sondern auch für die Perspektive möglicher Versöhnung folgenreich ist.

Unter dem Kommunikationsparadigma kann ›Natur‹ nur noch als Aspekt eines formalen Weltbezugs ausgewiesen werden. Will man jedoch ›Natur‹ im Sinne eines material-naturalen Kerns sowohl des individuellen als auch des intersubjektiven In-der-Welt-Seins zu einem relevanten systematischen Bestandteil von Rationalitätstheorien machen und folglich davon ausgehen, daß beides, Materialität und Sprachlichkeit, für die vernünftigen Subjekte kennzeichnend ist, dann wird man Rationalität nicht allein über den Begriff kommunikativer Rationalität rekonstruieren können.

Das Programm einer Rationalität des Nichtidentischen setzt einen Erfahrungsbegriff voraus, dem erkenntnistheoretisch der Vorrang des Objekts zugrunde liegt. Unreduzierte Erfahrung versichert sich der vorrangigen Materialität dessen, womit sie befaßt ist. Es ist das »Feste des erkenntnistheoretischen Ichs«.[687] Erfahrung in diesem Sinn weist intuitiv-mimetische, rationale, körperlich-materiale und metaphysische Elemente auf. Habermas will darin einen bewußtseinsphilosophischen Erfahrungsbe-

griff erkennen, dessen Kritik ihn jedoch seinerseits zu einem rationalistisch-kognitivistischen Verständnis von Erfahrung führt. Denn das Material der Erfahrung, ihr Inhalt, um dessentwillen es der intersubjektiven Koordination bedarf, spielt systematisch keine Rolle.
Nichtidentisches, soll es Bestandteil von Erfahrung sein, ist dagegen im Material der Erfahrung enthalten und nicht in seiner formalen Rekonstruktion. Unreduzierte Erfahrung ist ihrem Begriff nach nicht regelrekonstruktiv erfaßbar.

(2) Was folgt daraus für die Kritische Theorie? Keiner ihrer Ansätze ist ohne theoretische Defizite. Angesichts dieser Situation gilt es, die Fronten nicht zu verhärten, sondern das Projekt der Moderne – ohne relativistisch zu werden – offenzuhalten sowohl für Wechsel in den methodologischen Grundlagen (›Paradigmenwechsel‹) als auch für traditionelle Theoriebestände, auf denen es aufruht.
Alle Argumente, die aus Habermas' Sicht für eine Theorie kommunikativer Rationalität und nicht nur gegen die ältere Kritische Theorie, sondern auch gegen die Soziologie eines Max Weber, vor allem aber gegen Theoriebestände der philosophischen Tradition sprechen, sind, verfolgt man sie nur weit genug zurück, auf die unterstellte Notwendigkeit eines grundlegenden Paradigmenwechsels zurückzuführen. Diese Notwendigkeit kann man, wie wir sahen, mit guten Gründen, bestreiten.
Eine Schlußfolgerung aus den genannten Einwänden ist beispielsweise die, daß nicht Bewußtseinsphilosophie und Sprachphilosophie die eigentliche Alternative ist. Wenn es solche Alternativen überhaupt gibt, dann sind es die zwischen ›Ontologie‹ und ›Theorie der Moderne‹ oder zwischen formaler und materialer Theorie. Unter ›Ontologie‹ soll hier nicht mehr verstanden werden als eine Strukturtheorie, die mit holistischen Erklärungs- und Begründungsansprüchen argumentiert, indem sie ein Prinzip präsupponiert, das, weil es *als* Prinzip im Rahmen einer Theorie konsistent ausgewiesen werden kann, nicht mehr hintergehbar bzw. kritisierbar ist.
Adorno hat in seiner Kritik an jeglicher als ›prima philosophia‹ auftretenden theoretischen Konzeption gezeigt, daß Ontologien unter Bedingungen der Moderne obsolet geworden sind. Er hat

aber niemals bestritten, daß die Erfahrungsgehalte, die jeder ›prima philosophia‹ innewohnen, nicht auch relevante, aktualisierbare Erfahrungsgehalte sein können. Im Gegenteil ist immanente Kritik ein Verfahren, sich dieser Erfahrungsgehalte zu versichern.

Zu weit gegriffen wäre es, die »Theorie des kommunikativen Handelns« aus philosophischer Perspektive als Ontologie zu bezeichnen. Dennoch ist nicht von der Hand zu weisen: Sie tritt mit einem universalistischen Anspruch auf, der in seiner Konsequenz holistisch ist. Denn sie geht von einem formal begründeten Apriori präsupponierbarer Geltungsansprüche aus. Theoreme und Theorien, die sich nicht kommunikationstheoretisch formulieren, reformulieren oder rekonstruieren lassen, verwirken den Anspruch auf Mitwirkung am Projekt der Moderne. Die »Theorie des kommunikativen Handelns« setzt voraus, womit sie begründet, was sie begründet: den Paradigmenwechsel in den theoretischen Grundlagen. Die Notwendigkeit dieses Wechsels steht. selbst noch zur Dispositon.

Sprachphilosophie ist mit reflektierten bewußtseinstheoretischen Annahmen nicht unvereinbar. Wenn man ›Bewußtsein‹ nicht mit dem monologischen Subjekt identifiziert – wofür es keinen hinreichenden Grund gibt –, dann schließt es ›Intersubjektivität‹ nicht aus. Besonders deutlich kann man an Weber zeigen, inwiefern sich paradigmatische Theoriebildung reduktionistisch auswirken kann. Die heuristische Bedeutung des deutenden Sinnverstehens besteht gerade darin, daß ein methodisch ausgewiesener Zusammenhang zwischen ›Subjektivität‹, ›Sinn‹, ›Bewußtsein‹, ›Intersubjektivität‹, ›Objektivität‹ und Theoriebildung hergestellt wird.

Bezogen aber auf Adorno besteht das gravierende Argument gegen eine voreilige Übernahme des Paradigmenwechsels in ihren normativ-ethischen Implikationen: Eine Kritische Theorie kann nicht auf die Utopie der Versöhnung, des Glücks verzichten. Ihr muß wenigstens implizit ein Begriff einer normativen Zielvorstellung eingeschrieben sein. Die Forderung nach einer formalen Begründung von Glück, das sich nicht über die Abwesenheit von Unglück oder Leid definieren läßt, beschädigt zusätzlich seine allemal schon verletzliche Vorstellbarkeit. Deshalb kann nicht ›Verständigung‹ sein, was vormals ›Versöhnung‹ hieß.

Begründetheit ist ernsthaft kein Kriterium für das, was man hoffen kann. Hoffnung ist aber, und das führt die »Negative Dialektik« vor, der Theorie nicht äußerlich: die Dialektik von Identität und Nichtidentität ist normativ gehaltvoll. Einem Paradigmenwechsel zur Kommunikationstheorie widersetzt sich die negative Dialektik als Theorie der Rationalität des Nichtidentischen mit dem Hinweis darauf, daß die Kommunikation des Erkannten nicht schon das Erkannte ist.

Nach dem Gesagten möchte ich in bezug auf die Perspektiven der Kritischen Theorie vorschlagen, die Rationalität des Nichtidentischen (Adorno) und die Rationalität der Kommunikation (Habermas) – weitere Positionen sind denkbar – für zwei unterschiedliche Geltungs- bzw. Aufgabenbereiche kritischen Denkens in Anspruch zu nehmen. Und zwar so, daß die Erwartungen und die Forderungen an eine ›Universal‹theorie der Vernunft unter Bedingungen der Moderne einerseits nicht zu hoch angesetzt werden, andererseits aber theoriefähig bleiben. Das Projekt der Moderne ist ein Theorieprojekt mit unterschiedlichen Aspekten – wie die Moderne selbst. Die Einheit der Theorie in einem Prinzip zu suchen, wäre dem inadäquat. Aspekte aber brauchen sich nicht notwendig gegenseitig auszuschließen.
Aus sozialwissenschaftlicher Sicht hat der Paradigmenwechsel ohne Frage eine immense Bedeutung. Zu denken wäre an die Analyse konkreter gesellschaftlicher, sozialer, politischer und psychologischer Phänomene, an die Analyse des sozialen Bezugs zwischen Einzelnen und gesellschaftlichen Gruppen, an die des Zusammenhangs zwischen ›Lebenswelt‹ und ›System‹. Erklärungs- und Analysemodelle, Probleme der Theoriebildung sind gegebenenfalls mit dem Instrumentarium der Theorie kommunikativer Rationalität zu entwickeln oder zu stützen.
Gegen überhöhte Erwartungen, die in die Kommunikationstheorie gesetzt werden, muß man jedoch an ihre theoretischen Ansprüche einerseits und an das, was sie kompetenterweise zu leisten beanspruchen kann, andererseits erinnern. Denn das Verhältnis ist nicht ohne Widerspruch. Ihre Orientierung ist mit Recht eine sozialwissenschaftliche.
Adornos Philosophie taugt dazu nicht, weil sie material argumentiert; sie bleibt formal unterbestimmt. Aber sie ist gleichwohl

nicht in die Theorie kommunikativer Rationalität zu integrieren. Der Standpunkt, von dem aus man diese These vertreten kann, ist kein sozialwissenschaftlicher gegen die sozialwissenschaftliche Theorie kommunikativer Rationalität, sondern ein philosophischer gegen die philosophischen Ansprüche der Kommunikationstheorie.

Kritische Theorie zeichnet sich, nimmt man sie beim Wort, durch einen Modus des Denkens aus, der – auch wenn das bei den Kritischen Theoretikern de facto nicht immer der Fall gewesen war oder ist – Fragen zuläßt. Kritische Theorie hat immer auf die Autonomie des Denkens und der Reflexion gesetzt. Wenn die bewußte, die reflexionsgeleitete Aneignung von Welt die Voraussetzung für Freiheit und unreglementierte Erfahrung ist, dann dürfen die Wege, die das Denken nimmt, nicht versperrt werden, dürfen die Denkenden nicht entmutigt werden zu denken. So gesehen sind Ausschließlichkeitsansprüche immer verdächtig.

Man braucht die Idee der Versöhnung nicht aufzugeben und kann trotzdem von Verständigung reden. Man kann bewußtseinsphilosophisch argumentieren, ohne Intersubjektivität als leitendes Theoriemodell aufgeben zu müssen. Man kann über Sinn als bewußtseinsfähigen Sinn sprechen und ihn doch idealtypisierend objektivieren. Man kann die klassische Vorstellung einer Subjekt-Objekt-Beziehung in Begriffen der Subjekt-Objekt-Dialektik kritisieren, ohne sich methodologisch zu diskreditieren. – Und man braucht dazu kein ›prima paradigma‹.

4. Schluß: Ansätze zu einer Idee negativer Metaphysik

Weit entfernt davon, ein theoretisches Programm formulieren zu können, will ich zum Schluß einige Überlegungen darüber anstellen, in welcher Form eine aus der »Negativen Dialektik« gewonnene Theorie der Erfahrung möglich und in welchen Hinsichten sie relevant ist. Das Stichwort für Überlegungen in dieser Richtung gibt der Ausdruck ›negative Metaphysik‹ vor. Anderen philosophischen Kontexten, die sich mit Fragen einer modernen Metaphysik beschäftigen, werde ich an dieser Stelle nicht nachgehen.[688]

Adornos »Negative Dialektik« ist der paradoxe Versuch, unter nachhegelschen Bedingungen Dialektik als Prinzip einer Logik des kritischen Diskurses im Medium materialen Philosophierens zu rehabilitieren. Paradox ist diese Anstrengung, insofern sie tatsächlich eine Logik des philosophischen Diskurses entwirft, ohne aber ihrem Charakter nach teleologisch, ihrer Architektonik nach entwicklungslogisch zu sein. Negative Dialektik eignet sich nicht zur Begründung eines erkenntnistheoretischen Primats. Als Kritik jedes verabsolutierten prinzipiell ›Ersten‹ im philosophischen Denken erteilt sie eine Absage an Vorstellungen eines begrifflich bestimmbaren Einheitsmoments, in dem sich das Ganze, Totalität, ausweisen ließe. Dennoch hält sie aber in kritischer Absicht an der Kraft philosophischer Reflexion im Modus dialektischer Rationalität fest. So gesehen ist – unter Bedingungen der Moderne – negative Dialektik dialektisches Denken ohne Netz. Sie setzt ein am dialektischen Nullpunkt der Dialektik, indem sie nach Hegel materiales Philosophieren ohne System intendiert. Folgerichtig gilt das Interesse negativer Dialektik nicht der begrifflichen Bestimmung des Allgemeinen, sondern der Erfahrung des Einzelnen, Besonderen im Medium der Reflexion. Philosophierend führt sie vor, was sie tendiert; indem sie sich an den Nullpunkt der Betrachtung ihrer Gegenstände begibt, will sie dialektisches Denken am Leitfaden der Objekte evozieren. Ihre Utopie geistiger Erfahrung zielt auf eine unreduzierte, unreglementierte, aber diskursive Erfahrung. Der Gedanke einer möglichen Versöhnung, der darin enthalten ist, richtet sich nicht auf eschatologische Vorstellungen, auch wenn Adornos Philosophieren davon nicht frei ist. Versöhnung verspricht die unreglementierte Erfahrung von Nähe und Ferne, von Erfüllung und Sehnsucht, nicht das unverstellte Glück, sondern die Erfahrbarkeit von Glück und Leiden durch autonome Subjekte. Deren Autonomie ist Voraussetzung und Resultat der Abschaffung gesellschaftlich erzeugten Unrechts und Leidens.

Unreduzierte Erfahrung bezieht sich auf die Autonomie des Denkens, auch dort noch tätig zu sein, wo es an der Möglichkeit konsistenter Begründungszusammenhänge fehlt. Nicht die Geschlossenheit des theoretischen Systems entscheidet über die Wahrheit von Erkenntnis und Erfahrung, sondern der nicht-intuitionistische, rational motivierte Zuspruch oder Einspruch durch die Gegenstände selber.

Negativ-metaphysisch ist negative Dialektik nun deshalb, weil sie beides will: einen unreduzierten Begriff von Erfahrung unter Bedingungen einer obsolet gewordenen Idee objektiver Vernunft und die Absage an identitätslogische Transformationen, die implizit oder explizit zum übergreifenden Primat eines Prinzips führen müssen. Gegenstand möglicher Erfahrung ist die Negativität eines antagonistischen Ganzen im Einzelnen, in der Konstellation von Einzelnem. Die aporetische Konstellation eines antagonistischen Ganzen und die Idee der Versöhnung bilden die Ausgangslage für eine Idee negativer Metaphysik. Diese wäre radikale Absage an die großen metaphysischen Systeme und könnte dennoch als Metaphysik verstanden werden. »Metaphysik möchte gewinnen allein, wenn sie sich wegwirft.«[689]

Die Motive einer negativen Metaphysik hängen mit der Rationalität des Nichtidentischen und einer spezifischen Auffassung von Erkenntnistheorie zusammen. Der Begriff des Nichtidentischen kann, wie Adorno sagt, nicht bei sich, der Erkenntnistheorie, verweilen, sondern überschreitet deren Grenzen, »indem er zur Sachhaltigkeit der Philosophie nötigt.«[690] Für die Idee einer negativen Metaphysik ergeben sich daraus zwei Bezugspunkte. Der erste betrifft die traditionelle Metaphysik. Seit Kant ist die Frage nach den Möglichkeiten von Metaphysik in einer Hinsicht eindeutig beantwortet. Metaphysik kann unter der Voraussetzung, daß Erkenntnis auf die Möglichkeiten von Erfahrung begrenzt ist, nur negative Metaphysik sein. Kants erkenntniskritische Stellungnahme zu ›Dingen an sich selbst betrachtet‹ schließt jede positive Metaphysik aus, deren Wahrheiten auf Schein gründen. Es gibt die Dinge der physikalischen Welt an sich, aber das Subjekt ist ohnmächtig, sie unmittelbar als solche zu erfassen. ›Ding an sich selbst‹ läßt nach Kant nur negative Metaphysik zu. Sie wäre eine Metaphysik der erfahrbaren Welt. In diesem Sinne ist auch die »Negative Dialektik« als Theorie der Erfahrung negative Metaphysik. Kants Grenzziehung zum Ozean des Scheins, die er vom Standpunkt der Insel erfahrungsbezogener Wahrheit vornimmt, erfährt bei Adorno eine materialistische Wendung. Das Ansichsein erscheinender Dinge bildet für Adorno die objektive, materiale Grundlage für die Erkennbarkeit jedes Seienden. Das heißt, jede Erkenntnis wird auf ihr mögliches Material, auf Inhaltliches bezogen.

Der damit angesprochene erkenntnistheoretische Vorrang des Objekts ist nicht transzendentale Voraussetzung der Erfahrung, sondern ihr immanent. Negativ ist Adornos Erkenntnistheorie einerseits in ihrer Absage an die formale Bestimmung des Subjekts gegenüber der materialen Dimension der Objekte, andererseits durch die Rehabilitierung des empirischen Subjekts. Die Sachhaltigkeit von Erfahrung und Erkenntnis impliziert Momente des Nichtidentischen. Sie sind rationale Erfahrungsgehalte, nicht bloße Ahnungen.

Man kann Adornos »Negative Dialektik« als eine Philosophie verstehen, die das materialistische Moment der Kantischen Philosophie stärken will, indem sie die Bedingungen der Möglichkeit zur Erkenntnis und Erfahrung material zu füllen sucht. Metaphysisch ist sie implizit darin, daß es für die Utopie unreglementierter Erfahrung keine Schranken gibt auf den Wegen, die das Denken nimmt. Adorno geht es nicht um die Begründung einer nicht-erfahrungsbezogenen Erkenntnis, in der Dinge als Nicht-Erscheinungen erkannt werden, sondern darum, was an Erfahrung unter dem Aspekt des Nichtidentischen gemacht werden kann. War Kants Frage, wie Metaphysik möglich sei; so fragt Adorno – eingedenk der Antwort, die Kant gegeben hatte –, ob metaphysische Erfahrung noch möglich sei.[691] Er sieht Kants Insel, deren Demarkationslinie dem Widerspruch zwischen der

Vernunft und der begrenzten Erfahrung ausgesetzt ist, bedroht. »Unmöglich, der Erkenntnis des Endlichen eine Wahrheit zuzubilligen, die ihrerseits vom Absoluten – kantisch: der Vernunft – abgeleitet ist, an das Erkenntnis nicht heranreiche. Der Ozean der Kantischen Metapher droht die Insel in jedem Augenblick zu verschlingen.«[692]
Nach Kants transzendentaler Begründung von Erfahrung versucht Adorno, die Qualität der Erfahrung material zu fassen. Unreduzierte Erfahrung im Medium begrifflicher Reflexion ist ihm lebendige Erfahrung. Diese gilt es auszuweisen. Kant wirft er das »Unvermögen« vor, das »zu leisten, was er sich vorsetzt, nämlich Erfahrung zu begründen.«[693] Der Ausdruck ›Erfahrung zu begründen‹ weist auf eine aufschlußreiche Doppeldeutigkeit auf, die die Differenz zwischen der Kantischen Transzendentalphilosophie und Adornos materialer Philosophie treffend bezeichnet. Ihrem Begriff nach hat Kant Erfahrung begründet, aber er hat ihr als lebendiger Erfahrung keinen Grund gegeben; Erfahrung ist in nichts material be-gründet. »Denn eine solche Begründung in einem Starren und Invarianten widerstreitet dem, was Erfahrung von sich selbst weiß, die ja, je offener sie ist und je mehr sie sich aktualisiert, immer auch ihre eigenen Formen verändert. Die Unfähigkeit dazu ist die Unfähigkeit zur Erfahrung selber. Man kann Kant keine Erkenntnistheoreme hinzufügen, die bei ihm nicht ausgeführt sind, weil seiner Erkenntnistheorie deren Ausschluß zentral ist; ihn meldet der systematische Anspruch der Lehre von der reinen Vernunft unmißverständlich genug an. Kants System ist eines von Haltesignalen.«[694] Gegen die Haltesignale vor der Erfahrung des Denkens ist Adornos negative Metaphysik gerichtet. Sie ist gegen Kants Grenzziehung und gegen Hegels spekulative Bestimmung des Denkens gerichtet und fordert, beides im Medium dialektischer Rationalität zu überschreiten.[695] Darin aber ist dialektische Rationalität, die sich ihres eigenen Reflexionsniveaus im Stand philosophischen Bewußtseins unter Bedingungen der Moderne bewußt sein muß, für metaphysische Erfahrungsgehalte offen.
Der zweite Bezugspunkt einer negativen Metaphysik betrifft den Zusammenhang von Philosophie und lebensgeschichtlicher Individualität, die sich geschichtlich ausprägt.
Als konkrete Erfahrung stellt sich für Adorno dar, daß traditio-

nelle Metaphysik nach dem Faschismus obsolet geworden ist. »Das Gefühl, das nach Auschwitz gegen jegliche Behauptung von Positivität des Daseins als Salbadern, Unrecht an den Opfern sich sträubt, dagegen, daß aus ihrem Schicksal ein sei's noch so ausgelaugter Sinn gepreßt wird, hat sein objektives Moment nach Ereignissen, welche die Konstruktion eines Sinnes der Immanenz, der von affirmativ gesetzter Transzendenz ausstrahlt, zum Hohn verurteilt.« Gerade in dieser Lage ist Metaphysik als Negation von Metaphysik gefragt, in der selbst die »Fähigkeit zur Metaphysik« gelähmt ist, »weil, was geschah, dem spekulativen metaphysischen Gedanken die Basis seiner Vereinbarkeit mit der Erfahrung zerschlug.«[696] In der Erfahrung, so sie als Erfahrung gemacht werden kann, konvergieren Metaphysik und Sittlichkeit material erfahrbar. Der nach dem Faschismus an die Menschen ergangene Imperativ, »ihr Denken und Handeln so einzurichten, daß Auschwitz sich nicht wiederhole«, drückt »leibhaft das Moment des Hinzutretenden am Sittlichen«[697] aus. Leibhaft erfahrbar ist der Abscheu vor dem Schmerz, den Menschen Menschen zufügen.
Diese Erfahrung rührt an metaphysische Erfahrungen. Ihnen kann man sich um unreduzierter Erfahrung willen, um eines bewußten Lebens willen stellen. Sie implizieren das theologische Motiv einer Schuld des Lebens angesichts des Leidens anderer. Aus philosophischer Perspektive kann man diesen Gedanken ernst nehmen, ohne nur weltanschaulich zu reden. Denn gefragt ist rational durchdrungene Erkenntnis, mit der das Denken handlungspraktisch wird. »Jene Schuld (von der die Rede war – A. Th.) reproduziert sich unablässig, weil sie dem Bewußtsein in keinem Augenblick ganz gegenwärtig sein kann. Das, nichts anderes zwingt zur Philosophie.«[698]
Die Frage nach metaphysischen Gehalten der Kritischen Theorie hat insbesondere Horkheimer beschäftigt. In seinem Aufsatz »Kritische Theorie gestern und heute« (1970) geht Horkheimer auf zwei religiöse Topoi ein, die – säkularisiert – auch für die Kritische Theorie relevant sind. Der eine ist die Lehre von der Erbsünde, in der zu Bewußtsein gebracht wird, daß Glück durch das Leiden anderer Menschen und auch das der Natur erkauft wird. Freude und Glück schließen nach Horkheimer das Gefühl der Trauer mit ein.[699] Der andere ist der alttestamentarische Satz

»Du sollt dir kein Bild machen von Gott«, mit dem Horkheimer das ›Bilderverbot‹ der Kritischen Theorie erläutert. »Wir können«, schreibt er, »die Übel bezeichnen, aber nicht das absolut Richtige. Menschen, die in diesem Bewußtsein leben, sind mit der Kritischen Theorie verwandt.«[700] Der Widerspruch der kritischen Philosophie zwischen ihrer Utopie, die unbenannt bleibt, und der gleichzeitigen Aufforderung, dieser Utopie nachzugehen, wird mit dieser Äußerung pointiert getroffen.

Was folgt aus den beiden Aspekten für eine negative Metaphysik in kritischer Absicht? Zunächst bestätigen sie, daß die »Negative Dialektik« als Theorie der Erfahrung nicht paradigmatisch gebunden ist; sie nimmt kein erstes Prinzip in Anspruch. Außerdem stehen sie mit der These in Einklang, daß die mit dem Modell unreduzierter Erfahrung verbundene Rationalität des Nichtidentischen gegenüber metaphysischen Erfahrungsgehalten offen ist, weil sie an einen unverkürzten Begriff von Subjektivität gebunden ist. »Subjektiv befreite und metaphysische Erfahrung konvergieren in Humanität.«[701] Negative Dialektik ist eine rationale Theorie der Erfahrung, ohne aber rationalistisch verkürzt zu sein. Nicht davon ist die Rede, daß Metaphysisches gewissermaßen in Sphären entschwindet, die diskursivem Denken nicht zugänglich sind, sondern davon, daß Metaphysisches nur im Rekurs auf die Subjekte und ihre Erfahrungen, das heißt auf empirische Subjekte, möglich ist.[702] Weil metaphysische Erfahrungen auf subjektive Erfahrbarkeit bezogen bleiben, die selbst vom geschichtlichen Stand ihrer Möglichkeit abhängig ist, kommt ihnen Wahrheit zu. Sie sind ebenso Indiz für die Erfahrung von Nichtidentischem. »Der Überschuß übers Subjekt aber, den subjektive metaphysische Erfahrung nicht sich möchte ausreden lassen, und das Wahrheitsmoment am Dinghaften sind Extreme, die sich berühren in der Idee der Wahrheit.«[703] Metaphysik ist nicht als System, sondern nur noch in der Erfahrung der Individuen möglich. Sie ist negative Metaphysik, die sich ihrem Begriff nach nicht gegen das Prinzip der Ausdrückbarkeit sperrt. Aber jenes Prinzip ist für sie als Prinzip nicht grundlegend.

Unter Bedingungen der Moderne verhält sich Denken analog zu den zerfallenen Vernunftmomenten. Denken, das das Ganze, nicht das antagonistische, zerfallene Ganze, denken will, kann nur Zuflucht nehmen bei der philosophischen Tradition. Daß im

Denken Identität und Nichtidentität zugleich ist, bringt es mit sich selbst in einen Widerspruch, der in einer Idee des Wahren positiv nicht aufzuheben ist, weil es sie positiv nicht gibt. »Metaphysik hängt daran, ob ohne Erschleichung aus dieser Aporie herauszugelangen ist.«[704] Unter diesem Gesichtspunkt stellt sich die »Negative Dialektik« als eine Logik des kritischen Diskurses dar, dessen Ausgang offen, aber nicht beliebig ist.
Dialektik und Metaphysik kommen im Aspekt ihrer Negativität zusammen. Denn um aus der Aporie hinauszugelangen, »muß Dialektik, in eins Abdruck des universalen Verblendungszusammenhangs und dessen Kritik, in einer letzten Bewegung sich noch gegen sich selbst kehren.«[705] Dieser Prozeß ist ein diskursiver; Versöhnung ist nicht der Kunst vorbehalten, sondern vollzieht sich im Medium des Begriffs – was Adorno im übrigen auch für die Kunst nicht bestreitet. »Dialektik ist das Selbstbewußtsein des objektiven Verblendungszusammenhangs, nicht diesem bereits entronnen«.[706] Aber die dialektische Rationalität darf die Hoffnung hegen, diesen Verblendungszusammenhang von innen aufzubrechen, denn die Erfahrung, die sie expliziert, ist im begriffsgeleiteten Eingedenken von Nichtidentität Kritik.
Die kommunikative Rationalität sprach- und handlungsfähiger Subjekte ist eine notwendige Bedingung unreduzierter Erfahrung, aber sie garantiert sie nicht. Unreduzierte Erfahrung, die auch im Medium der Theorie metaphysische Gedanken zuläßt, beinhaltet ein Mehr gegenüber der Verständigungsperspektive. Habermas identifiziert Metaphysik mit Selbstbewußtsein; sie ist damit nicht mehr theoriefähig.
Negative Metaphysik ist eine moderne Einsicht: Sie intendiert die Selbstreflexion des philosophischen Diskurses als etwas, in das die Strukturen der Moderne eingeschrieben sind. Sie muß dazu den Stand der Reflektiertheit, in dem sich modernes Bewußtsein befindet, überhaupt erst der Erkenntnis zugänglich machen. Darin erfährt sie sich selbst als reflektierendes Bewußtsein. Es spricht grundsätzlich nichts dagegen, daß eine so verstandene Theorie der Rationalität des Nichtidentischen sich scheinbar überlebter Termini wie ›Bewußtsein‹, ›Subjekt‹, ›Objekt‹, ›Vermittlung‹ auf reflektierte Weise bedient, solange sie der Sache nach zum Ausdruck bringt, was sie sagen will.
Der Einwand, der darin konzeptuelle Aporien feststellt, trifft nur

bedingt und jedenfalls nicht in jeder Hinsicht: Es ist unbestritten, daß das Thema der »Negativen Dialektik« Aporetisches ist. Wenn sie sich des Aporetischen annimmt, so ist das philosophisch gesehen nicht nur legitim, sondern nachgerade geboten.
Negative Metaphysik ist als Theorie der Erfahrung das, was Adorno dialektischer Rationalität zumutet: Sie ist »lesbare Konstellation von Seiendem«.[707] Lesbarkeit, die sich im Sinne negativ-dialektischer Erkenntnis ihres kritischen Gehalts zu versichern hat, geht über Begründbarkeit als theoretischem Prinzip hinaus. »Erkenntnis, die den Inhalt will, will die Utopie. Diese, das Bewußtsein der Möglichkeit, haftet am Konkreten als dem Unentstellten. Es ist das Mögliche, nie das unmittelbar Wirkliche, das der Utopie den Platz versperrt; inmitten des Bestehenden erscheint es darum als abstrakt. Die unauslöschliche Farbe kommt aus dem Nichtseienden. Ihm dient Denken, ein Stück Dasein, das, wie immer negativ, ans Nichtseiende heranreicht. Allein erst äußerste Ferne wäre die Nähe. Philosophie ist das Prisma, das deren Farbe auffängt.«[708]

Anmerkungen

Abkürzungen

DdA – Horkheimer/Adorno. Dialektik der Aufklärung
KrV – Kant. Kritik der reinen Vernunft
KSA – Nietzsche. Kritische Studienausgabe
ND – Adorno. Negative Dialektik
PE I – Weber. Protestantische Ethik I
PE II – Weber. Protestantische Ethik II
WG – Weber. Wirtschaft und Gesellschaft
WL – Weber. Gesammelte Aufsätze zur Wissenschaftslehre

1 Käsler. Einführung in das Studium Max Webers, S. 229
2 ebd., S. 227
3 vgl. Schluchter. Rationalismus der Weltbeherrschung, S. 40; Käsler. Einführung in das Studium Max Webers, S. 229
4 Der Gedanke einer Einheit der Wissenschaftslehre liegt, wenn auch unter einem anderen Gesichtspunkt, der gleichnamigen Studie von D. Henrich zugrunde.
5 vgl. PE I, S. 20
6 ebd.
7 vgl. ebd., S. 35: »innere *Verwandtschaft*«
8 vgl. ebd., S. 39 ff.
9 PE II, S. 157
10 PE I, S. 20
11 PE II, S. 173
12 vgl. Schluchter. Die Entwicklung des okzidentalen Rationalismus, S. 20
13 vgl. Weiß. Max Webers Grundlegung der Soziologie, S. 137 ff.; vgl. Schluchter. Rationalismus der Weltbeherrschung, S. 10; vgl. insbesondere: Kalberg. Max Webers Typen der Rationalität
14 vgl. WL, S. 184
15 ebd., S. 207
16 ebd.
17 vgl. Schluchter. Die Entwicklung des okzidentalen Rationalismus, S. 13
18 vgl. Käsler. Einführung in das Studium Max Webers, S. 172; vgl. Schluchter. Die Entwicklung des okzidentalen Rationalismus, S. 13

19 Käsler. Einführung in das Studium Max Webers, S. 172; vgl. Kalberg. Max Webers Typen der Rationalität, S. 13
20 PE I, S. 65
21 ebd., S. 66
22 WL, S. 34, Anm. 1
23 vgl. ebd., S. 69
24 ebd., S. 171
25 ebd., S. 170 f.; vgl. S. 161
26 vgl. ebd., S. 69
27 vgl. ebd., S. 171
28 ebd., S. 180
29 vgl. Käsler. Einführung in das Studium Max Webers, S. 94
30 ebd., S. 95
31 vgl. WL, S. 5
32 ebd., S. 178
33 vgl. ebd., S. 172, 178, 174
34 vgl. ebd., S. 178
35 vgl. WL, S. 179 f., 192, 282
36 PE I, S. 39
37 vgl. WL, S. 131, 190
38 vgl. WG, S. 2
39 vgl. Prewo. Max Webers Wissenschaftsprogramm, S. 215
40 vgl. WL, S. 179
41 ebd., S. 180
42 ebd., S. 182
43 vgl. ebd., S. 180
44 ebd., S. 179
45 vgl. ebd., S. 154
46 vgl. ebd., S. 193, 208
47 WG, S. 7
48 ebd., S. 7
49 Prewo. Max Webers Wissenschaftsprogramm, S. 134
50 vgl. WL, S. 190 f.
51 ebd., S. 192
52 Prewo. Max Webers Wissenschaftsprogramm, S. 202
53 WG, S. 9
54 Henrich. Die Einheit der Wissenschaftslehre Max Webers, S. 49, Anm. 6
55 WG, S. 1
56 WL, S. 439
57 WG, S. 1
58 ebd., S. 11
59 ebd., S. 12

60 vgl. Weiß. Max Webers Grundlegung der Soziologie, S. 45
61 WL, S. 429
62 ebd., S. 430
63 ebd., S. 430 f.
64 vgl. WG, S. 12
65 ebd., S. 1
66 vgl. ebd., S. 245
67 ebd., S. 2
68 WL, S. 180
69 ebd., S. 180
70 vgl. ebd., S. 332
71 vgl. ebd., S. 331
72 vgl. ebd., S. 333
73 vgl. ebd., S. 333
74 WG, S. 6
75 WL, S. 150
76 ebd., S. 180
77 Henrich. Die Einheit der Wissenschaftslehre Max Webers, S. 28
78 vgl. WL, S. 511: »Es sei daher nur daran erinnert, daß der Ausdruck ›Wertbeziehung‹ lediglich die philosophische Deutung desjenigen spezifisch wissenschaftlichen ›*Interesses*‹ meint, welches die Auslese und Formung des Objektes einer empirischen Untersuchung beherrscht.«
79 ebd., S. 149
80 ebd., S. 149
81 vgl. Henrich. Die Einheit der Wissenschaftslehre Max Webers, S. 67
82 vgl. Weiß. Max Webers Grundlegung der Soziologie, S. 41
83 WL, S. 123
84 vgl. in diesem Zusammenhang auch: Weiß. Max Webers Grundlegung der Soziologie, S. 59
85 WL, S. 67
86 Weiß. Max Webers Grundlegung der Soziologie, S. 51
87 ebd., S. 53; vgl. ders., Rationalität als Kommunikabilität
88 WG, S. 2
89 WL, S. 70
90 ebd., S. 70, Anm. 2, an anderer Stelle betont Weber gegen Lipps, daß das »›individuelle Verstehen‹ (...) *nicht* ein ›eingefühltes Erlebnis‹ ist.« ebd., S. 107
91 vgl. ebd., S. 68
92 ebd., S. 67
93 ebd., S. 68 f.
94 ebd., S. 428
95 Weber. Gesammelte Aufsätze zur Religionssoziologie I, S. 541

96 ebd., S. 542
97 Henrich. Die Einheit der Wissenschaftslehre Max Webers, S. 40
98 WL, S. 280
99 Henrich. Die Einheit der Wissenschaftslehre Max Webers, S. 41
100 vgl. WL, S. 428
101 ebd., S. 124, Anm. 1
102 ebd., S. 152
103 ebd., S. 150
104 ebd., S. 430
105 vgl. ebd., S. 428 ff.
106 vgl. ebd., S. 149
107 So die Weber-Interpretation bei Habermas, auf die ich im dritten Teil eingehen will.
108 WG, S. 2 f.; vgl. ebd., S. 4; vgl. WL, S. 192, 452 f.
109 ebd., S. 3
110 ebd., S. 10
111 ebd., S. 10
112 WL, S. 333
113 ebd., S. 334
114 vgl. ebd., S. 335
115 Weiß. Max Webers Grundlegung der Soziologie, S. 66
116 vgl. Henrich. Die Einheit der Wissenschaftslehre Max Webers, S. 101 f.: »... daß sinnhafte Konsequenz die eigentliche *Möglichkeit* des Menschen ist.«; vgl. Weiß. Max Webers Grundlegung der Soziologie, S. 66
117 vgl. WL, S. 191
118 ebd., S. 194; vgl. S. 191 ff.
119 WG, S. 10 f.
120 WL, S. 205
121 vgl. zur Interpretation der Weberschen Musterkarte: Henrich. Die Einheit der Wissenschaftslehre Max Webers, S. 95 ff.; vgl. Weiß. Max Webers Grundlegung der Soziologie, S. 71
122 WL, S. 205
123 Henrich. Die Einheit der Wissenschaftslehre Max Webers, S. 98
124 WG, S. 12
125 ebd., S. 13
126 vgl. ebd., S. 10, 21, 89
127 ebd., S. 13
128 ebd.
129 ebd., S. 12
130 ebd., S. 13
131 ebd., S. 12
132 ebd., S. 12

133 ebd., S. 12
134 Der erfolgreiche Abschluß, das Resultat eines Schiffsbaus, ist nicht identisch mit den unzähligen Arbeitsschritten, das Bauen des Schiffs nicht identisch mit dem Endprodukt.
135 vgl. H. Arendt. Vita Activa, S. 187
136 vgl. WG, S. 44 f.
137 vgl. Schluchter. Die Entwicklung des okzidentalen Rationalismus, S. 193 f.; vgl. Habermas. Theorie des kommunikativen Handelns, Band I., S. 239 ff.
138 vgl. PE 1, S. 65
139 Weber. Gesammelte Aufsätze zur Religionssoziologie 1, Einleitung, S. 256
140 Kalberg macht allerdings in einer Anmerkung auf Ausnahmen wie solche im Bereich der Religion oder des römischen Rechts aufmerksam.
141 Kalberg. Max Webers Typen der Rationalität, S. 18
142 ebd., S. 23
143 vgl. PE 1, S. 63
144 Weber. Gesammelte Aufsätze zur Religionssoziologie, S. 252
145 vgl. Kalberg. Max Webers Typen der Rationalität, S. 14 ff.
146 vgl. WL, S. 149–152, 154, 157
147 Schluchter. Die Entwicklung des okzidentalen Rationalismus, S. 195
148 Hegel. Differenz des Fichteschen und Schellingschen Systems der Philosophie, S. 20
149 vgl. Hubig. Dialektik der Aufklärung und neue Mythen
150 DdA, S. 51
151 ebd., S. 51
152 ebd., S. 5
153 ebd., S. 14
154 ebd., S. 15
155 ebd., S. 18
156 ebd., S. 9
157 vgl. Blumenberg. Die Genesis der kopernikanischen Welt. Erster Teil: Die Zweideutigkeit des Himmels
158 vgl. Hubig. Dialektik der Aufklärung und neue Mythen, S. 222
159 vgl. ebd., S. 222 ff.
160 vgl. DdA, S. 17
161 ebd., S. 17
162 Später spricht Adorno in der »Negativen Dialektik« im Zusammenhang mit »Spekulationen« in bezug auf den »Antagonismus im Ursprung menschlicher Gesellschaft« vom »Trüben der Frühgeschichte« (ND, S. 315), in dem sich mögliche Fakten verlören.
163 DdA, S. 17

164 ebd., S. 11
165 In vergleichbarer Weise argumentiert auch J. Schmucker, vgl. Schmucker. Adorno – Logik des Zerfalls, S. 51–58
166 DdA, S. 32
167 ebd.
168 ebd., S. 51
169 ebd., S. 48
170 ebd.
171 vgl. ebd., S. 47
172 ebd., S. 10
173 vgl. Hubig. Dialektik der Aufklärung und neue Mythen, S. 228; vgl. Poser. Mythos und Vernunft
174 vgl. DdA, S. 26
175 ebd., S. ix
176 ebd., S. 40
177 ebd., S. 38
178 ebd., S. 39
179 vgl. Blumenberg. Arbeit am Mythos; vgl. ders. Wirklichkeitsbegriff und Wirkungspotential des Mythos; vgl. Hubig. Dialektik der Aufklärung und neue Mythen; vgl. Frank. Der kommende Gott
180 Hubig. Dialektik der Aufklärung und neue Mythen, S. 239; vgl. ebd., S. 227
181 vgl. ebd., S. 219
182 vgl. Frank. Der kommende Gott, S. 64
183 vgl. Poser. Mythos und Vernunft, S. 153
184 vgl. Philosophie und Mythos. Ein Kolloquium. Hrsg. v. H. Poser; vgl. Terror und Spiel. Probleme der Mythenrezeption. Hrsg. v. M. Fuhrmann; vgl. Mythos und Moderne. Hrsg. v. K. H. Bohrer
185 Davon zeugt die Mythenrezeption der Aufklärung (vgl. Poser. Mythos und Vernunft) wie die der Romantik (vgl. Frank. Der kommende Gott), die Philosophie Nietzsches und Cassirers, die »Dialektik der Aufklärung«, Kolakowskis »Gegenwärtigkeit des Mythos«, Blumenbergs »Arbeit am Mythos«, um nur einige unterschiedliche Positionen zu nennen.
186 Auf die Schwierigkeit, von ›dem Mythos‹ im Unterschied zu ›den Mythen‹ zu sprechen, macht Poser aufmerksam. Statt einer definitorischen Eingrenzung »soll methodisch von einer Familienähnlichkeit dessen ausgegangen werden, was zu den Mythen gezählt wird.« (Poser. Mythos und Vernunft, S. 131) Poser unterscheidet zwischen Eigenschaften und Funktionen des Mythos, die einzeln als »›Elemente des Mythischen‹« (ebd.) bezeichnet werden können. Ich schließe mich dieser Betrachtungsweise an, die eine ver-

komplizierende begriffliche Differenzierung, die für unseren Kontext nicht relevant ist, unnötig macht.
187 Blumenberg. Arbeit am Mythos, S. 299; vgl. ebd., S. 294
188 Blumenberg. Wirklichkeitsbegriff und Wirkungspotential des Mythos, S. 28
189 ebd., S. 50
190 vgl. Frank. Der kommende Gott, S. 77
191 vgl. Cassirer. Philosophie der symbolischen Formen II, S. 272
192 Cassirer. Was ist der Mensch? S. 102
193 vgl. Platon. Politikos, 272 b
194 vgl. ebd., 269 ab
195 Aristoteles. Metaphysik, Buch L 8 1074 b1; zit. nach: Bollack. Mythische Deutung und Deutung des Mythos, S. 76
196 vgl. Aristoteles. Metaphysik, Buch A 3, 983 b27 – 984 a3
197 vgl. Bollack. Mythische Deutung und Deutung des Mythos, S. 77 f.
198 vgl. Frank. Der kommende Gott, S. 110
199 Blumenberg. Arbeit am Mythos, S. 28
200 ebd., S. 9
201 Cassirer. The Myth of State, S. 281: »The sorcerer, if he is the right man, if he knows the magic spells, and if he understands how to use them at the right time and in the right order, is the master of everything.« Übersetzung zit. nach: Krois. Der Begriff des Mythos bei Ernst Cassirer, S. 207
202 Blumenberg. Arbeit am Mythos, S. 18
203 »Die Welt wird aus der Tiefe des Meeres herausgefischt oder aus einer Schildkröte gebildet; die Erde wird aus dem Körper eines großen Tieres oder aus einer auf dem Wasser schwimmenden Lotosblume geformt; die Sonne entsteht aus einem Stein, die Menschen aus Felsen oder Bäumen.« Cassirer. Philosophie der symbolischen Formen II, S. 62
204 Nietzsche. Die Philosophie im tragischen Zeitalter der Griechen, S. 817
205 Blumenberg. Arbeit am Mythos, S. 34; vgl. Bollack. Mythische Deutung und Deutung des Mythos, S. 95: »Die Metaphysik konstituiert sich durch den Begriff der Wahrheit selbst; alle ihre Aussagen beruhen auf der Identität des Seins. Sie ist es, die dazu nötigt, die mythische Vergangenheit mit dem Maßstab ihres eigenen Anspruchs zu messen; sie kann im Mythos nur das vollkommene Urbild oder den noch unfertigen Umriß dessen erkennen, was sie selbst zu sein sich bewußt ist.«
206 Nietzsche. Die Philosophie im tragischen Zeitalter der Griechen, S. 815
207 Bollack. Mythische Deutung und Deutung des Mythos, S. 95

208 Blumenberg. Arbeit am Mythos, S. 19
209 ebd., S. 18
210 vgl. die Monographie zur »Dialektik der Aufklärung« von S. Cochetti: Mythos und ›Dialektik der Aufklärung‹. Dort finden sich zahlreiche kritische Anmerkungen zum Mythos-Begriff der »Dialektik der Aufklärung«.
211 vgl. Leroi-Gourhan. Hand und Wort, S. 458; vgl. ders. Höhlenkunst in Frankreich
212 vgl. Leroi-Gourhan. Höhlenkunst in Frankreich, S. 74
213 vgl. Bataille. Der heilige Eros, S. 71 und S. 80 f.; vgl. ders. Lascaux oder Die Geburt der Kunst
214 vgl. Leroi-Gourhan. Hand und Wort, S. 458
215 vgl. ebd., S. 247
216 ebd., S. 244
217 vgl. Leroi-Gourhan. Höhlenkunst in Frankreich, S. 75
218 Leroi-Gourhan. Hand und Wort, S. 43
219 »... so schafft sich der Geist dank dieser Anordnung wie ein Musiker die Sprache in uns. Ohne Zweifel wäre uns dieser Vorzug nie zuteil geworden, hätten unsere Lippen um der Bedürfnisse des Körpers willen die drückende Last der Ernährung zu tragen. Doch die Hände haben diese Last auf sich genommen und den Mund befreit, damit er sich in den Dienst der Sprache stelle.« Gregor von Nyssa. Sermones de creatione hominis. 379 n. Chr.; zit. nach: Leroi-Gourhan. Hand und Wort, S. 42
220 Blumenberg. Arbeit am Mythos, S. 18
221 Lévi-Strauss. Das wilde Denken, S. 35
222 ebd., S. 29; vgl. Stierle. Mythos als »Bricolage« und zwei Endstufen des Prometheusmythos
223 Lévi-Strauss. Das wilde Denken, S. 30
224 ebd., S. 30
225 ebd., S. 31
226 ebd., S. 32
227 ebd., S. 33
228 ebd., S. 48
229 vgl. Honneth, Joas. Soziales Handeln und menschliche Natur, S. 52–61
230 Gehlen. Urmensch und Spätkultur, S. 13
231 vgl. ebd., S. 13 f.
232 ebd., S. 31
233 Homer. Odyssee, IX. Gesang
234 vgl. Cochetti. Mythos und ›Dialektik der Aufklärung‹, S. 94: Cochetti sieht hierin ein »evolutionistisches Werturteil«.
235 DdA, S. 57

236 ebd., S. 62
237 ebd., S. 63
238 ebd., S. 5
239 vgl. Adorno. Zu Subjekt und Objekt, S. 742 f.
240 Eine gegenteilige Auffassung findet sich beispielsweise bei: Leroi-Gourhan, Hand und Wort; vgl. Cochetti. Mythos und ›Dialektik der Aufklärung‹; vgl. Bataille. Der heilige Eros
241 vgl. DdA, S. 10; vgl. Adorno. Zu Subjekt und Objekt, S. 742 f.
242 DdA, S. 12
243 vgl. ebd.
244 vgl. Henrich. Selbsterhaltung und Geschichtlichkeit; vgl. ders. Die Grundstruktur der modernen Philosophie
245 vgl. die von H. Ebeling herausgegebene Aufsatzsammlung zum Thema »Subjektivität und Selbsterhaltung«
246 DdA, S. 46
247 ebd., S. 47
248 ebd., Anm. 6
249 Bataille. Der heilige Eros, S. 79: »Das Opfer stirbt, und die dem beiwohnen, haben an einem Element teil, das der Tod des Opfers offenbart. Dieses Element ist das, was man, mit den Religionshistorikern, das *Heilige* nennen kann. Das Heilige ist eben die Kontinuität des Seins, denen geoffenbart, die ihre Aufmerksamkeit in einem feierlichen Ritus auf den Tod eines diskontinuierlichen Wesens richten. Durch den gewaltsamen Tod wird die Diskontinuität eines Wesens gebrochen: Was bleibt und was in der *eintretenden Stille die angstvollen Seelen spüren, ist die Kontinuität* des Seins, der das Opfer zurückgegeben wurde. Nur eine spektakuläre Tötung, unter Bedingungen vollzogen, die der Ernst der Religion und die Religionsgemeinschaft bestimmen, ist geeignet, zu offenbaren, was gewöhnlich der Aufmerksamkeit entgeht. (...) Alles bestätigt die Annahme, daß das *Heilige* der primitiven Opfer im wesentlichen dem *Göttlichen* der gegenwärtigen Religionen analog ist.«
250 ND, S. 145
251 ebd., S. 22
252 ebd., S. 17
253 ebd., S. 174
254 ebd., S. 144
255 ebd., S. 17
256 vgl. die beiden Sammelbände: M. K. Munitz (Hrsg.). Identity and Individuation, New York 1971, mit Beiträgen von R. M. Chisholm, E. Hirsch, R. C. Coburn, S. Shoemaker, R. Cartwright, S. Kripke, J. Woods, M. Lockwood, J. Margolis, W. Ruddick, H. Hiż; K. Lorenz (Hrsg.). Identität und Individuation, 2 Bde., Band 1: Logische Pro-

bleme in historischem Aufriß, Band 2: Systematische Probleme in ontologischer Hinsicht, Stuttgart-Bad Cannstatt 1982 mit Beiträgen von G. Frege, I. Angellini, F. Waismann, K. Grelling, D. S. Shwayder, M. Black, G. Bergmann, D. Pears, D. Wiggins, N. P. White, W. V. O. Quine, R. Cartwright, E. B. Allaire, P. T. Geach, J. Nelson, P. Lorenzen, S. Candlish, M. Cohen, D. Davidson, A. I. Goldman. Aus der umfangreichen Literatur in diesem Kontext seien weiterhin genannt: B. A. Brody. Identity and Essence, Princeton, U. P., 1980; R. Carnap. Introduction to Semantics, Cambridge (Mass.) 1968; ders. Meaning and Necessity, Chicago 1955; G. Frege. Funktion, Begriff, Bedeutung. Fünf logische Studien, hrsg. und eingel. von G. Patzig, 3. durchges. Aufl., Göttingen 1969; ders. Schriften zur Logik und Sprachphilosophie, Hamburg 1971; E. Hirsch. The Concept of Identity, New York/Oxford 1982; S. A. Kripke, Name und Notwendigkeit, Frankfurt/M. 1981; W. Künne. Abstrakte Gegenstände. Semantik und Ontologie, Frankfurt/M. 1983; P. Lorenzen. Gleichheit und Abstraktion, in: Ratio 4 (1962), S. 77–81, auch abgedruckt in: ders. Konstruktive Wissenschaftstheorie, Frankfurt/M. 1974, S. 190–198; H. W. Noonan. Objects and Identity, The Hague/Boston/London 1980; W. V. O. Quine. From a logical point of view, New York 1953; ders. Wort und Gegenstand (Word and Object), Stuttgart 1980; P. F. Strawson. Individuals. An Essay in Descriptive Metaphysics, London 1959; ders. Singular Terms, Ontology and Identity, in: Mind 65 (1956); E. Tugendhat. Vorlesung zur Einführung in die sprachanalytische Philosophie, Frankfurt/M. 1976; ders. Selbstbewußtsein und Selbstbestimmung, Frankfurt/M. 1979; L. Wittgenstein. Tractatus logico-philosophicus, in: ders. Band 1 der Werkausgabe in 8 Bänden, Frankfurt/M. 1984; ders. Philosophische Untersuchungen, in: ders. Band 1 der Werkausgabe in 8 Bänden, Frankfurt/M. 1984

257 vgl. z. B.: Schnädelbach. Dialektik als Vernunftkritik, S. 70 ff.; vgl. Theunissen. Negativität bei Adorno, S. 62, Anm. 2; vgl. Grenz. Adornos Philosophie in Grundbegriffen, S. 117 ff.; vgl. Braun. Kritische Theorie versus Kritizismus, S. 6 ff., 263 ff.; vgl. Scherer. Identität und Sinn, S. 185

258 ND, S. 21

259 vgl. ebd., S. 23

260 ebd., S. 62

261 Adorno. Metakritik der Erkenntnistheorie, S. 50

262 ebd., S. 52

263 ebd., S. 72

264 DdA, S. 10

265 vgl. Adorno. Metakritik, S. 48 ff.

266 ebd., S. 58
267 ebd., S. 64
268 ebd., S. 64 f.
269 Husserl. Logische Untersuchungen I, S. 198; zit. nach: Adorno. Metakritik der Erkenntnistheorie, S. 71 f.
270 Adorno. Metakritik der Erkenntnistheorie, S. 72
271 ebd., S. 73
272 ebd., S. 73 f.
273 ebd., S. 74
274 ebd., S. 76
275 In bezug auf logische Operationen sagt Adorno in einer Vorlesung: »Ich hoffe dabei gegen das Mißverständnis gesichert zu sein, ich würde die logische Fähigkeit gering veranschlagen. Selbstverständlich bedarf es dieser Fähigkeit, und man muß sie schulen; sie darf nur gewissermaßen nicht Amok laufen.« Adorno. Philosophische Terminologie II, S. 108 f.
276 Aristoteles. Metaphysik, IV. Buch, 1005 b, 19.
277 ebd., 1005 b, 32 f.
278 Adorno. Philosophische Terminologie II, S. 114
279 ebd., S. 135
280 ebd., S. 94
281 ebd., S. 94 f.
282 ebd., ND, S. 10
283 Henrich. ›Identität‹ – Begriffe, Probleme, Grenzen, S. 141
284 vgl. Adorno. Philosophische Terminologie, S. 114
285 Henrich. ›Identität‹ – Begriffe, Probleme, Grenzen, S. 141
286 ebd.
287 ebd.
288 ebd., S. 143
289 ND, S. 65
290 ebd., S. 229
291 vgl. ebd., S. 54
292 Adorno. Philosophische Terminologie II, S. 83
293 ND, S. 56
294 Adorno. Zu Subjekt und Objekt. S. 752
295 ND, S. 275
296 ebd., S. 151
297 Adorno. Philosophische Terminologie, S. 83
298 vgl. ebd., S. 84
299 ebd., S. 82
300 vgl. ND, S. 285
301 ND, S. 30
302 ebd., S. 174

303 vgl. ebd., S. 174
304 ebd., S. 174
305 ebd., S. 9
306 vgl. ebd.
307 vgl., wenn auch mit anderem Akzent, Schnädelbach. Dialektik als Vernunftkritik, S. 81
308 Grenz. Negative Dialektik mit offenen Karten, S. 253
309 KrV, B XVI
310 Zu diesem Vorgehen neigt C. Braun mit seiner Adorno-Kritik in »Kritische Theorie versus Kritizismus«.
311 KrV, B 294
312 ebd., B 295
313 ebd., B 296
314 ebd., B 1
315 vgl. Bröcker. Kant über Metaphysik und Erfahrung, S. 80
316 Prauss. Kant und das Problem der Dinge an sich
317 ebd., S. 23
318 vgl. ebd., S. 38
319 vgl. KrV, B 242
320 KrV, B 63
321 ebd.
322 KrV, B 62
323 Prauss. Kant und das Problem der Dinge an sich, S. 52
324 ebd.
325 KrV, B 306; vgl. Röttges. Dialektik als Grund der Kritik. Röttges will dort den »Nachweis der Dialektik von Bedeutung und Gebrauch als Voraussetzung der ›Analytik‹«, wie der Untertitel lautet, führen.
326 KrV, B 307f.
327 Prauss. Kant und das Problem der Dinge an sich, S. 56
328 ebd., S. 58
329 ebd., S. 59
330 ebd., S. 61
331 vgl. ebd., S. 68: »Denn Kant hat niemals genauer gezeigt, aus welchen Gründen und auf welchem Wege seine philosophische Reflexion mit Notwendigkeit dahin führt, Dinge nicht nur als Erscheinungen, sondern auch an sich selbst zu betrachten.« vgl. ebd., S. 89
332 KrV, B XXVIf.
333 Prauss. Kant und das Problem der Dinge an sich, S. 93
334 KrV, A 253, Anm.
335 ebd.
336 KrV, B 312
337 vgl. ebd., B XXV

338 vgl. ebd., B 344
339 Prauss. Kant und das Problem der Dinge an sich, S. 178
340 KrV, B 306
341 Röttges. Dialektik als Grund der Kritik, S. 23
342 vgl. insbesondere: Braun. Kritische Theorie versus Kritizismus
343 ND, S. 186
344 ebd., S. 188
345 Adorno. Philosophische Terminologie II, S. 64
346 vgl. ebd., S. 58
347 vgl. Schnädelbach. Dialektik als Vernunftkritik, S. 73
348 ND, S. 144
349 vgl. z. B. ebd., S. 378
350 vgl. ebd., S. 273
351 vgl. ebd., S. 286, Anm.
352 vgl. Adorno. Aspekte, S. 259; ders. Zu Subjekt und Objekt, S. 752 f.
353 vgl. ND, S. 226
354 vgl. ebd., S. 80, 308
355 ebd., S. 272
356 ebd., S. 188
357 ebd., S. 144
358 ebd., S. 142
359 ebd.
360 ebd., S. 74
361 ebd., S. 80
362 ebd., S. 178 f.
363 vgl. Hörisch. Die Krise des Bewußtseins und das Bewußtsein der Krise; Vorwort zu A. Sohn-Rethels »Soziologische Theorie der Erkenntnis«, S. 17 ff.
364 ND, S. 179 f.
365 ebd., S. 180
366 ebd.
367 Sohn-Rethel. Geistige und körperliche Arbeit, S. 12
368 Sohn-Rethel. Soziologische Theorie der Erkenntnis, S. 187
369 ebd., S. 187 f.
370 ebd., S. 188
371 ebd., S. 254, Anm. 40
372 vgl. Prauss. Kant und das Problem der Dinge an sich, S. 24
373 Hegel. Glauben und Wissen, S. 24, 26
374 Hegel. Phänomenologie des Geistes, S. 23
375 vgl. ebd., S. 36
376 Adorno. Erfahrungsgehalt, S. 315
377 vgl. Hegel. Phänomenologie des Geistes, S. 39
378 ND, S. 38

379 ND, S. 298
380 Adorno. Aspekte, S. 261
381 Hegel. Wissenschaft der Logik 1, S. 74
382 ND, S. 19
383 Hegel. Phänomenologie des Geistes, S. 36
384 vgl. ebd., S. 57
385 Die immanente Kritik entdeckt, indem sie jenes Skandalon aus der Konstruktion der Hegelschen Philosophie heraus ans Licht bringt, deren Wahres. Gegen Lukacs' partikulare Diffamierung des Theorems der Vernünftigkeit als dem Wirklichen im Lichte empirischer Wirklichkeit führt Adorno das Prinzip negativer Dialektik an: »Insistente Befassung mit Hegel lehrt, daß man in seiner Philosophie – wie wohl in jeder großen – nicht das auswählen kann, was einem paßt und verwerfen, was einen ärgert. Diese düstere Nötigung, kein Ideal des Kompletten erzeugt den Ernst und die Substantialität von Hegels systematischen Anspruch. Seine Wahrheit steckt im Skandalon, nicht im Plausiblen. Hegel retten – und nicht Erneuerung, bloß Rettung ziemt ihm gegenüber – heißt daher, seiner Philosophie dort sich zu stellen, wo sie am wehesten tut.« Adorno. Erfahrungsgehalt, S. 320
386 Hegel. Differenz des Fichteschen und Schellingschen Systems der Philosophie, S. 20
387 Hegel. Phänomenologie des Geistes, S. 78
388 ND, S. 302
389 ebd., S. 336
390 vgl. Hegel. Phänomenologie des Geistes, S. 585
391 ebd., S. 80
392 ebd., S. 79
393 ebd., S. 24
394 Adorno. Erfahrungsgehalt, S. 300; vgl. ND, S. 173; zu ›Erfahrung‹ in bezug auf Hegel vgl. folgende Textstellen: ND, S. 302, 39 ff., 161 Anm.; Adorno. Erfahrungsgehalt, S. 295, 300 ff., 315
395 vgl. ND, S. 139
396 ebd., S. 174
397 vgl. KrV, B 316 ff.
398 ND, S. 298
399 ebd., S. 38
400 vgl. Kulenkampff. Antinomie und Dialektik, S. 11 ff.
401 KrV, B 354
402 ebd., B 353
403 Kulenkampff. Antinomie und Dialektik, S. 13
404 ebd., S. 10
405 vgl. ebd., S. 84 ff.

406 Schelling. Ausgewählte Schriften 5, S. 796f.; vgl. G. Günther. Idee und Grundriß einer nicht-Aristotelischen Logik. Nach Günther ist das Defizit einer zweiwertigen Logik damit präzise bezeichnet; grundsätzlich befindet sie sich in der paradoxen Situation: »Wenn das Subjekt *als* Ich mit dem Objekt metaphysisch identisch ist, dann ist das Du davon ausgeschlossen. Ist das Subjekt aber *als* Du im Identitätsverhältnis mit dem Objekt, dann ist die Subjektivität als Ich ausgeschlossen. Das kann nicht anders sein, denn beide sind im Identitätsverhältnis gegenseitig exklusiv. Überdies, der Satz: Subjekt und Objekt sind metaphysisch identisch, ist in dieser und jeder äquivalenten Formulierung der Satz einer Basissprache. Sein Sinn sowohl wie seine Widerspruchsfreiheit kann erst in einer Metasprache eruiert werden. Das erfordert, daß das Subjekt, das die Metasprache gebraucht, samt seiner Sprache aus dem Identitätsverhältnis ausgeschlossen ist. Damit aber sehen wir uns in dem Netz des folgenden Paradoxes gefangen: Wird bewiesen, daß der Identitätssatz wahr ist, dann ist er falsch, weil Beweis und beweisendes Subjekt nicht in die Identitätsrelation eingeschlossen sind. Ist er aber falsch, dann ist er richtig, weil sein Falschsein bedeutet, daß die Metasprache samt zugehörigem Subjekt, die vorher aus der Identitätsrelation ausgeschlossen waren, jetzt in sie eingeschlossen sind. Und ist er richtig, dann ist er falsch ... und so weiter ad nauseam.« S. 109f.
407 Kulenkampff. Antinomie und Dialektik, S. 41
408 Hegel. Glauben und Wissen, S. 325
409 Hegel. Wissenschaft der Logik II, S. 74
410 Hegel. Glauben und Wissen, S. 329
411 ND, S. 17
412 Adorno. Philosophische Terminologie II, S. 132
413 KrV, B 566
414 ND, S. 231
415 ebd., S. 246
416 ebd.
417 Braun. Kritische Theorie versus Kritizismus, S. 145; vgl. Chr. Beier. Zum Verhältnis von Gesellschaftstheorie und Erkenntnistheorie bei Adorno, S. 63
418 vgl. ND, S. 263f.
419 ebd., S. 287f.
420 KrV, B 130
421 Böhme. Philosophieren mit Kant, S. 47; vgl. KrV, B 131 Anm.
422 KrV, B 115
423 Böhme. Philosophieren mit Kant, S. 48
424 ebd.
425 ebd., S. 48f.

426 KrV, B 133
427 vgl. Böhme. Philosophieren mit Kant, S. 49
428 KrV, B 118
429 vgl. Braun. Kritische Theorie versus Kritzismus, S. 265
430 ND, S. 274
431 Adorno. Philosophische Terminologie II, S. 83
432 ND, S. 151
433 Adorno. Philosophische Terminologie II, S. 84
434 vgl. ND, S. 149 ff.
435 ebd., S. 149; vgl. ebd., S. 22
436 vgl. Wohlrapp. Materialistische Erkenntniskritik?, S. 168. Zu Recht weist Wohlrapp auf den unscharfen Gebrauch dieses wie anderer Termini bei Sohn-Rethel hin.
437 Sohn-Rethel. Geistige und körperliche Arbeit, S. 103 f.: »Es ist ein Postulat, daß der Gebrauch der Waren einzustellen und damit zu warten ist, bis der Austausch stattgefunden hat; ein Postulat, daß in den zum Tausch stehenden Waren keine physischen Veränderungen vor sich gehen, das aufrechterhalten werden muß, selbst wenn ihm die Tatsachen widersprechen; ein Postulat, daß die Waren in der Tauschrelation einander gleich gelten, unerachtet ihrer faktischen Verschiedenheit; ein Postulat, daß zwischen Privateigentümern die Veräußerung und Erwerbung von Dingen an die Bedingung der Austauschbarkeit geknüpft ist; ein Postulat, daß die Waren im Wege bloßer Ortsveränderung in der Zeit die Hände wechseln, ohne daß sie davon materiell affiziert würden (ein Postulat, das sich z. B. durch Einstein verändert hat).«
438 ebd., S. 103
439 vgl. auch die Kritik Wohlrapps
440 Sohn-Rethel. Geistige und körperliche Arbeit, S. 75
441 ebd.
442 Wohlrapp. Materialistische Erkenntniskritik?, S. 185
443 ebd.
444 ebd., S. 215
445 ebd., S. 222
446 ebd., S. 225
447 ebd., S. 229
448 Sohn-Rethel. Warenform und Denkform, S. 29
449 Wohlrapp. Materialistische Erkenntniskritik?, S. 232
450 vgl. Röttges. Nietzsche und die Dialektik der Aufklärung
451 Habermas. Simmel als Zeitdiagnostiker, S. 250
452 Simmel. Der Begriff und die Tragödie der Kultur, S. 203; vgl. Habermas. Simmel als Zeitdiagnostiker, S. 251
453 Nietzsche. KSA 10, S. 657

454 Nietzsche. KSA 11, S. 184
455 Nietzsche. KSA 2, S. 52
456 Nietzsche. KSA 3, S. 44
457 Bergson. Einführung in die Metaphysik, S. 42; vgl. ebd., S. 13, 23
458 vgl. ebd., S. 25
459 ebd., S. 58
460 Nietzsche. KSA 11, S. 194
461 ebd., S. 33
462 vgl. Nietzsche. KSA 1, S. 101
463 Nietzsche. KSA 12, S. 209; vgl. ebd., S. 106, 389, 391
464 Nietzsche. KSA 11, S. 633 f.; vgl. ebd., S. 634 f.
465 Nietzsche. KSA 7, S. 542. Nietzsches Identitätskritik läßt sich bis zu G. Benn weiterverfolgen:
Valse triste
(...)
Getanzt vor dem einen, dem selten
blutenden Zaubergerät,
das sich am Saume der Welten
öffnet: Identität –:
einmal in Versen beschworen,
einmal im Marmor des Steins,
einmal zu Klängen erkoren:
Niemandes –: seins!
(...)
G. Benn. Werke Band 1, S. 73
466 Nietzsche. KSA 12, S. 450
467 Guzzoni. Identität oder nicht, S. 39
468 ebd.
469 vgl. ebd., S. 242
470 U. Guzzoni. Identität oder nicht – Ich verdanke dem Buch instruktive Hinweise für meine These hinsichtlich der Rationalität der Nichtidentität.
471 ebd., S. 35
472 ebd., S. 69
473 ebd.
474 vgl. ebd., S. 51, 63, 64, 75
475 ebd., S. 17 f.
476 ND, S. 21
477 Guzzoni. Identität oder nicht, S. 107
478 vgl. ebd., S. 105
479 Schnädelbach. Dialektik als Vernunftkritik, S. 70
480 vgl. ND, S. 20 f., 23, 141; 17, 24; 49
481 vgl. ebd., S. 38, 163

482 vgl. ebd., S. 53 f., 101
483 vgl. ebd., S. 49, 174
484 vgl. ebd., S. 163 f., 216
485 vgl. ebd., S. 193
486 vgl. ebd., S. 174, 192
487 vgl. ebd., S. 31, 43, 66
488 vgl. ebd., S. 66
489 vgl. ebd., S. 90, 165
490 vgl. ebd., S. 192
491 Guzzoni. Identität oder nicht, S. 105
492 ND, S. 164
493 ebd., S. 19 f.
494 ebd., S. 62
495 ebd., S. 156
496 vgl. Guzzoni. Identität oder nicht. S. 109
497 ebd., S. 110
498 ND, S. 62
499 ebd., S. 182
500 ebd., S. 177
501 ebd., S. 184; vgl. Adorno. Erfahrungsgehalt, S. 323; vgl. Adorno. Zu Subjekt und Objekt, S. 742, 747
502 Adorno. Zu Subjekt und Objekt, S. 754
503 ND, S. 186
504 ebd.
505 Adorno. Zu Subjekt und Objekt, S. 742
506 »Diese Objektivität hat der Gegenstand somit im *Begriffe*, und dieser ist die *Einheit des Selbstbewußtseins*, in der er aufgenommen worden; seine Objektivität oder der Begriff ist daher nichts anderes als die Natur des Selbstbewußtseins; hat keine anderen Momente oder Bestimmungen als das Ich selbst.« Hegel. Wissenschaft der Logik II, S. 255; vgl. ND, S. 176
507 ND, S. 186
508 vgl. ebd., S. 191 f., 228
509 ebd., S. 25; vgl. ebd., S. 24
510 ebd., S. 62
511 vgl. Belgrad. Das nötige Pochen aufs Nichtidentische
512 ND, S. 184
513 ebd., S. 54
514 Adorno. Zu Subjekt und Objekt, S. 745
515 ebd., S. 750
516 ebd., S. 751
517 ebd.
518 ebd., S. 755

519 ebd., S. 756
520 ebd., S. 747
521 ND, S. 38
522 Adorno. Zu Subjekt und Objekt, S. 743
523 ND, S. 133
524 ebd., S. 129
525 ebd., S. 277
526 ebd., S. 25
527 vgl. ebd., S. 140 f.
528 ebd., S. 192
529 ebd., S. 153
530 vgl. ebd., S. 159
531 Kulenkampff. Antinomie und Dialektik, S. 2
532 ebd., S. 3
533 Hegel. Phänomenologie des Geistes, S. 23
534 ND, S. 148
535 ebd.
536 ND, S. 164
537 ebd., S. 164 f.
538 ebd., S. 194
539 ebd., S. 141
540 vgl. ebd., S. 142. In Adornos Verständnis ist deshalb der erkenntnistheoretische Status von ›Empfindung‹ bei Kant unterbestimmt. »In der Kritik der reinen Vernunft okkupiert die Empfindung als das Etwas die Stelle des unauslöschlich Ontischen.« (ND, S. 140) Jedoch verweisen »Empfindungen, die Kantische Materie« (ND, S. 141) gerade auf den materialen Charakter der Erfahrung.
541 vgl. Adorno. Zu Subjekt und Objekt, S. 755: »Die Differenz von Subjekt und Objekt schneidet sowohl durch Subjekt wie durch Objekt hindurch. Sie ist so wenig zu verabsolutieren wie vom Gedanken fortzuschaffen.«
542 vgl. ND, S. 164
543 vgl. ebd., S. 38
544 vgl. ebd., S. 228
545 vgl. ebd., S. 159
546 vgl. ebd., S. 189
547 vgl. Adorno. Zu Subjekt und Objekt, S. 743
548 vgl. ebd., S. 755
549 vgl. ND, S. 228
550 vgl. ebd., S. 202 f.
551 vgl. ebd., S. 347 ff.; vgl. Adorno. Die Idee der Naturgeschichte
552 vgl. ND, S. 261
553 vgl. ebd., S. 279

554 Adorno. Zu Subjekt und Objekt, S. 752
555 vgl. Bergson. Einführung in die Metaphysik, S. 4
556 ND, S. 309
557 ebd., S. 55
558 ebd., S. 367
559 ebd., S. 389
560 DdA, S. 33
561 Honneth. Kritik der Macht, S. 50
562 vgl. DdA, S. 162 f.; vgl. Honneth. Kritik der Macht, S. 52 f.
563 DdA, S. 162
564 ebd., S. 38
565 vgl. Habermas. Theorie des kommunikativen Handelns 1, S. 489 ff.; vgl. Honneth. Kritik der Macht, S. 43 ff.; vgl. Hubig. Dialektik der Aufklärung und neue Mythen; vgl. ders. Instrumentelle Vernunft und Wertrationalität
566 Hubig. Instrumentelle Vernunft und Wertrationalität, S. 165 f.
567 Adorno. Die Idee der Naturgeschichte, S. 345 f.
568 Horkheimer. Zur Kritik der instrumentellen Vernunft, S. 101
569 DdA, S. 39
570 ebd., S. 38
571 Horkheimer. Zur Kritik der instrumentellen Vernunft, S. 123
572 Theunissen. Gesellschaft und Geschichte, S. 17
573 DdA, S. 41
574 Theunissen. Gesellschaft und Geschichte, S. 18, vgl. S. 19
575 Arendt. Vita activa, S. 171 ff.
576 ebd., S. 226
577 ebd., S. 226 f.
578 Hubig. Instrumentelle Vernunft und Wertrationalität, S. 171 f.
579 Ebert. Zweck und Mittel, S. 35
580 ebd.
581 ebd., S. 32
582 ebd., S. 37
583 ebd.
584 Hubig. Instrumentelle Vernunft und Wertrationalität, S. 172
585 J. Heinrichs hat versucht, einen reflexionstheoretischen Handlungsbegriff systematisch zu begründen. Sowohl Heinrichs Grundlegung zu einem solchen Handlungsbegriff in »Reflexion als soziales System. Zu einer Reflexions-Systemtheorie der Gesellschaft« (1976) als auch sein späterer Ansatz zu einer philosophischen Handlungstheorie in »Reflexionstheoretische Semiotik. 1. Teil: Handlungstheorie« (1980), in dem ›Handeln‹ struktural-semantisch als Theorie eines »reflexionstheoretisch-dialogischen Strukturalismus« (S. 21) expliziert wird, sollen hier nicht weiterverfolgt werden, weil sie den

Kern der vorliegenden Untersuchung doch nur mittelbar betreffen. – Interessant für unseren Zusammenhang ist jedoch, daß Heinrichs Handeln wesentlich als reflexive Aktivität begreift. Sinn-Elemente sind die physische Objektwelt, andere Subjekte und ein gemeinsames Medium. Auf dem Wege einer »reflexiven philosophischen Semiotik« (S. 9) strebt Heinrichs die theoretische Vermittlung dieser drei Sinn-Dimensionen an. »Die folgenden Untersuchungen sind der Entfaltung und Begründung einer Grundthese gewidmet, die hier zunächst als Hypothese vorgestellt werden soll: Handlung, Sprache, Kunst, Mystik bilden die vier großen Reflexionsebenen menschlicher Sinnprozesse, ihre jeweiligen Theorien somit die vier Hauptteile einer philosophischen Semiotik oder Sinnprozeßlehre, welche eine Weiterentwicklung von Transzendentalphilosophie darstellt.« (S. 9) Allein das Fehlen einer reflexiven philosophischen Semiotik habe es bisher verhindert, den umgreifenden Zusammenhang der vier Sinn-Ebenen zu erfassen. Die Entscheidung für eine struktural-semiotische Sichtweise auf das Problem der Begründung dessen, was man unter sinnvollem Handeln verstehen kann, verstellt jedoch den Blick auf mögliche kritische Einlassungen in bezug auf das Verhältnis von Handlung und Reflexion, wie sie beispielsweise Adornos Kritik des identifizierenden Denkens zu thematisieren sucht. F. Maier bezweifelt, daß die Exposition des Problembestandes von Heinrichs ausreichend dimensioniert ist. Wenn ›soziales Handeln‹ als unmittelbarer Sinnvollzug aufgefaßt wird, der durch die drei genannten Sinn-Elemente hinreichend erfaßt wird, setzt das eine gegenüber den handelnden Subjekten verselbständigte Dimension von Sinn voraus; diese Verselbständigung ist aber, worauf Maier hinweist, weder über die Kategorie sprachlicher Verständigung im allgemeinen noch über die direkte Interaktion frei kommunizierender Individuen zu erklären. »Zu Recht hat Heinrichs selbst in einer früheren Arbeit betont, daß die Dynamik von Großgruppen und gesellschaftlichen Systemen eine Eigengesetzlichkeit entfaltet, die zwar an die Interaktionsstrukturen von Kleingruppen bzw. Subsystemen funktional gebunden bleibt, sich aber nicht auf letztere reduzieren läßt (vgl. Heinrichs 1976, 80 ff.). Der ›metakommunikative‹ Status der jeweils übergeordneten Systeme, der sich nach Heinrichs einer ›iterativen Reflexion‹ je elementarer Sozialbeziehungen verdankt, scheint mir zwar rein formal gegeben, er beschreibt jedoch m. E. nur unzulänglich bzw. verharmlost die Gründe und Hintergründe der Abstraktions- und Verdinglichungsprozesse, die auf jener ›metakommunikativen‹ Ebene typischerweise laufen.« Maier. Zur Herrschaftslogik des sozialen Handelns, S. 11

586 »Wir sind ja bei ›sozialen Gebilden‹ (im Gegensatz zu ›Organis-

men‹) in der Lage: *über* die bloße Feststellung von funktionellen Zusammenhängen und Regeln (›Gesetzen‹) *hinaus* etwas aller ›Naturwissenschaft‹ (im Sinn der Aufstellung von Kausalregeln für Geschehnisse und Gebilde und der ›Erklärung‹ der Einzelergebnisse daraus) ewig Unzugängliches zu leisten: eben das ›*Verstehen*‹ des Verhaltens der beteiligten *Einzelnen*, während wir das Verhalten z. B. von Zellen *nicht* ›verstehen‹, sondern nur funktionell erfassen und dann nach *Regeln* seines Ablaufs feststellen können. Diese Mehrleistung der deutenden gegenüber der beobachtenden Erklärung ist freilich durch den wesentlich hypothetischeren und fragmentarischeren Charakter der durch Deutung zu gewinnenden Ereignisse erkauft. Aber dennoch: sie ist gerade das dem soziologischen Erkennen Spezifische.« Weber. Wirtschaft und Gesellschaft, S. 7

587 Ob man so weit gehen kann wie Hubig, der Geisteswissenschaft insgesamt als einen Idealtypus deutet, in dem Handlung als Reflexion expliziert wird, soll hier dahingestellt bleiben. »Das geisteswissenschaftliche Verstehen läßt dann die Konstruktion eines Idealtyps von Geisteswissenschaft zu (dieser ist gemeint, wenn künftig von Geisteswissenschaft im Unterschied zu den praktizierten Geisteswissenschaften die Rede ist), an dem eine Reflexion der Handlung zu ihrem Ende kommt. Dies ist jedoch kein theoretischer Letztbegründungspunkt, sondern, wie gezeigt werden wird, ein praktischer: Denn in ihrer Reflexion erweist sich Handlung als Grundbegriff. Ein solcher ist somit nicht in Definitionen aufzulösen, sondern nur zu exemplifizieren beim Versuch seiner reflektierenden Selbsterfassung. Die Begründung der Geisteswissenschaft wird dann identisch mit der Formulierung ihrer Aufgabe.« Hubig. Handlung – Identität – Verstehen, S. 15 f.

588 ND, S. 164 f.

589 vgl. PE I, S. 39: Ein historischer Begriff, ein Idealtypus könne, »da er inhaltlich sich auf eine in ihrer individuellen *Eigenart* bedeutungsvolle Erscheinung bezieht, nicht nach dem Schema: ›genus proximum, differentia specifica‹ definiert (zu deutsch: ›abgegrenzt‹), sondern er muß aus seinen einzelnen, der geschichtlichen Wirklichkeit zu entnehmenden Bestandteilen allmählich *komponiert* werden.«

590 ND, S. 167

591 ebd., S. 168

592 WL, S. 207

593 ebd.

594 ND, S. 166

595 vgl. Schnädelbach. Transformation der Kritischen Theorie; vgl. Honneth. Kritik der Macht

596 Habermas. Technik und Wissenschaft als ›Ideologie‹, S. 159; vgl. ebd., S. 164
597 Habermas. Erkenntnis und Interesse, S. 86
598 Habermas. Technik und Wissenschaft als ›Ideologie‹, S. 167
599 Habermas. Theorie des kommunikativen Handelns 1, S. 7
600 ebd., S. 16
601 ebd.
602 ebd., S. 370; vgl. S. 128, 141 ff.
603 ebd., S. 44
604 ebd., S. 25
605 ebd., S. 27
606 Schnädelbach. Transformation der Kritischen Theorie, S. 167
607 Habermas. Theorie des kommunikativen Handelns 1, S. 486
608 ebd., S. 169 f.
609 vgl. ebd., S. 387; vgl. ebd., S. 65: »Hingegen bedeuten Ja/Nein-Stellungnahmen zu Geltungsansprüchen, daß der Hörer einer kritisierbaren Äußerung *mit Gründen* zustimmt oder nicht zustimmt; sie sind Ausdruck einer *Einsicht*.«
610 ebd., S. 169
611 Habermas. Moralbewußtsein und kommunikatives Handeln, S. 39; vgl. dazu die Kritik bei Schnädelbach. Transformation der Kritischen Theorie, S. 169: »etwas *rational*, d. h. aus Gründen deuten, heißt doch nicht, es *als* rational deuten.«
612 Habermas. Theorie des kommunikativen Handelns 1, S. 398
613 ebd.: »›Ich gestehe Dir, daß ich Deine Handlungsweise abscheulich finde‹ – ›Ja, das glaube ich Dir …‹«.
614 vgl. ebd., S. 400
615 ebd., S. 412
616 ebd.
617 ebd.
618 ebd.
619 Habermas. Technik und Wissenschaft als ›Ideologie‹, S. 163
620 Habermas. Theorie des kommunikativen Handelns 1, S. 387
621 Habermas. Theorie des kommunikativen Handelns 11, S. 586 f.
622 Schnädelbach. Transformation der kritischen Theorie, S. 177 f.
623 Habermas. Theorie des kommunikativen Handelns 1, S. 306; vgl. Habermas. Theorie des kommunikativen Handelns 1, S. 320, 342, 365, 369, 383
624 ebd., S. 377
625 ebd., S. 377 f.
626 Auch T. Parsons nimmt in Habermas' Weber-Interpretation die Tendenz zu einer Vereinseitigung zugunsten der Zweckrationalität wahr: Parsons. Schlußwort, S. 96 f.: »Now I should like to make a

very brief comment on one or two of the other points which Prof. Habermas made (...). First I would like to say that it seems to me that he presented a picture of Weber's work which is not so much specifically incorrect as that it selects certain trends that are clearly there but, I think, do not stand alone in Weber, and if one appreciates what Weber was polemicizing against perhaps he is less inclined to give as much emphasis to them as Prof. Habermas did. For example I think here of what he called the positivistic trend in Weber's thinking and as one aspect of that, the emphasis on *Zweckrationalität* as the understanding of strictly *zweckrationales Handeln* being that on which empirical social science in Weber's sense concentrated. Now, I would just like to relativize this to another intellectual world, namely the English speaking intellectual world. And there of course exactly the opposite is held to be the prejudice of Weber. It is alleged that Weber didn't really appreciate the kind of thing the technical economist would be concerned with. That is, according to this line of argument, that he was too much influenced by German Idealism and Historicism and that sort of thing. This is exactly the opposite criticism of Prof. Habermas who seems to be afraid that Weber and my interpretation of Weber are in danger of too great a loss of the great traditions of German thinking in the *Kulturwissenschaften*. I think it is very important that a careful balance should be held here. I would say first that I don't think *Zweckrationalität* figures as prominently in Weber's own work as Prof. Habermas has suggested, at least not in my reading.«

627 ebd., S. 378
628 vgl. Käsler. Einführung in das Studium Max Webers, S. 176 f.
629 Habermas. Theorie des kommunikativen Handelns 1, S. 378
630 vgl. ebd., S. 384 f.
631 ebd., S. 303
632 vgl. S. Kracauer, der in seinem Essay »Die Wartenden« Max Weber als den Typus des »prinzipiellen Skeptikers« beschreibt. Kracauer. Das Ornament der Masse, S. 113
633 Habermas. Theorie des kommunikativen Handelns 1, S. 306
634 ebd., S. 339
635 ebd.
636 Habermas. Diskurs der Moderne, S. 130
637 vgl. Kracauer. Das Ornament der Masse, S. 116 f.
638 Habermas. Diskurs der Moderne, S. 130
639 Habermas. Theorie des kommunikativen Handelns 1, S. 507
640 ebd., S. 522
641 ebd.
642 Horkheimer. Materialismus und Moral, S. 93

643 vgl. Schnädelbach. Max Horkheimer und die Moralphilosophie des deutschen Idealismus
644 ebd., S. 57
645 Horkheimer. Traditionelle und Kritische Theorie, S. 56; vgl. Marcuse. Philosophie und kritische Theorie, S. 113
646 DdA, S. 91
647 Marcuse. Philosophie und kritische Theorie, S. 103; vgl. ebd., S. 110
648 vgl. Schnädelbach. Max Horkheimer und die Moralphilosophie des deutschen Idealismus, S. 66
649 Marcuse. Philosophie und kritische Theorie, S. 117
650 Habermas. Theorie des kommunikativen Handelns I, S. 522
651 Habermas. Moralbewußtsein und kommunikatives Handeln, S. 132
652 ebd., S. 133
653 vgl. Habermas. Theorie des kommunikativen Handelns I, S. 82
654 ebd., S. 490
655 ND, S. 22
656 ebd.
657 ebd.
658 ebd., S. 21
659 Habermas. Theorie des kommunikativen Handelns I, S. 498
660 ebd., S. 514f.
661 ebd., S. 515
662 vgl. ebd., S. 516
663 Adorno. Minima Moralia, S. 91
664 Habermas. Theorie des kommunikativen Handelns I, S. 516
665 Söllner. Geschichte und Herrschaft, S. 199f.
666 ebd., S. 200f.
667 vgl. ebd., S. 201f.
668 Adorno. Minima Moralia, S. 86
669 Habermas. Theorie des kommunikativen Handelns I, S. 523
670 ebd.
671 ND, S. 192; vgl. Habermas. Theorie des kommunikativen Handelns I, S. 523
672 Matthiesen. Das Dickicht der Lebenswelt und die Theorie des kommunikativen Handelns
673 vgl. Habermas. Theorie des kommunikativen Handelns II, S. 97
674 ebd., S. 347
675 ebd., S. 84
676 Matthiesen. Das Dickicht der Lebenswelt und die Theorie des kommunikativen Handelns, S. 110
677 vgl. ebd., S. 111f.
678 Matthiesen. Das Dickicht der Lebenswelt und die Theorie des kommunikativen Handelns, S. 122

679 ebd., S. 123
680 ebd., S. 125
681 ebd., S. 129
682 ebd., S. 128
683 ebd., S. 130
684 ebd., S. 136
685 Habermas. Theorie des kommunikativen Handelns II, S. 427
686 ebd., S. 140
687 Adorno. Zu Subjekt und Objekt, S. 755
688 vgl. z. B.: Haag. Zur Lehre vom Sein in der modernen Philosophie; ders. Der Fortschritt in der Philosophie; Röd. Über die Möglichkeiten der Metaphysik unter den Bedingungen der Gegenwartsphilosophie; Henrich. Was ist Metaphysik, was Moderne?; ders. Fluchtlinien. Philosophische Essays; vgl. Sonnemann. Metaphysische Bestürzung und stürzende Metaphysik
689 ND, S. 357
690 ebd., S. 141
691 ebd., S. 365
692 ebd., S. 377
693 ebd., S. 380
694 ebd.
695 vgl. ebd., S. 384
696 ebd., S. 354
697 ebd., S. 358
698 ebd., ND, S. 357
699 vgl. Horkheimer. Kritische Theorie gestern und heute, S. 167 f.
700 ebd., S. 168
701 ND, S. 389
702 vgl. ebd., S. 367
703 ebd., S. 368
704 ebd., S. 397
705 ebd.
706 ebd., S. 398
707 ebd., S. 399
708 ebd., S. 66

Literaturverzeichnis

Adorno, Th. W., Negative Dialektik, in: Gesammelte Schriften, Band 6, Frankfurt/M. 1973
–, Zur Metakritik der Erkenntnistheorie, in: Gesammelte Schriften, Band 5, Frankfurt/M. 1975
–, Philosophische Terminologie. Zur Einleitung, Band I, Frankfurt/M. 1973
–, Philosophische Terminologie. Zur Einleitung, Band II, Frankfurt/M. 1974
–, Zu Subjekt und Objekt, in: Gesammelte Schriften, Band 10.2, Frankfurt/M. 1977, S. 741–758
–, Marginalien zu Theorie und Praxis, in: Gesammelte Schriften, Band 10.2, Frankfurt/M., 1977, S. 759–782
–, Kritik, in: Gesammelte Schriften, Band 10.2, Frankfurt/M. 1977, S. 785–793
–, Aspekte, in: Gesammelte Schriften, Band 5 (Drei Studien zu Hegel), Frankfurt/M. 1975, S. 251–294
–, Erfahrungsgehalt, in: Gesammelte Schriften, Band 5 (Drei Studien zu Hegel), Frankfurt/M. 1975, S. 292–325
–, Skoteinos oder Wie zu lesen sei, in: Gesammelte Schriften, Band 5 (Drei Studien zu Hegel), Frankfurt/M. 1975, S. 362–375
–, Die Idee der Naturgeschichte, in: Gesammelte Schriften, Band 1, Frankfurt/M. 1973, S. 345–365
–, Die Aktualität der Philosophie, in: Gesammelte Schriften, Band 1, Frankfurt/M. 1973, S. 325–344
–, Minima Moralia, Frankfurt/M. 1978
–, Ästhetische Theorie, Gesammelte Schriften, Band 7, Frankfurt/M. 1972
–, Einleitung zu E. Durkheim, Soziologie und Philosophie, in: Durkheim, E. Soziologie und Philosophie, Frankfurt/M. 1976, S. 7–44
–, u. a. Der Positivismusstreit in der deutschen Soziologie, Darmstadt und Neuwied 1976
–, Horkheimer, M., Dialektik der Aufklärung, Frankfurt/M. 1978
Allerbeck, K., Zur formalen Struktur einiger Kategorien der verstehenden Soziologie, in: Kölner Zeitschrift für Soziologie und Sozialpsychologie, Jg. 34/1982, S. 665 ff.
Allkemper, A., Rettung und Utopie. Studien zu Adorno, Paderborn 1981
Anacker, U., Natur und Intersubjektivität: Elemente zu einer Theorie der Aufklärung, Frankfurt/M. 1974

Angehrn, E., Handlungserklärung und Rationalität, in: Zeitschrift für philosophische Forschung, Bd. 37/1983, S. 341–362
Arendt, H., Vita activa oder Vom tätigen Leben, München 1981
–, Vom Leben des Geistes, 2 Bände (1. Das Denken, 11. Das Wollen), München 1979
Aristoteles, Metaphysik, Stuttgart 1970
Arnold, H. L. (Hrsg.), Theodor W. Adorno. Sonderband Text und Kritik, 2. erw. Aufl., München 1983
Bataille, G., Der heilige Eros, Darmstadt und Neuwied 1986
–, Lascaux oder Die Geburt der Kunst, Genf 1986
Baumeister, Th./Kulenkampff, A., Geschichtsphilosophie und philosophische Ästhetik. Zu Adornos Ästhetischer Theorie, in: Neue Hefte für Philosophie, Heft 5/1973, S. 74–104
Bayerl, L., Individuationsprobleme in Aspekten der theoretischen Philosophie Kants, Fichtes, Schellings und Hegels, sowie in Aspekten von »Hegels theologischen Jugendschriften« und Schellings »Philosophie der Offenbarung«, München 1967
Beier, Ch., Zum Verhältnis von Gesellschaftstheorie und Erkenntnistheorie. Untersuchungen zum Totalitätsbegriff in der kritischen Theorie Adornos, Frankfurt/M. 1977
Beierwaltes, W., Identität und Differenz, Frankfurt/M. 1980
Belgrad, Jürgen, Das nötige Pochen aufs Nichtidentische, in: Angesichts objektiver Verblendung, hrsg. v. G. Gamm, Tübingen 1985, S. 70–115
Benjamin, W., Ursprung des deutschen Trauerspiels, Frankfurt/M. 1978
Benn, G., Gesammelte Werke in acht Bänden, hrsg. v. D. Wellershoff, Wiesbaden 1960
Bergson, H., Einführung in die Metaphysik, Jena 1929
Birzele, K.-H., Mythos und Aufklärung. Adornos Philosophie, gelesen als Mythos. Versuch einer kritischen Rekonstruktion, Würzburg 1977
Blumenberg, H., Arbeit am Mythos, Frankfurt/M. 1981
–, Die Genesis der kopernikanischen Welt, Frankfurt/M. 1981
–, Wirklichkeitsbegriff und Wirkungspotential des Mythos, in: Terror und Spiel. Poetik und Hermeneutik IV, hrsg. v. M. Fuhrmann, München 1971, S. 11–66
–, Selbsterhaltung und Beharrung. Zur Konstitution neuzeitlicher Rationalität, in: Akademie der Wissenschaften und Literatur, Jg. 1969, Mainz 1969, S. 333–383
Böhler, D., Naturverstehen und Sinnverstehen. Traditionskritische Thesen zur Entwicklung und zur konstruktivistisch-szientifischen Umdeutung des Topos vom Buch der Natur, in: Naturverständnis und Naturbeherrschung, hrsg. v. F. Rapp, München 1981, S. 70–95
Böhme, G., Philosophieren mit Kant. Zur Rekonstruktion der Kantischen Erkenntnis- und Wissenschaftstheorie, Frankfurt/M. 1986

Bohrer, K. H. (Hrsg.), Mythos und Moderne, Frankfurt/M. 1983
Bollack, J., Mythische Deutung und Deutung des Mythos, in: Terror und Spiel. Poetik und Hermeneutik IV, hrsg. v. M. Fuhrmann, München 1971, S. 67–119
Braun, C., Kritische Theorie versus Kritizismus. Zur Kant-Kritik Theodor W. Adornos, Berlin 1983
–, Zentrale philosophiegeschichtliche Voraussetzungen der Philosophie Theodor W. Adornos, in: Die Negative Dialektik Adornos, hrsg. v. J. Naeher, Opladen 1984, S. 31–58
Brody, B. A., Identity and Essence, Princeton (U. P.) 1980
Bröcker, W., Kant über Metaphysik und Erfahrung, Frankfurt/M. 1970
Bubner, R./Cramer, K./Wiehl, R. (Hrsg.), Hermeneutik und Dialektik, Band 1, Tübingen 1970
Bubner, R., Adornos Negative Dialektik, in: Adorno-Konferenz 1983, hrsg. v. L. v. Friedeburg und J. Habermas, Frankfurt/M. 1983, S. 35–40
–, Handlung, Sprache, Vernunft. Grundbegriffe praktischer Vernunft, Frankfurt/M. 1976
Buck, G., Selbsterhaltung und Historizität, in: Subjektivität und Selbsterhaltung, hrsg. v. H. Ebeling, Frankfurt/M. 1976, S. 208–302
–, »Die Freudigkeit des Sprungs...«. Negativität, Diskontinuität und die Stetigkeit des Bios, in: Positionen der Negativität (Poetik und Hermeneutik VI), hrsg. v. H. Weinrich, München 1975, S. 155–176
Buck-Morss, S., The Origin of Negative Dialectics, Sussex 1977
Carnap, R., Introduction to Semantics, Cambridge (Mass.) 1968
–, Meaning and Necessity, Chicago 1955
Cassirer, E., Was ist der Mensch?, Stuttgart 1960
–, The Myth of State, Yale University Press 1956, deutsch: Vom Mythus des Staates, Zürich 1949
–, Philosophie der symbolischen Formen, Zweiter Teil: Das mythische Denken, Darmstadt 1977
Castoriadis, C., Durchs Labyrinth. Seele, Vernunft, Gesellschaft, Frankfurt/M. 1981
Cochetti, S., Mythos und »Dialektik der Aufklärung«, Königstein/Ts. 1985
Delekat, F., Immanuel Kant, Heidelberg 1966
Dubiel, H., Die Aktualität der Gesellschaftstheorie Adornos, in: Adorno-Konferenz 1983, hrsg. v. L. v. Friedeburg und J. Habermas, Frankfurt/M. 1983, S. 293–313
–, Wissenschaftsorganisation und politische Erfahrung, Frankfurt/M. 1978
Düver, L., Theodor W. Adorno. Der Wissenschaftsbegriff der Kritischen Theorie in seinem Werk, Bonn 1978

Durkheim, E., Die elementaren Formen des religiösen Lebens, Frankfurt/M. 1984
–, Soziologie und Philosophie, Frankfurt/M. 1970
Ebeling, H. (Hrsg.), Subjektivität und Selbsterhaltung, Frankfurt/M. 1976
–, Einleitung: Das neuere Prinzip der Selbsterhaltung und seine Bedeutung für die Theorie der Subjektivität, in: ders. Subjektivität und Selbsterhaltung, Frankfurt/M. 1976, S. 9–48
Ebert, Th., Zweck und Mittel. Zur Klärung einiger Grundbegriffe der Handlungstheorie, in: Allgemeine Zeitschrift für Philosophie, 2/1977, S. 26–39
Fichte, J. G., Fichtes Werke, Band 1, Zur theoretischen Philosophie 1, hrsg. v. I. H. Fichte, Berlin 1971
Forschner, M., Die stoische Ethik: Über den Zusammenhang von Natur-, Sprach- und Moralphilosophie im altstoischen System, Stuttgart 1981
Frank, M., Die Unhintergehbarkeit der Individualität, Frankfurt/M. 1986
–, Der kommende Gott, Frankfurt/M. 1982
–, Eine Einführung in Schellings Philosophie, Frankfurt/M. 1985
Frege, G., Funktion, Begriff, Bedeutung. Fünf logische Studien, hrsg. und eingel. von G. Patzig, 3. durchges. Aufl., Göttingen 1969
–, Schriften zur Logik und Sprachphilosophie (Aus dem Nachlaß), Hamburg 1971
Freud, S., Totem und Tabu, Frankfurt/M. 1977
–, Das Unbehagen in der Kultur, in: ders. Abriß der Psychoanalyse, Frankfurt/M. 1970
Friedeburg, L./Habermas. J. (Hrsg.), Adorno-Konferenz 1983, Frankfurt/M. 1983
Fuhrmann, M. (Hrsg.), Terror und Spiel. Probleme der Mythenrezeption. (Poetik und Hermeneutik IV), München 1971
Gamm, G. (Hrsg.), Angesichts objektiver Verblendung. Über die Paradoxien Kritischer Theorie, Tübingen 1985
Gehlen, A., Urmensch und Spätkultur, Bonn 1964
Girndt, H., Das soziale Handeln als Grundkategorie erfahrungswissenschaftlicher Soziologie, Tübingen 1967
Grenz, F., Adornos Philosophie in Grundbegriffen, Frankfurt/M. 1974
–, »Die Idee der Naturgeschichte«. Zu einem frühen, unbekannten Text Adornos, in: Natur und Geschichte. X. Deutscher Kongreß für Philosophie. Kiel 1972, hrsg. v. K. Hübner, A. Menne, Hamburg 1973, S. 344–350
–, Negative Dialektik mit offenen Karten: Der zweite Teil der »Negativen Dialektik«, in: Die Negative Dialektik Adornos. Einführung – Dialog, hrsg. v. J. Naeher, Opladen 1984, S. 235–272

Gripp, H., Theodor W. Adorno. Erkenntnisdimensionen negativer Dialektik, Paderborn 1986

Günther, G., Idee und Grundriß einer nicht-Aristotelischen Logik. Erster Band, Hamburg 1959

Guzzoni, U., Identität oder nicht, Freiburg/München 1981

–, Selbsterhaltung und Anderssein, in: Subjektivität und Selbsterhaltung, hrsg. v. H. Ebeling, Frankfurt/M. 1976, S. 314–344

Haag, K. H., Der Fortschritt in der Philosophie, Frankfurt/M. 1985

–, Zur Lehre vom Sein in der modernen Philosophie, in: ders. (Hrsg.), Die Lehre vom Sein in der Modernen Philosophie, Frankfurt/M. 1963, S. 1–11

Habermas, J., Theorie des kommunikativen Handelns, 2 Bände (I. Handlungsrationalität und gesellschaftliche Rationalisierung, II. Zur Kritik der funktionalistischen Vernunft), Frankfurt/M. 1981

–, Der philosophische Diskurs der Moderne. Zwölf Vorlesungen, Frankfurt/M. 1985

–, Moralbewußtsein und kommunikatives Handeln, Frankfurt/M. 1983

–, Erkenntnis und Interesse, Frankfurt/M. 1979

–, Technik und Wissenschaft als ›Ideologie‹, Frankfurt/M. 1969

–, Arbeit und Interaktion, in: ders. Technik und Wissenschaft als ›Ideologie‹, Frankfurt/M. 1969, S. 9–49

–, Erkenntnis und Interesse. Frankfurter Antrittsvorlesung (1965), in: ders. Technik und Wissenschaft als ›Ideologie‹, Frankfurt/M. 1979, S. 146–169

–, Wahrheitstheorien, in: Wirklichkeit und Reflexion. Festschrift für Walter Schulz, hrsg. v. H. Fahrenbach, Pfullingen 1973, S. 211–265

–, Diskussion über »Wertfreiheit und Objektivität« (Diskussionsbeitrag), in: Max Weber und die Soziologie heute, hrsg. v. O. Stammer, Tübingen 1965, S. 74–81

–, Simmel als Zeitdiagnostiker. Nachwort zu: Georg Simmel. Philosophische Kultur. Gesammelte Essais, Berlin 1983, S. 243–253

Hegel, G. W. F., Phänomenologie des Geistes, Theorie-Werkausgabe, Band 3, Frankfurt/M. 1970

–, Wissenschaft der Logik I, Theorie-Werkausgabe, Band 5, Frankfurt/M. 1983

–, Wissenschaft der Logik II, Theorie-Werkausgabe, Band 6, Frankfurt/M. 1983

–, Enzyklopädie der philosophischen Wissenschaften I, Theorie-Werkausgabe, Band 8, Frankfurt/M. 1986

–, Glauben und Wissen oder die Reflexionsphilosophie der Subjektivität in der Vollständigkeit ihrer Formen als Kantische, Jacobische und Fichtesche Philosophie, in: Theorie-Werkausgabe, Band 2, Frankfurt/M. 1983, S. 287–433

–, Differenz des Fichteschen und Schellingschen Systems der Philosophie (1801), in: Theorie-Werkausgabe, Band 2, Frankfurt/M. 1983, S. 7–138
Heinrichs, J., Reflexion als soziales System. Zu einer Reflexions-Systemtheorie der Gesellschaft, Bonn 1976
–, Reflexionstheoretische Semiotik, 1. Teil: Handlungstheorie. Struktural-semantische Grammatik des Handelns, Bonn 1980
Heinz, H. J., Negative Dialektik und Versöhnung bei Theodor W. Adorno. Studien zur Aporie der Kritischen Theorie, Freiburg 1975
Henrich, D., Die Einheit der Wissenschaftslehre Max Webers, Tübingen 1952
–, Diskussion über »Wertfreiheit und Objektivität« (Diskussionsbeitrag), in: Max Weber und die Soziologie heute, hrsg. v. O. Stammer, Tübingen 1965, S. 81–87
–, Fichtes ursprüngliche Einsicht, in: Subjektivität und Metaphysik. Festschrift für Wolfgang Cramer, Frankfurt/M. 1966, S. 188–232
–, Selbstbewußtsein, in: Hermeneutik und Dialektik I, hrsg. v. R. Bubner, K. Cramer, R. Wiehl, Tübingen 1970, S. 257–284
–, Die Grundstruktur der modernen Philosophie. Mit einer Nachschrift: Über Selbstbewußtsein und Selbsterhaltung, in: Subjektivität und Selbsterhaltung, hrsg. v. H. Ebeling, Frankfurt/M. 1976, S. 97–143
–, Selbsterhaltung und Geschichtlichkeit, in: Subjektivität und Selbsterhaltung, hrsg. v. H. Ebeling, Frankfurt/M. 1976, S. 303–313
–, ›Identität‹ – Begriffe, Grenzen, Probleme, in: Identität (Poetik und Hermeneutik VIII), hrsg. v. O. Marquart, K. H. Stierle, München 1979, S. 133–186
–, Fluchtlinien. Philosophische Essays, Frankfurt/M. 1982
–, Was ist Metaphysik, was Moderne? Thesen gegen Jürgen Habermas, in: Merkur, Heft 6, Juni 1986, S. 495–508
Hennis, W., Max Webers Fragestellung, in: Zeitschrift für Politik, 29/1982
Hirsch, E., The Concept of Identity, New York/Oxford 1982
Hörisch, J., Die Krise des Bewußtseins und das Bewußtsein der Krise (Vorwort zu A. Sohn-Rethel, Soziologische Theorie der Erkenntnis), Frankfurt/M. 1985, S. 7–33
–, Identitätszwang und Tauschabstraktion. Zu Alfred Sohn-Rethels soziogenetischer Erkenntnistheorie, in: Philosophische Rundschau, 25. Jg. 1978, Heft 1,2
Hofe, G. v./Pfaff, P., Das Elend des Polyphem, Königstein/Ts. 1980
Holl, G., Subjekt und Rationalität. Eine Studie zu A. N. Whitehead und Th. W. Adorno, Frankfurt/M. 1975
Homer, Ilias und Odyssee, übertragen von H. Voss, hrsg. v. P. von der Mühll, Wiesbaden o. J.

Honneth, A., Kritik der Macht. Reflexionsstufen einer kritischen Gesellschaftstheorie, Frankfurt/M. 1985
–, Arbeit und instrumentales Handeln, in: Arbeit, Handlung, Normativität, hrsg. v. A. Honneth, U. Jaeggi, Frankfurt/M. 1980, S. 185–233
–, Von Adorno zu Habermas. Der Gestaltwandel kritischer Gesellschaftstheorie, in: Sozialforschung als Kritik, hrsg. v. W. Bonß, A. Honneth, Frankfurt/M. 1982, S. 87 ff.
–,/Joas, H., Soziales Handeln und menschliche Natur, Frankfurt/M. 1980
Horkheimer, M., Zur Kritik der instrumentellen Vernunft, hrsg. v. A. Schmidt, Frankfurt/M. 1985
–, Kritische Theorie, 2 Bände, hrsg. v. A. Schmidt, Frankfurt/M. 1968
–, Kritische Theorie gestern und heute (1970), in: ders. Gesellschaft im Übergang. Aufsätze, Reden und Vorträge 1942–1970, hrsg. v. W. Brede, Frankfurt/M. 1972, S. 162–175
–, Materialismus und Moral, in: Kritische Theorie, Band 1, hrsg. v. A. Schmidt, Frankfurt/M. 1968, S. 71–109
–, Vernunft und Selbsterhaltung, in: Subjektivität und Selbsterhaltung, hrsg. v. H. Ebeling, Frankfurt/M. 1976, S. 76–96
–, Traditionelle und kritische Theorie (1937), in: ders., Traditionelle und kritische Theorie. Vier Aufsätze, Frankfurt/M. 1984, S. 12–56
–, Materialismus und Metaphysik, in: ders., Traditionelle und kritische Theorie. Vier Aufsätze, Frankfurt/M. 1984, S. 65–94
–,/Adorno, Th. W., Dialektik der Aufklärung, Frankfurt/M. 1978
Hubig, Ch., Instrumentelle Vernunft und Wertrationalität. Von der Unterscheidung Praxis – Poiesis zur falschen Alternative in der Gegenwart, in: Naturverständnis und Naturverstehen, hrsg. v. F. Rapp, München 1981, S. 161–185
–, Dialektik der Aufklärung und neue Mythen. Eine Alternative zur These von Horkheimer und Adorno, in: Philosophie und Mythos. Ein Kolloquium, hrsg. v. H. Poser, Berlin, New York 1979, S. 218–240
–, Dialektik und Wissenschaftslogik. Eine sprachphilosophisch-handlungstheoretische Analyse, Berlin, New York 1978
–, Handlung, Identität, Verstehen. Von der Handlungstheorie zur Geisteswissenschaft, Weinheim, Basel 1981
Hübner, W., Die Logik der Negation als ontologisches Erkenntnismittel, in: Positionen der Negativität (Poetik und Hermeneutik VI), hrsg. v. H. Weinrich, München 1975, S. 105–140
Hufnagel, G., Kritik als Beruf. Der kritische Gehalt im Werk Max Webers, Frankfurt/M., Berlin, Wien 1971
Husserl, E., Logische Untersuchungen. Erster Band, Prolegomena zur reinen Logik, Den Haag 1975
Jaeggi, U./Honneth, A. (Hrsg.), Theorien des Historischen Materialismus, Frankfurt/M. 1977

Jay, M., Dialektische Phantasie. Die Geschichte der Frankfurter Schule und des Instituts für Sozialforschung 1923–1950, Frankfurt/M. 1981
Käsler, D., Einführung in das Studium Max Webers, München 1979
– (Hrsg.), Max Weber. Sein Werk und seine Wirkung, München 1972
Kaiser, G., Benjamin, Adorno. Zwei Studien, Frankfurt/M. 1974
Kalberg, S., Max Webers Typen der Rationalität. Grundstein für die Analyse von Rationalisierungsprozessen in der Geschichte, in: Max Weber und die Rationalisierung des sozialen Handelns, hrsg. v. W. M. Sprondel, C. Seyfarth, Stuttgart 1981, S. 9–38
Kamper, D., Abstraktion und Geschichte. Rekonstruktion des Zivilisationsprozesses, München 1975
Kant, I., Kritik der reinen Vernunft, Werkausgabe Band III und IV, hrsg. von W. Weischedel, Frankfurt/M. 1981
–, Kritik der Urteilskraft, Frankfurt/M. 1974
Kappner, H. H., Die Bildungstheorie Adornos als Theorie der Erfahrung von Kultur und Kunst, Frankfurt/M. 1984
Kaulbach, F., Kants Theorie des Handelns, in: Handlungstheorien – interdisziplinär, Band 2/2, hrsg. v. H. Lenk, München 1979, S. 643–669
Kittsteiner, H.-D., Naturabsicht und unsichtbare Hand. Zur Kritik des geschichtsphilosophischen Denkens, Frankfurt/M., Berlin, Wien 1980
Koch, T./Kodalle, K.-M./Schweppenhäuser, H., Negative Dialektik und die Idee der Versöhnung. Eine Kontroverse über Th. W. Adorno, Stuttgart 1973
Kolakowski, L., Die Gegenwärtigkeit des Mythos, München 1974
Kondylis, P., Die Aufklärung im Rahmen des neuzeitlichen Rationalismus, München 1986
Kracauer, S., Das Ornament der Masse, Frankfurt/M. 1977
Kripke, S. A., Name und Notwendigkeit, Frankfurt/M. 1981
Krois, J. M., Der Begriff des Mythos bei Ernst Cassirer, in: Philosophie und Mythos. Ein Kolloquium, hrsg. v. H. Poser, New York, Berlin 1979, S. 199–217
Künne, W., Abstrakte Gegenstände. Semantik und Ontologie, Frankfurt/M. 1983
Kulenkampff, A., Antinomie und Dialektik. Zur Funktion des Widerspruchs in der Philosophie, Stuttgart 1970
Lenk, H. (Hrsg.), Handlungstheorien – interdisziplinär, 4 Bände, München 1977 ff.
–, Deutungen der Handlungstheorie, in: Allgemeine Zeitschrift für Philosophie, 3/1979, S. 28–33
Lepenies, W., Das Ende der Naturgeschichte. Verzeitlichung und Enthistorisierung in der Wissenschaftsgeschichte des 18. und 19. Jahrhunderts, München, Wien 1976

Leroi-Gourhan, A., Hand und Wort. Die Evolution von Technik, Sprache und Kunst, Frankfurt/M. 1984
–, Höhlenkunst in Frankreich, Bergisch-Gladbach 1981
Lévi-Strauss, C., Das wilde Denken, Frankfurt/M. 1979
Liebrucks, B., Sprache und Bewußtsein, Band 4, Die erste Revolution der Denkungsart. Kant: Kritik der reinen Vernunft, Frankfurt/M. 1968
Lindner, C., Max Weber als Handlungstheoretiker, in: Zeitschrift für Soziologie, 3/1986, S. 151–66
Lorenz, K. (Hrsg.), Identität und Individuation, 2 Bde., Band 1: Logische Probleme in historischem Aufriß, Band 2: Systematische Probleme in ontologischer Hinsicht, Stuttgart-Bad Cannstatt 1982
Lorenzen, P., Gleichheit und Abstraktion, in: Ratio 4 (1962), S. 77–81
–, Konstruktive Wissenschaftstheorie, Frankfurt/M. 1974
Lukács, G., Die Theorie des Romans, Neuwied, Berlin 1974
Maier, F., Zur Herrschaftslogik des sozialen Handelns. Eine kritische Rekonstruktion von Max Webers Gesellschaftstheorie, Königstein/Ts. 1982
Marcuse, H., Philosophie und kritische Theorie (1937), in: ders. Kultur und Gesellschaft 1, Frankfurt/M. 1975, S. 102–127
Marquard, O./Stierle, K. (Hrsg.), Identität (Poetik und Hermeneutik VIII), München 1979
Matthiesen, U., Das Dickicht der Lebenswelt und die Theorie des kommunikativen Handelns, München 1983
Mauss, M., Die Gabe. Form und Funktion des Austausches in archaischen Gesellschaften, Frankfurt/M. 1968
McCarthy, T., Kritik der Verständigungsverhältnisse, Frankfurt/M. 1980
Mittelstraß, J., Das Wirken der Natur. Materialien zur Geschichte des Naturbegriffs, in: Naturverständnis und Naturbeherrschung, hrsg. v. F. Rapp, München 1981, S. 36–69
– (Hrsg.), Methodologische Probleme einer normativ-kritischen Gesellschaftstheorie, Frankfurt/M. 1975
Münch, R., Theorie des Handelns. Zur Rekonstruktion der Beiträge von Talcott Parsons, Emile Durkheim und Max Weber, Frankfurt/M. 1982
Munitz, M. K. (Hrsg.), Identity and Individuation, New York 1971
Naeher, J. (Hrsg.), Die Negative Dialektik Adornos, Opladen 1984
Nelson, B., Der Ursprung der Moderne. Vergleichende Studien zum Zivilisationsprozeß, Frankfurt/M. 1977
Nietzsche, F., Sämtliche Werke. Kritische Studienausgabe in 15 Bänden, hrsg. v. G. Colli, M. Montinari, München, Berlin, New York 1980
–, Die Philosophie im tragischen Zeitalter der Griechen, in: Kritische

Studienausgabe in 15 Bänden, hrsg. v. G. Colli, M. Montinari, Band 1, München, Berlin, New York 1980, S. 799–872
Noonan, H. W., Objects and Identity, The Hague/Boston/London 1980
Oppens, K./Kudszus, H. u. a., Über Theodor W. Adorno, Frankfurt/M. 1968
Pannenberg, W., Person und Subjekt, in: Identität (Poetik und Hermeneutik VIII), hrsg. v. O. Marquard, K. Stierle, München 1979, S. 407–422
Parsons, T., Wertgebundenheit und Objektivität in den Sozialwissenschaften. Eine Interpretation der Beiträge Max Webers, in: Max Weber und die Soziologie heute, hrsg. v. O. Stammer, Tübingen 1965, S. 39–64
–, Schlußwort zu »Wertfreiheit und Objektivität«, in: Max Weber und die Soziologie heute, hrsg. v. O. Stammer, Tübingen 1965, S. 94–98
–, Rationalität und der Prozeß der Rationalisierung im Denken Max Webers, in: Max Weber und die Rationalisierung des sozialen Handelns, hrsg. v. WM. Sprondel, C. Seyfarth, Stuttgart 1981, S. 81–92
Platon, Politikos, in: Sämtliche Werke Band 5, hrsg. v. E. Grassi, Hamburg 1978, S. 7–72
Poser, H. (Hrsg.), Philosophie und Mythos. Ein Kolloquium, Berlin, New York 1979
–, Mythos und Vernunft. Zum Mythenverständnis der Aufklärung, in: Philosophie und Mythos, hrsg. v. H. Poser, Berlin, New York, 1979, S. 130–153
Prauss, G., Kant und das Problem der Dinge an sich, Bonn 1974
Prewo, R., Max Webers Wissenschaftsprogramm. Versuch einer methodischen Neuerschließung, Frankfurt/M. 1979
Quine, W. V. O., From a logical point of view, New York 1953
–, Wort und Gegenstand, Stuttgart 1980
Rapp, F. (Hrsg.), Naturverständnis und Naturbeherrschung. Philosophiegeschichtliche Entwicklung und gegenwärtiger Kontext, München 1981
–, Technik als Mythos, in: Philosophie und Mythos, hrsg. v. H. Poser, Berlin, New York 1979, S. 110–129
Reijen, W. v., Philosophie als Kritik. Einführung in die Kritische Theorie, Königstein/Ts. 1984
Riemer, H.-J., Rationalisierungsprozeß als historische Rekonstruktion. Zur Vergegenwärtigung einer universalgeschichtlichen Kategorie, in: Abstraktion und Geschichte, hrsg. v. D. Kamper, München 1975, S. 61–82
Rittner, V., Horkheimer/Adorno: »Die Dialektik der Aufklärung.« Die unterirdische Geschichte des Abendlandes und das Verhältnis von

Körper, Herrschaft und Zivilisation, in: Abstraktion und Geschichte, hrsg. v. D. Kamper, München 1975, S. 126–160

Röd, W., Über die Möglichkeiten der Metaphysik unter den Bedingungen der Gegenwartsphilosophie, in: Allgemeine Zeitschrift für Philosophie, 1/1976, S. 3–18

Röttges, H., Dialektik als Grund der Kritik. Grundlegung einer Neuinterpretation der ›Kritik der reinen Vernunft‹ durch den Nachweis der Dialektik von Bedeutung und Gebrauch als Voraussetzung der ›Analytik‹, Königstein/Ts. 1981

–, Nietzsche und die Dialektik der Aufklärung, Berlin, New York 1972

Schelling, F. W. J., Andere Deduktion der Principien der positiven Philosophie, in: Ausgewählte Schriften 5, hrsg. v. M. Frank, Frankfurt/M. 1985, S. 800 ff.

Scherer, G., Identität und Sinn, in: Studien zum Problem der Identität. Forschungsbericht des Landes Nordrhein-Westfalen. Fachgruppe Geisteswissenschaften, hrsg. v. Minister f. Wissenschaft und Forschung, Opladen 1982, S. 1–203

Schluchter, W., Die Entwicklung des okzidentalen Rationalismus, Tübingen 1979

–, Rationalismus der Weltbeherrschung. Studien zu Max Weber, Frankfurt/M. 1980

Schmidt, A., Der Begriff der Natur in der Lehre von Marx (überarbeitete, ergänzte und mit einem Postscriptum versehene Neuausgabe), Köln 1978

–, Die Kritische Theorie als Geschichtsphilosophie, München, Wien 1976

–, Begriff des Materialismus bei Adorno, in: Adorno-Konferenz 1983, hrsg. v. L. v. Friedeburg, J. Habermas, Frankfurt/M. 1983, S. 14–31

–,/Altwicker, N. (Hrsg.), Max Horkheimer heute: Werk und Wirkung, Frankfurt/M. 1986

Schmucker, J. F., Adorno – Logik des Zerfalls, Stuttgart 1977

Schnädelbach, H., Dispositionsbegriffe der Erkenntnistheorie. Zum Problem ihrer Sinndeutungen, in: Zeitschrift für allgemeine Wissenschaftstheorie, II/1971, S. 89–100

–, Über den Realismus. Ein Nachtrag zum Positivismusstreit in der deutschen Soziologie, in: Zeitschrift für allgemeine Wissenschaftstheorie, III,1/1972, S. 88–112

–, Reflexion und Diskurs. Fragen einer Logik der Philosophie, Frankfurt/M. 1977

–, Transformation der Kritischen Theorie, in: Philosophische Rundschau, 1982, Heft 3/4, S. 161–178

–, Dialektik als Vernunftkritik. Zur Konstruktion des Rationalen bei Adorno, in: Adorno-Konferenz 1983, hrsg. v. L. v. Friedeburg, J. Habermas, Frankfurt/M. 1983, S. 66–93

– (Hrsg.), Rationalität. Philosophische Beiträge, Frankfurt/M. 1984
–, Max Horkheimer und die Moralphilosophie des deutschen Idealismus, in: Max Horkheimer heute: Werk und Wirkung, hrsg. v. A. Schmidt, N. Altwicker, Frankfurt/M. 1986, S. 52–78
–, Dialektik und Diskurs, in: Allgemeine Zeitschrift für Philosophie, 12. 1./1987, S. 1–23
Schülein, J., Zur Konzeptualisierung des Sinnbegriffs, in: Kölner Zeitschrift für Soziologie und Sozialpsychologie, Jg. 34, 1982, S. 649–664
Schweppenhäuser, H. (Hrsg.), Theodor W. Adorno zum Gedächtnis. Eine Sammlung, Frankfurt/M. 1971
Simmel, G., Philosophische Kultur. Gesammelte Essais, Berlin 1983
–, Das Individuum und die Freiheit. Essais, Berlin 1984
Söllner, A., Geschichte und Herrschaft, Frankfurt/M. 1979
Sohn-Rethel, A., Geistige und körperliche Arbeit, Frankfurt/M. 1972
–, Warenform und Denkform. Mit zwei Anhängen, Frankfurt/M. 1978
–, Soziologische Theorie der Erkenntnis, Frankfurt/M. 1985
Sommer, M., Übergangsschwierigkeiten – Zur Konstitution und Prätention moralischer Identität, in: Identität (Poetik und Hermeneutik VIII), hrsg. v. O. Marquard, K. Stierle, München 1979, S. 435–461
Sonnemann, U., Metaphysische Bestürzung und stürzende Metaphysik. Anmerkungen über ein Denken, das dem Schlußsatz der ›Negativen Dialektik‹ genügen könnte, in: Die Negative Dialektik Adornos, hrsg. v. J. Naeher, Opladen 1984, S. 293–316
–, Negative Anthropologie, Reinbek bei Hamburg 1969
Sprondel, W. M./Seyfarth, C. (Hrsg.), Max Weber und die Rationalisierung sozialen Handelns, Stuttgart 1981
Stammer, O. (Hrsg.), Max Weber und die Soziologie heute. Tübingen 1965
Steinvorth, U., Max Webers System der verstehenden Soziologie, in: Zeitschrift für allgemeine Wissenschaftstheorie, XIII/1982, S. 48–69
Stierle, K., Mythos als ›Bricolage‹ und zwei Endstufen des Prometheusmythos, in: Terror und Spiel (Poetik und Hermeneutik IV), hrsg. v. M. Fuhrmann, München 1971, S. 455–472
Strawson, P. F., Singular terms, Ontology and Identity, in: Mind 65 (1956)
–, Individuals. An Essay in Descriptive Metaphysics, London 1959
Stresius, L., Theodor W. Adornos negative Dialektik. Eine kritische Rekonstruktion, Frankfurt/M. 1982
Theunissen, M., Gesellschaft und Geschichte. Zur Kritik der Kritischen Theorie, Berlin 1969
–, Negativität bei Adorno, in: Adorno-Konferenz 1983, hrsg. v. L. v. Friedeburg, J. Habermas, Frankfurt/M. 1983, S. 41–65

Tugendhat, E., Vorlesung zur Einführung in die sprachanalytische Philosophie, Frankfurt/M. 1976
–, Selbstbewußtsein und Selbstbestimmung, Frankfurt/M. 1979
Weber, M., Gesammelte Aufsätze zur Wissenschaftslehre, 5., erneut durchgesehene Auflage, Tübingen 1982
–, Wirtschaft und Gesellschaft, 5., revidierte Auflage, Studienausgabe, Tübingen 1980
–, Protestantische Ethik I. Eine Aufsatzsammlung, hrsg. v. J. Winckelmann, Gütersloh 1981
–, Protestantische Ethik II, Kritiken und Antikritiken, hrsg. v. J. Winckelmann, Gütersloh 1982
–, Gesammelte Aufsätze zur Religionssoziologie I, Tübingen 1942
Weinrich, H. (Hrsg.), Positionen der Negativität (Poetik und Hermeneutik VI), München 1975
Weiß, J., Max Webers Grundlegung der Soziologie, München 1975
–, Rationalität als Kommunikabilität. Überlegungen zur Rolle von Rationalitätsunterstellungen in der Soziologie, in: Max Weber und die Rationalisierung sozialen Handelns, hrsg. v. W. M. Sprondel, C. Seyfarth, Stuttgart 1981, S. 39–58
Wellmer, A., Kommunikation und Emanzipation. Überlegungen zur ›sprachanalytischen Wende‹ der kritischen Theorie, in: Theorien des Historischen Materialismus, hrsg. v. U. Jaeggi, A. Honneth, Frankfurt/M., S. 465–500
–, Zur Dialektik von Moderne und Postmoderne. Vernunftkritik nach Adorno, Frankfurt/M. 1985
–, Ethik und Dialog, Frankfurt/M. 1986
Wittgenstein, L., Philosophische Untersuchungen, in: ders., Band 1 der Werkausgabe in 8 Bänden, Frankfurt/M. 1984
–, Tractatus logico-philosophicus, in: ders., Band 1 der Werkausgabe in 8 Bänden, Frankfurt/M. 1984
Wohlrapp, H., Materialistische Erkenntniskritik?, in: Methodologische Probleme einer normativ-kritischen Gesellschaftstheorie, hrsg. v. J. Mittelstraß, Frankfurt/M. 1975, S. 160–243

Sachregister

Absolute, das 116, 152, 167, 175, 209
Absolutismus, logischer 120 f.
Abstraktion 70 f., 91, 157, 190
Äquivalenz 116, 131, 156, 191 f.
Allgemeines 114 f., 116, 132, 205, 244
Ambivalenz 14 f., 34, 100 ff., 105 f., 111, 135, 137, 140, 144, 150, 161, 197, 273
Analytik, transzendentale 138
Andere, der, das 87, 201, 205, 224
Andersheit 199, 201 f.
Anfang 86 ff.
Anschauung, intellektuelle 142, vgl. 162, 172 f.
Antinomie 151, 173, 178
Aporie 14 ff., 65, 67 f., 79, 109 f., 112, 135, 222, 225, 262, 265 f., 287
Arbeit 75 f., 78, 233
Auch-Ich 87 f., 90
Aufklärung 67 ff., 70 ff., 79 ff., 90, 98 f., 102, 157
Aurignacien 92

Bastelei (Bricolage) 95 ff.
Bedeutung 36, 38, 276
Begriff 70 f., 75, 78, 80, 95, 114, 118 f., 130, 195, 197, 202, 206, 218, 220, 242
Begriffslose, das 119, 198, 202, 205
Begründung 249 f., 259, vgl. 264, vgl. 270
Besonderes 114, 132, 205, 210, 281

Bewußtsein 68, 77 ff., 83, vgl. 112, 114, 159, 163, 171, 182, 188, 287
– konstitutives (subjektives) 123 ff., 127, 192 f., 133 ff., 152, 154, 207, 214
Bewußtseinsfähigkeit (von Sinn) 40, vgl. 42, 50, 55 f., 241
Bewußtseinsphilosophie 127, 246, 260, 262, 264 f., 268, 272, 277
Bewußtseinstheorie 254, 256
Bilderverbot 263, 286
Block 112, 152, 154

Denken 76 ff., 80, 83, 87, 90 f., 111, 113 ff., 119, 124, 127, 129 f., 186 ff., 221, 231, 280 f., 286
Denkabstraktion 187, 192
Denkform 190 f., vgl. 189
Deutung 23, 27, 29, 39, 41, 47
Dialektik 17, 132, 148, 169 f., 174, 177, 213, 215, 217, 219, 232, 287
– der Aufklärung 14, 67 f., 70, 72, 76, 79, 91, vgl. 109 f., 194 f., 197, 222, 225, 229
– des Opfers 75, 77, 102, 106
– im Stillstand 215, 219
– von Identität und Nichtidentität 14, 112, 129, 132, vgl. 197, 200 f., 232, 239, 265, 279
– negative Dialektik 15, 18, 109, 119, 132, 135, vgl. 169, 175, 184, 198, 200, 206, 213 ff., 222 f., 245, 253, 265 f., 268, 281 f.

- spekulative Dialektik 163 ff., 173, 215
- transzendentale Dialektik 138

Ding an sich 135, 137 ff., 149 ff., 159 f., 161 ff., 172, 175, 179, 200, 203, 283
Diskurs, kritischer 17, 132, 160, vgl. 198, vgl. 216, 281, 286
Diskursivität 30, 173, 216
diskursiv 16, 30, 40, 42, 173, 209, 213, 217, 221, 265 f., 270, 282, 286 f.
Dritte, das 152, 170, 172 ff., 199 f., 207 f., 220

Eingedenken 71, 83, 85, 87, 112, 153, 205
- von Nichtidentischem 16, vgl. 203, 217, 239, 267, 269, vgl. 287
- der Natur im Subjekt 80, 231 ff., 261, 263, 276
Einheit 181 f., 192, 201 f.
Einverständnis 252, 258
Einzelnes 71, 130, 205, 207, 210, 244, 281
Empirismus 136, 151
Entzauberung 19 f., 68, 70 f., 82, 103, 195, 258
Erfahrung 13, 85, 87, 93, 105, 119, 121, 134, 136, 138 ff., 145, 152 f., 165 ff., 171, 175, 192 f., 196, 207, 209 f., 212 ff., 267 ff., 281, 283 ff.
- unreduzierte, unreglementierte 12, 111 f., 191, 210, 213, 216, 218 ff., 232 f., 243, 262, 276 f., 280 ff.
- Theorie der Erfahrung 12 f., 17, 112, 148, 166, 218, 265, 267, 281, 283, 286, 288
- von Nichtidentität 161, 192 f., 205, 207, 211, 221, 243, 286
Erfahrungsbildung 30, 213, 217, 267
Erfahrungsgehalt 19, 29, 40 f., 74, 191, 245, 259, 278, 283 f., 286
Erkenntnis 112 f., 119, 135 f., 138 f., 152, 202, 207
Erscheinung 135, 138 ff., 150, 153, 159, 161, 172, 175
Etwas 169, 207, 209 f., 212 f.

Folge 54 ff., 235
Formbestimmtheit 186 ff., 191
Form-Inhalt-Dualismus 135, 150 ff., 159, 161, 163 f., 171, 178
Freiheit 178 ff.
Fremdheit 105, 201

Gedankengebilde 29, 47 ff.
Geist 129, 133, 200, 214
Geist des Kapitalismus 20 f., 24
Geltungsanspruch 250 f., 259, 264 f., 272 f., 275
Geschichtsphilosophie 156 f., 178, 180, 222, 265
Glück 220 f., 262 f., 278, 282, 285
Grenzbegriff 9, 12, 16, 33, 48 f., 102 f., 148, 198, 203 f., 245

Handeln 31 ff., 46, 59, 62, 76, 87, vgl. 89, 91, 93 ff., 100 ff., 188, 230 f., 233 ff., 253
- affektuelles 38, 46, 51 ff.
- experimentelles 96 f.
- instrumentelles 94, 100, 105
- kommunikatives 246 f., 249, 253, vgl. 254, 258, 273, 275
- monologisches 32 ff.
- soziales 32 ff., vgl. 36 f.

- traditionales 38, 46, 51 ff.
- wertrationales Handeln 38, 46, 51 ff., 60 f., 63
- zweckrationales Handeln 14, 38, 46, 51 ff., 60 f., 63, 96, 100, 253, vgl. 224, 240

handlungstheoretisches Defizit vgl. 107, vgl. 224, 226, 240
Handlungstypologie 24, 50, 52
Heilige, das 92, 108, 274, 276
Herrschaft 70 f., 75, 77, 79 f., 88, 105, 107, 194, 224 ff., 261
Herrschaftsapriori 107, 109, 129, 157
Höhlenkunst 92 ff., 97

Ich 77, 88, 103, 133, 162, 170, 181 f., 200, 212, 220, 224, 276
Idealismus 133 ff., 150, 154 f., 170, 194, 201, 208, 216
Idealismuskritik 127, 131 f., 162, 175, 182, 185
Idealtypenbildung 15, 26, 30, 34, 217, 222
Idealtypus 26 ff., 43 ff., 52 f., 242, 256
Identifikation 114 f., 130, 233
identifizieren als 114, 116, 118, 122, 177, 193, 205
identifizierendes Denken 113 ff., 129, 131, 177, 180, 206, 217, 228, 260
identifizieren mit 116, 118, 122, 177, 193 f., 197, 205, 226, 228
Identisches 114 f., 126
Identität 58 f., 70, 100 f., 112 ff., 141, 148, 152, 159 f., 163 ff., 222, 269, 287
- absolute 123 f., 142, 152, 161, 163, 175, 184, 192, 199
- d. Identität u. Nichtidentität 16, 163, 165, 168, 175 f., 198
- erkenntnistheoretisch 128, 131, 176, 183 f., vgl. 185, 194
- formale 117, 122, 174
- geschichtsphilosophisch 128, 131, 176, 183, 193
- gesellschaftstheoretisch 131, 185, vgl. ff.
- logische 117, 120, 124, 127
- psychologische 117, 127, 183 f.
- von Denken und Sein 113, vgl. 116, 175

Identitätsdenken 113, 160, 177, 184, 191 f., 194, 196, 198, 200, 261, 265
Identitätsphilosophie 111, 132, 135, 153, 160
Identitätsprinzip 16, 81, 116, 124, 154, 164, 168 f., 174, 180, 191, 194, 199, 200 f.
Ideologie 82, 104, 191
Ideologiekritik 68, 118, 157, 176, 184, 247
immanente Kritik 117, 132, 193, 201, 203, 214, 265
Individualität 166, 256
Individuum 24, vgl. 31, 210, 219 f.
Individualisierung 25, 245
Individualismus, methodischer 28, 35, 39
Inhalt 135, vgl. 164 f., vgl. 213, vgl. 217, 218, vgl. 283
Instrumentalität 15, 78 f., vgl. 91, 95, 99, 107, 109 f., 112, 222 ff., 239 f.
intellectus archetypus 154, 173
Intentionalität 46, 102, 106, 234, 237, 242
Interesse 246, 263 f., 281
Intersubjektivität 33, 69, 108, 159, 227, 255 f., 271, 274, 280
Intuition 30, 196, 220
Intuitionismus 196, 220

Kapital 158 f.
Kausalität 178 ff.
kognitiv 76, 78, 81, 83, 85, 94, 107, 129, 224
Kognitivismus, kognitivistisch 82, 91, 105, 111 f., 225, 249, 270, 275 f.
Kollektiv 107 f.
Kommunikabilität 39 f.
Kommunikation 219 f., 253, 267
– kommunikationstheoretische Wende, Transformation 9 f., 16, 246, vgl. ff., 267
Konstellation 20, 26, 30, 40, 48, 62, 117, 193, 196, 198, 203, 206, 213 f., 217, 219, 242 ff., 288
kopernikanische Wendung 136, 145
Kritische Theorie 13, 51, 109 f., 112, 132, 245 ff., 253, 260, 262 f., 265, 268, 277, 279, 285 f.
Kritik der reinen Vernunft 133 f.
Kulturbedeutung 22 f., 25 f.
Kulturwissenschaft 21 f.

Lascaux 92
Leiblichkeit, Leibliches 85, 92, vgl. 218, 219, 273, 275
leibhaftes Moment 166, vgl. 210, vgl. 285
Leiderfahrung 80, vgl. 219, vgl. 282
Leitfaden der Objekte 207, 210, 217, 219, 281
List 77, 98, 100 ff.
Logik 78, 120 ff., 174, 197
Logos 75, 88, 90

material (materiale Objektdimension) 122, 151 f., 161, 169, vgl. 207, 210, vgl. 212 f., 217, 219, 247, 252, 277, 279, 284
materialer Gehalt 121, 265
materiales Moment, materiale Dimension 120, 150, 152, 163
materiales Philosophieren 162 ff., 253, 267, 281, 284
Metaphysik 88, 90, 116, 135, 148, 151, 155, 162, 196, 202, 262, 282, 285 f.
– negative Metaphysik 14, 17, vgl. 218, 219, 221, 223, 281 ff., 286 f.
Mimesis 74, 107, 229, 261, 265, 269
– mimetisch 87 f., 91, 96, 221, 265
Mittel 38, 43 ff., 46, 54, 63 f., 95, 105, 197, 223, 228, 230 f., 233 ff.
Moral 262 f.
Mythographie 93
Mythos 67, 70, 72, 74 ff., 81 ff., 98 f., 102, 157
Mythisches 69 f., 72, 78 f., 81 ff., 229

Nacherleben 41, 43
Natur 36 f., 69, 70 f., 73 ff., 80, 87, 91, 94, 96, 99, 103 ff., 130, 177, 223 ff., 261
Naturbeherrschung 65 f., 75 ff., 88, 91, 94 f., 103, 129, 131, 157, 177, 190, 193 f., 222, 224 f., 229 f., 232 f.
Naturwüchsiges 68, 130, 229
negativ-dialektisch 110, 113 f., 192 f., 209 f., 215 f.
Negativität 140, 163, 168 f., 214, 216, 244, 282, 287
Negationserfahrung 172, 175, 204

Nichtidentisches 111, 115, 128, 137, 141 ff., 159, 169, 178, 189 ff., 191, 204 ff., 242 ff., 266, 268, 277, 282 f.
Nichtidentität 9, 16, 116 f., 148, 152, 159 ff., 175 f., 191, 198 ff., 240, 244 f., 256, 269 f., 287
Nichtbegriffliches 114, 119, 131, 195 f.
normativ 14, 85, 109, 247, vgl. 251 f., 269, 262, 264, vgl. 276, 278 f.
Noumenon 137 f., 141 f., 144, 146 ff.

Objekt 73 f., 102 ff., 207 ff., 211, 287
– transzendentales Objekt 146 f., 162, 178
Objektivität 133, 135 ff., 151, 207 f.
Odyssee 66, 74, 76, 98
Ontologie 155, 232, 277
Ontologie des falschen Zustandes 14, 112, 115, 157 f., 160, 195, 201, 203, 266
Ontologisierung 122, 154 f., 180, 202
Opfer 69, 77 f., 105, 107 f., 225

Paradigma 13, 69, 87, 90, 225, 265
– bewußtseinsphilosophisches 13, 72, 247 f., 254, 260
– sprachphilosophisches 13, 247 f.
Paradigmenwechsel 12, 16, 246 f., 256, 271 f., 277 ff.
Paradoxie, Paradox 19, 69
Phaenomenon 137 f., 140 f., 144 ff.
principium identitatis 116, 120, 122 f., 127

Rationalisierung 20 ff., vgl. 51, 53, 68, 70, 82, 88, 108 f., 254, 257
Rationalismus 19, 21, 136
Rationalität (vgl. Vernunft) 13, 39, 49 f., 52, 66, 71, 102, 247, 249 f., 253, 256
– dialektische 16, 245, 267, 270, 281, 284, 287 f.
– formale 53, 60 ff.
– instrumentelle 104, 110 ff., 227 ff., 234
– kommunikative 16, 222, 245, 247 ff., 262, 264 f., 267, 270 ff., 287
– materiale 53, 60, 62
– praktische 61, 254
– theoretische 62
Rationalität des Nichtidentischen 9, 12 f., 222 ff., 267, 271, 276, 279, 282, 286 f.
Realabstraktion 187, 192
Reduktion(ismus) 15, 65, 82, 91, 98, 103, 109, 112, 178, 192, vgl. 193, 222, 234 f., 242, 255, 256 f., vgl. 268
Reflexion 13, 77, 78 f., 80, 82, 89, 111, 113, 174, 198, 201, 210, 240 f., 268, 281
– transzendentalphilosophische Reflexion 140 f., 144 f., 149
Residuum 201, 212, 218
Restriktion 147 f., 152
Rezeption 84, 86

Sachhaltiges, Sachhaltigkeit 213, 218, 282
Satz der Identität 122 f., 125 f., 174 f.
Satz vom ausgeschlossenen Dritten 170
Satz vom verbotenen Widerspruch 123 ff.

Selbst(identisches) 74, 99 ff.,
  vgl. 103, 104 ff., 111, 127 f.,
  180, 184, 223
Selbstbewußtsein 103, 134, 181,
  209
Selbstbeziehung, Selbstbezüglichkeit 105, 164, 215, 228
Selbsterhaltung 65 f., 75 f., 96,
  98 ff., 105 ff., 157, 181, 184,
  228 ff., 238
Selbstreflexion 67, vgl. 111, 131,
  247, 287
Selbstrückbezüglichkeit 165,
  174
Sinn 27, 32, 36 ff., 42 f., 47 f., 55,
  63, 71 f., 74, 78, 85, 233,
  241 f., 254, 256, 276, 280
– subjektiv gemeinter Sinn 15,
  25, 32, 34 ff., 38, 47, 49, 63,
  241, 254 f.
Sinnbezogenheit, Sinnorientiertheit 32, 34, 37, 39, 49,
  vgl. 102, 241
Sinnlichkeit 138, 140, 148
Sinnverstehen 15, 39, 240, 243,
  255, 278
Sinnverlust 231, 234, 258 f.
Sinnzusammenhang 23, 35, 37,
  42, 48, 55, 62 f., 243
somatische Dimension/somati-
  sches Moment 80, 85, 218,
  220, 273
Spontaneität 210, 217
Sprachphilosophie 12, 72, 246,
  262, 265, 272, 277 f.
Stellung zum Objekt 122, 126
Subjekt 73 f., 77, 102 ff., 128,
  136, 208 f., 211 f., 278, 287
– empirisches 160, 166, 180,
  191 f., 209, 211, 219, 222, 232,
  283
– monologisches 255 f., 278
– qualitatives 127, 211, 220

– transzendentales Subjekt 151,
  156, 158, 160, 177 f., 180 ff.,
  185, 192 f., 211 f., 232
Subjektivität 28, 59, 65, 67, 69,
  80, 85, 110 f., 128, 132 f.,
  135 ff., 150 ff., 207 f., 220,
  256, 286
– konstitutive 125, 128, 151,
  156, 160, 168 f., 184, vgl. 207,
  211
Subjekt-Objekt 112, 150, 164,
  166, vgl. 174, 199 f., 208, 212,
  218, 280
Subjektphilosophie 16, 111 f.,
  135, 154, 164, 177, 193, 212,
  261
Synthesis 139, 153, 171, 181,
  217

Tausch 77 f., 107 f., vgl. 156,
  185 f., 188 ff.
transzendent-metaphysisch 137,
  140, 147 ff., 161
Transzendentalphilosophie
  134 f., vgl. 137 f., 138 f., 141,
  146, 148, 150, 153 ff., 161 f.,
  180, 192, 284

Unmittelbares 202, 207
Unmittelbarkeit 130, 134, vgl.
  202
Ununterscheidbarkeit 123
Urgeschichte der Subjektivität
  14, 65 f., 76, 78, 81, 93, 97 f.,
  107, 109 f., 131, 192, 222, 224
Ursprung 84 f., 87
Utopie 12, 29, 79, 119, 202, 205,
  213, 218 f., 222, 252, 271, 278,
  281, 288

Verbindung 181 f.
Verblendungszusammenhang
  11, 16, 65, 79, 109 f., 129, 131,

158, 221 f., 225, 231, 258, 261, 287
Verdinglichung 121 f., vgl. 127
Vermittlung 130, 132, 168 f., 170, 184, 198, vgl. 202, 208 f., 242, 271
Vernunft (vgl. Rationalität) 157, 198
- (subjektiv-)instrumentelle 11, 64 ff., 76 ff., 81 f., vgl. 83, 88, 91, 94, 97 ff., 101 ff., 109, 128 ff., 157, 176 f., 180, 185, 196, 201, 222, 226, 230, 238, 240, 257, 260 f., 265
- objektive 65, 72, 196, 282
- selbsterhaltende 78, 81, 107, 157 f.
- subjektive 65, 69
Versöhnung 12, 65, 79 f., 109, 112, 195, 214, 218 f., 222 f., 232, 247, 252, 261 ff., 271, 276, 278, 280, 282, 287
Versprachlichung 85, 265, 272 ff.
Verständigung 12, 249, 251 f., 255, 258, 264, 271, 275 f., 278, 280
Verstand 138, 140, 148, 183
Verstehen 18, 23, 25, 29 ff., 40 ff., 48, 241, 244

Vorrang des Objekts 112, 153, 159, 161, 176, 199 f., 207 ff., 244, 283
Vorrang des Subjekts 160, 168, 177, vgl. 184, 200

Wahlverwandtschaft 20, 36, 60, 221
Warenform 191
Warentausch 106, 108, vgl. 158, 190, 224
Wert 37 f., 44, 56
Wertbezogenheit 19, 29, 37 f., 44, 49, vgl. 62, 63, vgl. 228
Wertrationalität 15, 43, 49, 54, 64, 234 f., 257
Widerspruch 115, 215 f.

Zweck 38, 43 ff., 54 f., 63 f., 77, 95, 97, 102 f., 105 f., 108, 197, 223, 228, 230 f., 233 ff.
Zweckmäßigkeitsgrund 15, 43, 45 f., 46, 49, 256
Zweckrationalität 13, 15, 43 ff., 49, 53, 64 f., 76, 102, 106 f., 109, 112, 204, 222 ff., 234 ff., 254 ff., 265

Personenregister

Arendt, H. 59, 233 f.
Aristoteles 86, 123

Bataille, G. 92, 274 f.
Benjamin, W. 132, 206, 215, 242
Bergson, H. 196, 207, 200
Böhme, G. 181
Bollack, J. 86
Braun, C. 179

Cassirer, E. 85, 88

Descartes, R. 113, 133
Durkheim, E. 273

Ebert, Th. 236 ff.
Eichendorff, J. 271

Fichte, J. G. 123 f., 126 f., 132 f., 142, 150, 159, 161 f., 172 f., 200
Foucault, M. 275
Frank, M. 81

Gehlen, A. 96
Guzzoni, U. 199 ff., 203

Habermas, J. 12, 85, 226, 246 ff., 250 ff.
Hegel, G. W. F. 16 f., 67, 112, 131 ff., 150, 161 ff., 170, 173 ff., 192, 199 f., 205 ff., 209, 211, 213 ff., 216 ff., 229, 266, 269, 284
Heidegger, M. 268
Henrich, D. 38, 42, 124

Homer 66, 98, 100 f.
Honneth, A. 224, 226
Horkheimer, M. 259, 262 ff., 285 (Stellen im Zusammenhang mit der »Dialektik der Aufklärung« werden nicht erwähnt.)
Hubig, C. 81, 226, 228, 235, 237
Husserl, E. 120 f.

Kalberg, S. 60
Kant, I. 16, 112, 131 ff., 162, 164, 169 ff., 175, 178 ff., 186, 188, 190, 192 f., 200, 210 f., 282 ff.
Klages, L. 195
Kracauer, S. 259
Kulenkampff, A. 173

Leibniz, G. W. 123, 133
Leroi-Gourhan, A. 93
Lévi-Strauss, C. 94 f.
Lukács, G. 260

Marx, K. 156 f., 161, 186, 194, 229
Matthiesen, U. 272 f.
Mauss, M. 273

Nietzsche, F. 67, 89, 91, 195 ff.

Odysseus 66, 74, 76 f. 98 ff., 108, 131, 227, 230, 238

Parmenides 113
Platon 86
Prauss, G. 139 f., 143, 148

Röttges, H. 148

Schelling, F. W. J. 126, 134, 161, 172 f.
Schnädelbach, H. 149 f.
Simmel, G. 195
Söllner, A. 269 f.
Spengler, O. 195

Thales 89 f.
Theunissen, M. 232

Weber, M. 15, 18 ff., 65, 68, 70, 91, 108, 195, 204, 217, 222 f., 234 f., 240 ff., 246
Weiß, J. 38 f.
Wohlrapp, H. 187 ff.